AS CAMPEÃS
ESTRATÉGIAS DE PEQUENAS E MÉDIAS EMPRESAS QUE CONQUISTARAM O MUNDO
OCULTAS

Associação Brasileira para
a Proteção dos Direitos
Editoriais e Autorais

RESPEITE O AUTOR
NÃO FAÇA CÓPIA
www.abpdea.org.br

S594c   Simon, Hermann
        As campeãs ocultas: estratégias de pequenas e médias empresas que conquistaram o mundo / Hermann Simon; trad. Daniel Grassi. – Porto Alegre : Bookman, 2003.

        1. Administração – Pequenas empresas – Médias empresas. I. Título.

CDU 65.011/.015

Catalogação na publicação: Mônica Ballejo Canto – CRB 10/1023

ISBN 85-363-0122-8

HERMANN SIMON

AS CAMPEÃS

ESTRATÉGIAS DE PEQUENAS E MÉDIAS EMPRESAS QUE CONQUISTARAM O MUNDO

OCULTAS

Tradução:
DANIEL GRASSI

Consultoria, supervisão e revisão técnica desta edição:
ASTOR HEXSEL
Doutor em Administração – USP
Professor da Unisinos

ELY LAUREANO PAIVA
Doutor em Administração – UFRGS
Professor da UNISINOS

2003

Obra originalmente publicada sob o título:
Hidden Champions
© 1996, by Hermann Simon
Published by arrangement with
Harvard Business School Press

ISBN 0-87584-652-1

Capa:
TATIANA SPERHACKE

Preparação do original:
MARIA RITA QUINTELLA
IARA SALIN GONÇALVES

Supervisão editorial:
ARYSINHA JACQUES AFFONSO

Editoração eletrônica:
AGE – ASSESSORIA GRÁFICA E EDITORIAL LTDA.

Reservados todos os direitos de publicação em língua portuguesa à
ARTMED® EDITORA S.A.
(Bookman® Companhia Editora é uma divisão da Artmed® Editora S.A.)
Av. Jerônimo de Ornelas, 670 – Santana
90040-340 – Porto Alegre, RS, Brasil
Fone: (51) 3330-3444 Fax: (51) 3330-2378

É proibida a duplicação ou reprodução deste volume, no todo ou em parte,
sob quaisquer formas ou por quaisquer meios (eletrônico, mecânico, gravação,
fotocópia, distribuição na Web e outros), sem permissão expressa da Editora.

SÃO PAULO
Av. Rebouças, 1.073 – Jardins
05401-150 – São Paulo, SP, Brasil
Fone: (11) 3062-3757 Fax: (11) 3062-2487

SAC 0800 703-3444

IMPRESSO NO BRASIL
PRINTED IN BRAZIL

Apresentação à Edição Brasileira

No ano de 1997, durante viagem de trabalho nos Estados Unidos, aproveitei uma folga e encontrei-me com meu ex-colega de Engenharia e Mestrado em Administração, Ely Paiva, com o intuito de pesquisar materiais sobre gestão de negócios na Universidade da Carolina do Norte, na cidade de Chapel Hill. Foi neste processo de garimpagem que encontramos o livro *Hidden Champions*, de Hermann Simon. Desde aquele momento, fiquei entusiasmado com a idéia central da obra.

Seus ensinamentos foram importantes para que a minha empresa, especializada no projeto e construção de sistemas de montagem para o setor automotivo, ganhasse posição internacional. Considero que um dos grandes méritos do texto é propiciar informações e ensinamentos sobre a estratégia de inserção de pequenas e médias empresas em mercados globais. Via de regra, os modelos e os casos apresentados em livros de administração estão muito focados em grandes corporações americanas. Neste sentido, a presente versão brasileira de *Hidden Champions* é uma valiosa contribuição para preencher esta lacuna.

O trabalho do prof. Simon, complementado por um capítulo dedicado a dois casos de campeãs ocultas nacionais – Marcopolo (ônibus) e Baldo (erva-mate) – escrito pelos professores Astor Hexsel e Ely Paiva, traz valiosas contribuições àqueles que têm pretensões de tornar suas empresas líderes em mercados globais. Ao todo, o autor extrai nove lições da pesquisa realizada com pequenas e médias empresas alemãs. A primeira, sem dúvida, é a mais singela e, por isso, a mais instigante: senso de propósito. De acordo com o autor, empresas campeãs têm um só objetivo: serem campeãs. Partindo deste achado, ele desenvolve suas demais conclusões sobre foco, liderança, mercados globais, trabalho em equipe, orientação ao cliente, competição, inovação e alianças estratégicas.

Um dos encantos do livro está nas transcrições que Simon faz de frases que ouviu ao longo das entrevistas com presidentes e empreendedores das empresas pesquisadas. Tome como exemplo a citação do fundador da Krones, líder mundial em máquinas rotuladoras para garrafas, sobre sua expansão no mercado norte-americano: "Em 1966 [...] cheguei à conclusão de que necessitávamos nossa própria subsidiária nos Estados Unidos. Em dois dias fundamos a Krones, Inc em um quarto do hotel Knickersbockers, em Milwaukee. Dois dias mais tarde recebemos nosso primeiro pedido [...]". Vinte anos mais tarde, a Krone dominaria mais de 70% do mercado mundial de rotuladoras.

Uma das melhores lições de vida profissional aprendi com um professor de Engenharia durante minha graduação. Dizia o velho mestre: "Engenharia é regra de três e bom senso". Como empreendedor, ao longo dos últimos 17 anos, adotei esta regra como princípio de vida. Para minha satisfação, o prof. Simon conclui, ao final do livro, algo semelhante e encerra afirmando: "Essencialmente, a única fórmula secreta do sucesso é bom senso. Tão simples, mas tão difícil de alcançar". Por estas e outras lições do livro, as quais meu sócio e eu temos utilizado para conduzir nossa empresa, é que recomendo uma leitura detalhada e a adoção das práticas nele apresentadas.

Porto Alegre, novembro de 2002

JOSÉ MÁRIO DE CARVALHO JR., MSC
Diretor Executivo
Muri Linhas de Montagem

Prefácio

Até a metade da década de 1980, não desenvolvi nenhum tipo de interesse especial pelas empresas de pequeno e médio portes; minha atenção, enquanto professor universitário, voltava-se mais para as corporações maiores. Ao conhecer o professor Theodore Levitt, no entanto, da Harvard Business School, na cidade alemã de Düsseldorf, em 1986, entramos em uma discussão sobre o contínuo sucesso internacional que a Alemanha desenvolveu na área de exportação. Logo concordamos que esse sucesso não poderia ser atribuído, em um primeiro momento, às grandes empresas alemãs, pois elas não parecem diferir muito de suas parceiras internacionais.

Uma das principais explicações para a continuada superioridade da Alemanha em termos de exportação, supúnhamos nós, deveria ser encontrada nas empresas de pequeno e médio portes, em especial aquelas que se encontram na categoria das empresas que são líderes mundiais em seus respectivos mercados. Por serem pouquíssimo conhecidas, essas empresas menores vêm se destacando em suas áreas no mundo todo já há várias décadas. Intrigado, decidi descobrir o que tais empresas líderes de mercado estão fazendo de diferente e investigá-las de forma mais cuidadosa. Com o tempo, comecei a coletar seus nomes e passei a chamá-las de campeãs ocultas. Ocultas elas são e assim, seguidamente, pretendem continuar, mas campeãs são ainda mais. O grande número de empresas desse tipo que encontrei causou-me surpresa – só a Alemanha abriga mais de 500 campeãs.

Nos primeiros anos da minha pesquisa, imaginei que o fenômeno das campeãs ocultas restringia-se à Alemanha, e que tivessem sua origem na perícia e no orgulho que os alemães têm ao realizar seu trabalho. Mas, com o passar do tempo, encontrei exemplos dessas empresas em quase todas as partes do mundo, dos Estados Unidos à Coréia, passando pela África do Sul e Nova Zelândia. Logo me dei conta de que todas elas são surpreendentemente semelhantes. Os mesmos princípios parecem apontar para o sucesso e a liderança de mercado em todos os lugares. As lições que apresento neste livro, que foram muito bem-recebidas nos quatro cantos do mundo, com certeza, serão de grande valia para qualquer empresa, independentemente de sua localização ou de seu país de origem.

Minha experiência com as grandes corporações sugere que as campeãs ocultas evitam muitos aspectos da chamada síndrome da "grande empresa", como inflexibilidade, burocracia, divisão excessiva de trabalho e distanciamento dos clientes. No meu trabalho de consultoria, à medida que tentava aplicar às grandes empresas muitas das constatações feitas durante a pesquisa com as campeãs ocultas, descobria que as gigantes podem aprender bastante com as anãs poderosas. Embora o caminho natural de aprendizagem vá das empresas grandes para as empresas pequenas, as descobertas incentivam-me a tentar sugerir uma mudança nesta direção. Pelo simples fato de que suas estratégias são amplamente difundidas, as grandes empresas perdem muito de seu valor competitivo. As técnicas utilizadas pelas campeãs ocultas são, em sua maioria, desconhecidas e, portanto, podem ser mais valiosas para a formulação da estratégia corporativa.

Meu envolvimento crescente com os CEOs* das campeãs ocultas, as inúmeras visitas que lhes fiz e as sucessivas reuniões que tivemos juntos levaram-me a uma série de surpresas. Várias vezes fiquei extremamente impressionado ao ver o que essas empresas conquistaram, apesar de seus recursos e tamanhos limitados. Estou convencido de que as melhores empresas do mundo podem ser encontradas no meio desse grupo, e não entre as grandes corporações. Aprendi mais sobre administração com essas experiências aplicadas do que em duas décadas de pesquisa acadêmica. Hoje tomo a liberdade de compartilhar com o leitor minhas impressões e julgamentos subjetivos, enquanto professor e consultor. Nem todas as questões incluídas neste livro foram ou podem ser verificadas cientificamente. É possível que as características menos acessíveis à abordagem científica, como liderança, motivação, confiança nos próprios pontos fortes, sejam os mais importantes impulsionadores do sucesso das campeãs ocultas.

Em um primeiro momento, o livro dirige-se aos profissionais que, tenho certeza, estimam a ênfase dada à aplicabilidade prática em vez de ao rigor científico. Os pesquisadores do mundo dos negócios, ao perceberem que alguns conceitos amplamente aceitos estão sendo postos em xeque, sentir-se-ão, espero eu, incentivados a se aprofundarem nessas questões.

Devo agradecimentos às muitas pessoas que apoiaram meu trabalho. Em primeiríssimo lugar, gostaria de agradecer aos fundadores, proprietários e administradores das campeãs ocultas por me proporcionarem inúmeras horas de discussões estimulantes e experiências enriquecedoras. Agradeço à German Research Foundation pelo apoio generoso concedido ao projeto de 1993 a 1995. Eckart Schmitt, meu assistente de pesquisa, companheiro de alta intelectualidade e competência, contribuiu imensamente com o projeto em todas as suas fases, pelo que me encontro em grande débito com ele. Também sou bastante grato aos meus colegas na Simon, Kucher & Partners, Strategy & Marketing Consultants, por muitas discussões inspiradoras, perspicazes e desafiadoras sobre as questões estratégicas tratadas nesta obra. A discussão que tive com Nick Philipson, da Harvard Business School Press, ampliou minha perspectiva no que concerne ao público-alvo internacional. Barbara Roth, editora de administração, ajudou-me, de uma maneira muito profissional, a transformar essas idéias em uma obra digna de publicação. E, por fim, mas ainda de maneira muito especial, ofereço meu carinho a Cecilia, Jeannine e Patrick, pela compreensão infinita que tiveram de que o tempo é o mais escasso de todos os recursos.

HERMANN SIMON

---

* N. de T. Chief Executive Officer. Embora não exista uma paridade clara e regular entre a hierarquia das empresas brasileiras e norte-americanas, o CEO equivaleria, em geral, no Brasil, ao diretor-geral, diretor-superintendente ou executivo-chefe. O CEO, juntamente com o *Chairman*, é escolhido pelo "Board of Directors", o Conselho de Administração das empresas brasileiras.

Sumário

1 As Campeãs Ocultas: Quem são Elas? 13
   Critérios para se determinar uma campeã oculta 16
   Projeto de pesquisa e base de dados 17
   As campeãs ocultas são bem-sucedidas? 22
   Quem pode aprender com as campeãs ocultas? 26
   Resumo 27

2 A Meta 28
   Liderança de mercado 28
   O papel da liderança de mercado 32
   A meta 34
   Resumo 44

3 O Mercado 45
   Mercados restritos 45
   Critérios para a definição do mercado 47
   Foco e concentração 49
   Superespecialistas em nicho 50
   Amplitude *versus* profundidade 53
   As donas do mercado 56
   Riscos da superespecialização 59
   Resumo 64

4 O Mundo 65
   Escopo global 65
   O caminho para a globalização 71
   Os riscos da globalização 76
   Bases intelectuais da globalização 83
   Resumo 87

5 O Cliente 89
   A natureza do relacionamento com o cliente 89
   Proximidade ao cliente 92

Contato direto 97
Localização do cliente 99
Preço, valor, serviço 100
Resumo 103

6 Inovação 105
A natureza da inovação 105
Tecnologia 109
As forças motrizes 114
O cliente como inovador 119
Aspectos organizacionais da inovação 122
Resumo 124

7 A Concorrência 126
Estrutura 126
Princípios da vantagem competitiva 128
Análise das vantagens competitivas 135
Riscos Competitivos 141
Resumo 146

8 Os Parceiros 148
Autoconfiança 148
Integradoras de sistemas 153
Alianças estratégicas 154
Parceiros 156
Equipes de campeãs ocultas 165
Resumo 166

9 A Equipe 168
Cultura corporativa 168
Desempenho 171
Localização em zonas rurais 175
Qualificação e aprendizagem 177
Criatividade do trabalhador 179
Atraindo e mantendo o melhor 181
"Mittelstand" 184
Resumo 184

10 Os Líderes 186
Estruturas e impacto 186
Equipes de liderança 189
Continuidade 193
Personalidades 194
Estilos de liderança 199
Sucessão da administração 201
Campeãs ocultas controladas por empresas-líderes 204
Resumo 207

11 As Lições 209
    Grande ou pequena? 210
    Permanecendo pequena 211
    Crescendo pequeno 212
    Lições para as grandes empresas 215
    Lições para as corporações campeãs 215
    Lições para as corporações diversificadas 217
    Lições para as pequenas empresas 219
    Além da Alemanha 220
    Lições para os investidores 226
    Lições qualitativas gerais 228
    Lições "tanto-quanto" 230
    Três círculos e nove lições 231
    A análise de uma campeã oculta 233
    A lição final 234

12 Estudo de dois Casos Brasileiros 235
    O caso Marcopolo 235
    O mercado internacional como meta 237
    Clientes 238
    Inovação 239
    Equipe e o papel do líder 240
    O caso da Baldo 241
    Mercado internacional como meta e o papel do líder 242
    Clientes 243
    Inovação 244
    Comentários finais 245

Referências 247

Índice 253

As Campeãs Ocultas: Quem são Elas?

Decididamente preferimos permanecer ocultas.

Uma enorme quantidade de empresas muito bem-sucedidas escapou da atenção daqueles cujo negócio é saber tudo – as revistas de administração e negócios –, entender tudo – os estudiosos de administração – e consertar tudo – os consultores econômicos. Essa é a esfera de atuação das empresas de pequeno e médio portes do mundo todo, é o domínio das "campeãs ocultas".

Profundamente distante das manchetes sobre sucessos e impressionantes inovações das grandes corporações encontra-se uma fonte totalmente ignorada de sabedoria empresarial. Uma classe inteira de empresas que atuam em nível global tem permanecido oculta sob uma camada de discrição, invisibilidade e até sigilo. Poucos profissionais, jornalistas e acadêmicos sabem o nome dessas empresas ou têm conhecimento dos produtos que elas fabricam, e, sobretudo, da maneira como conduzem seus negócios ao redor do mundo. O domínio de mercado dessas empresas, no entanto, desmente seu pouco destaque. Muitas delas possuem uma participação no mercado mundial de 70% a 90%, percentagens que poucas multinacionais de grande porte conseguem alcançar. E muitas dessas campeãs ocultas já eram realmente globais muito antes de o termo "globalização" ter sido difundido.

Este livro revela os segredos do sucesso de um grupo selecionado de empresas ocultas em mercados mundiais. Embora se mantenham bem longe da celebridade, elas fazem negócios com produtos que se encontram à nossa volta. Eis alguns exemplos desse tipo de empresa:

- *Hauni*: líder mundial em máquinas para cigarro, a Hauni, literalmente a única fornecedora de sistemas completos para processamento do tabaco, tem uma participação de aproximadamente 90% no mercado mundial de máquinas de cigarro de alta velocidade. Todos os cigarros com filtro produzidos no mundo são fabricados com a tecnologia desenvolvida pela Hauni.
- *Tetra*: se você tem um aquário em casa, provavelmente já conhece a Tetramin. A participação de mercado da Tetra no mercado mundial de alimento para peixes tropicais de aquário é superior a 50%.
- *Baader*: essa campeã oculta domina 90% do mercado mundial de equipamento para processamento de pescados. Até mesmo em Vladivostok, você não teria problemas em comprar os produtos e serviços da Baader.
- *Hillebrand*: ao degustar um Beaujolais Nouveau em Los Angeles, poucos dias depois de as uvas serem prensadas na França, você provavelmente se perguntará como o novo vinho chegou à Califórnia tão rapida-

mente. Há uma probabilidade de 60% de ele ter sido enviado pela Hillebrand, que possui escritórios em 60 países e que é, hoje, a maior empresa de comercialização de vinhos do mundo.
- *Webasto*: campeã duplamente oculta, essa empresa controla o mercado mundial tanto de tetos solares quanto de sistemas auxiliares para aquecimento de automóveis.
- *Brita*: o mercado de filtros modernos de água foi criado pela Brita. Sempre lutando para defender sua posição de liderança, essa empresa pioneira possui uma participação de 85% no mercado mundial.
- *Gerriets*: fabricante de cortinas e objetos de decoração para teatro, a empresa, única no mundo a produzir tecidos neutros para iluminação de palco, mantém uma participação de 100% no mercado global.
- *Stihl*: as motosserras que a Stihl produz podem ser vistas no mundo todo. Empresa altamente inovadora, detém uma participação global de quase 30%, o dobro de sua concorrente mais forte.
- *Barth*: ao beber um copo de cerveja, é provável que você jamais tenha pensado de onde vem o lúpulo, ingrediente indispensável à fabricação da bebida. Líder mundial no mercado de lúpulo e dos produtos dele derivados, é dirigida por uma das equipes mais poliglotas e verdadeiramente internacionais que conheci.
- *SAT e Wirtgen*: ao redor do mundo, a infra-estrutura das estradas e rodovias acaba se deteriorando e necessita de manutenção. Ao mesmo tempo, a reciclagem e as preocupações com o meio ambiente estão se tornando impressionantemente importantes em muitos países. Essas duas empresas aproveitam as oportunidades que surgem dessas tendências. A Wirtgen fabrica as máquinas e a SAT fornece os serviços para a reciclagem do pavimento das estradas no próprio local. Em sua mais nova tecnologia, conhecida como recapagem a frio, a superfície desgastada da estrada é triturada, o material é reciclado no local sem calor e a estrada, recapada, em um processo simples e contínuo. O processo da recapagem a frio já está sendo utilizado em países como Austrália, África do Sul e Israel, e logo será adotado em regiões mais frias.
- *Haribo*: os ursinhos Gummi, da Haribo, são tão populares na Europa quanto nos Estados Unidos. A empresa foi extremamente bem-sucedida em construir uma posição de liderança no mundo todo com esses simpáticos bichinhos.
- *Würth*: tendo iniciado suas operações com apenas duas pessoas na metade da década de 1950, a Würth é de longe a maior fornecedora de produtos de montagem do mundo. Sua concorrente mais forte tem cerca de um quinto do tamanho da Würth. Com subsidiárias que pertencem à própria empresa em 44 países, ela continua a crescer rapidamente e a fortalecer sua posição de liderança mundial.

Essa lista de campeãs ocultas poderia se estender por várias páginas, pormenorizando as empresas fabricantes de determinados produtos e fornecedoras de serviços, como produtos têxteis para encadernação, modelos de esqueletos, grandes árvores, modelos de ferrovias, filtros de metal, serviços de tradução para grandes conferências, plantas ornamentais, instrumentos para medição de ângulos, botões, testes não-destrutivos, aluguéis de barracas e tendas de grandes dimensões e terra para plantas. Como foi que as campeãs ocultas conseguiram escapar da atenção da imprensa especializada e dos pesquisadores da área de administração? Há várias razões para isso. Em primeiro lugar, muitos dos produtos por elas fabricados são praticamente indistinguíveis ou irreconhecíveis, são utilizados em processos de fabricação, ou estão incluídos nos produtos finais de que fazem parte, como tetos solares para automóveis, fragrâncias de perfume, ou articulações artificiais para o quadril. Alguns produtos são tão sem importância que sequer são percebidos; mal nos damos conta de que alguém tem de fabricar, por exemplo, botões, lápis, parafusos ou rótulos para as garrafas de cerveja.

Mas há uma razão igualmente importante para o pouco conhecimento que se tem dessas líderes mundiais: elas gostam de ficar na penumbra. Elas se afastam deliberadamente da publicidade, algumas até por meio de políticas declaradas de não lidar com a imprensa – ou, por falar nisso, com pesquisadores acadêmicos! Como afirmou um executivo de uma fabricante líder de equipamentos para processamento de material: "Não estamos interessados em revelar nossas estratégias de sucesso e ajudar aqueles que se descuidaram de seus negócios." Um outro CEO de uma campeã oculta escreveu o seguinte: "Não queremos fazer parte da sua lista. Decididamente preferimos permanecer ocultas". E o diretor da líder de mercado de um componente essencial para a fabricação de equipamentos para controle de vibração observou: "Não queremos que nem nossos concorrentes nem nossos clientes saibam qual a participação que temos no mercado". O jovem diretor de uma empresa que presta serviços comentou: "Tratamos com carinho nosso anonimato por muitos anos e nos sentimos muito bem com isso. Ninguém ainda percebeu nosso nicho".

Após um esforço substancial de pesquisa, o jornalista norte-americano Philip Glouchevitch (1992, 51) declarou, não sem uma ponta de resignação, que "essas empresas permanecem de muitas maneiras inescrutáveis – uma característica deliberada". Um grande número de candidatos que consegui identificar não deu retorno aos meus telefones ou às minhas cartas, tampouco se encontrava disponível para entrevistas ou questionários de pesquisa. Na L'tur – de acordo com sua propaganda, a número um em viagens de última hora na Europa –, não consegui passar nem mesmo pela telefonista. Para mim, é muito mais difícil marcar entrevista com um CEO de uma campeã oculta típica do que com a alta gerência de grandes corporações multinacionais. A *Fortune*, em 1994, publicou um artigo sobre a Mars, fabricante de guloseimas e alimentos para animais de estimação, que também poderia se aplicar a muitas campeãs ocultas: "A empresa de capital fechado fica oculta, não dá entrevistas nem permite que se batam fotos de seus executivos. O enigma sugere contradições e até algumas coisas esquisitas" (Saporito, 1994, 50).

Essas empresas, no entanto, não passaram totalmente despercebidas aos olhos dos observadores externos. Porter (1990a), no livro *The Competitive Advantage of Nations*, descreve inúmeras áreas nas quais as campeãs ocultas desempenham papéis fundamentais, em particular o setor tipográfico na Alemanha, com a Heidelberger Druckmaschinen, líder mundial na venda de máquina de impressão *off-set*, e a Koenig & Bauer, campeã global em máquinas para a impressão de cédulas. Ele também menciona a Claas, líder mundial no setor de colheitadeiras, e a Closs, campeã oculta em sistemas de soldagem. Na obra *Liberation Manage-*

ment, Peters (1992) conta a história das "anãs poderosas" e descreve um pouco o que sabe sobre as empresas pouco conhecidas. De forma semelhante, a *Business Week* publicou um artigo intitulado "Think Small" ("Pense Pequeno") (Schares and Templeman, 1991), que retratava algumas das campeãs ocultas da Alemanha, e "The Little Giants" ("As Gigantes Pequenas") (Baker et al., 1993), uma análise sobre suas contrapartes norte-americanas.

Para entender essas empresas "tímidas", é necessário conquistar sua confiança. No fim, com algum esforço, consegui persuadir várias centenas de diretores que trabalham nelas a me concederem uma entrevista, a preencherem um questionário, ou a me fornecerem *folders* da empresa com informações sobre suas estratégias e seus estilos administrativos. Um grande número deles, não obstante, só aceitou colaborar com a minha pesquisa se eu lhes prometesse que jamais revelaria seus nomes ou se apenas os citasse vinculados a alguns acontecimentos. A atitude é perfeitamente compreensível, uma vez que muitos operam em mercados pequenos nos quais a informação pode ser diretamente transmitida a um fornecedor, cliente ou concorrente específico. Dessa forma, não identifiquei essas fontes que preferiram permanecer anônimas, respeitando inteiramente sua solicitação de confidencialidade.

CRITÉRIOS PARA SE DETERMINAR UMA CAMPEÃ OCULTA

Minha decisão de pesquisar as campeãs ocultas origina-se de uma discussão que tive no final da década de 1980 sobre competitividade internacional. Análises detalhadas revelaram que o impressionante sucesso alemão de longo prazo em exportações baseava-se primordialmente na força das empresas de médio porte. Essa idéia levou-me a pesquisar sistematicamente as empresas de tamanho pouco significativo que ocupam posições de liderança em seus mercados mundiais. Cheguei a um resultado surpreendente – ao longo dos anos acabei descobrindo mais de 500 candidatas. Uma vez que não há estatísticas para a classe das campeãs ocultas, minha relação não é, definitivamente, abrangente ao extremo, e apenas sugere que muitas outras empresas desse tipo devem estar esperando ser descobertas. Os nomes vieram de fontes diversas – artigos de jornais e publicações especializadas, seminários, conversas particulares e, ainda, de pessoas que tinham lido meus artigos sobre o assunto. Quanto mais eu me aprofundava no fenômeno, mais ele me intrigava e fascinava. Detalhes do meu primeiro projeto de pesquisa foram publicados no *Harvard Business Review* (Simon, 1992). Em 1992, pus-me a trabalhar em um projeto mais longo cujos resultados de pesquisa, em conjunto com minha experiência de consultas de muitas campeãs ocultas, deram origem a esse livro.

Para se qualificar como campeã oculta, a empresa precisa satisfazer três critérios (veja a lista a seguir e o Quadro 1.1):

- Em primeiro lugar, ela deve ocupar a primeira ou a segunda posição no seu mercado mundial ou ser a primeira no mercado europeu. Idealmente, a posição no mercado é determinada pela participação de mercado, e quase todas as campeãs ocultas são líderes de mercado nesses termos. No decorrer da pesquisa, entretanto, também percebi que as empresas às vezes não sabem qual é a sua participação no mercado e

que a liderança pode ir além do simples cálculo das unidades de venda. Algumas campeãs ocultas que desconhecem seu exato posicionamento no mercado têm, não obstante, consciência exata de que são mais fortes do que seus concorrentes e estão entre as líderes em seus mercados correspondentes. Elas desempenham um papel ativo ao definir as regras do jogo.
- Em segundo lugar, a empresa deve ser pequena ou média em termos de tamanho e não pode ser conhecida pelo público em geral. Não deve gerar mais do que US$ 1 bilhão em vendas, embora se possam incluir aqui algumas poucas companhias maiores que apresentam as mesmas características típicas das campeãs – a Würth, por exemplo.
- Em terceiro lugar, uma campeã oculta deve ter uma baixa visibilidade junto ao público. Assim, empresas bem-conhecidas – Porsche e Braun, por exemplo – foram excluídas da lista.

QUADRO 1.1 Critérios para se determinar uma campeã oculta

- Ser a número um ou a número dois no mercado mundial ou a número um no mercado europeu em termos de participação no mercado; se essa fatia do mercado for desconhecida, a empresa deve ser líder em comparação com suas concorrentes mais fortes.
- Não gerar mais do que US$ 1 bilhão em vendas (com pouquíssimas exceções; 4,4% das companhias pesquisadas ultrapassaram esse limite).
- Baixa visibilidade e conhecimento junto ao público.

A definição da primeira ou da segunda posição na participação de mercado levanta, obviamente, a questão de se definir o mercado, uma tarefa que foi deixada para as próprias empresas. Ela será discutida em detalhes no Capítulo 3.

PROJETO DE PESQUISA E BASE DE DADOS

O projeto de pesquisa e a minha amostra focalizam as campeãs ocultas existentes na Alemanha. À medida que o trabalho avançava, minha atenção voltou-se para empresas semelhantes em outros países, o que me fez incluir interpretações qualitativas sobre campeãs ocultas em 14 países dos cinco continentes. Por acreditar que as lições que se podem tirar delas são válidas em qualquer lugar do mundo, faço algumas considerações, no Capítulo 11, sobre as empresas que não se localizam na Alemanha.

Metodologicamente, o projeto baseia-se nas cinco categorias seguintes de dados:

- Informações publicadas em revistas, jornais, livros e mídia eletrônica.
- Material impresso elaborado pelas empresas, como relatórios anuais, folhetos informativos e catálogos.
- Questionário enviado pelo correio.
- Mais de 100 entrevistas pessoais, quase todas realizadas com base em visitas agendadas. Se o momento e o entrevistado permitissem, gravávamos e transcrevíamos as sessões.

- Inúmeros encontros pessoais com fundadores, CEOs, diretores e funcionários das campeãs ocultas, no contexto do trabalho de consultoria, oficinas temáticas, seminários e conferências.

Conquanto uma parte substancial das informações obtidas, como volume de vendas, número de funcionários, número de países atendidos, número de patentes, e assim por diante, consista em dados quantitativos, um segmento muito maior contém dados qualitativos e subjetivos. Nesta última categoria estão incluídos os dados referentes à avaliação das vantagens competitivas e das exigências do cliente, às informações sobre a motivação do funcionário e à liderança. Em um grande número de casos, até mesmo a estimativa sobre o tamanho do mercado ou sobre a participação nele constituem dados qualitativos, pois não podem ser estatisticamente comprovados. Quero deixar claro que confiei nos dados fornecidos pelas próprias campeãs, pois não há uma maneira real de entrecruzar essas informações de centenas de empresas em dezenas de países diferentes. Tive de acreditar que os respondentes e aqueles que entrevistei disseram-me a verdade, que, como em qualquer estudo do gênero, é naturalmente subjetiva. Não tenho razões, no entanto, para supor que essas pessoas enganaram-se conscientemente a si próprias ou a mim em suas avaliações dos mercados, dos clientes e dos concorrentes. Em muitas ocasiões em que, por acaso, tive a oportunidade de conversar com seus clientes ou concorrentes, descobri que as auto-avaliações feitas pelas campeãs ocultas foram totalmente confirmadas. Minha impressão subjetiva é que elas são tendenciosas em relação ao fato de serem modestas demais, e não exageradas, com respeito ao desempenho que obtêm. No Capítulo 11, discuto como e por que as lições aprendidas com elas se aplicam a empresas do mundo inteiro.

Na análise quantitativa, empreguei métodos avançados de análises multivariáveis para me ater a todos os problemas de mensuração e causalidade. Abstive-me de mergulhar fundo em questões metodológicas, centrando-me, em vez disso, nas descobertas de pesquisa relevantes do ponto de vista administrativo, já que o público primeiro do estudo são administradores e gerentes.

O questionário abrangente, enviado a 457 empresas, abordava todos os aspectos importantes da estratégia competitiva. Cento e vinte e dois questionários, utilizáveis para fins de análise, foram devolvidos, um índice de resposta de 26,7%. Os questionários e as entrevistas fornecem a base principal para os resultados quantitativos. Das empresas que integraram a amostra de pesquisa, 78,6% afirmaram ser líderes mundiais em seus mercados ou "uma das líderes", enquanto 95,6% e 99,2% ocupam posição de liderança nos mercados europeu e alemão, respectivamente. As médias das participações absolutas e relativas de mercado nessas três áreas distintas são apresentadas na Tabela 1.1. A participação absoluta no mercado é determinada em pontos percentuais e definida como as vendas feitas pela empresa divididas pelas vendas totais do mercado. (Todos os valores atuais foram convertidos para dólares americanos à cotação de 1,50 marco alemão.) A participação relativa de mercado é definida como a participação percentual da empresa no mercado dividida pela participação percentual do concorrente mais forte. Uma participação relativa de 1,8 significa que a fatia da empresa no mercado é 80% maior do que a do seu maior concorrente. É o que se obterá, por exemplo, se o líder no mercado possuir um fatia de 36% e a segunda empresa tiver 20% de participação. Apenas o líder de mercado pode ter uma participação relativa maior do que um.

As médias apresentadas na Tabela 1.1 demonstram que as campeãs ocultas obviamente dominam seus mercados. No mercado mundial, elas possuem uma participação média de 30,2% e superam a fatia de mercado de suas concorrentes mais fortes em 56%. Nos menores mercados da Europa e da Alemanha, a superioridade é ainda mais impressionante.

TABELA 1.1 Participações médias no mercado das campeãs ocultas

	Participação absoluta no mercado	Participação do maior concorrente	Participação relativa no mercado da campeã oculta
Mundo	30,2%	19,4%	1,56
Europa	36,7%	20,8%	1,76
Alemanha	44,4%	21,8%	2,04

Podem-se encontrar campeãs ocultas em praticamente todos os setores. Na amostra, o maior segmento é o da indústria mecânica e de máquinas, com 37%. O segundo maior segmento é formado por indústrias heterogêneas, incluindo prestação de serviços, demonstrando que os mercados menores que não possuem uma posição específica nas estatísticas setoriais são típicos para as campeãs ocultas. As empresas dos setores elétricos/eletrônicos compreendem 11,8%, enquanto as do setor metalúrgico, 10,1%. Produtos químicos, papel/tipografia, alimentos e produtos têxteis formam outros ramos importantes.

O tamanho de uma campeã oculta típica reflete-se nas médias de vendas anuais de US$ 130 milhões. Aproximadamente, um terço das empresas da amostra possui receitas abaixo de US$ 66 milhões, um terço entre US$ 66 milhões e US$ 266 milhões e um terço acima de US$ 266 milhões. A receita da menor campeã oculta é de US$ 3,33 milhões.

Apesar da recessão, a taxa de crescimento médio anual dessas empresas, no período de 1989-1994, foi de 6,5%. Nos anos da explosão de crescimento, do início ao final da década de 80, foi de 16%. Dois terços dos respondentes estavam satisfeitos ou muito satisfeitos com o desempenho de suas taxas de crescimento. As campeãs ocultas empregam em média 735 pessoas e, ao contrário das grandes corporações, criam muitos empregos novos. No final da década de 80, o número de funcionários dessas empresas aumentou rapidamente, em uma taxa de 9% por ano; mesmo durante a recessão da década de 1990, os seus níveis de emprego permaneceram estáveis ou aumentaram levemente. Seus produtos concentram-se nas fases maduras (67,3%) e de crescimento (28,2%) do ciclo de vida, com apenas 2,7% e 1,8%, respectivamente, nas fases iniciais e de declínio. Tal distribuição aponta em direção a um crescimento de estável a moderado.

As campeãs ocultas são grandes exportadoras. Na média, 51,4% de suas vendas provêm de exportações diretas. Nesse índice não estão incluídas as exportações indiretas, que envolve a incorporação do produto de uma empresa ao produto acabado de outra. A Röhm, fabricante de brocas e mandris para furadeiras, por exemplo, dedica-se a exportações diretas substanciais, mas a maioria de seus produtos é enviada aos mercados estrangeiros como componentes dos produtos de outras empresas, como a Bosch e a Black & Decker. A mesma idéia também pode ser aplicada aos tetos solares da Webasto, que são exportados juntos com os automóveis produzidos.

As campeãs ocultas que fizeram parte da amostra desempenham um enorme papel no comércio internacional da Alemanha. Embora sejam pequenas ou médias em tamanho, elas contribuíram, em média, com US$ 66,5 milhões para as exportações alemãs em 1993. Se multiplicarmos esse valor por todas as 500 campeãs ocultas, elas são responsáveis por US$ 33,3 bilhões das exportações desse país, e tais exportações representam quase 200 mil empregos muito bem pagos. Embora esse cálculo seja de alguma forma especulativo, serve para ilustrar a importância de empresas como essas para o comércio e para o índice de emprego de uma nação.

Essa visão despertou interesse pelas campeãs ocultas em muitos países. Chris Schacht, por exemplo, ministro australiano da Ciência e das Pequenas Empresas, escreveu-me em uma carta de 24 de março de 1994: "Não há a tendência entre os exportadores australianos de pequeno e médio portes de possuir uma exportação tão forte quanto as suas campeãs ocultas; no entanto, muitas das características identificadas para o sucesso das exportações também se aplicam à Austrália. A indústria do nosso país está agora aceitando o desafio e estamos começando a perceber um aumento nas exportações australianas, em especial pelas empresas de pequeno e médio portes".

Os Estados Unidos, em particular, certamente poderiam melhorar seu desempenho nas exportações desenvolvendo e explorando melhor o potencial de suas campeãs ocultas. Muitas das pequenas e médias empresas do país possuem os pontos fortes e os recursos internos para competir de forma bem-sucedida no mercado mundial. Mas, com um mercado doméstico gigantesco, as empresas norte-americanas desse porte não se sentem compelidas ou inclinadas a desenvolver mercados estrangeiros para seus produtos e serviços. Elas ficam limitadas pelo total desconhecimento dessas oportunidades. O interessante é que as corporações dos Estados Unidos, ao perceberem o futuro promissor dessas empresas alemãs, adquiriram ou compraram ações delas. Assim, a Warner Lambert controla a Tetra, fabricante de comida para peixes, e a Glyco, fornecedora líder de instrumentos para vôo livre, é uma unidade da Federal Mogul, grande fornecedora de produtos automotivos nos Estados Unidos.

A quem pertencem as campeãs ocultas? Das empresas que fizeram parte do meu estudo, 76,5% são de capital fechado, o que em geral significa que são empresas familiares. Vinte e um por cento pertencem a corporações maiores, sendo um pouco mais do que a metade, como a Tetra, de propriedade estrangeira. Os 2,4% restantes são empresas públicas. Do total das 500 empresas pesquisadas, cerca de 15 – listadas na Tabela 11.2 – são empresas de capital aberto. O número de empresas que abriu seu capital vem aumentando nos últimos anos. É provável que essa tendência continue, oferecendo oportunidades interessantes de investimentos. Em 81,5% das empresas familiares, um membro da família faz parte da equipe de administração.

A estrutura da idade das campeãs ocultas merece uma atenção especial. A idade média delas, 67 anos, pode levar a uma interpretação equivocada, pois algumas empresas são muito antigas, o que eleva a média aritmética. A média de idade mais significativa (a mediana) é 47 anos. A empresa mais antiga foi fundada em 1753, e 7,6% das campeãs ocultas já estão no mercado a mais de 150 anos. A distribuição de idade apresenta duas lógicas: um grupo substancial, representando 23,5% das empresas da amostra, foi fundado entre 1845 e 1920; o grupo maior, 40,3%, iniciou suas atividades no período de crescimento de 1945 a 1969, após a Segunda Guerra Mundial. Cerca de um sexto tem menos de 25 anos. A distribuição de idade dessas empresas é apresentada na Figura 1.1.

A estrutura de idade é de particular interesse, uma vez que, na amostra, estão incluídas tanto as empresas que sobreviveram muito bem a várias gerações quanto aquelas que ainda estão na primeira geração e precisam provar que podem administrar o problema da sucessão da empresa, um dos maiores desafios que enfrentam.

A Tabela 1.2 resume as principais características das campeãs ocultas constantes da amostra.

É interessante fazer um contraste entre essas características e aquelas das mais espetaculares histórias de sucesso mencionadas no início deste capítulo. Se comparadas com empresas como Microsoft, Intel, Nintendo, Federal Express e McCaw Celular, pode-se observar que as campeãs ocultas:

- crescem de forma mais lenta;
- competem em mercados mais estáveis e dependem menos de moda e de ciclos de explosão na demanda;
- têm de crescer cruzando as fronteiras desde o início, já que o mercado delas em qualquer país é pequeno;
- podem ter tido uma vida mais longa;
- são empresas familiares ou de capital fechado;
- permanecem sendo empresas de pequeno e médio portes.

Essas peculiaridades contribuem para a formação de uma cultura empresarial que privilegia a continuidade, um crescimento constante e não-explosivo e

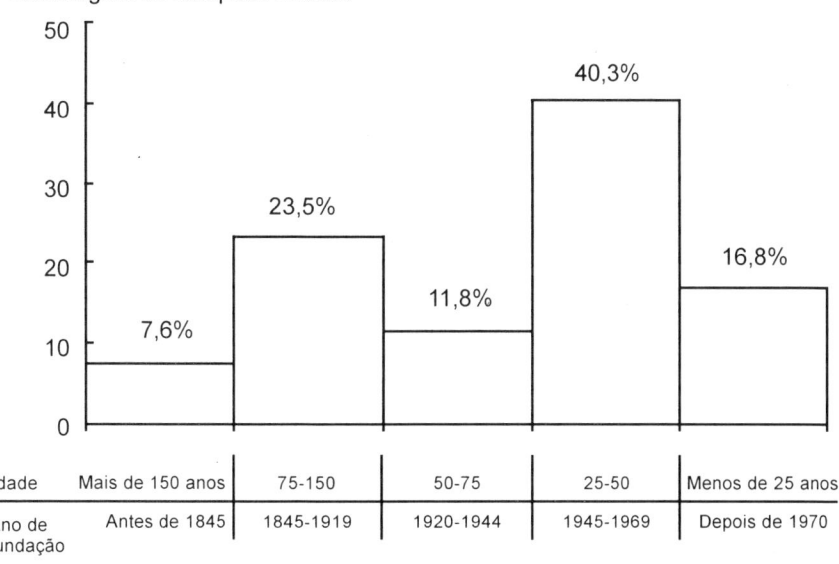

Figura 1.1 Estrutura de idade das campeãs ocultas.

TABELA 1.2 Algumas características estatísticas das campeãs ocultas

Vendas	US$ 130 milhões
Crescimento	1989-1994 6,5% ao ano
	1985-1989 16,2% ao ano
Estágio no ciclo de vida dos produtos	2,7% na fase inicial
	28,2% na fase de crescimento
	67,3% na fase madura
	1,8% na fase de declínio
Número de funcionários	735
Fatia de exportação	51,4%
Exportações	US$ 66,5 milhões
Controle acionário	76,5%, capital fechado/empresa familiar
	21,1%, fundos de interesse (destes, 59% estrangeiros)
	2,4%, público
Estrutura de idade	Média aritmética: 67 anos
	Mediana: 47 anos

algumas práticas que são mais comuns do que se poderia esperar. A liderança global desse estilo depende bastante da atenção cuidadosa aos detalhes, ao compromisso ininterrupto de servir o cliente e à persistência.

AS CAMPEÃS OCULTAS SÃO BEM-SUCEDIDAS?

O título desta seção leva a uma outra questão: o que significa o sucesso nos negócios? É claro que, como todos sabem, o sucesso depende das metas estabelecidas. Se as metas forem alcançadas ou superadas, a empresa é bem-sucedida.

A meta mais importante e mais desafiadora no mundo dos negócios é a sobrevivência a longo prazo, que até algumas empresas de grande porte não conseguem alcançar. Será que as campeãs ocultas são sobreviventes bem-sucedidas? Minha pesquisa não responde especificamente a essa questão, porque as sobreviventes, como representativas exclusivas, são as únicas cujas estratégias consigo analisar. O número de empresas que faliram com o passar dos anos é desconhecido, como também não se sabe se as operações dessas empresas diferiam das operações daquelas que prosperaram. Mas o fato de que 42,9% das empresas da amostra estarem no mercado há mais de 50 anos, e 24,4% há mais de 100 anos, prova que muitas campeãs ocultas foram bem-sucedidas na eterna luta darwiniana pela sobrevivência. Isso não significa que elas não tenham passado por crises terríveis. O contrário também é verdadeiro. A maioria das empresas mais antigas passou por infortúnios em suas histórias que quase lhes custaram a vida. Mas, em geral, elas voltavam mais fortes ainda; 69,9% avaliam sua capacidade de sobrevivência como acima da média. Até a maior parte das empresas mais jovens parece estar bem-preparada para as futuras batalhas competitivas que vai enfrentar.

Comparando o desempenho a longo prazo delas com o desempenho das grandes corporações, as campeãs ocultas parecem estar indo muito bem. Apenas dois anos depois que Peters e Waterman (1982) identificaram 43 companhias excelentes, a *Business Week* descobriu no mínimo 14 empresas que sofreram um declínio nos lucros ou tiveram que encarar problemas mais graves ("Who's Excellent Now?", 1984). De 1955 a 1980, 238 grandes empresas simplesmente desaparecem da lista da *Fortune 500,* e outras 143 mais no período de 1985 a 1990. Das 100 maiores empresas alemãs em 1960, apenas 38 estavam na lista em 1990. Das empresas originalmente escolhidas por Dow Jones em 1897, apenas uma, a General Electric, ainda permanece na lista. Ao mesmo tempo em que é impossível estabelecer uma comparação direta entre as grandes corporações do mundo e as campeãs ocultas, já que não possuo uma lista anterior a esta, o poder que elas criaram no longo prazo parece, pelo menos, tão forte, se não mais, do que o poder que as grandes corporações conquistaram.

A capacidade de crescer sob condições adversas também se comprovou na recessão do início da década de 90. Como outras empresas, as campeãs ocultas não estão imunes ao ciclo geral dos negócios. Surpreendentemente, no entanto, elas atravessaram bem a crise. Sessenta e oito vírgula um por cento realmente acreditam que lidaram melhor com a situação do que suas concorrentes. As manchetes a seguir, publicadas no período de 1992 a 1994, fornecem a sustentação necessária a este julgamento:

- Märklin, líder mundial no segmento de modelos de estradas de ferro: Clientes da Märklin continuam a gastar dinheiro.
- Krones, participação de 80% no mercado mundial de máquinas de rotulagem de garrafas: Pouco afetada pela recessão.
- CeWe, líder no mercado europeu em serviços de fotografias: Não-dependente da queda nos negócios.
- Brückner, fabricante líder no mercado de sistemas para estiramento de filmes biaxiais: Vencedora na recessão. Tirou vantagem dos erros das concorrentes.
- Stihl, líder global no mercado de motosserras: Stihl, à prova de recessão.
- Dürr, líder mundial no mercado de sistemas de acabamento de pintura: Quase todos os setores foram afetados – Dürr foi capaz, entretanto, de manter as tendências positivas dos últimos anos.
- Prominent, líder mundial em bombas de medição: Em 35 anos nunca tivemos uma única recessão, apenas variações na taxa de crescimento.

Não restam dúvidas de que empresas como as campeãs ocultas conseguem se beneficiar de condições adversas. Da amostra, 76,2% relatam que aumentaram sua participação de mercado nos cinco anos entre 1989 e 1994. Isso, obviamente, não se conseguiu por complacência, mas por meio de corte rigoroso nos custos, de reestruturação e da transferência dos empregos muito bem-remunerados da Alemanha para os Estados Unidos e para a Europa Central e o Leste Europeu. Costuma-se afirmar que a recessão devastou as empresas alemãs. De fato, inúmeras empresas de médio porte, em especial aquelas do setor de ferramentas para máquinas (Deckel e Maho, por exemplo) tornaram-se vítimas da recessão, mas elas não pertenciam à elite que está sendo pesquisada aqui. A crise tornou as empresas fortes mais fortes ainda e eliminou as concorrentes mais fracas. Pode-se concluir, sem chance de erro, que as campeãs ocultas são sobreviventes extremamente bem-sucedidas.

A participação no mercado representa outro critério de sucesso, muito popular entre as corporações japonesas. A superioridade das empresas que fizeram parte da amostra neste sentido é bastante óbvia. Se uma empresa alcança uma participação no mercado mundial de 30%, 50% ou 70%, ou uma participação relativa de 1,5, 2 ou 5, ela deve estar fazendo alguma coisa certa e pode, com certeza, ser considerada bem-sucedida.

No que se refere à rentabilidade, o índice de sucesso é bom, mas não chega a impressionar. Apenas uma pequena percentagem das campeãs ocultas é de empresas públicas, obrigadas a divulgar os lucros. Não surpreende o fato de que apenas uma pequena minoria, 22,7% na amostra, realmente desejava revelar seu retorno sobre investimento (ROI, *return on investment*). O ROI médio bruto foi de 13,6%. Se pensarmos em uma relação entre o passivo e o patrimônio líquido de 60:40, o índice é praticamente idêntico ao retorno sobre patrimônio líquido encontrado em um estudo de McKinsey sobre as companhias bem-sucedidas da Alemanha (Rommel et al., 1995). Embora essa rentabilidade possa não parecer alta em relação aos padrões internacionais, ela pode muito bem ser comparada com o ROI médio das grandes corporações industriais existentes na Alemanha. Nos cinco anos entre 1989 e 1993, o ROI dessas empresas, sem incluir impostos, era de aproximadamente 2,6% (Institut der deutschen Wirtschaft, 1994, 3). Em uma avaliação relativa relatada por 99,1% dos meus respondentes, 56% estimavam que sua rentabilidade estava acima ou bem acima da média. Em conclusão, as campeãs ocultas são evidentemente mais rentáveis do que a média das empresas que atuam no mesmo ambiente, mas sua rentabilidade pode não ser espetacular. O lucro a curto prazo não parece ser sua maior preocupação.

As campeãs ocultas estão satisfeitas com seu desempenho? A questão "O quão satisfeito você está, em geral, com o sucesso dos seus negócios nos últimos cinco anos?" devia ser respondida com base em uma escala de sete pontos, variando do 1 (nem um pouco satisfeito) a 7 (totalmente satisfeito). A Figura 1.2 apresenta a distribuição das respostas obtidas.

A maioria, 63,9%, fica acima da média, mas somente uma pequena parcela coloca-se no nível mais alto de satisfação. Pode-se interpretar o quadro como uma mescla de orgulho moderado e compreensão de que nunca é possível se garantir o sucesso, mas é preciso lutar por ele.

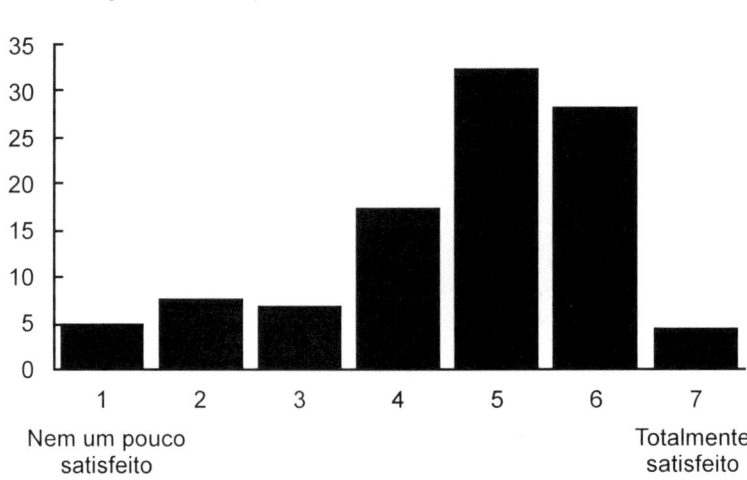

Figura 1.2 Satisfação geral com o sucesso das campeãs ocultas.

Os vários indicadores de sucesso demonstram que as campeãs ocultas são organizações bem-sucedidas, mas não tão extraordinárias nesse sentido quanto se poderia esperar. Sou bastante cético em relação a todas as publicações que descrevem trajetórias espetaculares de sucesso e recomendam comportamento semelhante como fórmula para outras empresas. Essas trajetórias, raramente atribuíveis apenas à diligência e ao trabalho duro, quase sempre incluem um elemento considerável de sorte. Um empresário que acerta o que vai estar na moda, uma tecnologia nova e protegida que atende às demandas de expansão ou uma taxa de câmbio que se modifica de forma favorável. Mas essas coisas que simplesmente caem do céu duram, em geral, pouco tempo. Uma vez que as receitas para o sucesso já estão amplamente disseminadas, elas perdem seu valor, já que outras empresas as adotam e imitam. As campeãs ocultas não nos oferecem fórmulas mágicas para o sucesso. A maioria certamente concorda com a afirmação de Ted Levitt (1988): "O sucesso sustentado é mais uma questão de focar com regularidade as coisas certas e realizar uma série de pequenas melhorias todos os dias".

Certamente, a maior parte das campeãs ocultas líderes com as quais conversei também é adepta dessa filosofia. Várias vezes elas afirmaram que seus concorrentes são bons, às vezes até excelentes, que devem seu sucesso não a um fator apenas, mas, em seu lugar, ao conjunto de implementações de muitas pequenas mudanças, realizadas de forma lenta e consistente, a fim de melhorar seu desempenho. Elas acreditam que estão expostas às mesmas dificuldades e desafios que todas as empresas enfrentam e não se consideram administradoras brilhantes.

Gostaria de enfatizar que, ao julgar a excelência corporativa, é preciso que se mantenha, acima de tudo, a sensatez e o senso de realidade. As campeãs ocultas não são empresas milagrosas; estão expostas às mesmas ameaças competitivas, às turbulências do mercado e aos erros administrativos como outras empresas. E algumas delas acabarão não sobrevivendo no futuro.

Essas considerações levaram-me a deixar de lado a abordagem usual de pesquisa sobre os fatores de sucesso nos quais duas amostras de empresas mais e menos bem-sucedidas são comparadas. Diferenças estatisticamente significativas são, então, interpretadas como fatores de sucesso. Embora se constate que essa técnica é científica em essência, posso dizer que aprendi muito pouco com as dezenas de estudos como esses que já li, cujas descobertas, em sua maioria, são triviais. Na minha pesquisa, o problema é agravado pela escolha de um grupo de controle. Com quem as campeãs ocultas devem ser comparadas? Qual seria a segunda opção? As companhias tradicionais? Do mesmo segmento de mercado? Ao pensar em todos esses aspectos, decidi não utilizar um grupo de controle. Os aspectos qualitativos da pesquisa, que são os mais reveladores, teriam, de qualquer forma, fugido a qualquer comparação desses grupos.

Uma das coisas que aprendi durante minhas visitas às campeãs ocultas e nos encontros que tive com elas é que algumas de suas características mais importantes, como a personalidade do líder e a cultura corporativa, sem falar no seu nível de sofisticação, mal podem ser categorizadas por abordagens puramente quantitativas. Assim, conscientemente, tomo a liberdade de inserir minhas avaliações subjetivas na discussão sobre alguns desses aspectos. Nem todas as conclusões a que chego e as afirmações que faço sobre o assunto podem ser cientificamente verificadas. Acredito, não obstante, que minhas observações são, em essência, verdadeiras. Mas é preciso manter em mente que às vezes não há uma verdade simples e absoluta. Garanto aos leitores que fiz o possível para compreender as campeãs ocultas e passar adiante o que elas fazem e como elas fazem.

Gostaria de advertir meu público leitor para não interpretar as descobertas subseqüentes como receitas simplistas para o sucesso. Em vez disso, os leitores devem avaliar, com senso crítico, quais são as lições e os comentários que se aplicam à sua situação em particular e quais as que não se aplicam. Aceite tudo com uma certa dose de precaução e continue cético!

QUEM PODE APRENDER COM AS CAMPEÃS OCULTAS?

Este livro tem como público-alvo, primeiramente, os profissionais e administradores de pequenas e grandes empresas. Os acadêmicos e pesquisadores também podem sair ganhando com a obra. Muitas das minhas descobertas opõem-se a alguns ensinamentos atualmente aceitos sobre administração.

Cada empresa deve estar pronta para aprender com outras companhias bem-sucedidas em seus propósitos. No passado, esse tipo de instrução parecia ser uma via de mão única que ia das grandes para as pequenas empresas, caminho cujo sentido eu desejo inverter. Os leitores poderão verificar pelos capítulos subseqüentes que as grandes empresas podem aprender bastante com as campeãs ocultas. Em muitos seminários com empresas de porte considerável, descobri que as lições dadas pelas campeãs ocultas estimulavam a auto-reflexão e a discussão acirrada, e levavam a ações concretas. Em *Feitas para Durar*, Collins e Porras (1994) chamam as empresas que investigaram de empresas visionárias e as melhores entre as melhores. Acho que eles teriam sido um pouco mais cautelosos ao aplicar essas denominações exageradas se tivessem tomado conhecimento das campeãs ocultas.

Embora muitas das qualidades dos dois grupos sejam impressionantemente idênticas, as campeãs ocultas são superiores à maioria delas. Tome como exemplo a continuidade como é avaliada pelo tempo de gestão de um CEO. Com 17 anos, as companhias visionárias são excelentes nesse sentido, mas as campeãs ocultas que têm mais de 50 anos superam-nas com uma gestão média de 24 anos. Comparadas com as grandes empresas típicas, as campeãs ocultas são muito mais eficazes e eficientes. Adotar apenas algumas de suas práticas poderia se traduzir em enormes avanços para as grandes empresas. Aplicar essas lições, no entanto, exige mudanças radicais na organização, na cultura corporativa e na liderança. Para ilustrar a questão, comparo os atributos das campeãs ocultas aos das grandes corporações. Tais contrastes permitem visualizar a grande empresa do futuro como uma grande campeã altamente focada, digamos, a Boeing, ou como um grupo de campeãs ocultas. Discuto esses aspectos de forma mais cuidadosa no Capítulo 11.

Empresas menores e não tão bem-sucedidas também podem aprender com a comparação de suas estratégias com aquelas das campeãs ocultas, a fim de determinarem onde estão as diferenças. Sem dúvida alguma, nessas diferenças estão envolvidos os elementos essenciais da estratégia das campeãs ocultas, como estabelecimento de metas, foco e concentração. O Capítulo 11 apresenta uma lista de verificação para se determinar se uma empresa enquadra-se ou não dentro do conceito de uma campeã oculta.

Talvez as empresas fora da Alemanha possam beneficiar-se mais. Embora os estilos e as estratégias de administração das empresas norte-americanas e de algumas japonesas sejam bem-conhecidos internacionalmente, a Alemanha continua sendo um mistério, apesar de seus sucessos enormes nas exportações e na concorrência internacional, que poucas pessoas fora do país conhecem. Como logo se tornará evidente, a estratégia das campeãs ocultas, que se baseia em alguns princípios simples aplicados com bom senso e que estão imunes às mais recentes correntes da administração enquanto disciplina acadêmica, pode produzir um retorno à essência da boa administração. No Capítulo 11, também discuto as implicações que isso terá para empresas ao redor do mundo.

RESUMO

Este capítulo demonstrou que, além das óbvias histórias de sucesso das grandes corporações altamente reconhecidas no mundo dos negócios e relatadas na imprensa especializada, um tipo diferente de sucesso encontra-se escondido sob uma camada de discrição e sigilo. Entre as menos conhecidas, estão algumas das melhores empresas do mundo, as campeãs ocultas.

- São empresas de pequeno e médio porte.
- Dominam seus mercados no mundo todo, em geral com participações de mercado de mais de 50%.
- Em geral vendem produtos "ocultos" ou de baixa visibilidade.
- Possuem um histórico impressionante de sobrevivência.
- Obtêm grande parte de suas receitas das exportações, permitindo contribuir de forma ativa para a balança comercial do país.
- São concorrentes realmente globais.
- São, em sua maioria, empresas familiares.
- São empresas bem-sucedidas, mas não milagrosas.

As políticas e as práticas das campeãs ocultas podem ser exemplos para as empresas grandes e pequenas, independentemente do setor e da nacionalidade.

A Meta | 2

Nossa meta é nos tornarmos a número um.

O objetivo número um das campeãs ocultas é a liderança de mercado – nada mais. Mas o que significa a liderança de mercado? Como as campeãs ocultas vêem esse conceito? Como elas conquistam e defendem sua posição de liderança? Qual é o papel que as metas e as visões desempenham em relação ao seu sucesso e como elas são implementadas? Essas são algumas das questões que tentarei responder neste capítulo.

LIDERANÇA DE MERCADO

O interesse pela liderança de mercado vem aumentando rapidamente nos últimos anos (ver, por exemplo, Biallo, 1993, Adamer e Kaindl, 1994, Treacy e Wiersema, 1995). A liderança de mercado é geralmente definida em termos de participação de mercado, e a empresa com maior participação de mercado é a líder. Como já foi observado anteriormente, as campeãs ocultas são definitivamente líderes nesse sentido. Têm uma participação média no mercado mundial de 30,2% e uma participação relativa de 1,56; ou seja, em termos quantitativos são 56% maiores do que suas concorrentes mais fortes. Na verdade, um quarto delas supera as maiores empresas que lhes fazem concorrência em mais de 150% e possui uma participação relativa de mercado maior do que 2,5.

A Tabela 2.1 lista as posições no mercado mundial de algumas campeãs ocultas. Na tabela são apresentados o produto principal de cada empresa, a receita de vendas, o número de funcionários, a posição no mercado, além da participação absoluta de mercado em percentagem e da participação relativa, ou seja, sua participação dividida pela da principal concorrente. A tabela demonstra que, em termos de participação de mercado, essas empresas lideram e estão, em sua maioria, bem à frente de suas concorrentes.

A liderança de mercado não é, necessariamente, sinônimo de uma participação maior no mercado. Perguntadas por que se consideram líderes de mercado, as campeãs ocultas respondem o seguinte (era permitida mais de uma resposta para cada pergunta, o que faz a soma das percentagens ser maior do que 100): as receitas de venda e as vendas por unidade, com 72,6% e 46,6%, respectivamente, são vistas como os dois critérios mais importantes da liderança de mercado; 36,2% acham que a sua liderança também pode ser definida pela tecnologia; 6,9% julgam que são líderes da linha de produtos e 14,7% consideram que outros critérios

TABELA 2.1 Posições no mercado mundial de algumas campeãs ocultas

Empresa	Produto principal	Vendas em milhões de dólares	Funcionários	Posição no mercado mundial		
				Classificação	Participação absoluta em percentagem	Participação relativa
Aesculap	Instrumentos cirúrgicos	350	4.500	1-2	15	1,5
Hensoldt & Söhne	Binóculos e telescópios	60	957	1	>50	2,5
Brähler	Aluguel de sistemas para conferências/interpretações	45	390	1-2	30	1
Hille & Müller	Fitas de aço revestida com níquel	330	1.500	1	>50	2
Matth. Hohner	Acordeões e gaitas de boca	127	1.050	1	85	42,5
Carl Jäger	Incensos e porta-incensos	3	10	1	70	2,3
Arnold & Richter	Câmeras para filme 35 mm	130	700	1	60	3
Deutsche Messe	Organização de feiras comerciais para bens de capital	267	600	1	12,5	2
Ex-Cell-O	Máquinas de usinagem para juntas homocinéticas	300	1.300	1	70	3,5
Söring	Dissecadores ultra-sônicos	3	20	1	36	1,2
Physik Instrumente	Acionadores piezelétricos	66	440	1	50	3,3
Grenzebach	Equipamentos para corte e manuseio de vidros planos	67	450	1	50	5
Märklin	Ferrovias de brinquedo	147	1.700	1	55	3
SAP	Sistemas computacionais	1800	5.000	1	40	1,5
ASB Grünland	Solo preparado para plantio doméstico	191	465	1	40	4
Carl Walther	Armas esportivas	17	200	1	50	2

qualitativos, como qualidade, prestação de serviço e presença mundial, definem melhor sua liderança (ver a Tabela 2.2). As entrevistas que realizamos claramente dão suporte à constatação de que, para as campeãs ocultas, a liderança de mercado transcende a dimensão quantitativa da participação de mercado. A liderança em um mercado inclui aspectos como superioridade em inovação, tecnologia, competências centrais, estabelecimento de tendências, influência no mercado e poder. A liderança verdadeira de mercado significa mais do que deter a maior fatia dele.

As campeãs ocultas consideram a liderança de mercado um conceito a longo prazo, e não a curto prazo. Na média, elas foram líderes em seus segmentos por mais de 10 anos, com aproximadamente um quarto delas mantendo sua posição por mais de 25 anos. A Glyco tem quase 100 anos de idade, e Horst Müller, CEO da empresa, afirma que a liderança tecnológica sempre foi seu ponto forte.

TABELA 2.2 Critérios para a liderança de mercado das campeãs ocultas

O que faz com que uma empresa seja líder de mercado?	
Maior em receita de vendas	72,6%
Maior em unidades de venda	46,6%
Líder em tecnologia	36,2%
Líder na linha de produtos	6,9%
Outros critérios (por exemplo, qualidade, prestação de serviço, presença mundial)	14,7%

A Scheuerle, fundada em 1869, é líder na tecnologia de transportes pesados (até 10.000 toneladas) desde que entrou em operação.

A liderança no passado constitui a base para a força atual e futura das empresas. As respostas à questão "O quão dominante você é como líder de mercado?" – em uma escala variando de 1 (nem um pouco dominante) a 7 (muito dominante) – são mostradas na Figura 2.1.

Quase três quartos, 74,4%, vêem seu domínio acima do índice médio de 4%; somente 13,7% ficam abaixo de 4. Em consonância com esse quadro está a avaliação que elas fizeram de sua influência sobre crescimentos futuros em seus respectivos mercados: 66,4% pensam que ele será forte ou muito forte, com apenas 16,4% avaliando-o abaixo da média. Os padrões de domínio e influência estabelecidos a partir da pesquisa quantitativa foram confirmados pelas entrevistas que realizamos e se refletiram nelas. Tais observações levaram-me a sugerir o conceito de liderança psicológica do mercado, que deveria incluir diversos parâmetros de liderança, como tecnologia, cobertura de mercado e qualidade. Os entrevistados adotaram o conceito com entusiasmo e o consideraram muito mais significativo do que a simples liderança na participação de mercado.

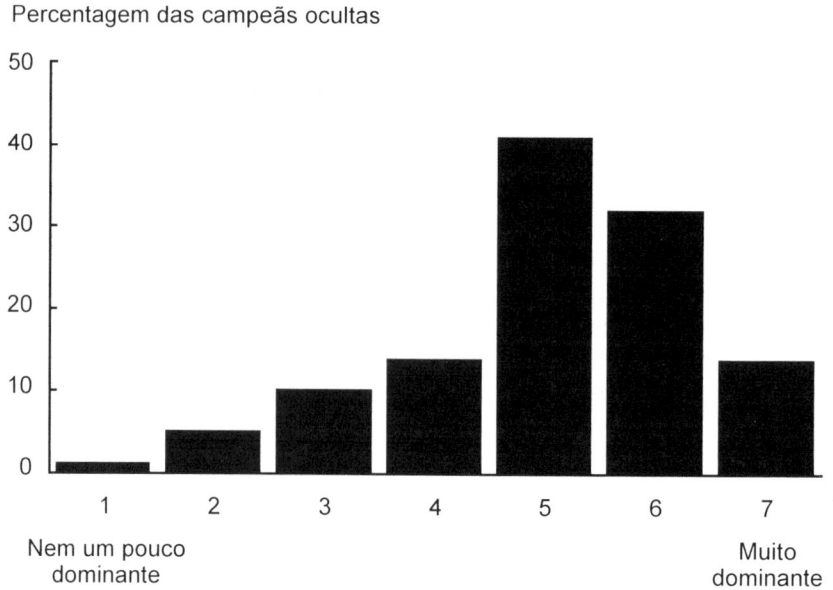

Figura 2.1 Percepção do domínio das campeãs invisíveis enquanto líderes de mercado.

Hans-Michael Müller, da Eppendorf-Netheler-Hinz, líder mundial no segmento de pipetas, afirmou: "Gosto do termo 'liderança psicológica de mercado'. É exatamente isto que somos. Ninguém pode nos ignorar. Quando se fazem comparações, a gente se torna sempre um referencial. Nós estabelecemos os padrões, definitivamente. Os concorrentes chegam a dizer: 'Somos tão bons quanto a Eppendorf'". A E.C.H. Will, cujas máquinas são utilizadas para produzir metade de todos os livros didáticos do mundo, declarou: "Nosso negócio não é copiar o que há de mais moderno, mas inaugurar a modernidade. Estabelecemos o padrão dos negócios". Alfred K. Klein, CEO da Stabilus, líder mundial no mercado de amortecedores a gás, pensa em termos de liderança psicológica do mercado:

> Depois de algum tempo, encontramos nossas idéias refletidas nos produtos e hábitos do setor. Em uma ocasião, alteramos o símbolo técnico de "força" de p para f. Logo em seguida, todos trocaram de p para f. Seguidamente, vemos no comportamento de nossos concorrentes alguns dos erros que nós próprios cometemos no passado. Não é isso que significa a liderança psicológica?

E Günter Fielmann, fundador e CEO da maior empresa varejista de óculos na Europa e número dois no mundo, acrescentou:

> Assumimos a liderança e redefinimos por completo as regras no nosso setor. Nossa participação no mercado é incomparável no mundo ocidental. Mas muito antes de nos tornarmos a maior empresa em vendas, éramos os líderes psicológicos do mercado. A liderança psicológica é a causa, e a liderança em participação de mercado é a conseqüência.

No livro *Competing for the Future*, Hamel e Prahalad (1994, 47) falam de "liderança intelectual" como a primeira de três fases da concorrência no futuro. O conceito parece similar, mas a expressão "liderança psicológica do mercado" foi desenvolvida para incluir força e vontade, não simplesmente elementos intelectuais. O termo está claramente associado à reivindicação de liderança, resultando em uma combinação de liderança intelectual e de "implementação".

As campeãs ocultas destacam-se não apenas no desenvolvimento de participações de mercado, como também na defesa de suas posições de liderança. Por trás do sucesso diretamente observável pela participação de mercado há uma liderança psicológica mais profunda, que deve estabelecer padrões em um setor, e definir e redefinir as regras em vigor. Ela é desenvolvida tanto com base nas competências superiores como na vontade de determinar as tendências do mercado, em vez de apenas aceitá-las. A liderança psicológica de mercado, em geral, precede a liderança na participação de mercado, de forma que a primeira é causadora da segunda.

Os líderes de mercado, em especial grandes corporações em grandes mercados, buscam manter as regras do jogo para sustentar suas posições. Essa atitude gera inércia e complacência e, em última análise, resulta em perda da posição de liderança. Foster (1986) chama esse fenômeno de síndrome da perda de liderança. As campeãs ocultas, possivelmente, são menos acometidas por essa síndrome quando comparadas com as grandes corporações. A manutenção a longo prazo de suas posições de liderança fornece evidências de que elas se mantêm flexíveis e cautelosas o suficiente para nunca se sentirem confortáveis em seus papéis. Continuam a inovar e a redefinir as regras em seus setores.

O PAPEL DA LIDERANÇA DE MERCADO

As evidências de que o líder de mercado se sai melhor do que a média dos concorrentes são tão impressionantes que a questão nem precisa ser elaborada com riqueza de detalhes. As descobertas sobre o impacto dos lucros na estratégia de mercado (PIMS, *profit impact of market strategy*) fornecem a sustentação mais conclusiva de que uma participação maior de mercado, seja na posição geral ou em participação absoluta ou relativa, relaciona-se a um maior retorno sobre investimento (ROI). A Figura 2.2 apresenta as bem-conhecidas constatações de Buzzell e Gale (1987) para a percentagem e a classificação em termos de participação de mercado.

As constatações sobre o PIMS, que já foram contestadas (ver, por exemplo, Jacobson e Aaker, 1985), provavelmente não representam uma medição totalmente válida do grau de causalidade existente entre a participação de mercado e o ROI. Não há qualquer dúvida, no entanto, de que a participação de mercado tende a possuir um efeito causal positivo sobre a lucratividade. Os líderes de mercado, em geral, gostam tanto das vantagens de custo – economias de escala e efeitos na curva de experiência – quanto das vantagens de *marketing*. O simples fato de uma empresa ser líder de mercado é indicativo de segurança e confiança para os clientes. O líder possui a capacidade de estabelecer ou influenciar padrões, de ter as melhores organizações de vendas e serviços e, ainda, de administrar a vantagem de boa reputação.

Os *slogans* que enfatizam a liderança de mercado servem como fortes mensagens publicitárias. A Boeing lançou seu modelo 767 com o *slogan* "Voe com o líder". Uma mensagem do tipo "Hearne Brothers produzem e vendem mais do que todos os concorrentes juntos... Deve haver uma razão" contém uma conotação extremamente forte de superioridade. Da mesma forma, muitas campeãs ocultas utilizam sua posição de liderança nas informações de *marketing*.

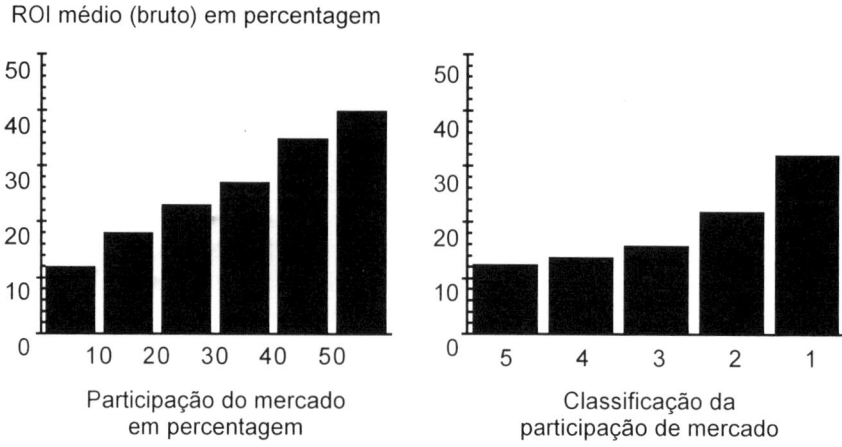

Figura 2.2 A vantagem do ROI na liderança de mercado de acordo com o PIMS.

Na minha amostra, no entanto, os resultados do PIMS quanto à correlação entre a participação de mercado e o ROI não foram confirmadas. Não consegui encontrar uma correlação significativa entre essas duas variáveis. Isso não chega a surpreender pois todas as empresas possuem altas participações relativas ou absolutas de mercado, estando a maioria delas no grupo de maior participação de mercado ou na classificação geral considerada na amostra do PIMS. Constatei, não obstante, que a mudança na participação no mercado demonstrava uma relação altamente significativa com o ROI. As 67,4% empresas que aumentaram sua participação de mercado nos cinco primeiros anos da década de 1990 atingiram um ROI médio de 16% antes dos impostos. Por outro lado, as 19,6% que perderam mercado no mesmo período tiveram um ROI médio de apenas 3%. Assim, nessa amostra, as alterações nas participações de mercado tiveram um efeito positivo muito forte sobre a lucratividade. A Figura 2.3 ilustra essa constatação.

Também é interessante observar o quanto mudaram as participações de mercado. Os vencedores ganharam 8 pontos percentuais e os perdedores reduziram sua percentagem em 10 pontos. Contrárias às opiniões predominantes, minhas constatações sugerem que construir uma posição no mercado pode ser menos oneroso do que defender aquela já existente. Atribuo essa peculiaridade à liderança psicológica do mercado. Aos ganhos de participação de mercado segue-se um desempenho elevado em inovação, tecnologia, qualidade e alguns fatores semelhantes. As campeãs ocultas bem-sucedidas eram quase sempre líderes psicológicas de mercado, atuando de uma maneira ativa, agressiva e otimista.

A defesa da participação de mercado, por outro lado, exige, em geral, concessões de preço que afetam direta e negativamente a lucratividade. Essa defesa é, com freqüência, sustentada por um aumento dos investimentos em publicidade e vendas, que corroem ainda mais a lucratividade. O impulso para aumentar a

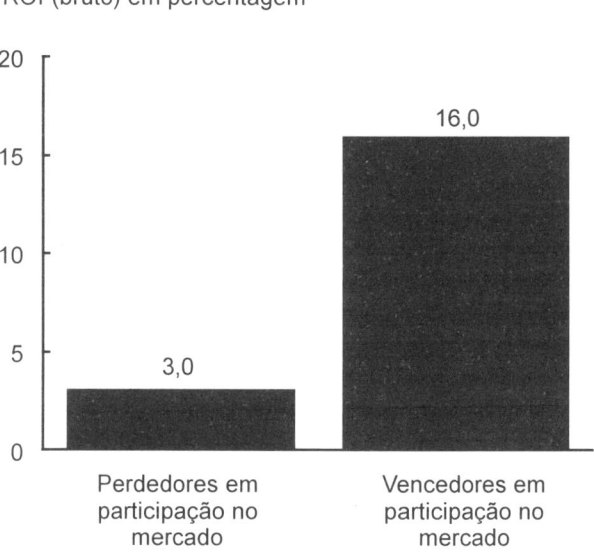

Figura 2.3 O ROI dos vencedores e perdedores em participação no mercado.

participação de mercado também pode ser relacionado à discussão sobre as competências centrais e o foco renovado (ver, por exemplo, Prahalad e Hamel, 1990). Concentrar-se nas competências essenciais de uma empresa restringe, em geral, as oportunidades de crescimento em negócios não relacionados e diversificados. A empresa que deseja se manter em crescimento sob tais circunstâncias precisa crescer nos mercados centrais que domina, o que equivale a buscar uma maior participação de mercado e uma posição de liderança ainda mais forte.

Focar-se nas competências essenciais e buscar de forma acentuada a liderança de mercado, fundamentalmente dois lados da mesma moeda, tornou-se popular entre as grandes e pequenas empresas. Entre as grandes empresas, Jack Welch, da General Electric (ver Slater, 1993), constitui o modelo de atuação segundo essa estratégia. Ele quer que todas as divisões da GE lutem pela primeira ou segunda posição em seus respectivos mercados mundiais. A United Airlines anunciou que quer se tornar a líder global no mercado; a Lufthansa estabeleceu a meta de se tornar a número um na Europa. A Gillette, de acordo com o seu ex-CEO, Alfred M. Zeien, somente "lançará produtos que sejam ou possam vir a se tornar líderes mundiais em seus segmentos" ("Gillette hat ehrgeizige Ziele und eigenwillige Grundsätze", 1994, 3). A Braun AG, subsidiária da Gillette, parece estar na vanguarda dentro da empresa ao implementar seu objetivo, já que mantém posições mundiais de liderança em quase toda a sua linha de pequenos produtos. Um folheto da empresa Motorola declara que ela está "lutando por uma posição mundial de liderança". A Schering anuncia que "quer dominar os mercados especializados em todo o mundo" ("Schering will weltweit Spezialmärkte beherrschen", 1994). E, desde 1994, a minha empresa experimentou um forte aumento nos pedidos de consultoria para desenvolver estratégias que contemplem a liderança e o domínio de mercados.

Essa tendência pode ser nova para muitas corporações do Ocidente, mas existem dois tipos de empresas para as quais isso soa muito familiar: o primeiro são as empresas japonesas. O professor Horst Albach, da Humboldt University, em Berlim, realizou um amplo estudo sobre inovação na Alemanha, nos Estados Unidos e no Japão (Albach, 1994). Em relação à liderança mundial de mercado, ele relata sobre o Japão: "Não encontramos uma única empresa que não estivesse comprometida com o objetivo de se tornar a número um do mundo em seu mercado." E acrescenta: "Não encontramos uma única empresa japonesa – grande ou pequena – que não conhecesse todos os seus concorrentes internacionais que ocupavam uma posição melhor no *rank* da competitividade nos mercados globais" (21). Essas palavras mandam-nos uma mensagem muito clara!

A segunda categoria de empresas para as quais a meta de liderança no mercado mundial constitui um conceito bem-conhecido é a das campeãs ocultas.

A META

Como você se torna líder de mercado? Em primeiríssimo lugar, querendo a posição, determinando a meta, tendo a vontade de alcançar o primeiro lugar. Para a maioria das campeãs ocultas, a meta de se tornar líder de mercado – em teoria, líder do mercado mundial – marca apenas o início, o ponto de partida para o seu sucesso. As posições de mercado conquistadas não foram alcançadas sem um objetivo claro, uma visão de longo prazo, uma determinação extremamente forte e ainda, a vontade de perseguir esse objetivo durante décadas.

Uma empresa que prefere permanecer anônima, líder mundial em várias subáreas de química especializada, um tipo perfeito de campeã oculta, afirma o seguinte: "A meta da empresa é a liderança em tecnologia no mercado e de nichos rentáveis da química especializada." E a Winterhalter Gastronom, que controla o segmento de lavadoras de louça para hotéis e restaurantes, é quase tão específica e ambiciosa: "Nossa meta é a liderança absoluta em nosso mercado precisamente definido na Europa e na Ásia". Segundo Villeroy & Boch: "Nunca fomos atrás do sucesso rápido, mas sim dos resultados de longo prazo. Sempre quisemos estar entre as maiores empresas do nosso mercado, idealmente ser a maior. A empresa, de 150 anos, é líder mundial em azulejos e uma das três maiores produtoras do mundo de peças de cerâmica. A Dräger, líder mundial no mercado de incubadoras, tem como um de seus quatro princípios básicos: "Posição de liderança: nós queremos ficar no topo! Sempre lutamos e ocupamos a posição de líder em nosso mercado. Isso se aplica tanto à liderança de mercado quanto à liderança em tecnologia". O princípio que orienta a Braun, afiliada da Gillette, é o da liderança no mercado mundial. Ela declarou o desejo de que todas as suas divisões sejam as primeiras, não apenas aquelas nas quais já mantém essa distinção, claramente distanciando-se dos concorrentes em escovas de dentes elétricas, liquidificadores portáteis e aparelhos para o tratamento de cabelo. Ela está lutando com a Philips para ser a número um no segmento de barbeadores elétricos e com a Mr. Coffee no segmento de máquinas de café. Seus pontos fortes em termos de *design*, de tecnologia e de presença de mercado fazem presumir que a Braun será a provável vencedora.

Essas são, na verdade, afirmações precisas, mas não observações isoladas. O jornalista Horst Biallo (1993, 17) escreve o seguinte sobre Jörg Siebert, CEO da DGF Stoess AG, líder mundial no mercado de gelatinas: "Embora negue oficialmente, Siebert não quer nada mais do que o domínio mundial no mercado de gelatina." Siebert, a propósito, ganhou medalha de ouro nas Olimpíadas do México, em 1968, na categoria barco a remo, uma atividade que certamente exige a mesma força necessária para conquistar o mercado mundial. Em uma entrevista, Fritz Mayer, um dos três filhos do fundador Karl Mayer, líder do mercado mundial de máquinas *rashel* (utilizadas para a produção de seda) afirmou: "Nosso lema é vender nossas máquinas nos quatro cantos do mundo com os preços mais aceitáveis possíveis e derrotar qualquer concorrência em nosso nicho de mercado" ("Geht Karl Mayer nun auch den Weg nach China?", 1993).

A clareza e a firmeza dessas metas explícitas não deixam espaço para ambigüidade e dúvida. Viktor Dulger, fundador da Prominent Dosiertechnik, líder mundial no segmento de bombas de medição, chegou a associar o nome de sua empresa à meta de ser a número um: "No começo, estabeleci a meta de superar todos os fabricantes *proeminentes** de bombas com a minha invenção. É por isso que chamei minhas bombas de Prominent!" (Hoffmann, 1995, 16). A seguir, são apresentadas as afirmações de várias campeãs ocultas sobre a meta de se tornarem a número um, extraídas das entrevistas realizadas:

- Desde o início, a meta era se tornar a líder internacional.

* N. de T. "Prominent", no original.

- Quando tinha dois funcionários, eu queria me tornar a número um no mundo. Agora tenho centenas de funcionários e somos a número um.
- Lutamos para ser a fornecedora dos trinta maiores clientes do mundo.
- A identidade da empresa é definida pela nossa posição de liderança no mercado mundial.
- Queremos ser grandes em mercados pequenos.
- Defender a posição de liderança em nossa área de competência – uma das três metas da empresa.
- Quero que minha empresa ainda seja líder de mercado daqui a cem anos. Construímos esse mercado e queremos dominá-lo hoje e sempre.
- Nosso chefe nos vê como líderes no mercado global, por isso a única escolha que temos é nos tornarmos líderes no mercado mundial.

As palavras empregadas em algumas dessas metas podem soar um pouco fortes e bastante exageradas. Naturalmente, não se pode garantir que algumas tenham sido cunhadas depois dos fatos ou durante o processo. Mas, por ter conversado com tantos CEOs e funcionários dessas empresas, sei que a maioria está realmente empenhada em alcançar suas metas. Talvez o objetivo já estivesse sendo buscado antes mesmo de ter sido explicitamente verbalizado. O que importa é o comportamento.

Consciente ou intuitivamente, essas pessoas compreenderam a importância vital das metas e da visão. Elas sempre me fazem lembrar do filósofo espanhol José Ortega y Gasset, que define o homem como "um ser que consiste não apenas no que ele é, mas no que ele vai ser" (Ortega y Gasset, 1960). Tais líderes, que controlam o presente a partir do futuro, provavelmente teriam concordado com a seguinte observação desse trabalho: "O homem não está onde ele se coloca hoje, mas está à frente de si mesmo, muito à frente do horizonte do seu próprio eu, e de lá ele controla e conduz a sua vida atual. Vivemos de nossas ilusões, como se elas já fossem realidade". Os objetivos e as visões dos líderes das campeãs ocultas podem, com freqüência, parecer ilusões, mas, no decorrer do tempo, pensamentos, visões, palavras e imagens mentais se transformam em realidade porque são sustentados por ações.

Peter Drucker (1988, 76) define o papel crucial desses objetivos e visões de forma bem sucinta:

> Toda empresa necessita de objetivos simples, claros e unificadores. Sua missão precisa ser clara e grande o suficiente para fornecer uma visão comum. Os objetivos que abrangem essa visão necessitam ser claros, públicos e, em geral, reafirmados. Ouvimos muita discussão hoje em dia sobre a cultura de uma organização. Mas o que realmente queremos dizer com isso é o comprometimento que toda empresa precisa ter com alguns objetivos e valores comuns. Sem esse comprometimento, não há empresa, apenas um ajuntamento de pessoas trabalhando de forma desordenada. O trabalho da administração é pensar, estabelecer e exemplificar esses objetivos, valores e metas.

Muitas campeãs ocultas são exemplares no estabelecimento de metas, visões e planejamento de estratégias de longo prazo. Em 1979, a Würth, líder no mercado de produtos de montagem, obteve um faturamento de US$ 286 milhões. Na época, Reinhold Würth, então CEO da empresa, definiu novas metas de vendas para 1986, no valor de US$ 667 milhões, e para 1990, de US$ 1,33 bilhão. Würth expressou o seguinte: "É impressionante a rapidez com que as metas ganham vida própria e se tornam parte da cultura corporativa. Os funcionários identificam-se com as previsões de venda e fazem tudo para atingi-las". Em 1989, quando a meta de faturamento de US$ 1,33 bilhão foi atingida, a Würth não hesitou em estabelecer uma nova meta, de US$ 7 bilhões, para o ano 2000. Com um faturamento superior a US$ 2,67 bilhões em 1995, a empresa mantém-se no rumo desejado. Foi assim que Würth avaliou o novo objetivo:

> Esta nova visão foi aceita pelos funcionários em muito pouco tempo. Ninguém pensa mais duas vezes nesse valor extremamente alto e ninguém tem problemas para ajustar suas atividades a ele. Não vou estar exagerando se afirmar que a nova visão criou uma atração quase magnética.

Klaus Hendrikson, diretor-geral da Würth do Brasil, fez o seguinte comentário: "Não se trata mais de uma visão. Trata-se de uma meta perfeitamente alcançável. A idéia de que podemos atingir o faturamento desejado baseia-se em análises sensatas." O último aspecto é essencial. A Würth admite que não se pode lançar essa visão para discussão.

> Você deve ser capaz de comprová-la. É preciso verificar todas as limitações e todos os recursos disponíveis, mercado, financiamento, recursos humanos, capacidades administrativas, e assim por diante. Somente depois que fizer o dever de casa de forma bem atenciosa é que você deve expor as metas e visões ambiciosas. Mas, se a base for sólida, a visão tomará conta de si mesma.

Um segundo exemplo é a Kärcher, líder mundial no mercado de limpadores de alta pressão. Após o falecimento do fundador, na metade da década de 70, um jovem empreendedor, Roland Kamm, assumiu o comando da companhia. Em 1978, quando a empresa tinha um faturamento de aproximadamente US$ 20 milhões, Kamm expôs suas metas no *Report 1995*, na qual prevê um montante de vendas de US$ 667 milhões para o ano de 1995. *Report 1995* continha estratégias explícitas para novos produtos, incluindo uma seção intitulada "Ainda Desconhecido", e para a expansão internacional. Em 1993, a Kärcher anunciou que suas vendas mundiais eram de US$ 691 milhões. Neste ínterim, foram estabelecidas novas metas explícitas para a década de 2000, também muito audaciosas. Depois de ter conhecido a equipe internacional da Kärcher, tive certeza de que serão alcançadas. Nunca vi uma visão a longo prazo ser conduzida de forma tão meticulosa quanto a dessa empresa.

Na metade da década de 70, a Webasto tinha aproximadamente a mesma receita de vendas que a Kärcher. Werner Baier, que se transformou no CEO da empresa naquela época, achou que essa era uma boa posição inicial para a liderança mundial no mercado de tetos solares para automóveis. "Foi sobre esse fundamento que construímos nossa visão a longo prazo da liderança do mercado mundial", afirma ele. A Webasto, que hoje atinge a marca de US$ 1 bilhão em vendas, é líder no mercado de tetos solares e sistemas auxiliares de aquecimento. Sua nova equipe administrativa, que tem Rudi Noppen como CEO e Franz-Josef Kortüm, estabeleceu metas igualmente audaciosas para a década de 90.

Muitos dirigentes e funcionários das campeãs ocultas estão olhando para frente. A Winterhalter Gastronom, que controla o segmento de lava-louças para hotéis e restaurantes, possui um princípio muito claro: "Dedicamos uma parte substancial de nosso tempo para o futuro". No final das entrevistas, geralmente eu perguntava: "Onde você vê sua empresa daqui a 10 anos?" A maioria das respostas era espontânea e clara. Seus objetivos futuros parecem ser tão definidos quanto seus objetivos passados eram para o presente.

Isso pode soar como se todas as campeãs ocultas aplicassem a abordagem da estratégia planejada como foi definida por Mintzberg e Waters (1985, 270), em que

> o planejamento sugere intenções claras e articuladas apoiadas em controle formal a fim de garantir sua execução, em um ambiente de concordância. Em outras palavras, é aí que reside a clássica distinção entre "formulação" e "implementação". Os líderes formulam suas intenções precisas e lutam pela implementação com um mínimo de distorção e surpresa.

Embora as estratégias desenvolvidas por Würth, Kärcher e Webasto tenham muito em comum com esse padrão planejado, a implementação das três certamente não estava livre de distorção e surpresa.

O objetivo e a visão das campeãs ocultas típicas são claros, mas raramente são elaborados. Antes de serem quantitativos, eles são qualitativos. Isso pode parecer um pouco diferente da abordagem usual que fazem as grandes corporações, na qual se dá muita atenção a detalhes, números precisos e bases analíticas.

Uma segunda diferença existente entre as empresas de grande e médio portes reside na unidade de planejamento e implementação. Nas empresas consideradas campeãs ocultas, a mesma pessoa exerce a função de planejamento e implementação. É extremamente improvável que ela vá se enganar com números pseudoprecisos ou com projeções incertas de longo prazo. Se os planos não se concretizarem como se previa, ela vai querer ajustar a estratégia. Essa abordagem, que Mintzberg e Waters chamam de "estratégia emergente", prevalece com freqüência entre as campeãs ocultas. Mintzberg e Waters descrevem-na como "um padrão em um fluxo de decisões". A estratégia emergente "evolui através de um processo por meio do qual os resultados de muitas ações individuais se juntam para formar um padrão consistente" (1985, 257).

A estratégia emergente não significa que os objetivos gerais são menos claros do que na estratégia planejada. Embora a meta de se tornar líder de mercado possa ser clara e explícita nas duas abordagens, o mercado pode não estar tão bem definido ou ser mais dinâmico, rotas alternativas podem levar a uma posição de liderança e o problema de conseguir recursos ainda pode ter que ser resolvido.

Um exemplo muito comum de estratégia emergente entre as empresas que fizeram parte da amostra é a JK Ergoline, líder mundial no mercado de "camas de sol", utilizadas pelas clínicas de bronzeamento artificial. O mercado de serviços de bronzeamento é volátil, dependendo dos gostos e das mudanças da moda, assim sendo, é muito difícil prever suas tendências. Perguntado sobre onde ele via a empresa daqui a 10 anos, Josef Kratz, CEO da JK, respondeu:

É difícil responder a essa pergunta, em um mercado tão volátil. Mas posso assegurar-lhe uma coisa. Quaisquer que sejam as oportunidades, teremos que ser rápidos e flexíveis o suficiente para nos agarrarmos a elas. E vamos lutar pela liderança do mercado, não há a menor dúvida sobre isso. Provamos nossa flexibilidade. As saunas foram nosso primeiro produto, e com elas já tínhamos uma posição de liderança. Mas as barreiras à entrada nesse mercado eram baixas e todo mundo podia participar. Daí desistimos das saunas e entramos no mercado de "camas de sol" profissionais com a firme determinação de nos tornarmos a número um no mundo. Essa era a nossa meta, e aqui estamos.

Kurt Held, cuja empresa é a segunda maior fabricante de prensas de impressão de correia dupla, é outro exemplo de estratégia emergente. Held, instalado na Floresta Negra*, começou fornecendo componentes mecânicos para os relojoeiros locais. Percebendo muito cedo o declínio da indústria relojoeira, Held, sempre atento a novas oportunidades, inventou um processo para estamparia de correia dupla em 1974. A descoberta levou-o a mercados totalmente novos. "Hoje não dependo de um tipo específico de cliente, e estou sempre buscando outras aplicações para a minha tecnologia. Isso leva minha empresa a direções sempre novas," afirma Held.

Um terceiro tipo de estratégia é a empreendedora. Mintzberg e Waters descrevem-na da seguinte forma:

> A pessoa que controla uma organização pode impor sua visão de direção à empresa. Essas estratégias, em sua maioria, aparecem geralmente em organizações jovens ou pequenas. A visão apenas fornece um sentimento geral de direção. Há espaço para adaptações. Já que aqui a pessoa que formula a estratégia é a mesma que a implementa, passo a passo, ela pode reagir rapidamente a qualquer *feedback* sobre ações passadas ou a novas oportunidades e ameaças do ambiente. É a adaptabilidade que distingue a estratégia empreendedora da planejada. Ela possibilita flexibilidade à custa da especificidade e da articulação de intenções.

Essa estratégia não é muito comum entre as campeãs ocultas. Uma empresa não se torna líder de mercado mundial mudando com freqüência sua direção. Podem-se encontrar, no entanto, várias exceções em algumas empresas muito novas da nossa amostra. Elas sempre criam novos mercados, buscam compreender melhor as necessidades dos clientes, tiram proveito das oportunidades e precisam se manter flexíveis até que encontrem metas e direções de longo prazo. Então, elas em geral param de se mover de um lado para o outro, passando a gerenciar suas atividades de uma forma decidida em direção a seus objetivos.

A Clean Concept pode servir de exemplo. Com base na percepção de que a higiene constitui um sério problema nos banheiros públicos (por exemplo, morrem mais pessoas de infecções causadas pelas instalações sanitárias dos hospitais do que em acidentes de trânsito), a Clean Concept desenvolveu um sistema totalmente novo para os toaletes: o Cleanomat. Só que a empresa reconheceu que

---

* N. de T. Região montanhosa ao sul da Alemanha, entre os rios Rhine e Neckar.

desenvolver um sistema como esse não seria suficiente. Annett Kurz, porta-voz da Clean Concept, explicou: "O Cleanomat era ótimo, mas insuficiente para os novos padrões higiênicos. Nossa meta era encontrar uma solução totalmente nova para um problema comum de qualidade de vida – garantir que os usuários dos banheiros públicos tivessem à sua disposição equipamentos que não fossem tocados por ninguém."

A seguir, a Clean Concept ampliou o conceito para que os usuários de cadeiras de roda também pudessem utilizar o banheiro. A empresa desenvolveu um programa de limpeza auxiliar apresentado na feira Rehabilitation Fair 1993, mas logo reconheceu que o produto também não seria suficiente. Começou, então, a oferecer assistência e bens de consumo como sabão líquido, purificadores de ar e papel, e fundou a Clean Out, subsidiária que fornece esses serviços. Todos os banheiros em um edifício podem ser acionados por controle remoto, com todas as funções programadas em uma rede de computadores. Sensores instalados em cada banheiro medem parâmetros preestabelecidos de higiene e os enviam para uma unidade central de controle.

Essa solução abrangente surgiu nos últimos seis anos. Nesse ínterim, a Clean Concept conquistou alguns clientes de prestígio. Seus produtos podem ser encontrados no cassino Monte Carlo, no Majestic, maior hotel de Cannes, e no edifício KLM, no aeroporto Schiphol, em Amsterdã. Também estão sendo testados em 17 banheiros de estrada na Alemanha. A Clean Concept está convencida de que essa idéia marcará o início de uma nova cultura em termos de higiene no começo deste século, pois todo mundo, em qualquer país, odeia banheiros anti-higiênicos. Mas levará tempo para desenvolver esse mercado, visto que é necessário ocorrer uma mudança cultural. A Clean Concept, com uma missão clara, permaneceu empreendedora e flexível para se adaptar às circunstâncias.

A Interface constitui um segundo exemplo de estratégia empreendedora. Rainer Wieshoff é um dos muitos empreendedores no negócio de computadores pessoais e tem um produto muito especial. Depois de estudar computação, trabalhou durante três anos na IBM da Alemanha. Em 1983, lançou com sucesso sua própria empresa de informática, a Interface, com aplicativos-padrão. Seis anos depois, em 1989, quando o mercado sentiu uma pressão competitiva muito forte, Wieshoff começou a diferenciar sua linha de produtos. Em colaboração com a Universidade de Frankfurt, determinou que a segurança com o computador estava ficando extremamente importante, mas muito cara para a maioria dos usuários. "Na época", afirma Wieshoff, "as pessoas estavam procurando uma solução para a questão da segurança do *software* de aproximadamente US$ 133 por PC, mas ninguém podia criar uma por esse preço. De repente, tive a inspiração de proteger um computador pessoal com uma solução para o *hardware* a um preço razoável, simplesmente travando a unidade de disco flexível." No começo, ele produziu 1.000 discos de trava, que representavam um alto risco financeiro para uma firma pequena. Hoje, Wieshoff vende 40.000 cópias do seu Floppy Lox anualmente e é líder mundial em segurança para computadores pessoais.

Perseguindo a meta

A essência e a clareza da meta de se tornar líder no mercado mundial representam um lado da questão, a implementação dessa meta, o outro. Ao perseguir seus objetivos, as campeãs ocultas são extremamente persistentes. Perseguem seus alvos por décadas e raramente os perdem de vista. Um dos lemas de Ted Turner, um dos fundadores da CNN, descreve essa atitude de forma adequada: "Nunca desanime e nunca pare. Pois se você não parar, nunca será vencido" (Landrum, 1993, 213). Michelangelo, o famoso pintor italiano do século XVI, afirmou certa vez: "A genialidade é uma paciência eterna". A paciência e a persistência podem desabrochar somente com uma orientação a longo prazo. As pressões por lucro a curto prazo que, em geral, sofrem as grandes corporações tornariam improváveis muitas das estratégias e das metas perseguidas pelas empresas da amostra. Em geral, as empresas com ações negociadas em bolsa carecem de paciência, mas a paciência é a responsável pelo sucesso a longo prazo.

O exemplo a seguir, de um fabricante de bens de consumo, ilustra essa paciência e persistência. O CEO, que prefere ficar no anonimato, explica sua estratégia de publicidade a longo prazo:

> A propaganda é importante para o nosso negócio. Começamos a anunciar muitos anos antes de nossos produtos realmente entrarem no mercado. Faço isso desde 1969 e todo mundo acha que eu estou louco. Mas sei quanto tempo leva para se construir uma consciência. E queremos fazer parte de um mercado mentalmente, e conhecedor de nossas imagens, antes de aparecermos fisicamente. Fomos muito bem-sucedidos; subimos da sétima posição para a segunda em nosso mercado. Hoje somos vistos como modelo de paciência e continuidade em nosso setor.

A Würth e a Kärcher, já descritas neste capítulo, também servem como exemplos de perseverança ao perseguir suas metas por décadas. Ou então pode-se pensar na SAP, líder mundial em aplicações de cliente/servidor, fundada em 1972. Em 1995, Hasso Plattner, vice-presidente e co-fundador da empresa, afirmou o seguinte: "Visualizamos um objetivo e estamos presos a ele". Nessas empresas, o sucesso não veio apenas como conseqüência da clareza das metas; igualmente importante foi o impulso incessante de levá-las a sério e transformá-las em realidade. As empresas quase nunca se dão conta da sua meta de forma tranqüila, mas, uma vez estabelecido o objetivo, nunca o perdem de vista, e a energia destinada a persegui-lo nunca se extingue.

Essa paciência e perseverança são, em geral, subjacentes a continuidade da liderança. Como será mostrado no Capítulo 10, os líderes das campeãs ocultas ficam no controle de suas empresas por décadas. Werner Pankoke, CEO da Hymmen, líder mundial em sistemas de aquecimento e pressão contínua, faz um comentário sobre o efeito dessa permanência: "A empresa tem 102 anos de atividades e eu sou o quarto CEO. Você pode imaginar que somos pacientes e temos um foco a longo prazo". A maioria dos CEOs das campeãs ocultas concordaria com ele.

Comunicando a meta

Um aspecto importante na implementação é comunicar a meta e a visão da empresa. Freqüentemente, mais do que qualquer outro objetivo, a meta de se tornar líder ou número um pode, teoricamente, se combinar com o ato de comunicar.

Quase todo mundo identifica-se com a meta de ser o melhor, e ser a número um é uma idéia simples e fácil de entender. A simplicidade da meta constitui um pré-requisito para a comunicação eficaz. Wigand Grosse-Oetringhaus, da Siemens, comenta a questão em uma carta:

> Utilizar a fórmula simplificada da número um para estabelecer uma meta é mais do que uma questão semântica. Acredito que a fórmula da número um tem uma força comunicativa extremamente poderosa. Com freqüência, o ato de comunicar as metas não é eficaz. Simplicidade e clareza são elementos tão importantes para a comunicação eficaz das metas que prefiro a fórmula da número um a outras formulações mais diferenciadas.

O importante não é que uma meta seja escrita ou não; o importante é que ela seja vivida. Ainda que as campeãs ocultas não tenham fórmulas escritas, cada funcionário sabe para onde o navio está indo, uma vez que a meta é continuamente informada. Alguns dirigentes são mestres em utilizar o poder das metáforas. Sempre se compara a empresa a uma árvore para instilar a meta de crescimento nos funcionários. Grosse-Oetringhaus costuma afirmar: "Nossa empresa é como uma árvore. Uma árvore que cresce é saudável. No dia em que a árvore pára de crescer, ela começa a morrer. Portanto, temos que crescer". Ninguém nessa empresa quer fazer parte de uma árvore que está morrendo.

Nos primeiros anos de sua empresa, que é o varejista líder no mercado europeu de óculos, Günter Fielmann utilizou a metáfora de Robin Hood. Ele se retratou como o cara que luta pelo povo e vende para ele óculos da mais alta moda a preços baixos. "Venho lutando contra a discriminação de milhões de pessoas. Quero mudar a sociedade com a minha empresa. Posso conseguir isso somente se formos líder de mercado", afirma. Metáforas como a do Robin Hood são populares na mídia e entre os consumidores. Muitos líderes de campeãs ocultas tiraram vantagem dessas ilustrações, exemplos e metáforas para transmitir suas metas de forma eficiente.

Muitos desses líderes utilizam suas posições excepcionais no mercado e seus produtos e tecnologias exclusivos para fazer publicidade simplesmente espetacular. Com freqüência, apenas o líder encontra-se na posição de reconhecer um feito notável para a mídia, e que pode se transformar em propaganda sem custo algum. Essas ações espetaculares demonstram aos funcionários, aos clientes e ao público em geral que a empresa é a número um nas atividades de maior prestígio e de maior exigência. A Tabela 2.3 oferece vários exemplos.

O fato de essas mensagens destinarem-se a uma clientela específica ou ao público em geral depende dos produtos. Elas são certamente percebidas pelos clientes importantes e exercem um efeito sobre eles. O efeito motivador delas sobre os funcionários pode ser enorme. Para todos os grupos, essas grandes realizações funcionam como indicativos eficazes da liderança no mercado mundial, fazendo com que os funcionários se orgulhem da empresa e com ela se identifiquem. Tais oportunidades estão abertas somente para os líderes de mercado.

A tradição também serve a um propósito semelhante: fundada em 1761, a Faber-Castell, líder mundial no mercado de lápis, pode apresentar uma longa lista de usuários notórios. Otto von Bismarck escreveu com lápis Faber-Castell,

TABELA 2.3 Feitos que indicam liderança de mercado

Empresa	Produto primário	Realizações importantes
Glasbau Hahn	Vitrines de vidro para museus	Instaladas em todos os museus famosos do mundo
Sport-Berg	Discos e martelos para atletas	Fornece seus produtos para os Jogos Olímpicos e campeonatos mundiais
Gerriets	Tecidos neutros para iluminação de palcos	Para o Metropolitan Opera, em Nova York; Opera Bastille, em Paris; teatros líricos em Istambul, Taipei, Wang Center, em Boston, por exemplo
Kärcher	Limpadores de alta pressão	Serviços de limpeza especiais para o Cristo Redentor, no Rio de Janeiro, Estátua da Liberdade, em Nova York, costa do Alasca depois do vazamento de óleo do *Exxon Valdez*
Von Ehren	Grandes árvores vivas	Trafalgar Square, em Londres; National Gallery, em Washington, D.C.; Eurodisney, na França; Aeroporto de Munique, Kurfürstendamm, em Berlim
Röder	Aluguel de sistemas de barracas	Jogos Olímpicos, exposições mundiais
Louis Renner	Manutenção de pianos	Steinway & Sons, Schimmel, Bechstein, Grotian-Steinweg, Sauter e outros
Wige Group	Cronometragem de tempo para os principais eventos esportivos do mundo	Jogos Olímpicos em Barcelona, corridas da Fórmula-um
Trasco	Carros com segurança	Carros para Frank Sinatra, Papa João Paulo II e também para vários governos – inclusive seis para a República Popular da China
Germina	Esquis "*cross-country*"	Quatro medalhas de ouro e cinco medalhas de prata conquistadas com os esquis Germina, nos Jogos Olímpicos de Inverno, em Albertville, na França
Biotest	Aparelhos para teste de higiene	Aparelhos de testes utilizados em muitas naves espaciais tripuladas
Sachtler	Tripés para câmeras	Em 1992, a Motion Picture Academy premiou o desenhista da Sachtler com um Oscar técnico por sua invenção
Brähler	Aluguel de sistemas de conferência/tradução	Fornecedora para conferências de imprensa na Casa Branca e no Kremlin; proveu equipamentos para a Conferência das Nações Unidas sobre Meio Ambiente e Desenvolvimento, no Rio de Janeiro; para a Conferência do G-7, em Munique, Banco Mundial e Fundo Monetário Internacional
Putzmeister	Bombas para concreto	Muitos "recordes mundiais" no bombeamento do concreto: distância (1.600 metros), altura (530 metros), pressão (170 bar). Participou de vários projetos especiais: cobertura do reator de Chernobyl com concreto, construção do Eurotúnel e construção da ponte Storebelt, na Escandinávia

Vincent van Gogh glorificou seu "preto famoso" e Max Liebermann disse que eles eram os melhores da categoria. Nenhuma campanha publicitária milionária pode comprar essa tradição.

RESUMO

As campeãs ocultas perseguem e atingem suas metas de liderança do mercado. A liderança significa mais do que a participação no mercado para elas.

- A liderança de mercado envolve também liderança psicológica do mercado.
- A posição de liderança traz vantagens em termos de custo, *marketing*, comunicação e motivação.
- A meta de se tornar líder do mercado representa a base das posições atuais de liderança das campeãs ocultas.
- Ao estabelecer uma meta e ao determinar uma estratégia, observam-se modelos planejados, emergentes e empreendedores entre as empresas. Há mais de uma que leva à liderança e ao sucesso.
- A implementação das metas é governada pela persistência e pela orientação a longo prazo. A determinação de se tornar e continuar sendo a número um nunca deve ser perdida.
- A simplicidade e a clareza de uma meta garantem a sua comunicação eficaz. A meta é o interesse primeiro dos líderes.

Essas idéias representam diretrizes simples e de bom senso. Não há nada milagroso ou revolucionário. A mensagem é que um objetivo claro e ambicioso representa o alicerce de todo o sucesso. Se transmitida de forma eficaz, a meta comanda o comportamento de todos os funcionários. Orientação, persistência e energia infinita a longo prazo são idéias necessárias para buscar esse objetivo. As campeãs ocultas exemplificam a sua consecução.

O Mercado

Um grande mergulho em um pequeno açude!

3

Ao falarmos em participação de mercado, com freqüência esquecemos que "participação" deve sempre ser relacionada à idéia de "mercado". E, como é difícil definir "mercado", as pessoas muitas vezes acabam ficando decepcionadas e iludidas. A participação de mercado da Lufthansa, entre Frankfurt e Munique, é de mais de 80% se o mercado for redefinido como "tráfego aéreo de passageiros". Se forem incluídas as estradas de ferro, e o mercado for redefinido como "tráfego público de passageiros", a participação da Lufthansa no mercado cai para menos de 10%. E se incluirmos todos os meios de transporte, em especial aquele realizado por automóveis, e considerarmos o mercado como "tráfego total de passageiros", a fatia da Lufthansa despenca para menos de 2%. Essa série simples de suposições prova que as definições de mercado devem ser usadas com bastante cuidado.

Definições para "mercado" e "participação de mercado" são essenciais para que se possa avaliar a estratégia, a concorrência e a liderança em um determinado mercado. O ato de definir "negócio" e "mercado" é, nas palavras de Derek Abell (1980), "o ponto de partida do planejamento estratégico". Deve-se observar que os limites de um mercado não são determinados unicamente por forças externas, como clientes e concorrentes, mas que dependem, em um grau maior ou menor, do comportamento de uma empresa. Aceitar uma definição preestabelecida ou redefinir um mercado pode desempenhar um papel fundamental ao se formular uma estratégia.

MERCADOS RESTRITOS

As campeãs ocultas definem seus mercados de uma maneira restrita. Por conseguinte, os mercados dessas empresas são relativamente pequenos. O tamanho dos mercados mundiais como definidos pelas empresas que fizeram parte da amostra está representado na Figura 3.1. Aproximadamente um quarto dos mercados está incluído em uma das quatro categorias: 23,6%, com menos de US$ 67 milhões, são mercados de nicho, mas 29,9%, com mais de US$ 1,67 bilhão, são relativamente grandes. O mercado médio mundial é de US$ 467 milhões.

No contexto das estratégias genéricas de Michael Porter (1985), o escopo competitivo das campeãs ocultas enquadra-se dentro da categoria que tem um alvo bastante restrito. Em muitos casos, o alvo é extremamente restrito e muito focalizado. Cerca de três quartos dos mercados (77,7%) expandiram-se nos últimos 10 anos, e apenas 13,2% encolheram. Em uma escala de 1 a 7, os potenciais de crescimento receberam um índice de 5,1 o que indicava um crescimento geralmente positivo, mas não espetacular. Os preços médios nesses mercados, no entanto, encontravam-se estagnados há décadas, com 42,1% dos respondentes dizendo que houve uma diminuição, e 47,1% afirmando que ocorreu um aumento nos preços. Apesar de seu tamanho reduzido, mercados como esses geralmente apresentam todas aquelas características que os líderes associam a uma concorrência acirrada.

As campeãs ocultas estão surpreendentemente bem-informadas sobre seus mercados – 82,7% das que responderam às perguntas forneciam estimativas sobre o tamanho que tinham. Metade baseava-se em idéias subjetivas, ao passo que a outra metade utilizava fontes objetivas, como levantamentos ou dados estatísticos. A confiabilidade geral das informações ficava em 4,9, em uma escala de 1 a 7. Apenas 16,1% achava que a confiabilidade das informações de mercado ficava abaixo da média. Com um índice de 5,9, as campeãs ocultas vêem o conhecimento do mercado como o terceiro ponto forte mais importante, atrás do relacionamento com os clientes (6,1) e da imagem (6,0), ficando no mesmo nível do *know-how* tecnológico (5,9). Naturalmente, nem todas as empresas são tão informadas assim. Alguns operam em segmentos de mercado tão fragmentados que é praticamente impossível determinar o tamanho exato de seus mercados mundiais. Como exemplo, pode-se citar solo nutritivo para jardins (a ASB Grünland é líder mundial no setor), bombas submersas (a ABS é a número dois do mundo) e relógios de pulso controlados por rádio (a Junghans é a primeira). Muitos dos mercados das campeãs ocultas não são bem-definidos, são altamente fragmentados ou possuem limites difusos. Essas empresas têm apenas duas escolhas: desistem de estabelecer uma estimativa quantitativa do tamanho do mercado ou criam uma estimativa subjetiva. A maioria das campeãs ocultas prefere a segunda opção, mas está consciente de que os números resultantes são imprecisos. Tal situa-

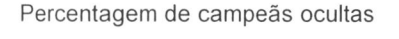

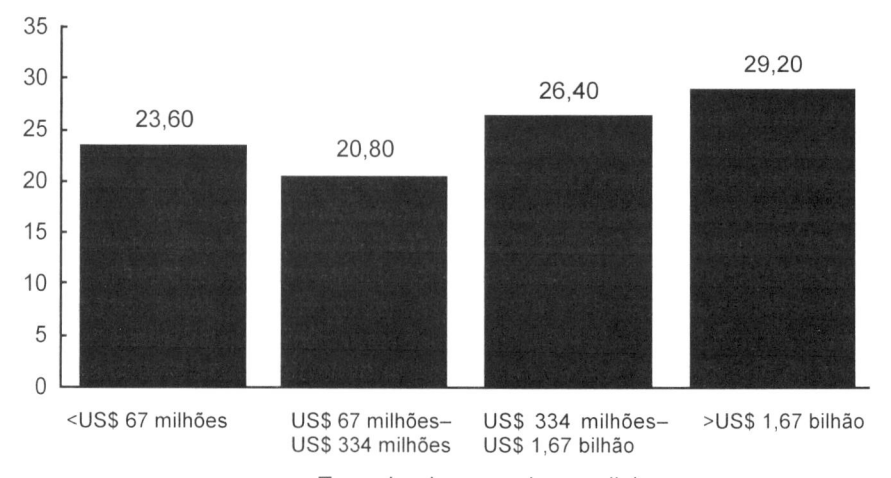

Figura 3.1 Mercados mundiais atendidos pelas campeãs ocultas.

ção indica que elas, em geral, conhecem menos a sua participação absoluta no mercado, medida em percentagem do mercado total, do que a participação relativa medida em relação ao seu maior concorrente; dessa participação podem obter, com bastante freqüência, informações confiáveis. Em seus mundos, o tamanho e a participação de mercado podem ser conceitos relativamente vagos.

Essa imprecisão não representa necessariamente uma desvantagem. Muitas campeãs ocultas enxergam-na como uma barreira à entrada no mercado. Albert Blum, ex-CEO da ABS Pumps, comentou o seguinte: "Se você não sabe qual é a sua participação de mercado, não precisa ter medo dos japoneses". De fato, os japoneses parecem preferir os mercados grandes, bem-estruturados e que podem ser pesquisados aos nichos difusos e fragmentados nos quais atuam as campeãs ocultas.

Uma outra razão para a dificuldade que alguns respondentes encontram para fornecer índices exatos do tamanho do mercado é que os mercados não existem em si mesmos, mas são criados pelas empresas. Vários entrevistados ficaram satisfeitos ao afirmar que criaram um mercado totalmente novo e que o processo de criação continua de um ano para o outro e de um país para o outro. A Brita, líder no segmento de filtros de água domésticos, a SAT, empresa que recicla o asfalto no local, e a Lobo Elektronic, campeã em sistemas de *displays* à *laser* controlados por computador, enquadram-se nessa categoria. Não há maneira de fornecer dados precisos sobre o tamanho e os limites desses mercados. O que não significa que não possam surgir grandes oportunidades. Em geral, o contrário é verdadeiro. A disponibilidade de estatísticas sobre um mercado não deve ser confundida com uma maior atratividade daquele mercado. Apesar das informações escassas, alguns mercados não claramente definidos podem ser altamente atraentes.

CRITÉRIOS PARA A DEFINIÇÃO DO MERCADO

Há muitas maneiras diferentes de se definir um mercado, baseando-se a mais tradicional no produto: "Fazemos parte do mercado de lava-louças". Essa técnica vem sendo atacada desde que o artigo inicial de Ted Levitt, "Marketing Myopia" ("Miopia de *Marketing*"), foi publicado (1960). Mas, de acordo com as campeãs ocultas, a definição de mercado que se baseia no produto não deve ser descartada tão rapidamente. Definições de mercado relacionadas à forma tradicional baseiam-se em tecnologia e, em um sentido mais amplo, em competências. Abordagens mais recentes derivam a definição de mercado (ou de negócio) das necessidades dos clientes ou das aplicações: "Fazemos parte do mercado de lavagem de louças". As campeãs ocultas gostam muita dessa abordagem. Uma abordagem como essa encara o mercado de uma perspectiva competitiva, buscando saber quais são os produtos concorrentes que os clientes vêem como substitutos. É uma abordagem menos comum entre as campeãs ocultas, pois elas tentam fazer seus produtos da maneira mais diferente possível dos seus concorrentes, seguidamente fazendo objeção às suas definições de mercado. No seu lugar, redefinem os seus mercados. Os mercados, na opinião das campeãs ocultas, não podem ser necessariamente definidos por critérios aceitos e preestabelecidos. A definição do mercado propriamente dita faz parte da estratégia.

A importância que as campeãs ocultas atribuem a certos critérios utilizados para se definir o mercado é apresentada na Figura 3.2. Podendo dar várias respostas, e não apenas uma, a maioria dos respondentes apontou vários critérios. A figura demonstra que as empresas líderes tratam o problema da definição do mercado tanto da perspectiva da aplicação e do grupo de clientes, quanto da perspectiva do produto/tecnologia, do nível de preço e qualidade. As duas dimensões possuem índices de importância semelhantes. O produto, ancorado nas competências essenciais de uma empresa, não deve ser ignorado ao se definir um mercado. No mesmo sentido, devem ser observadas as necessidades dos clientes e as aplicações. A liderança em um determinado mercado só pode ser alcançada se as duas perspectivas forem levadas em consideração.

(Escala: 1 = muito baixo a 7 = muito alto)

- Aplicação
- Grupo de clientes
- Produto/Tecnologia
- Nível de preço
- Qualidade
- Região

2   2,5   3   3,5   4
Baixa   Alta
Importância

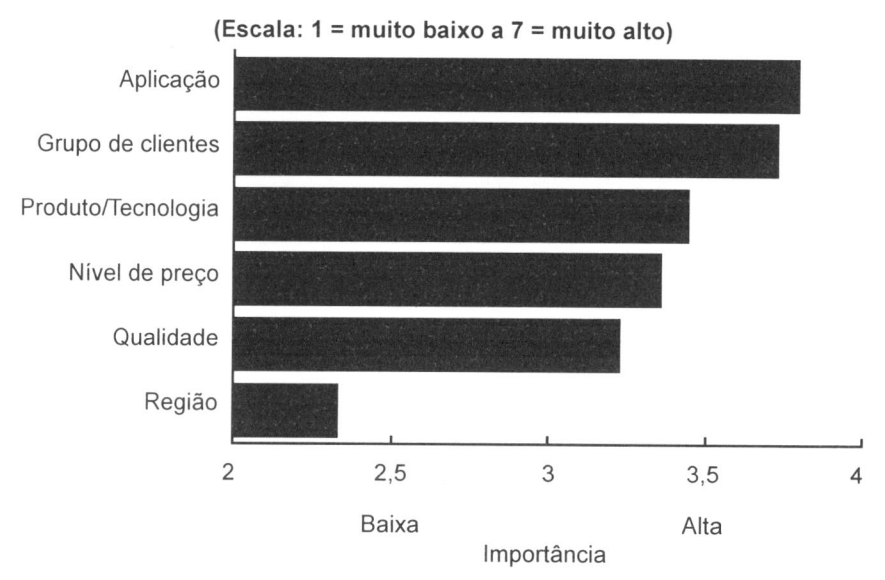

Figura 3.2 Importância dos critérios para a definição do mercado.

Isso também fica evidente de um ponto de vista teórico. *A priori*, não existem mercados. No máximo, antes de ocorrer uma troca, pode-se falar de mercados potenciais. Mas até que essa troca ocorra, não se pode saber qual é o mercado. Uma empresa sempre compete para atender às necessidades diferentes dos clientes, e os concorrentes podem oferecer diferentes produtos que são substitutos entre si. As campeãs ocultas compreendem bem esse relacionamento, ilustrado na Figura 3.3, e tentam influenciar o grau de substituibilidade a seu próprio favor. Elas não se limitam a um único critério para a definição do mercado, mas observam tanto o aspecto das oportunidades externas quanto o dos recursos internos.

As campeãs ocultas atribuem à região um papel secundário na definição do mercado. Nesse sentido, elas se distinguem das empresas mais comuns, que em geral incluem os fatores geográficos como importantes. O posicionamento das

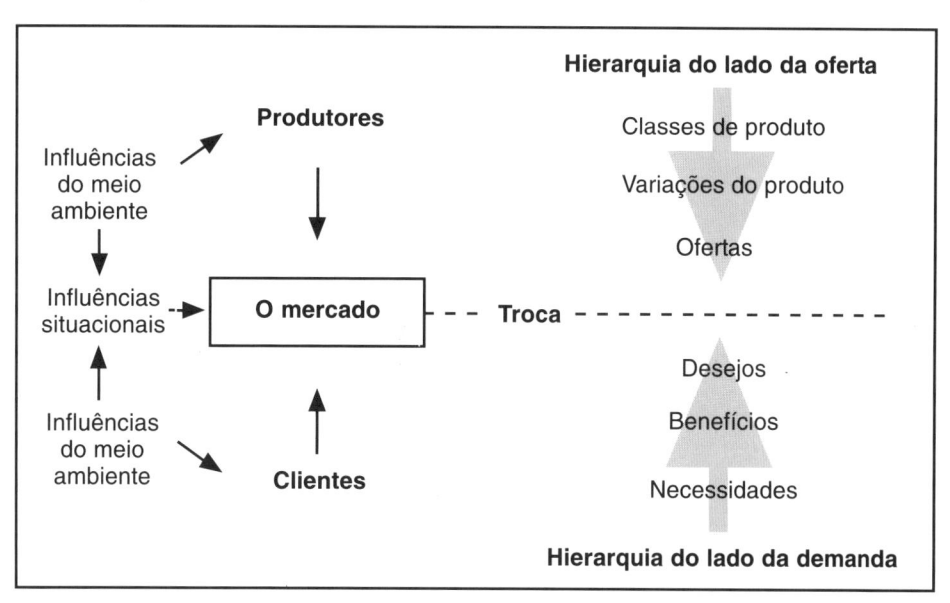

Fonte: Adaptada de Miguel A. Arrufat e George H. Haines, "Market Definition for Application Development Software Packages", Carleton University School of Business, *working paper* 93-02, 1992.

Figura 3.3 Hierarquias interativas que definem um mercado.

campeãs contrasta totalmente com a experiência que tive com muitas empresas, para as quais o "país" parece ser o principal determinante na hora de se definir o mercado. Isso se aplica em especial às empresas que possuem de forma significativa subsidiárias em outros países. Essa estrutura organizacional orientada para regiões pode conduzir a uma abordagem equivocada dos mercados.

É interessante observar que, tendo as empresas da amostra selecionado um mercado-alvo tendem a permanecer nele. A última decisão importante delas, a de se concentrar em um mercado específico, foi tomada, em média, 10 anos atrás. E essa decisão foi tomada pouco tempo depois da última decisão importante concernente à tecnologia básica da empresa. A perseverança delas em permanecer no mercado-alvo lança luz sobre aspectos importantes de sua continuidade. Para os clientes, é indicativo de um forte comprometimento.

FOCO E CONCENTRAÇÃO

Indo além dos aspectos estatísticos da definição de mercado, pode-se entender por alguns casos concretos o alto grau de foco, especialização e concentração envolvidos. Eles ilustram a variedade e a extensão impressionantes dos mercados atendidos pelas campeãs ocultas.

O posicionamento típico e essencial do CEO dessas empresas reflete-se em afirmações do tipo:

- Somos altamente especializados.
- Concentramo-nos no que podemos.

- Nicho! (muito freqüente).
- Somos profundos, não amplos.
- Não queremos sair do campo de nossa competência.
- Diversificação zero.

A Clean Concept, fabricante do novo sistema para banheiros, elabora seu foco da seguinte maneira: "A era da higiene recém começou. Especializamo-nos em higiene. Investimos todas as nossas capacitações e competências nessa área. Não queremos ser uma organização que faz um pouco de tudo, queremos fazer uma única coisa muito bem. Não melhoramos a higiene entre outras coisas, lidamos puramente com higiene".

A maior parte das campeãs ocultas, mas não todas, resistiu à tentação de diversificar, e aquelas que se mantiveram fiéis à sua competência original quase sempre se saíram melhor. Seus comprometimentos com uma área em especial de competência é, em geral, muito forte. Desenvolvido ao longo de décadas ou gerações, o comprometimento constitui um conceito emocional e racional. Vários dirigentes dessas empresas são monomaníacos, e têm a capacidade de se concentrar nos mercados em que atuam durante suas vidas. A Tabela 3.1 ilustra a variedade e a especificidade das definições de mercado utilizadas por 24 das campeãs ocultas pesquisadas. As primeiras 16 são primordialmente orientadas para o produto, as últimas oito, para as necessidades.

Esses exemplos de definições de mercado podem parecer bastante específicos para os leitores, mas são muito comuns para as campeãs ocultas. Eles claramente sustentam a idéia de que os mercados são definidos de forma restrita, e as empresas, altamente focadas. O foco deliberado constitui um pilar dos pontos fortes que possuem.

Além das campeãs ocultas "típicas" apresentadas na Tabela 3.1, encontrei duas categorias adicionais que levam mais longe o foco e a especialização de mercado. A primeira consiste em ultra-especialistas que tentam criar posições muito fortes em mercados muito pequenos. Chamo-las de superespecialistas em nicho. A segunda categoria cria seus próprios mercados, não havendo concorrência no sentido usual da palavra. Chamo essa categoria de donos do mercado, pois eles estão praticamente sozinhos nesses mercados. Entre eles estão algumas das mais secretas campeãs ocultas.

SUPERESPECIALISTAS EM NICHO

Dê uma olhada primeiro em alguns superespecialistas em nicho. Suas estratégias apresentam lições importantes sobre a profundidade e a amplitude das linhas de produto. A Tabela 3.2 arrola uma seleção de superespecialistas em nicho.

Essas especialistas em nicho são estrelas entre as campeãs ocultas em termos de liderança de mercado e força competitiva. Aqueles que têm a sua participação de mercado relativa conhecida são três vezes maiores do que seus concorrentes mais fortes. Às vezes, elas não possuem uma concorrência real, já que são os únicos fornecedores para determinadas aplicações. Jürgen H. Schulze, diretor da Deutz Motor Industriemotoren (DMI), faz o seguinte comentário sobre os motores a diesel refrigerados a ar que produz:

TABELA 3.1 Algumas definições de mercado das campeãs ocultas (P = orientadas ao produto; N = orientadas à necessidade)

Empresa	Definição de mercado	Orientada ao produto ou à necessidade	Posição no mercado mundial		
			Classificação	Participação absoluta em percentagem	Participação relativa
Suwelack	Cosméticos faciais, máscaras de colágeno	P	1	70	2,3
G. W. Barth	Torrefação de grãos de cacau	P	1	70	>3
Erhardt & Leimer	Tecnologia de Web	P	1	80	8
Krones	Máquinas de rotulagem para garrafas	P	1	70	4
Weinig	Moldadores automáticos	P	1	50	4
Heidenhain	Instrumentos de medição para comprimentos e ângulos	P	1	40	4
Stihl	Serras à gasolina	P	1	30	1,9
Rofin-Sinar	*Laser* industrial a CO_2	P	1	21	1,6
Trasco	Sedãs com segurança	P	1	50	2,4
Gartenbau Dümmen	Plantas ornamentais	P	1	16	2,6
Schwank	Aquecedores infravermelhos a gás	P	1	30	2
Neumann	Café-verde	P	1-2	13	1
Joh. Barth	Lúpulos e produtos derivados	P	1	15	2
ASB Grünland	Solo para plantas	P	1	40	4
Automatik Apparate Mashinenbau	Peletizadores subaquáticos	P	1	70	>4
Smithers Oásis	Espuma floral	P	1	75	7,5
Clean Concept	Uso higiênico de toaletes	N	1	Mercado autodefinido	
Dürr	Sistemas de pintura para automóveis	N	1	30	1,3
Institut Förster	Testagem indestrutível de materiais	N	1	35	3,5
Kärcher	Limpeza de prédios e automóveis	N	1	30	1,6
Leybold	Geração de vácuos	N	1	30	1,7
Webasto	Conforto climático para automóveis	N	1	50	2,5
Suspa	Amortecimento/controle de vibração de máquinas de lavar	N	1	40	2,3
SAP	Aplicações cliente/servidor	N	1	40	1,5

São uma verdadeira maravilha. Poucos anos atrás, queríamos abandonar sua fabricação devido a algumas restrições ambientais. Mas, nesse ínterim, nos demos conta de que esses motores são insubstituíveis em certas atividades e lugares, em climas extremamente frios ou quentes, em desertos, em locais afastados onde fica difícil fazer manutenção. E, para todos os efeitos, somos o único fabricante do mundo que pode fazer esses motores em quantidades substanciais.

A Union Knopf, líder global no mercado de botões, fabrica apenas esse produto, mas em todas as variedades imagináveis – 250 mil no total. Não importa

TABELA 3.2 Alguns superespecialistas em nicho

Empresa	Definição de mercado	Posição no mercado mundial		
		Classificação	Participação absoluta em percentagem	Participação relativa
Hahn	Vitrines de vidro para museus	1	40	4
Paul Binhold	Materiais didáticos de anatomia	1	34	3,4
König & Bauer	Prensas para impressão de dinheiro	1	90	10
Weckerle	Máquinas para fundição de batons	1	70	3,5
DMI	Motores a diesel refrigerados a ar	1	80	10
Tente Rollen	Rodas para camas hospitalares	1	50	3
Winterhalter Gastronom	Lava-louças para restaurantes	1	15-20	4
Gerriets	Tecidos para cortinas	1	100	10
Steiner Optik	Óculos militares de campo	1	80	>4
Tetra	Comida para peixes tropicais	1	80	5
Märklin	Modelos de ferrovias	1	55	3
Union Knopf	Botões	1	3	1,5
Grohmann Engineering	As 30 maiores empresas de eletrônica do mundo	Uma das melhores	Mercado difuso	
Scheuerle	Tecnologia para transporte de cargas pesadas	1	Mercado difuso	
Aeroxon	Armadilhas não-químicas para insetos/pega-moscas	1	50	>2
Becher	Guarda-sóis grandes	1	50	>3

o tipo de botão necessário, ele pode ser encontrado na Union Knopf. A Aeroxon, por exemplo, é especializada em aparelhos não-químicos para combater insetos domésticos. Seu produto principal, a fita pega-mosca, continua o mesmo há 90 anos e detém 50% do mercado mundial. Klaus Grohmann constitui um tipo especial de superespecialista em nicho, pois o define de acordo com os clientes que possui. Sua empresa, a Grohmann Engineering, que constrói máquinas e sistemas para a montagem de produtos eletrônicos, é uma das mais importantes no setor. Grohmann explica sua definição de mercado da seguinte forma:

> Concentramo-nos nas 30 maiores empresas do mundo, as mais agressivas e influentes, e as definimos como nosso mercado. Ao trabalharmos para esses clientes exigentes em nível global, nós próprios nos tornamos superiores. Essa estratégia pode limitar nosso crescimento, mas garante que vamos ficar no topo.

Depois, ele me mostrou alguns projetos em andamento, para a Intel, Motorola, L.M.Ericsson, Noka, Bosch e Alcatel – clientes verdadeiramente superiores.

Superespecialistas em nicho podem ser encontradas ao redor de todo o mundo. Uma empresa norte-americana que certamente se enquadra como superespecialista em nicho é a St. Jude Medical. Com uma participação de 60% no mercado mundial de válvulas cardíacas artificiais, ela é cerca de 10 vezes maior do que sua concorrente mais forte, a suíça Sulzermedica (Carbomedics). A St. Jude é extremamente lucrativa, desfrutando um retorno bruto sobre vendas de 75,7% e um retorno líquido de 43,4%. Um outro exemplo é a Gallagher, empresa da Nova Zelândia que detém 45% do mercado mundial de cercas elétricas.

As superespecialistas em nichos servem como exemplo de um princípio que se aplica, até certo grau, a todas as campeãs ocultas. Elas não vêem os mercados como algo definido por forças externas ou competitivas, mas como um parâmetro que podem controlar. Não aceitam a estrutura do setor como explicitado pelo trabalho de Porter (1980, 1985), pois redefinem e alteram essa estrutura conforme necessário. Hamel e Prahalad (1994) encaram essa atitude como parte importante de uma estratégia orientada para o futuro. E o que eu disse sobre liderança psicológica do mercado no Capítulo 1 tem como objetivo, em grande parte, esta tarefa.

A Winterhalter, analisada na seção seguinte, demonstra como uma redefinição de mercado como essa pode ocorrer. A BBA, empresa inglesa no setor têxtil, incorporou essa idéia à sua filosofia administrativa: "Nossa tática é assumirmos o controle dos nossos nichos de mercado pela transformação dos mercados gerais nos quais não somos nada em nichos de mercado em que exerçamos alguma influência". Obviamente, isso mostra que uma empresa que busca liderança não deve aceitar definições ou limitações de mercado preexistentes. A possibilidade de redefinir um mercado varia de uma empresa para outra, mas a decisão firme de não aceitar, e sim determinar, a definição de mercado é a primeira pré-condição da liderança.

AMPLITUDE *VERSUS* PROFUNDIDADE

As empresas superespecialistas em nichos focam sua atenção em uma característica estratégica muito importante, que se aplica, até um certo grau, a muitas campeãs ocultas, a saber, a questão da amplitude *versus* profundidade de uma linha de produto ou de um negócio em geral. Por amplitude de uma linha de produto entende-se o número de produtos que uma empresa fabrica. Uma empresa que produz lava-louças, lavadoras de roupa e refrigeradores possui uma linha de produto mais ampla do que aquela que fabrica somente lava-louças. A empresa que serve tanto o mercado empresarial quanto o mercado consumidor de lava-louças é mais ampla do que aquela que serve apenas o mercado empresarial.

A profundidade, por outro lado, refere-se ao número de variantes de um único produto ou à solução completa de um problema dentro do âmbito de um mercado definido de forma restrita. Dessa forma, um fabricante de lava-louças pode vender muitas variantes do produto para atender a diversas aplicações. Também pode acrescentar à sua linha produtos relacionados à lavagem de louças, como detergentes. O número de itens pode ser semelhante para empresas ofertantes de uma linha ampla e de uma linha restrita, mas a estrutura das linhas será totalmente diferente.

Uma outra maneira de ver essa distinção é com base na cadeia de valor proposta por Porter (1985). Para um fabricante que tem uma linha de produtos ampla, a cadeia de valor seria ampla – muitos produtos ou mercados diferentes –, mas o segmento atendido da cadeia seria pequeno. A empresa que atua com profundidade de linha teria uma cadeia de valor restrita – poucos produtos ou mercados –, mas cobriria um segmento da cadeia mais profundo.

Essa diferença pode ser observada na Figura 3.4. As campeãs ocultas, em geral, preferem a abordagem restrita e profunda, sendo as especialistas em nicho exemplares nesse sentido.

Uma empresa que oferece um exemplo excelente é a Winterhalter Gastronom, que faz lava-louças para uso comercial. Existem muitos mercados diferentes para o produto – hospitais, escolas, empresas, organizações públicas, hotéis, restaurantes, instalações militares, e assim por diante. É grande, portanto, o mercado em potencial, mas as exigências dos clientes variam de um segmento para outro. Muitos produtos diferentes encontram-se disponíveis no mercado para os mais variados segmentos.

Manfred Bobeck, diretor da Winterhalter, relembra:

> Analisamos o mercado total de lava-louças comerciais e descobrimos que nossa participação no mundo todo era de mais ou menos 2%. Não estávamos entre as primeiras colocações do páreo. Isso nos levou a redirecionar nossa estratégia. Começamos a nos voltar somente para hotéis e restaurantes; até mudamos o nome da empresa para Winterhalter Gastronom. Hoje, definimos nosso negócio como fornecedores de pratos e copos limpos para hotéis e restaurantes e assumimos toda a responsabilidade pela prestação do serviço. Incluímos na nossa linha de produtos aparelhos de condicionamento de água e a nossa própria marca de detergente. Oferecemos serviços qualificados o tempo todo. Nossa fatia no segmento mundial de hotéis e restaurantes é hoje de 15% a 20% e está aumentando. Ninguém se compara mais a nós.

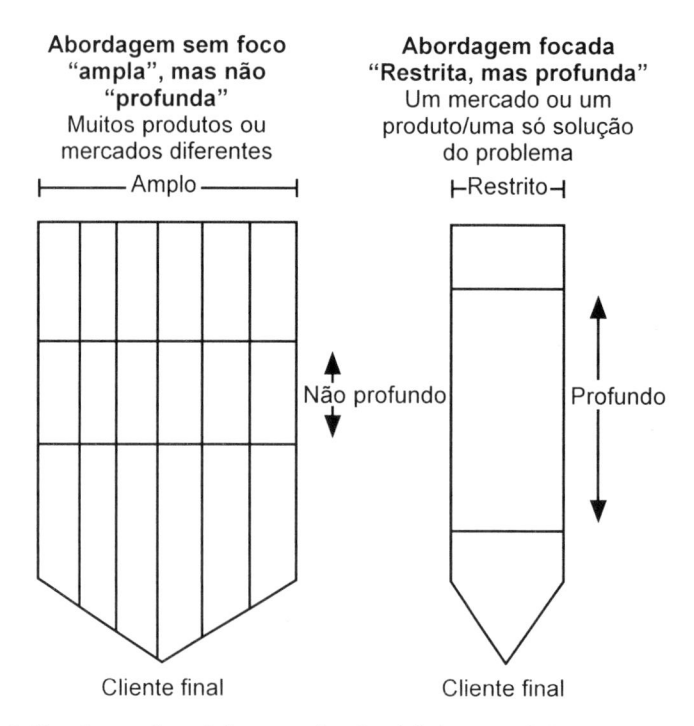

Figura 3.4 Abordagem "ampla" *versus* "profunda" da estratégia.

Jürgen Winterhalter, colega de Bobeck na administração, acrescenta: "Esse estreitamento de nossa definição de mercado foi a mais importante decisão estratégica que tomamos. É a verdadeira razão para o nosso sucesso nas últimas décadas". A estratégia da Winterhalter está ilustrada na Figura 3.5.

Concentrar-se na profundidade, em oposição à amplitude, é um comportamento típico das campeãs ocultas. A Clean Concept fabrica somente toaletes que dispensam o toque das mãos durante o uso, mas fornece tudo o que sua utilização exige. A Dürr concentra-se na indústria automotiva, alcançando profundidade pelo fornecimento de sistemas completos de pintura, incluindo aplicações de tinta, armazenagem dos produtos, logística, *softwares*, suporte técnico e instalações. A St. Jude Medical, empresa norte-americana que controla o mercado mundial de válvulas cardíacas artificiais, focaliza-se no coração humano; para alcançar mais profundidade, criou uma cadeia de valor adicional ao comprar uma empresa da Siemens em 1994, que fabricava marca-passos. É provável que sinergias futuras de mercado sejam o resultado da coordenação de válvulas e marca-passos.

A Tetra Pak, líder sueca no mercado mundial de sistemas de embalagem de papelão para bebidas, ficou restrita ao mercado de embalagens, que representa uma pequena parte da cadeia de valor do produto. Mas, em 1993, ela aprofundou seu envolvimento na cadeia de valor relativa à fabricação de bebidas ao adquirir a Alfa Laval, empresa que produz equipamentos para o processamento de bebi-

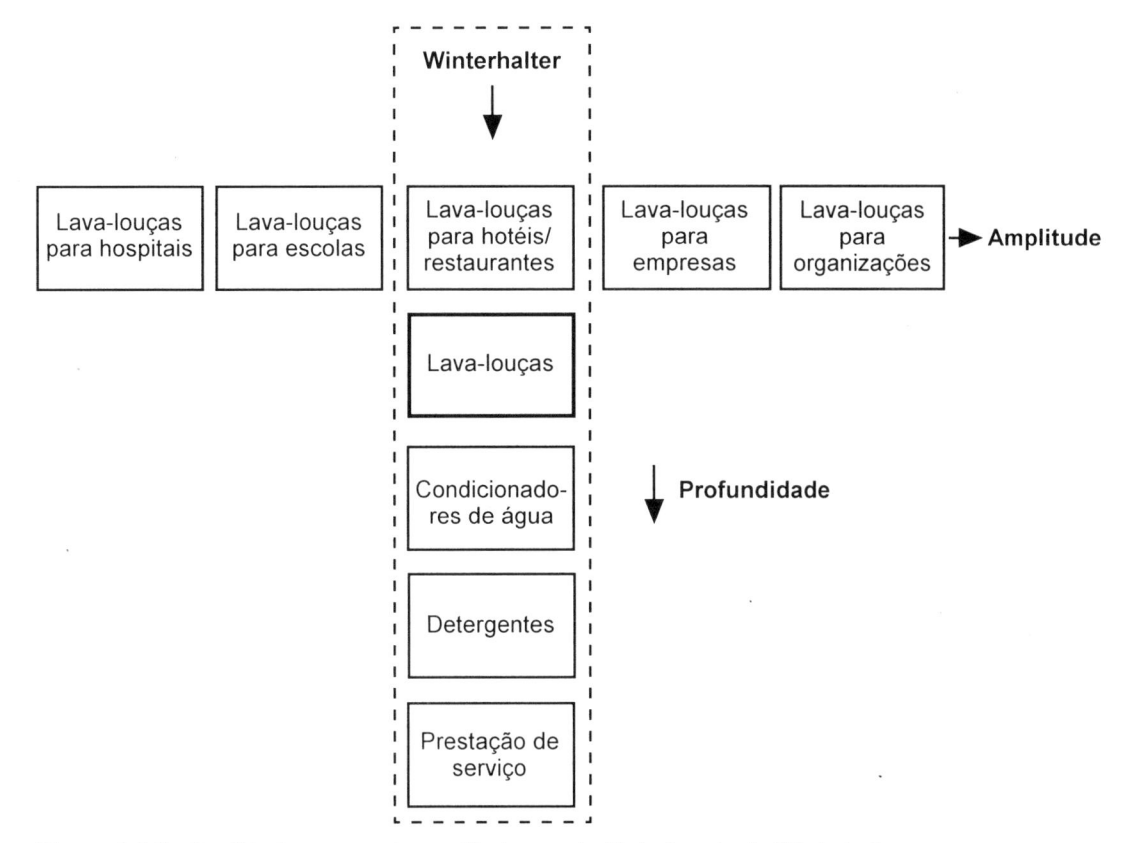

Figura 3.5 Profundidade em vez de amplitude: a estratégia focada da Winterhalter.

das. A Tetra Laval, a empresa que surgiu da fusão, opera de forma restrita e profunda. Ela assume total responsabilidade tanto pelo processamento quanto pela embalagem das bebidas.

É com freqüência que a estratégia focada prova sua superioridade. Heinz Hankammer, fundador dos filtros de água Brita, explica seu ponto de vista:

> A Leifheit, uma de nossas concorrentes, tem centenas de produtos, e um deles é um filtro de água. Isso não representa concorrência para nós, pois só fabricamos filtros de água. Cinco anos atrás, a Melitta, ela própria uma campeã oculta em filtros de café, tentou nos atacar e não conseguiu. Nos Estados Unidos, a Mr. Coffee, maior produtora de cafeteiras, também perdeu a batalha contra nós. Essas empresas que fabricam muitas coisas diferentes não representam uma ameaça para nós, porque dirigimos toda nossa energia e concentração para apenas um produto.

Gerhard M. Bauer, diretor de *marketing* da Brähler International Congress Service, é da mesma opinião: "Temos um foco. Compare-nos com a Siemens ou a Philips. Para eles esse mercado é de importância menor. É a nossa vantagem, e podemos viver com um certo conforto nesse nicho. A Siemens e a Philips não podem!" Peter Barth, que trabalha na líder mundial do mercado de lúpulo, faz a seguinte reflexão: "Alguns dos nossos concorrentes diversificaram para outros ingredientes agrícolas de fermentação, como malte e cevada. Decidimos não fazer isso e ficar com o lúpulo, nada além. Com esse foco, atingimos um grau de perfeição que pouquíssimas empresas podem alcançar".

Um aspecto importante da estratégia é saber o que não se quer fazer em uma empresa. Esse aspecto pode ser tão fundamental como saber o que se quer fazer. Em uma entrevista instigante para a *Fortune* (Schlender, 1995), Bill Gates formulou a estratégia da Microsoft nesses dois termos. A maioria das campeãs ocultas sabe muito bem o que quer e o que não quer, o que é uma proteção contra a dispersão.

A profundidade, e não a amplitude, constitui a base para o sucesso delas. O ato de implementar essa estratégia exige uma visão clara e um forte foco estratégico. A parte mais difícil é resistir à tentação de se envolver em negócios colaterais. Os especialistas em nichos podem, em geral, lucrar com negócios adicionais em áreas complementares, particularmente quando a economia está em crescimento. Mas as verdadeiras campeãs resistem a essa tentação e permanecem focadas, tendo aprendido que esta é a única maneira de se atingir um *status* mundial.

AS DONAS DO MERCADO

Uma outra categoria de campeãs ocultas é formada por algumas poucas empresas que praticamente dominam suas áreas de atuação. Chamo esse tipo de empresa de donas do mercado. Naturalmente, em um sentido estrito, ninguém é dono de um mercado. Em geral, essas empresas criaram seus mercados de nicho. Graças a uma superioridade de longa data, de insuperáveis barreiras à entrada e ainda de um pouco de sorte, elas conseguiram manter suas posições de quase monopolistas. Considerações usuais sobre o tamanho e a participação de mercado não se aplicam nesses casos. Seus mercados e produtos são únicos. Sem elas, o mercado autodefinido simplesmente não existiria. As donas do mercado tendem a ser o tipo mais reservado de campeã oculta.

Um caso que se pode mencionar aqui é a Hummel, famosa por suas estatuetas. Os colecionadores ao redor do mundo, em especial nos Estados Unidos, pagam quantias fabulosas por esses pequenos objetos *d'art*. Embora não tenha tido a oportunidade de analisar com detalhes a Hummel, tenho todas as razões do mundo para presumir que ela seja uma organização extremamente bem-sucedida em seus propósitos. Nada substitui as estatuetas da Hummel entre seus fiéis colecionadores, que formam o mercado inteiro da empresa. Não há substituto para os produtos da Hummel, que cria um mercado que só ela pode satisfazer, o que é uma barreira de entrada decisiva e definitiva, o último obstáculo à entrada no mercado.

Margarete Steiff construiu uma posição semelhante. Seu primeiro produto, um elefantezinho de feltro, foi lançado em 1880. Em 1902, apareceu o famoso ursinho Teddy. Foi batizado dessa forma em homenagem ao presidente norte-americano Theodore ("Teddy") Roosevelt, depois de uma charge que mostrava o presidente poupando a vida de um filhote de urso durante uma caçada. Todos os bichinhos Steiff possuem um botão na orelha. Tradição e continuidade caracterizam a estratégia da empresa. Já está se desenvolvendo um movimento de colecionadores semelhante ao da Hummel. Os Estados Unidos constituem o mercado mais importante. Os novos ursinhos Teddy chegam a custar US$ 2 mil. Muitas vezes em sua história a Steiff teve listas de pedidos que não conseguiu atender por absoluta falta de capacidade instalada. Manter a escassez dos produtos e conscientemente não crescer muito pode ser um aspecto estratégico importante para uma dona de mercado.

A Hein é uma pequena dona de mercado com receita de US$ 7 milhões. A empresa fabrica o Pustefix, um produto feito de sabão líquido com o qual as crianças podem fazer bolhinhas. Segundo Gerold Hein, CEO da empresa, "a Pustefix não compete com outros produtos desse tipo; ela compete com barras de chocolate, doces e qualquer outra coisa que o dinheiro da garotada possa comprar". O produto é exportado para 50 países, sendo os Estados Unidos e o Japão os mercados principais. Além do fato de esse pequeno nicho ser pouco atraente para os concorrentes maiores, o produto é protegido por seis patentes.

A Fischertechnik, cujo fundador Artur Fischer era, com toda a certeza, o mais prolífico inventor do período pós-guerra, é outra dona de mercado protegida por uma barreira impenetrável de 5.500 patentes (ver também o Capítulo 6). A Fischertechnik fabrica um brinquedo formado por peças que quando montadas dão origem a inúmeros produtos. Popular não apenas entre as crianças mais velhas, o brinquedo também pode ser usado para construir modelos de fábricas e processos industriais. A Fischertechnik vende seus produtos em mais de 100 países. Como sua sólida base de patentes a protege dos concorrentes, a Fischertechnik não só define como também é dona de seu mercado.

Há vários exemplos semelhantes de donas de mercado no segmento de brinquedos. A Lego, empresa dinamarquesa, certamente está entre elas, assim como a Brandstätter, fabricante do Playmobil, um brinquedo de plástico. A Ferrero, empresa com sede na Itália, foi bem-sucedida em muitos países com o "Kinder Ovo", pequenos ovos de chocolate que contêm dentro brinquedinhos ou peças plásticas para montar. Também para eles se formou um mercado de colecionadores.

A fabricante de copos Marsberger Glaswerke Ritzenhoff começou a criar o seu próprio mercado em 1992. A empresa foi líder no mercado de copos de cervejas e de copos para uso especial em automóveis e instalações industriais. Ao perceber que existiam copos para todos os tipos de bebidas alcoólicas, como cerveja, vinho e licor, mas nenhum tipo de copo especial para leite, a Ritzenhoff inventou um copo especial para leite e convidou vários artistas para definir sua decoração. O projeto internacional criado, "Leite, Milk, Lait, Leche, Milch, Latte...", transformou-se em um sucesso instantâneo. No primeiro ano, a empresa vendeu 600 mil copos ao preço de US$ 11,67. Esse "produto global" já pode ser encontrado em galerias e museus na Ásia e nos Estados Unidos. Copos da primeira série são vendidos a US$ 533 cada um. A empresa, que fundou o Clube dos Colecionadores de Leite Ritzenhoff, produz lotes limitados de novos estilos de copo a cada ano, alguns até com exclusividade para os membros do clube. Com esse conceito, a Ritzenhoff vende mais do que apenas copos. Os copos da empresa são mensageiros de um conceito único e, portanto, não podem competir com outros copos.

A quem você recorre se precisar imprimir dinheiro? Imagine estar chegando ao poder em um dos novos estados recém-formados na Europa Central e no Leste Europeu e que seu país precise de dinheiro. A Giesecke & Devrient, segunda maior fábrica não-governamental de dinheiro do mundo, é uma empresa que pode ajudá-lo. Há um mercado de tamanho considerável para a impressão de dinheiro, pois somente os países maiores podem bancar suas próprias operações. Além disso, a Giesecke & Devrient imprime cerca de 50% das cédulas em circulação na Alemanha. A empresa foi fundada em 1852. Não surpreende o fato de a empresa ser bastante reservada. Com o surgimento dos novos estados, o negócio da Giesecke & Devrient começou a crescer de forma vertiginosa. A Theodor Gräbener encontra-se em uma posição semelhante. É a empresa-líder na fabricação de moedas. E moedas são sempre necessárias.

Em um mercado totalmente diferente, Paul Schockemöhle, ex-jóquei de fama mundial, e Ullrich Kasselmann ocupam uma posição que os criadores usuais de cavalos só podem sonhar. Enquanto excelentes cavalos são vendidos em leilões por US$ 20 mil, os seus animais atingem valores entre US$ 200.000 e US$ 500.000. Schockemöhle não é um participante de pequeno porte: de acordo com um cliente que conhece bem o mercado, ele possui 3.000 cavalos, embora nem todos estejam nessa categoria de preço. É óbvio que a capacidade de selecionar e treinar os animais constitui a base para esse campeão oculto.

A Karl Mayer, líder mundial no segmento de máquinas têxteis, vem sistematicamente construindo uma posição de dona do mercado ao longo dos anos. Como resultado de sua bem-sucedida estratégia, a empresa pode afirmar que "somente em 10% de nossas vendas há uma concorrência real". Muitos clientes acham que os produtos da Mayer são insubstituíveis. A Convac, fabricante de equipamentos para produção de CDs e DVDs, com 100% do mercado mundial, encontra-se em uma posição ainda mais forte.

Pode ser difícil ou mesmo impossível para uma empresa normal reproduzir as estratégias dessas donas de mercado. Essas estratégias, não obstante, apresentam lições interessantes que podem beneficiar qualquer empresa.

A melhor maneira de se apropriar de um mercado é criá-lo, ou seja, defini-lo com base em seu próprio produto. A sua singularidade deve ser mantida e, se necessário for, defendida por longo tempo. Alcançar essa diferenciação pode depender de qualidade artística (por exemplo, Ritzenhoff), de um logotipo ou marca forte (por exemplo, Steiff), de proteção de patentes (por exemplo, Fischertechnik), ou de um bom relacionamento com os clientes (por exemplo, Giesecke & Devrient). A disponibilidade dos produtos deve ser limitada, como o dinheiro em si e as estatuetas da Hummel, e difíceis de adquirir. Peter Schutz, ex-CEO da Porsche, disse uma vez que "dois Porsches em uma mesma avenida são um desastre". A escassez do produto cria valor aos olhos de um cliente fiel. Também exige que essas empresas conscientemente deixem de explorar seu potencial total de crescimento. O maior inimigo da exclusividade é a rápida expansão.

As donas de mercado também nos ensinam várias lições do *marketing* de relacionamento. Tal conceito, que se originou da literatura do início da década de 1990, é antigo e muito familiar a elas que vêm agradando seus clientes mais leais há décadas. Tiveram a idéia dos clubes e dos movimentos de colecionadores muito antes de essas idéias serem desenvolvidas por pesquisadores e estrategistas de *marketing*. Dessa maneira elas constroem um séquito de clientes fiéis e entusiasmados por seus produtos, dispostos a pagar preços muito altos. As donas de mercado descritas aqui foram inteligentes o suficiente para se manter focadas e reservadas, assim como para manter seus mercados pequenos.

Novamente, as donas de mercado podem ser encontradas em todos os setores e ao redor do mundo inteiro. Os carros Rolls-Royce definitivamente enquadram-se nessa categoria, da mesma forma que as câmeras da empresa sueca Hasselblad e os vinhos franceses da Mouton Rothschild. Existem muitos parques temáticos, mas apenas uma Disneylândia, e nenhum relógio compara-se a um Rolex. Há inúmeros outros exemplos no setor de prestação de serviços, por exemplo, em "private banking" e na rede hoteleira. As estratégias das donas de mercado podem ser bem-sucedidas em todos os setores e lugares.

RISCOS DA SUPERESPECIALIZAÇÃO

Uma vez que as campeãs ocultas são altamente focadas em mercados e competências, pode-se questionar se elas não possuem uma especialização em demasia e, por conseguinte, se não estão expostas a riscos extremamente altos. Não dependem elas, em um grau inaceitável, de mercados restritos, de poucos clientes, de ciclos econômicos incertos e de mudanças tecnológicas?

De fato, a dependência dessas empresas de um único mercado é muito alta – 67,1% de suas vendas provêm de um mercado principal e, em uma escala de 1 (não-importante) a 7 (muito importante), elas estimam a importância de seus principais mercados, como apresentado na Figura 3.6, com uma média de 6,21. Os respondentes da pesquisa esperam que essa importância aumente no futuro, 60% prevendo um crescimento, e apenas 8,7%, um declínio. O foco está se tornando cada vez mais acentuado.

A alta importância dos mercados para os fornecedores é equiparável, em um grau bastante grande, à forte dependência que os clientes sentem das campeãs ocultas. A pergunta relativa a se os clientes podiam encontrar substitutos

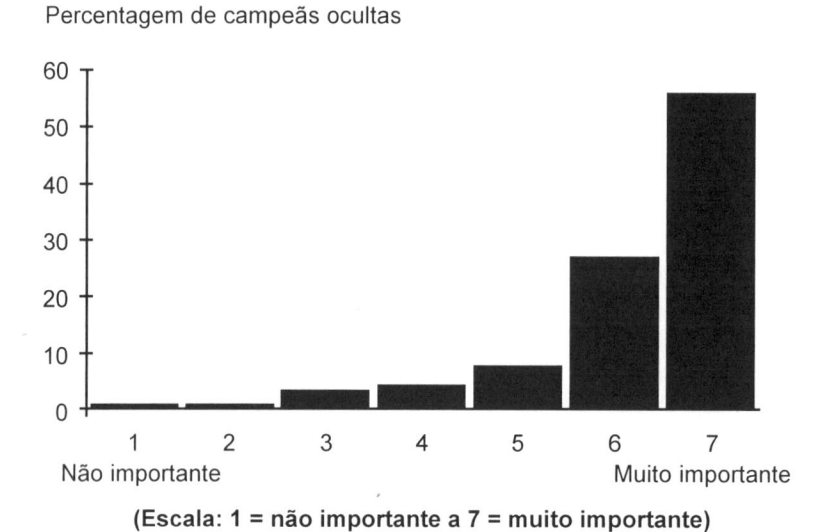

Percentagem de campeãs ocultas

(Escala: 1 = não importante a 7 = muito importante)
Figura 3.6 Índices de importância do mercado primário para as campeãs ocultas.

para os produtos das campeãs ocultas teve como resposta um índice médio de 5,9, sendo que o valor 7 indicava que o produto era insubstituível. Assim, há uma dependência mútua entre fornecedores e clientes. Essa situação gera um forte comprometimento de ambas as partes. As campeãs ocultas estão fortemente comprometidas com seus mercados restritos, e os seus clientes, em sua maioria, têm pouca opção de escolha. Não se pode julgar de forma conclusiva a questão de algumas empresas estarem especializadas em demasia ou focadas em excesso. Clifford e Cavanagh (1985) observam, em sua investigação sobre as empresas norte-americanas de rápido crescimento, que os pequenos mercados de nicho eram associados a retornos maiores sobre investimento. Na minha amostra, o tamanho do mercado correlacionava-se, positivamente, ao sucesso total. Esse resultado deve ser interpretado com cautela, pois ele pode ser melhor encarado como uma indicação fraca de que a lucratividade sofre se os mercados tornam-se diminutos demais. A especialização demasiada vem sendo criticada por revistas e jornais de negócios alemães. Pode ser que as campeãs ocultas tenham se retirado para nichos pequenos demais para garantir uma sobrevivência lucrativa a longo prazo.

Basicamente, os riscos de uma especialização demasiada e de um foco exagerado possuem três causas possíveis:

- Dependência de um único mercado ("colocar todos os ovos em uma única cesta").
- O nicho pode ser atacado por produtos padronizados, ocasionando a perda de uma posição única ou especial.
- Um pequeno nicho pode incorrer em altos custos de produção, porque não se pode obter economias de escala e os efeitos da curva de experiência explorados.

A dependência de um único mercado representa um risco óbvio. Se o mercado entra em declínio, apresenta problemas ou simplesmente desaparece, a empresa com uma participação de mercado da magnitude de uma campeã oculta típica é candidata a afundar. A empresa que constrói a melhor locomotiva a vapor do mundo não sobreviverá porque ninguém mais compra locomotivas a vapor.

Logo no início deste século, a Welte & Söhne era uma empresa que fabricava um produto exclusivo. A música dos melhores pianistas-solo era gravada mecanicamente em um cilindro, que, ao ser posto em uma pianola, reproduzia o som original. O produto era bastante almejado por muitas pessoas ricas no mundo inteiro. Mas com a invenção do fonógrafo, ele desapareceu, levando consigo a campeã oculta Welte & Söhne.

Em meados de 1950, a NSU, de Heilbronn, na Alemanha, na época a principal fabricante de motocicletas do mundo, era altamente focada nesse mercado. Mas naquela época, a utilização de motocicletas para o transporte primário começou a entrar em declínio na Europa. Assim que as pessoas juntavam dinheiro suficiente, elas trocavam as motocicletas por automóveis. Apesar de várias tentativas, a NSU não conseguiu seguir essa tendência. Tampouco compreendeu que o aumento do tempo de lazer estava desenvolvendo um mercado secundário para as motocicletas. Pegando essa nova onda, os concorrentes japoneses como Honda, Yamaha e Kawasaki tornaram-se os novos campeões do mercado mundial. Incapaz de sobreviver sozinha, a NSU fundiu-se com a Audi e, ao fim, com a Volkswagen. Sua marca, outrora famosa, simplesmente desapareceu. Esses exemplos demonstram que o risco de ficar confinado a um único mercado, que pode desaparecer, é alto, e quanto mais restrito for o foco, maior será o risco.

Mas o risco de mercado é apenas um lado da questão; o outro é o risco de a empresa ser derrotada por um concorrente superior com a mesma ou com uma tecnologia intimamente relacionada. Esse risco pode, provavelmente, ser reduzido ao se estabelecer um foco mais claro. Os dois tipos de risco são comparados em um gráfico na Figura 3.7, que mostra com clareza que a escolha não é entre um risco global mais alto ou mais baixo, mas entre um risco de mercado mais alto e um risco competitivo mais baixo, e vice-versa.

	Risco de mercado	
	Baixo	Alto
Risco competitivo Baixo		Estratégia focada das campeãs invisíveis
Alto	Estratégia diversificada (muito comum para as empresas maiores)	

Figura 3.7 Risco comparativo em relação ao foco.

Não há uma resposta simples à questão de estabelecer qual é a melhor estratégia, a focada ou a diversificada. Os CEOs das campeãs ocultas demonstram sua predileção pela estratégia focada. Hans Riegel, da Haribo, líder mundial no mercado de ursinhos Gummi, afirma o seguinte: "Dá para reduzir o risco se você concentrar-se no que realmente domina". Um outro respondente comentou: "Não é menos arriscado ser um peixe grande em um pequeno açude do que um peixe pequeno em um grande lago com muitos tubarões?". Michael Steinbeis, CEO da Steinbeis Holding, líder mundial no segmento de rótulos para baterias e produtos especiais de papel, explica a sua filosofia da seguinte forma: "Queremos ser grandes em pequenos mercados. Podemos até nos retirar se o mercado tornar-se grande demais, pois, devido ao nosso tamanho e aos nossos recursos, podemos ser apenas um participante pequeno". A ênfase no papel das competências essenciais (Prahalad e Hamel, 1990, Hamel e Prahalad, 1994) e as descobertas de alguns fracassos ocorridos na prática da diversificação sugerem que o risco total de uma estratégia focada pode ser menor do que o risco de uma estratégia diversificada. Algumas evidências retiradas de um estudo de McKinsey (Rommel et al., 1995) confirmam essa conclusão. Descobriu-se que as empresas que concentram sua atividade em poucos produtos e clientes são mais bem-sucedidas. A Figura 3.8 compara os fabricantes de maquinários mais bem-sucedidos e não tão bem-sucedidos nesse estudo. O número de produtos por vendas de US$ 67 milhões é muito menor para as empresas bem-sucedidas. Uma relação semelhante pôde ser observada para o número de clientes. As empresas com menos produtos enfrentam menos complexidade. A "abordagem da simplicidade" sugerida pelo estudo de McKinsey é uma das bases para o sucesso.

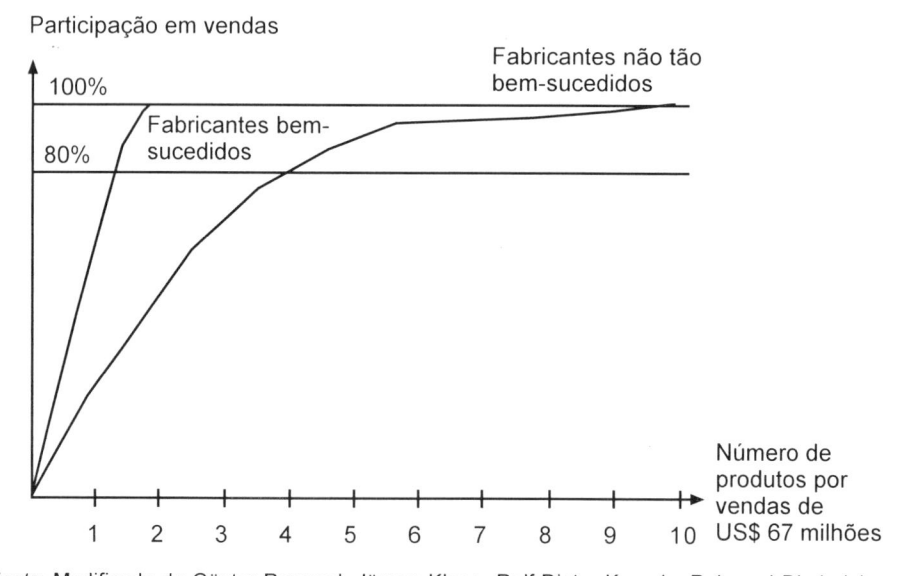

Fonte: Modificada de Günter Rommel, Jürgen Kluge, Rolf-Dieter Kempis, Raimund Diederichs e Felix Brück, *Simplicity Wins: How Germany's Mid-Sized Industrial Companies Succeed* (Boston: Harvard Business School Press, 1995), 44. Reimpressa com permissão.

Figura 3.8 Comparação entre fabricantes de maquinários bem-sucedidos e não tão bem-sucedidos.

O risco de um foco restrito e de uma especialização demasiada precisa ser avaliado face ao risco de pouco foco e da diluição da especialização provocada por uma excessiva diversificação. Uma visão unilateral desses riscos mostra-se totalmente inadequada. As empresas diversificadas freqüentemente vendem alguns negócios e acrescentam outros a seus portfólios. Mas essa filosofia não se aplica às campeãs ocultas. Elas têm de insistir em seus próprios mercados. Talvez uma das situações mais arriscadas nesse sentido seja resultado de uma mudança tecnológica. Uma tecnologia diferente satisfaz a mesma necessidade, como no caso da gravação mecânica *versus* a eletrônica de música de piano. Embora as evidências sejam limitadas, parece que algumas campeãs ocultas dão-se muito bem até sob essa ameaça mais séria. O fato de que, aconteça o que acontecer, elas dependem apenas de um mercado torna-as defensoras vorazes e grandes inovadoras. Elas simplesmente não têm escolha.

A Trumpf, que controla o mercado mundial de máquinas para o corte preciso de chapas de metal, é um caso a ser considerado. Tradicionalmente, o corte de chapas de metal era feito de forma mecânica. No começo da década de 1980, não obstante, a tecnologia do *laser* começou a invadir essa área, o que representava uma séria ameaça à Trumpf. Mas, sob o comando de Berthold Leibinger, CEO-modelo de campeã oculta, a empresa manteve-se focada e desenvolveu seu próprio *laser*. Ela não apenas defendeu sua posição de liderança no ramo de corte de chapas de metal, como se tornou uma das empresas-líderes na aplicação de *laser* industrial. Werner Sterzenbach, CEO da Kiekert, líder em sistemas de fechaduras para automóveis, descreve um desenvolvimento semelhante em sua empresa: "Nos anos 70, abandonamos o mundo das fechaduras puramente mecânicas e desenvolvemos um mecanismo que utilizava o nosso sistema eletrônico de travamento central. Em 1979, desenvolvemos nosso primeiro *chip* eletrônico. Isso contribuiu de forma definitiva para conquistarmos a posição de liderança mundial no segmento". Da mesma forma, quando, na década de 80, algumas campeãs ocultas viram-se ameaçadas de perder lugar para as suas concorrentes japonesas na integração de peças eletrônicas e mecânicas, aquelas que eram focadas lidaram relativamente bem com o desafio.

Quando visitei, em 1981, o centro de treinamento de uma empresa, no Norte da Alemanha, descobri que era o mesmo centro que operava na década de 60. Havia um risco real de que a empresa tivesse perdido o barco da era eletrônica. Só que, ao voltar ao centro cerca de 10 anos depois, o lugar se parecia a um laboratório de eletrônica. A empresa, como muitas outras, não apenas acrescentara componentes eletrônicos às peças mecânicas, como havia promovido a integração entre as duas tecnologias. Os engenheiros apresentaram soluções totalmente novas para os problemas e, basicamente, redesenharam as máquinas e os instrumentos. Como a Trumpf, essa campeã oculta manteve-se focada e conservou a liderança no mercado.

Essa discussão demonstrou que, com um foco forte, estão envolvidos dois aspectos de risco. O foco torna uma empresa altamente dependente de um mercado, com todos os ovos em uma mesma cesta. Se esse mercado passar por alguns problemas, a campeã será negativamente afetada. O risco de mercado é de alguma forma controlado pela extensão geográfica das atividades, um aspecto que será tratado no próximo capítulo. Por outro lado, o foco reduz os riscos competitivos. As campeãs ocultas estão fortemente comprometidas com seus mercados restritos. Suas competências focadas estabelecem a melhor base para o desempenho competitivo superior e sua dependência gera uma vontade muito forte de defender os mercados por elas conquistados. A única opção que têm é insistir.

RESUMO

As campeãs ocultas definem seus mercados de forma restrita e os abordam de uma maneira altamente focada. Suas definições de mercado caracterizam-se pelos seguintes aspectos:

- Tanto as necessidades do cliente quanto as perspectivas de produto/tecnologia são levadas em conta.
- A despeito da fragmentação e da imprecisão de muitos desses mercados, as campeãs ocultas estão relativamente bem-informadas sobre eles, em decorrência do foco que desenvolvem e da proximidade a seus mercados.
- As definições e os limites de mercado não são aceitos como são apresentados, mas devem ser considerados uma parte da estratégia e, portanto, devem ser ativamente controlados. Muitas campeãs ocultas produzem supernichos, e algumas donas de mercado criam produtos exclusivos que autodefinem os mercados por elas controlados.
- As definições de mercado e as linhas de produto são profundas, em vez de amplas. A cadeia de valor atendida é, na mesma proporção, estreita, mas longa. Isso gera um grau de especialização e perfeição difícil de ser igualado.
- Uma vez que as campeãs ocultas escolhem um mercado, elas prendem-se a ele e tornam-se altamente comprometidas com ele. As redefinições de mercado e de tecnologia básica quase nunca acontecem.
- As campeãs ocultas aceitam o risco de seu sucesso ser baseado em um único produto, resultado de uma definição e de um foco de mercado restrito. Elas acreditam que esse risco de mercado é compensado por um aumento na força competitiva. Aquelas que exageram em sua especialização podem, no entanto, ser levadas a nichos que eventualmente se tornam pequenos demais para sobreviver. As grandes corporações, por outro lado, caracterizam-se em geral pela falta de foco. O ideal provavelmente não reside nem nos extremos nem na média, mas em um foco relativamente forte. É exatamente nesse ponto que a maioria das campeãs ocultas chegou.

Encontrar a definição e o foco correto de mercado é uma tarefa complicada. O sucesso de uma campeã oculta sugere uma abordagem baseada em concentração, em especialização e em competências essenciais. Embora essa possa não ser a resposta correta para todos os mercados, cada empresa deve pensar seriamente em uma estratégia focada e reavaliar sua posição de tempos em tempos. O perigo de uma focalização exagerada parece ser menos sério do que a disseminação arbitrária de talentos e recursos por todos os lados. O especialista, em geral, supera o generalista.

O Mundo

O idioma do cliente é o melhor.

Anton Fugger

4

Como as campeãs ocultas tornaram-se líderes mundiais em seus mercados? Definitivamente, não foi ficando em casa e esperando que os clientes telefonassem. Em lugar dessa atitude passiva, elas saíram para o mundo e disponibilizaram seus produtos e serviços nos locais em que os clientes se encontravam. Sua presença em mercados-alvo ao redor de todo o mundo é abrangente e impressiona muito. A maioria é formada por empresas competidoras verdadeiramente globais. Predominantemente, estabelecem contatos diretos com os clientes por meio de subsidiárias próprias nos países que constituem os mercados-alvo. Não gostam de delegar a tarefa de estabelecer um relacionamento com o cliente a intermediários, importadores ou distribuidores. Criam vínculos com os clientes utilizando os seus idiomas. O conhecimento que têm de línguas estrangeiras e a sua própria internacionalização constituem pré-requisitos necessários para o seu sucesso empresarial.

ESCOPO GLOBAL

Em média, as campeãs ocultas efetuam mais da metade de suas vendas (51,2%) fora de seus mercados domésticos. Se forem incluídas na soma as exportações indiretas (ou seja, as exportações realizadas através de produtos acabados), o índice provavelmente sobe para mais de 70%. A participação das vendas nos distantes mercados fora da Europa representa quase um terço (exatamente 30,4%). Seus principais mercados-alvo, excetuando a Europa, são os Estados Unidos e os países industrializados da Ásia. A Tabela 4.1 ilustra a importância das vendas em mercados estrangeiros para algumas campeãs ocultas; 80 a 90% representam uma participação normal.

Fica evidente que empresas com participação em mercados mundiais dessa magnitude devem ser internacionais e globais em escopo e maneira de pensar. Como a maioria de seus clientes é estrangeira, a equipe da empresa faz negócios em línguas estrangeiras, e muitos membros da equipe precisam viajar bastante. A maioria das empresas estabelece uma rede global de subsidiárias que cobre muitos países diferentes.

É interessante pensar no papel que as campeãs ocultas exercem no desempenho a longo prazo das exportações da Alemanha. A posição do país reflete-se na comparação das exportações acumuladas dos seis maiores países exportadores para o período entre 1985 e 1994. Elas são mostradas na Figura 4.1, tanto em

TABELA 4.1 Vendas em mercados estrangeiros como participação na receita de vendas para algumas campeãs invisíveis

Empresa	Produto principal	Vendas no estrangeiro em percentagem de receita de vendas
Koenig & Bauer	Prensas para a impressão de dinheiro	95
Schlafhorst	Máquinas de fiação	95
SMS	Laminadoras para produtos planos	90
Fischer	Equipamento de laboratório para a indústria de petróleo	90
Binhold	Materiais didáticos de anatomia	87
Würth	Produtos de montagem	85
Dürr	Sistemas de acabamento para pintura	84
Aixtron	Equipamento para a fabricação de filmes finos	80
Götz	Bonecas	80
Sachtler	Tripés para câmeras	80
Förster	Testagem não-destrutiva	75
Leybold	Tecnologia de revestimento a vácuo de filmes finos e componentes a vácuo	75
Tigra	Suplementos de corte para ferramentas de trabalho em madeira	75
Krones	Máquinas para rotulagem de garrafas	75

termos absolutos quanto em uma base *per capita*. A perspectiva de 10 anos neutraliza as oscilações de curto prazo e mede o desempenho também a longo prazo das exportações desses países de forma eficaz e confiável.

A comparação das exportações absolutas revela que os Estados Unidos e a Alemanha encontram-se no mesmo patamar. Ambos os países estão bem à frente do Japão e mesmo de outras nações importantes da Europa. A comparação *per capita* entre os Estados Unidos, Japão e os países europeus, de tamanho menor, não se mostra tão significativa assim, pois os países maiores tendem a ter exportações *per capita* mais baixas. Entre os países europeus, no entanto, a comparação *per capita* faz sentido, já que todos os quatros países são semelhantes em termos de população e localização geográfica. A comparação mostra que a Alemanha encontra-se bem à frente de seus vizinhos europeus. O forte desempenho em exportações da economia alemã é amplamente atribuído às empresas de pequeno e médio portes do país, entre as quais as campeãs ocultas brilham como as estrelas da exportação. As campeãs ocultas da minha amostra contribuíram, em média, com US$ 66,5 milhões para as exportações alemãs em 1993. Multiplicada por 500 empresas, a quantia representa um volume de exportação total de US$ 33,3 bilhões, que significa mais de 12% das exportações totais da Alemanha. A enorme força das campeãs ocultas e de outras empresas de médio porte explica, até certo ponto, a excelente posição da Alemanha no mercado de exportação.

Cada país parece estar ciente de que é necessário incentivar as empresas de pequeno e médio portes a realizar negócios no mercado internacional. Muitos países apresentam dificuldades nessa área, e a Espanha é um exemplo dessa dificuldade. Segundo um artigo do *Wall Street Journal Europe*, a ampla maioria das pequenas empresas espanholas mal consegue exportar. O artigo afirma que "os líderes empresariais e políticos da Espanha preocupam-se com o fato de não se estar fazendo o suficiente para que as empresas de pequeno e médio portes entrem em novos mercados estrangeiros" (Vitzthum, 1994a, 8). Esse sério proble-

Exportações acumuladas 1985-1994

País	Bilhões de dólares
Estados Unidos	3.614
Alemanha[b]	3.465
Japão	2.844
França	1.778
Reino Unido	1.589
Itália	1.400

Exportações anuais *per capita* 1985-1994[a]

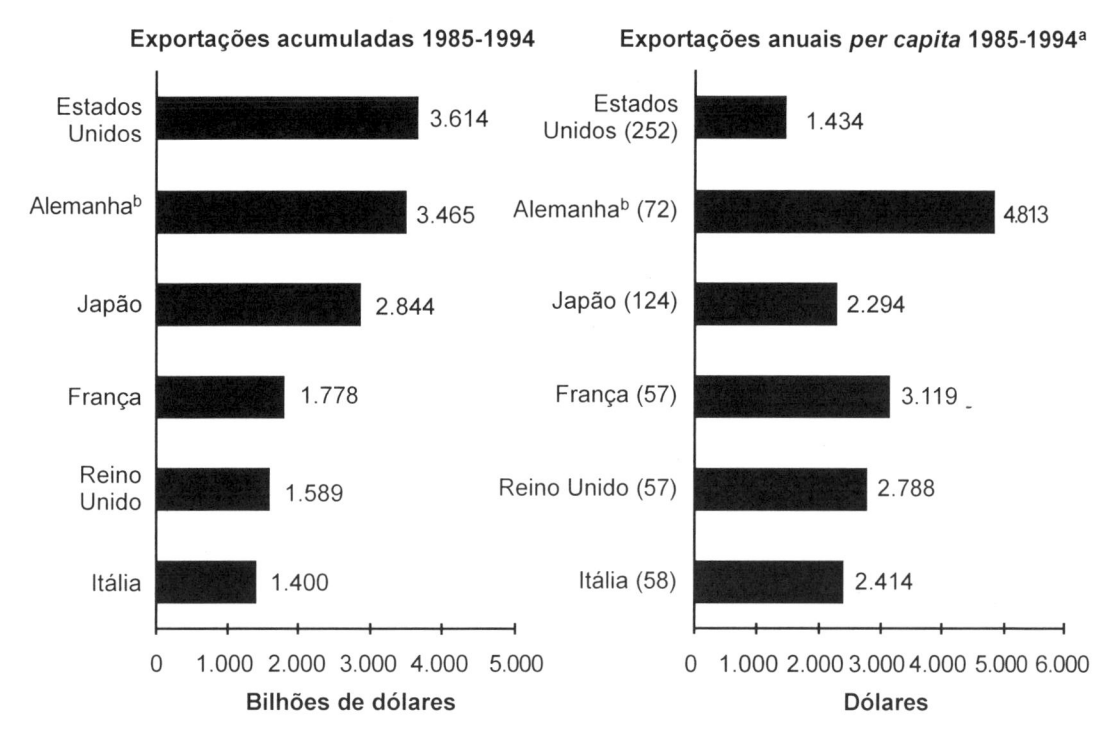

País	Dólares
Estados Unidos (252)	1.434
Alemanha[b] (72)	4.813
Japão (124)	2.294
França (57)	3.119
Reino Unido (57)	2.788
Itália (58)	2.414

[a] A população de 1990 foi utilizada para o cálculo *per capita* (veja os valores entre parênteses).
[b] As exportações da Alemanha Oriental foram incluídas depois de 1991.

Fonte: *Statische Jahrbücher der Bundesrepublik Deutschland* (Statistical Yearbooks of the Federal Republic of Germany) (Stuttgart: Schäffer-Poeschel, 1986-1995).

Figura 4.1 Exportações acumuladas, 1985-1994, para os seis maiores países exportadores.

ma é difícil de ser resolvido. Fica claro que a internacionalização das empresas pequenas depende de uma estrutura que inclua a cultura, a mentalidade e a história. Nesse sentido, o papel do governo apresenta vários limites.

Como foi discutido no Capítulo 3, a definição e o entendimento de um mercado podem apresentar várias dimensões: o produto, a tecnologia e as necessidades do cliente. Uma outra dimensão diz respeito ao escopo regional. A internacionalização começa com a percepção de que esse escopo regional vai além de um único país. A idéia da globalização é enxergar o mundo inteiro como um único mercado, que é exatamente o que as campeãs ocultas fazem. Sempre que eu perguntava "Qual é o mapa mental do seu mercado?", a resposta era quase sempre a mesma: "O mundo". Alfred K. Klein, CEO da Stabilus, líder mundial no mercado de amortecedores para automóveis a gás, afirma o seguinte: "A definição regional de nosso mercado é muito simples: o mundo". A Rittal, líder global no segmento de gabinetes para produtos eletrônicos, possui inúmeras concorrentes locais menores. Mas Friedhelm Loh, CEO da Rittal, faz o seguinte comentário: "Somos a única fabricante de gabinetes para produtos eletrônicos que realmente atua em âmbito mundial. Isso nos dá força para estabelecer padrões globais em nosso negócio". Ter uma presença no mundo inteiro é parte integral da liderança de mercado das campeãs ocultas.

Muitas paredes dos escritórios das campeãs ocultas são decoradas com mapas-múndi. Vi-os em quase todos os lugares por onde passei. A orientação global também se reflete em inúmeros princípios e folhetos de empresas. A Dragoco, líder global no segmento de fragrâncias, afirma o seguinte: "Nosso mercado é o mercado global de fragrâncias, aromas e cosméticos. E estamos presentes onde os nossos clientes precisam da gente". A Stihl, que controla o setor de serras elétricas, fez uma lista de 20 princípios da empresa, o "International Thinking", e um deles estabelece o seguinte: "Distribuição mundial de nossos produtos, instalações para fabricação estrategicamente localizadas e fornecedores estrangeiros de qualidade." A Brähler International Congress Service declara: "Estamos em casa no mundo inteiro." E a Hillebrand, que exerce a liderança no mercado de distribuição de vinho, afirma o seguinte em seu folheto informativo: "Próximo aos nossos clientes onde quer que eles estejam!" A Herion, líder mundial em válvulas pneumáticas (por exemplo, para estações nucleares), inclui o *marketing* mundial como um dos princípios da empresa. O mesmo também ocorre para a Wandel & Goltermann, líder mundial em mensuração de sinais eletrônicos analógicos. A Webasto, líder global no mercado de tetos solares, diz o seguinte: "A internacionalização de nossos clientes do setor automotivo, juntamente com a vontade da empresa de lidar com o mercado mundial, significa cruzar as fronteiras nacionais." As ambições em nível mundial não estão, em geral, confinadas à venda e ao *marketing*. A DGF-Stoess, líder no mercado de gelatinas, tem metas de manter uma base de fornecimento de matéria-prima em todo o mundo e construir uma rede global de vendas. Para o Neumann Group, número um em café verde não-processado, manter o acesso global a fontes de matéria-prima é um fator importantíssimo.

Embora muitas outras empresas possam ter *slogans* grandiosos semelhantes sobre globalização, as campeãs ocultas seguem, na prática, aquilo que pregam. Geralmente, elas estabelecem sua presença em países estrangeiros via suas próprias subsidiárias. A Figura 4.2 apresenta os resultados da investigação detalhada que fiz sobre as subsidiárias estrangeiras para uma subamostra de 39 campeãs ocultas. O gráfico faz uma distinção entre as subsidiárias de vendas/prestação de serviços e subsidiárias de fabricação. Praticamente, 97,4% das empresas são representadas nos Estados Unidos por suas próprias filiais. A presença delas no Reino Unido e na França, os próximos mercados mais importantes, também é extremamente alta. Até no Japão, o mercado estrangeiro mais complicado do mundo, quase metade das empresas é representada por suas próprias firmas ou seus próprios escritórios. Nos países maiores, uma grande percentagem tem subsidiárias de fabricação e, assim, pode atuar como concorrentes locais. Quase todas as subsidiárias brasileiras são fabricantes, devido a restrições nas importações de produtos acabados. Deve-se observar que os índices na Figura 4.2 não incluem agentes, importadores ou outras formas não-próprias de representação comercial. As 39 campeãs ocultas possuem, parcial ou totalmente, um total de 354 subsidiárias em mercados fora dos Estados Unidos. Isso corresponde a 9,6 subsidiárias estrangeiras para cada campeã oculta – um número extraordinariamente alto para empresas desse porte.

Se forem observadas algumas empresas especificamente, o quadro será ainda mais impressionante. Uma empresa pequena como a Brähler International

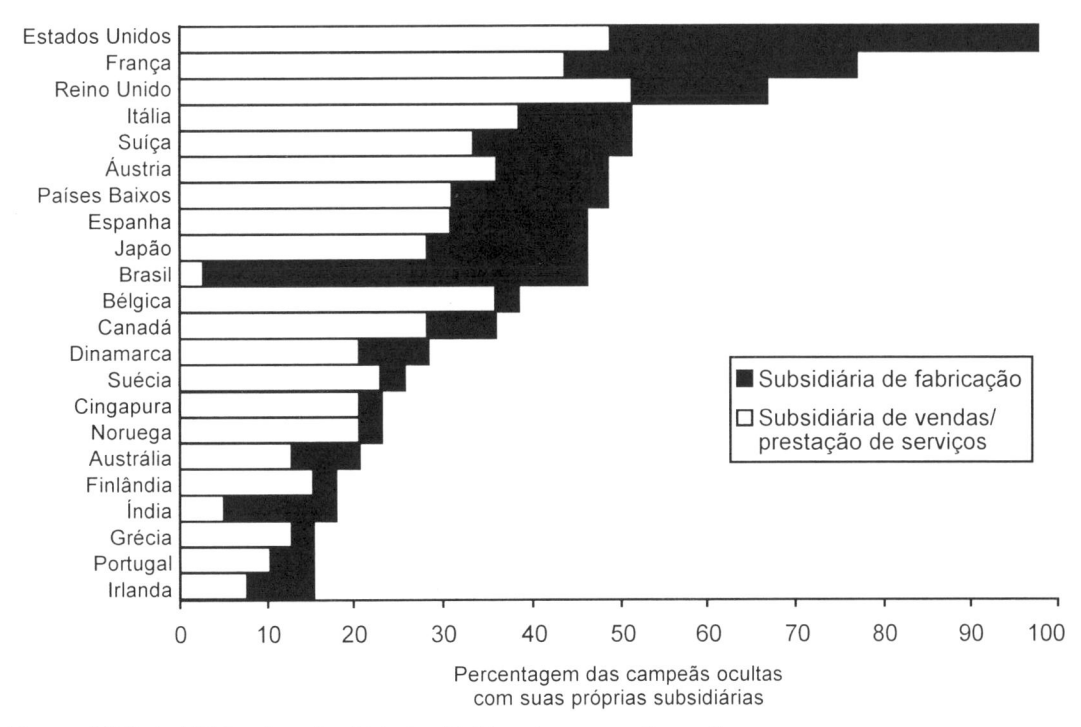

Figura 4.2 Subsidiárias fora dos Estados Unidos das campeãs ocultas.

Congress Service, que tem receitas de vendas de US$ 40 milhões e 390 funcionários ao redor do mundo, é representada em 89 cidades em 60 países. A Hillebrand, empresa de 600 funcionários, possui escritórios em 30 países. Segundo Christof Hillebrand, chefe-executivo da empresa, esses escritórios formam uma rede global que cria oportunidades únicas de negócios ao comercializar vinhos de muitas fontes produtoras para muitos mercados consumidores.

As grandes campeãs ocultas possuem suas próprias subsidiárias em muitos países, conforme demonstra a Tabela 4.2.

As campeãs ocultas manifestam uma forte preferência pelo acesso direto aos mercados e consumidores do exterior – não querem que surjam terceiros entre elas e seus clientes. Wolfgang Pinegger, presidente da Brückner, fabricante-líder no mercado de sistemas de estiramento de filmes biaxiais, expressa esse ponto de vista de forma bastante sincera:

> Conhecemos todos os nossos clientes no mundo. Algumas pessoas da nossa equipe estiveram na China umas 100 vezes. Nós mesmos fazemos tudo. Às vezes, perguntam-me como é que a gente consegue gerenciar tudo isso com apenas 280 funcionários e se a gente não devia ter agentes de venda. Descartamos categoricamente os agentes. Temos nossos próprios escritórios, e alguns dos nossos melhores funcionários gastam 80% do tempo viajando. É assim que atendemos ao mundo inteiro.

Deve ser verdade: toda vez que tentamos telefonar, Pinegger estava de partida para algum lugar distante. Somente após meses de tentativas é que consegui-

TABELA 4.2 Subsidiárias estrangeiras de algumas campeãs ocultas

Empresa	Produto principal	Números de subsidiárias estrangeiras
Fresenius	Instrumentos para diálises	50
Würth	Produtos de montagem	44
Al-Ko Kober	Componentes para reboques	37
TÜV Rheinland	Inspeção e certificação técnica	32
SEW Eurodrive	Transmissão de energia	31
Villeroy & Boch	Produtos de cerâmica	27
Prominent	Bombas de medição	26
Knauf	Produtos para reboco	26
Dragoco	Fragrâncias	24

mos marcar um encontro com ele na Alemanha. Isso ilustra como as campeãs ocultas administram seus sistemas globais. Além de um foco restrito de mercado, essas redes globais de vendas e de *marketing* formam o segundo pilar da estratégia das campeãs ocultas. Assim, a estratégia delas é aparentemente contraditória, sendo restrita, focada e profunda em termos de produto, tecnologia e cliente, mas ampla, larga e global no que tange à dimensão regional das atividades de vendas. Essa ambivalência é demonstrada na Figura 4.3.

A combinação restrita e global possui uma gama de implicações interessantes e relevantes. Em primeiríssimo lugar, mercados de nichos pequenos, e até diminutos, podem se tornar surpreendentemente grandes quando expandidos para o mundo todo. Dessa forma, um mercado globalmente expandido com um foco restrito não impede, necessariamente, economias de escala e efeitos na curva de experiência. Pode muito bem viabilizar uma combinação atrativa de especialização de mercado e eficiência nos custos.

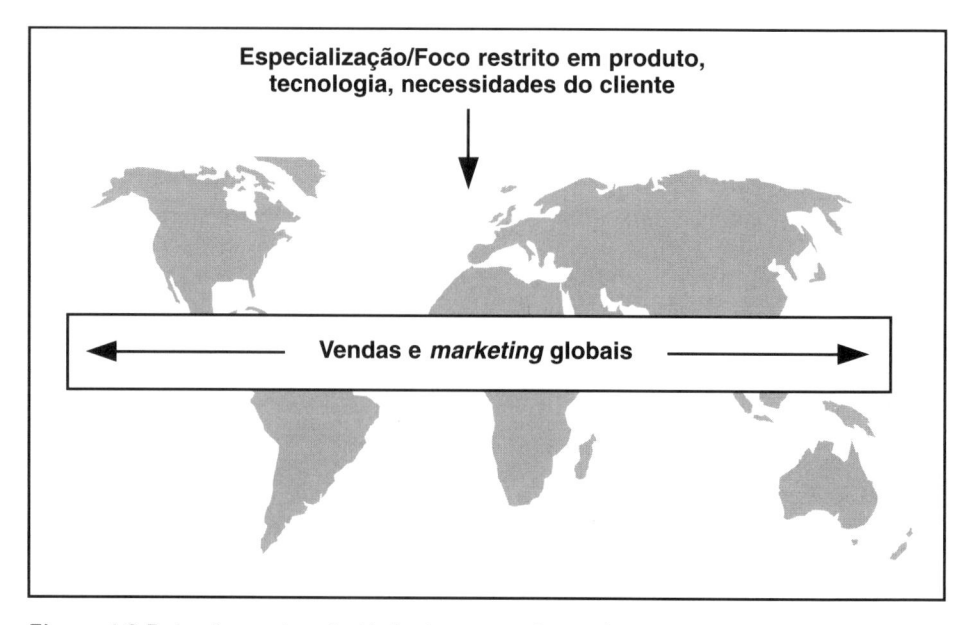

Figura 4.3 Dois pilares da estratégia das campeãs ocultas.

As campeãs ocultas parecem nos ensinar que esse é o caminho certo para se funcionar, e que o contrário está equivocado. Por exemplo, um dos meus amigos dirige um supermercado extremamente lucrativo em uma pequena cidade. Quando surgiu a questão de onde reinvestir os lucros, ele decidiu abrir um hotel na mesma cidade. De acordo com a filosofia das campeãs ocultas, não é esse o caminho a tomar. Em vez de ficar no mesmo lugar e desenvolver um novo negócio – sobre o qual ele pouco conhecia –, ele deveria se ater ao seu empreendimento varejista e abrir novos supermercados em outras cidades. Da mesma forma, um dos nossos clientes tinha focado exclusivamente o mercado alemão e conquistado uma participação de 80% de seu mercado de alta tecnologia, extremamente competitivo. Quando perguntei por que a empresa não deveria se dar bem também em mercados fora da Alemanha, seus dirigentes ficaram sem saber o que dizer. Admitiram que haviam simplesmente sido impedidos por suas limitações psicológicas. Hoje, essa campeã oculta "local" expande-se para o mundo, e será bem-sucedida em sua iniciativa porque a maioria dos mercados é menos complicada e exigente que o alemão. Mas, no passado, a empresa sacrificou grandes oportunidades devido às suas limitações regionais.

As semelhanças de um negócio em diferentes países e regiões são usualmente maiores do que aquelas existentes em negócios diferentes de uma mesma região. Como salientou Peter Drucker, todos os hospitais do mundo têm basicamente os mesmos problemas (Drucker, 1993). A pessoa que conseguir solucionar problemas em um hospital em Los Angeles provavelmente conseguirá fazer o mesmo nos hospitais em Tóquio e em Paris, sem precisar nem mesmo falar japonês ou francês. As equipes que trabalham em hospitais falam a mesma língua técnica em qualquer lugar, e o mesmo também se aplica a hotéis e restaurantes.

Como foi observado no Capítulo 3, é exatamente essa a base para a estratégia da Winterhalter Gastronom, especializada em lava-louças industriais. Manfred Bobeck, diretor da empresa, lança uma luz sobre a questão:

> É mais fácil para nós ajustar nossos sistemas às necessidades dos hotéis em países diferentes porque eles são semelhantes em qualquer lugar. Seria complicado, no entanto, adaptar nossos sistemas às necessidades de grupos de clientes diferentes porque eles são muito diferentes. Os hotéis na Ásia e na Europa são mais semelhantes do que os hospitais e hotéis na Alemanha. É simples assim!

Isso está de acordo com a teoria da globalização de Levitt (Levitt, 1983). Pontos de vistas como esses trazem lições importantes para cada empresa, até mesmo aquela que atua em nível local: parece ser aconselhável focar-se em uma área restrita de competência ou de produto e se expandir regionalmente para aumentar o mercado. Muitas empresas fazem exatamente o contrário. Por terem medo de se internacionalizar, ficam confinadas em uma região, em um país e tentam se expandir iniciando atividades em áreas não-familiares. Conseqüentemente, perdem foco e, por fim, competitividade.

O CAMINHO PARA A GLOBALIZAÇÃO

Algumas das campeãs ocultas mais antigas são empresas globais por um período considerável de tempo. A Heidenhain, fundada em 1889, líder mundial no mercado de sistemas de medição de comprimentos e ângulos, exportava mais do que 50% de sua produção antes de 1960. A Koenig & Bauer, que teve sua fundação em 1817, fazia o mesmo, e hoje tem uma participação de 90% no mercado mundial de prensas para impressão de cédulas.

Somente nos últimos 20 a 40 anos, no entanto, é que as empresas mais jovens passaram a dar mais atenção à questão da internacionalização. Há uma extensa literatura sobre o assunto (por exemplo, Cavusgil, 1980, Andersen, 1993, Miesenbock, 1988). O primeiro aspecto geralmente tratado são os motivos para exportar. Podem ser classificados de acordo com a origem, interna ou externa, e de acordo com o modo da atividade, proativa ou reativa. A Tabela 4.3 apresenta uma classificação com base na combinação das duas dimensões.

Os motivos iniciais das campeãs ocultas para exportar enquadram-se, predominantemente, na categoria interna/proativa. Os fatores mais importantes são a meta de se tornar líder no mercado internacional (como foi discutido no Capítulo 2) e o impulso gerencial de expandir o mercado. A categoria externa/reativa é a segunda mais importante. Um número expressivo de entrevistados relatou que algumas pessoas que moram em países estrangeiros viram os produtos que fabricam em armazéns, fábricas e feiras, e que queriam comprá-los. Heinz Hankammer, fundador dos filtros de água Brita, conta como a internacionalização na empresa teve início:

> Os visitantes, distribuidores em sua maioria, do exterior encontraram nossos produtos nas lojas da Alemanha. Ficaram interessados e nos ligaram. Foi como começou em Londres em 1980. Encontramos um homem excelente lá que vendeu o produto para as lojas de departamentos, lojas de produtos naturais e em outros mercados. Pessoas dos quatro cantos do globo viram o produto nessas lojas e se aproximaram de nós. Londres se transformou no trampolim de nossa produção para o mundo. Nessa fase inicial, não ligamos para nenhum cliente de fora da Alemanha, mas eles nos ligaram, querendo distribuir o produto em seus países. Foi assim que começou, e hoje estamos presentes em 60 países.

TABELA 4.3 Classificação dos motivos para exportação

Modo/Motivo da atividade \ Origem da atividade	Interna	Externa
Proativa	• Guiado por meta • Impulso gerencial • Vantagens de *marketing* • Economias de escala • Competências únicas em produtos/tecnologia	• Mercados externos • Agentes de mudança
Reativa	• Diversificação de risco • Expansão das vendas de um produto sazonal • Capacidade excessiva de recursos	• Pedidos não previstos • Pequeno mercado doméstico • Mercado doméstico estagnado ou em declínio

Fonte: Adaptada de G. Albaum, *International Marketing and Export Management* (Boston: Addison-Wesley, 1989).

É possível encontrar paradigmas ou padrões típicos de internacionalização na literatura. Um deles é constituído pela exportação indireta → exportação direta → concessão de licença → *joint-venture* → subsidiária de vendas e serviços → montagem → produção local (por exemplo, Root, 1987). Também já se sugeriu que existem padrões ideais para o processo de internacionalização. Ayal e Zif (1979) definem "concentração" e "diversificação" como opções alternativas. Na concentração, a empresa começa vendendo para uns poucos países cuidadosamente selecionados, enquanto na diversificação há a idéia de uma entrada simultânea no mercado em vários países. A concentração consome mais tempo, mas exige menos em termos de recursos humanos e de capital. Attiyeh e Wenner (1981) estenderam o conceito para "concentração seqüencial", segundo a qual, em um determinado ponto, os recursos são focados em um país; uma vez que a "massa crítica" tenha sido alcançada nesse país, ou seja, que a empresa se torne auto-sustentável, a internacionalização avança para o país seguinte. Essa opção também consome muito tempo, já que leva de quatro a seis anos para que cada país atinja a massa crítica (Simon, 1982).

As campeãs ocultas raramente seguem esses padrões ideais. Em vez disso, elas começaram a se internacionalizar precoce, rápida e, em geral, caoticamente. A questão "Quando você começou a exportar, em relação ao início de funcionamento da empresa?" deveria ser respondida em uma escala de 1 (desde o início) a 7 (muito tarde). A Figura 4.4 apresenta a distribuição das respostas.

As respostas indicam que 82,4% ficaram abaixo de 4, o que significa que começaram a exportar cedo ou muito cedo. O escore médio foi 2,4. Viktor Dulger, fundador e CEO da Prominent, líder mundial em bombas de medição, serve como exemplo desse espírito: "Sempre fui o primeiro no mercado". Ele atribui o sucesso a três fatores: "Qualidade do produto, alta intensidade de P&D e presença desde cedo no mercado". Essas constatações demonstram que as campeãs ocultas típicas tinham uma perspectiva internacional de seus negócios desde o início. Mesmo se a internacionalização ocorresse de forma reativa, elas seriam receptivas às oportunidades oferecidas pelos mercados de outros países. Sem essa atitude, a rápida internacionalização não teria sido possível.

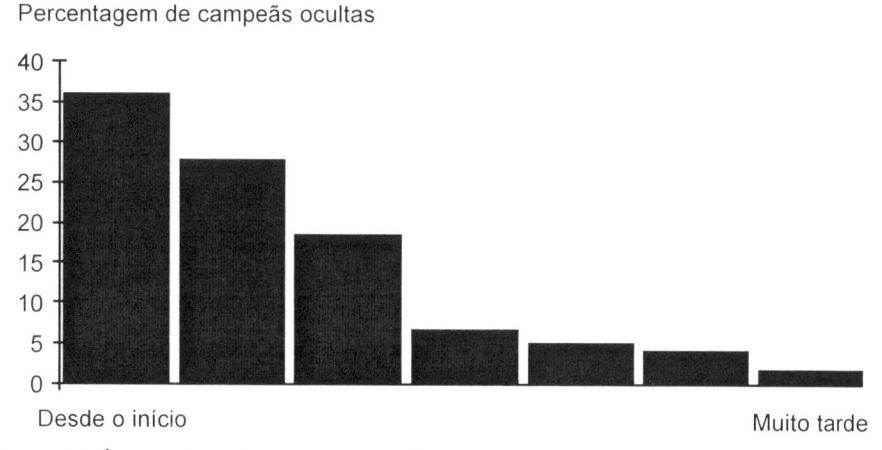

Figura 4.4 Época das primeiras exportações.

Esse resultado está em conformidade com um estudo realizado na Austrália sobre exportadores emergentes (Australian Manufacturing Council and McKinsey & Company, 1993). As assim-chamadas empresas que nasceram globais – rótulo atribuído às empresas que, desde o princípio, enxergam o mundo como seus mercados – exercem um papel cada vez mais importante no desempenho das exportações da Austrália. No lugar de encarar os mercados estrangeiros como complementos úteis aos domésticos, tais empresas vêem suas atividades domésticas como se servissem de apoio a suas exportações. A média das empresas australianas que nasceram globais iniciou as atividades em outros países no segundo ano de existência, e tem uma participação de 75% nas exportações. Muitas campeãs ocultas podem reivindicar a denominação de empresas que nasceram globais.

É verdade, apesar do fato de que muitas não atuam em setores que são globais por natureza. Indústrias modernas como as de computadores, telefones celulares e equipamentos de alta tecnologia, enquadram-se nessa categoria. São setores geralmente novos, sem restrições históricas e padrões nacionais, de forma que os produtos delas tornam-se globais já no seu nascimento. Muitas campeãs ocultas são encontradas em mercados maduros e fragmentados que não são globais por natureza, devendo elas ultrapassar as barreiras nacionais.

O processo característico de globalização de uma campeã oculta pode ser mais bem ilustrado por um exemplo concreto. A Figura 4.5 mostra a expansão internacional da Kärcher, líder no mercado mundial de sistemas de limpeza de alta pressão.

A Kärcher, fundada em 1935, só montou sua primeira subsidiária em 1962, quando se tornou presença marcante na França. A internacionalização da empresa com base em subsidiárias prosseguiu de forma relativamente lenta na década seguinte – em 1974, somente três mais haviam sido criadas, na Áustria, na Suíça e na Itália. A década seguinte testemunhou uma rápida aceleração com o surgimento de 11 novas subsidiárias. Nos últimos 15 anos, outras 12 foram incorporadas ao grupo. É muito provável que esse número continue subindo no início dessa década, em especial com a entrada iminente da Kärcher em países da Ásia e do Leste Europeu.

A entrada no mercado dessa maneira é, em geral, arquitetada e executada por uma metodologia "mãos-à-obra", em vez de uma abordagem sistemática ou altamente planejada. Hermann Kronseder, fundador da Krones, líder global no mercado de máquinas de rotulagem de garrafas, descreve sua entrada no mercado norte-americano da seguinte forma:

> Em 1966, um empresário norte-americano me ligou. Quatro semanas depois fui para os Estados Unidos, acompanhado de meu primo, que falava inglês e servia como intérprete. Foi minha primeira visita aos Estados Unidos e eu estava encantado. Visitamos Nova York, Chicago, Detroit e, finalmente, Milwaukee. Cheguei à conclusão de que precisávamos de nossa própria subsidiária nos Estados Unidos. Dois dias depois fundamos a Kroner Inc. em uma sala do hotel Knickerbockers, em Milwaukee. Dois dias depois tínhamos nosso primeiro pedido de uma cervejaria de Milwaukee.

Levou alguns anos para que essa filial operasse de forma regular, e com o tempo várias pessoas tiveram de ser substituídas.

O MUNDO   75

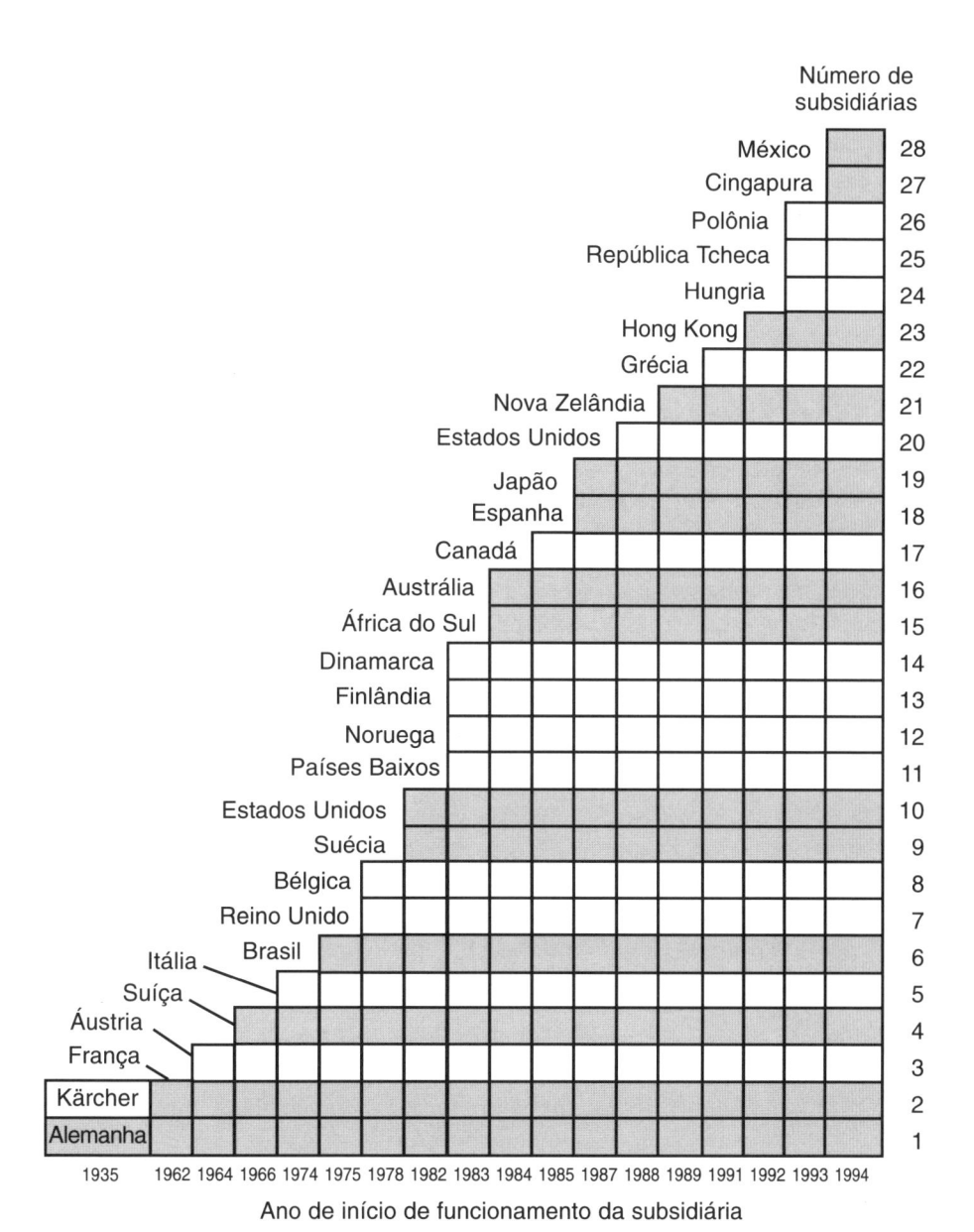

País	Ano de início	Nº de subsidiárias
México	1994	28
Cingapura	1993	27
Polônia	1993	26
República Tcheca	1992	25
Hungria	1991	24
Hong Kong	1989	23
Grécia	1989	22
Nova Zelândia	1988	21
Estados Unidos	1988	20
Japão	1987	19
Espanha	1987	18
Canadá	1985	17
Austrália	1984	16
África do Sul	1984	15
Dinamarca	1983	14
Finlândia	1983	13
Noruega	1982	12
Países Baixos	1982	11
Estados Unidos	1978	10
Suécia	1978	9
Bélgica	1975	8
Reino Unido	1975	7
Brasil	1974	6
Itália	1966	5
Suíça	1966	5
Áustria	1964	4
França	1962	3
Kärcher	1935	2
Alemanha	1935	1

Ano de início de funcionamento da subsidiária

Figura 4.5 O processo de internacionalização da Kärcher.

A entrada da Brita no mercado dos Estados Unidos constitui outro exemplo. Heinz Hankammer nos conta:

> Alguém em Salt Lake City mostrou interesse em nossos produtos. Voei até a região para ver se os filtros de água Brita podiam ser vendidos nos Estados Unidos. Fui até uma farmácia e perguntei se eu podia instalar em uma mesa. Comecei a fazer chá com a água filtrada pelos aparelhos da Brita e conversei com os clientes que passavam, e vendi meus filtros. Três dias depois, vi o que funcionou e o que não funcio-

nou nos Estados Unidos. Isso foi há 10 anos, e hoje nossas vendas nos Estados Unidos representam mais de US$ 150 milhões. Quatro semanas atrás, fui a Shanghai e fiz o mesmo. E na semana passada estava em Tiranë, capital da Albânia. Quero ter uma experiência "prática", e não teórica.

Muitas oportunidades internacionais surgem por acaso, como o que ocorreu com a Brita na Rússia. O próprio Hankammer conta-nos o que aconteceu:

> Eu patrocino um clube de futebol, que estava sendo visitado por uma equipe da Rússia. Acabei conhecendo a mãe de um dos jogadores russos. Por acaso ela falava inglês e era uma pessoa que tinha uma mente empresarial. Ela abriu nosso negócio na Rússia em 1993, e a empresa hoje tem 25 funcionários e um produto de vendas de US$ 1,33 milhão em 1994. Um bom começo!

O aspecto mais importante da entrada no mercado internacional, de acordo com os CEOs, é encontrar a equipe certa. A multiplicação das campeãs ocultas de um país para o outro deve-se a pessoas capacitadas e não a sistemas. Isso explica o motivo pelo qual o processo pode levar muitos anos, como ocorreu com a Kärcher. Em sua fase inicial, a experiência no mercado internacional de uma campeã oculta é bastante limitada. A empresa possui poucas pessoas que podem ser deslocadas para estabelecer empreendimentos no exterior. Mas, com o tempo, à medida que um número maior de pessoas familiariza-se com essas atividades, o processo de internacionalização pode ser rapidamente acelerado. Deve ficar claro que processos complexos como esses nem sempre se desenvolvem de forma tranqüila e sem dificuldades no percurso. Com freqüência surgem problemas sérios, e podem ser encontradas crises em países particulares, em especial em mercados como os Estados Unidos ou o Japão, nos quais é difícil entrar.

Assim, a origem do impulso para a internacionalização não importa muito. O processo é primordialmente guiado pela meta e pela vontade. O que realmente importa é que, uma vez que as campeãs ocultas se entusiasmam, elas buscam a globalização com determinação e energia. Inicialmente, o esforço avança de forma lenta, já que gargalos gerenciais e o capital disponível estabelecem limites à velocidade da internacionalização. Mas com a aprendizagem e a acumulação de capital, o processo se acelera e a expansão em mercados internacionais é realizada com a maior velocidade possível.

OS RISCOS DA GLOBALIZAÇÃO

No Capítulo 3, foi examinado o risco de se focar em um mercado restrito definido pela tecnologia de produto e pelas necessidades do cliente. Dessa maneira, as campeãs ocultas, por dependerem de um único mercado, incorrem em um grau relativamente alto de risco. O perigo de um mercado restrito, não obstante, é consideravelmente diminuído pela extensão geográfica das atividades. O clima para os negócios e os ciclos econômicos diferem de um país para o outro. A presença de uma empresa em muitos mercados pode oferecer uma proteção contra essas oscilações e, assim, preservá-la contra riscos.

A Dürr, líder mundial em sistemas de pintura de automóveis, classifica 1993 como "um ano bem-sucedido, graças à nossa presença mundial" (Annual Report,

1993). Dezesseis de suas 19 subsidiárias são de propriedade da empresa, o que permitiu que a Dürr lidasse bem com a crise cambial depois de 1992 e com os ciclos econômicos. O trabalho pôde ser transferido dos países que possuíam moedas fortes, o que diminuiu os altos custos que seriam gerados devido à desvalorização das suas moedas. Praticamente ao mesmo tempo, a indústria automotiva da Europa experimentou um grande declínio de vendas e reduziu a construção de novas fábricas. Com sua forte posição no mercado norte-americano, a Dürr pôde compensar essa tendência negativa com pedidos maiores feitos pelas montadoras norte-americanas, que estavam se recuperando e começando a investir em novos equipamentos. A presença global da Dürr permitiu que a empresa mantivesse seu crescimento positivo nos últimos anos, resultado totalmente atípico para um setor que apresenta muitas oscilações em seu ciclo.

Mas o processo de globalização propriamente dito também apresenta riscos consideráveis. Fazer negócios e ter subsidiárias em muitos países podem ser fatores adicionais à complexidade de uma empresa. É difícil julgar o potencial de risco em novas áreas. Os mercados dos países emergentes ou culturalmente hostis trazem objetivamente riscos maiores. A Krones, com suas 19 subsidiárias em mercados estrangeiros, passou por sérias experiências de aprendizagem em 1994. Em 1993, ela tinha vencido um contrato muito contestado de US$ 113 milhões – o maior contrato já firmado no setor – para construir 20 linhas de engarrafamento para a Baesa, empresa argentina licenciada para engarrafar os produtos da Pepsi-Cola. A Krones SA, subsidiária brasileira encarregada de assumir o projeto, estava, no momento, construindo 42 máquinas de rotulagem para um cliente no Brasil. Assim, uma parte da produção da Baesa teve de ser transferida para as fábricas na Alemanha, onde os custos são muito maiores. Segundo o *Wall Street Journal Europe*, essa confusão pode ter custado a Krones de US$ 13,4 a 20 milhões em lucros antes dos impostos (Ascarelli, 1994). Mas o artigo, ao acrescentar que esses não eram os únicos problemas internacionais da Krones, relacionou as seguintes informações:

- Na Argélia, a Krones decidiu que a situação política do país era instável demais para correr o risco de enviar funcionários que instalassem o equipamento encomendado por uma multinacional. Ela decidiu absorver os custos em vez de correr o risco de estragar as relações comerciais com um cliente importante.
- Na República do Iêmen, a Krones já havia começado a instalar equipamentos para um cliente quando estourou uma guerra civil. O projeto foi abandonado.
- Na Polônia, um cliente de muitos anos, que tinha um ótimo histórico de pagamento, de repente não efetuou o pagamento de sua prestação mensal de outubro relativa ao pedido. A Krones está lançando como prejuízo o restante da quantia devida, mas vai continuar tentando recuperar o dinheiro.
- Um complicado negócio sob forma de troca envolvendo uma das ex-repúblicas soviéticas foi intenrrompido quando o cliente do país não conseguiu fazer a entrega de sua parte. A transação ainda pode ocorrer em algum momento do próximo ano.
- Até no Brasil, admite a Krones, foi impossível administrar de forma adequada sua subsidiária. A empresa nomeou um novo diretor financeiro no início de 1994, em uma tentativa de melhorar a comunicação com a sede do grupo. Mas ele foi dispensado três meses depois, e a empresa acabou tentando gerenciar suas operações no Brasil da sua sede na Alemanha.

A Krones, campeã oculta exemplar no passado, ilustra bem a complexidade em potencial da globalização e a dificuldade envolvida em controlá-la. A rápida expansão a mercados internacionais, gargalos gerenciais e algumas coincidências infelizes podem se combinar para criar sérios riscos. Mas, por 1995, a Krones tinha esses problemas sob controle e estava voltando a percorrer sua trilha de sucesso (ver "Nach dem Schock über den Kursrutsch zeigt der Vorstand Einsight", 1995). Naturalmente, as grandes corporações enfrentam os mesmos problemas nos mercados internacionais e experimentam as mesmas derrotas. Mas as campeãs ocultas têm menos pessoas e recursos à disposição para lidar com essas dificuldades.

Algumas dessas empresas aplicam uma das duas estratégias específicas para limitar os riscos da concorrência internacional. Primeiro, elas evitam regiões do mundo que apresentam altos índices de concorrência local. Assim, algumas conscientemente optaram em não entrar nos mercados norte-americanos, cujos líderes de mercado, reciprocamente, também não atacam mercados europeus e outros mercados do mundo. A JK Ergoline ou a Claas, por exemplo, embora sejam ativas em outros mercados estrangeiros, fazem poucos negócios nos Estados Unidos. Outros obstáculos à entrada em um mercado, como os canais de distribuição e diferenças tecnológicas, podem ser acrescentados à auto-restrição dessas empresas. Uma segunda estratégia envolve entrar, de forma consciente e agressiva, nos domínios domésticos de uma concorrente com o objetivo de contê-la lá.

Em *Triad Power*, Ohmae (1985) sugeriu que as empresas globais fixassem uma "perna" em cada um dos três centros comerciais do mundo industrializado: Estados Unidos, Europa e Japão/Ásia. Muitas campeãs ocultas compartilham essa visão. Algumas delas fazem uma distinção entre "mercados lucrativos" e "mercados de aprendizagem". Em um mercado lucrativo, a empresa vende o suficiente para mostrar ganhos. Em um mercado de aprendizagem, o objetivo principal dela é aprender com o ambiente competitivo, os desenvolvimentos na área de inovação, e assim por diante, e, para esse propósito, aceita ter perdas ou poucos lucros. Um número razoável de empresas baseia seus compromissos internacionais nessa estratégia. Assim, aprender desde o início com os concorrentes do exterior, mantê-los contidos com o propósito de impedir que se tornem globais pode ser uma excelente estratégia contra os riscos competitivos nos negócios internacionais. Christian Brühe, da Uniplan, líder mundial no mercado de material para feiras, conta sua experiência:

> Fomos a primeira companhia do nosso ramo a se internacionalizar. Após termos ganhado muitos anos de experiência em Hong Kong, sentimo-nos fortes o suficiente para entrar em outros mercados asiáticos. Nossos concorrentes, que não têm experiência nessa região, simplesmente não dispõem de oportunidade semelhante.

As campeãs ocultas são empresas que não cedem mercados internacionais a suas concorrentes.

Japão

O mercado japonês representa um desafio formidável a todas as empresas estrangeiras, inclusive as campeãs ocultas. Em um estudo independente, investiguei os fatores que levam ao sucesso ou ao fracasso no Japão, onde entrevistei 66 administradores por meio de um questionário. A Tabela 4.4 classifica a importância dos fatores.

Ao observar os fatores de sucesso, percebe-se que alguns dos mais importantes, como perseverança, comprometimento e exclusividade do produto, encontram-se em harmonia com os pontos fortes das campeãs ocultas. No mesmo espírito, as campeãs evitam muitos fatores importantes para o fracasso, como orientação a curto prazo e falta de flexibilidade e comprometimento. As exigências do mercado japonês e as habilidades das campeãs ocultas combinam-se muito bem. Não é de surpreender, portanto, que elas obtenham um sucesso muito maior lá do que as típicas empresas do Ocidente. Quase metade das empresas incluídas na Figura 4.2 (46,2%) tem uma subsidiária no Japão. A satisfação delas com o comércio no Japão mostra uma correlação altamente significante com o sucesso geral que obtiveram, indicando que, quanto melhor for a empresa, maior será o sucesso alcançado. Algumas obtêm um sucesso extraordinário: é o caso da Karl Mayer, Heidelberger Druckmaschinen, Weinig e Trumpf.

A Karl Mayer, líder global no mercado de máquinas têxteis, foi, em 1968, a primeira empresa estrangeira a estabelecer um controle acionário majoritário em uma firma japonesa, a Toyo Menka. No período de quatro anos após sua entrada no mercado, a Karl Mayer e seu CEO no Japão, Kotaro Ono, forçaram a retirada do mercado de todas as concorrentes japonesas. Nesse ínterim, a subsidiária japonesa, a Nippon Mayer, foi totalmente comprada e se tornou a líder nos mercados asiáticos. A matriz e a subsidiária estão planejando fazer uma investida no enorme mercado chinês. O serviço da Nippon Mayer no Japão equipara-se ao da Karl Mayer na Alemanha.

O mesmo também pode ser dito da Heidelberger Druckmaschinen, líder no mercado de prensas para impressão *off-set*. Até mesmo um bom produto pode ter sua liderança seriamente ameaçada e precisar de reparos, e as campeãs ocultas não comprometem seus padrões de serviço em nenhum mercado. A rede de serviços da Heidelberg no Japão é tão ampla quanto a de seu mercado doméstico na Alemanha. O responsável pela subsidiária da Heidelberg em Tóquio perguntou: "Como poderíamos oferecer um serviço inferior aqui?"

Em relação à Weinig, líder mundial no segmento de moldadores automáticos – máquinas especiais para o trabalho em madeira –, pode-se argumentar que a empresa está mais próxima de seus clientes no Japão do que dos da Alemanha. A Weinig do Japão mantém uma filial de serviços em cada uma das quatro principais ilhas do país e planeja abrir três outros escritórios em um futuro próximo, ao passo que a operação de serviços na Alemanha está centralizada na sede, em Tauberbischofsheim. Todos os engenheiros japoneses de prestação de serviço da Weinig são treinados em solo alemão por até um ano e passam anualmente por um treinamento extra na sede da empresa na Alemanha. O gerente de vendas para o Japão afirma o seguinte: "Oferecemos os produtos alemães e o serviço japonês. É o nosso segredo". As vendas no Japão da Weinig ultrapassaram as vendas na Alemanha.

Berthold Leibinger, CEO da Trumpf, líder no mercado de máquinas para cortar chapas de metal, compartilha esse ponto de vista:

> Nossas máquinas de controle numérico recebem manutenção apenas dos funcionários da Trumpf do Japão. A importância de treinarmos nossos funcionários japoneses não

TABELA 4.4 Fatores que afetam o sucesso e o fracasso nos mercados japoneses

Classificação em importância	Fatores que contribuem para o sucesso	Fatores que contribuem para o fracasso
1	Perseverança, paciência	Orientação a curto prazo
2	Comprometimento da matriz	Falta de flexibilidade
3	Estratégia de distribuição	Produtos errados
4	Exclusividade de produtos	Falta de comprometimento da matriz
5	Imagem/posicionamento	Pesquisa insuficiente de mercado
6	Personalidade da administração/pessoas	Falta de entendimento dos consumidores japoneses
7	Suporte/prestação de serviço para o produto	Administração local equivocada
8	Pesquisa e análise de mercado cuidadosas	Falta de profissionalismo
9	Publicidade/comunicação	Falta de entendimento dos consumidores japoneses
10	Entrada antecipada no mercado	Investimento de entrada no mercado muito baixo
11	Contatos pessoais	Posicionamento equivocado
12		Preços altos
13		Entrada tardia no mercado

pode ser enfatizada em excesso. Contatos contínuos entre a matriz e a Trumpf do Japão garantem que cada técnico em manutenção no Japão esteja sempre atualizado e tenha acesso às mais recentes informações. Nossa própria operação de fabricação no Japão permite entregar peças sobressalentes em 48 horas. Isso não seria possível se elas tivessem que ser enviadas da Alemanha.

As histórias de sucesso das empresas estrangeiras no Japão não se limitam aos produtos industriais. A Braun, líder global em vários setores de pequenos aparelhos, vende duas vezes mais barbeadores elétricos no Japão do que na Alemanha, apesar de haver concorrentes japoneses extremamente fortes, como a Matsushita. A imagem da Braun, seu design, suas franquias e sua estratégia de comprometimento são responsáveis pelo sucesso dessa empresa na toca do leão. A Wella, líder mundial no mercado de produtos para tratamento profissional dos cabelos, é uma história de êxito. Sob a liderança de Dieter Schneidewind, ela se tornou extremamente bem-sucedida no mercado japonês. A Wella apontou sua estratégia para os cabeleireiros e valorizou o papel da mulher na sociedade, atitude totalmente atípica no Japão. Foi a primeira empresa a utilizar uma garota-propaganda em seus anúncios na tevê, uma verdadeira inovação para o Japão do início da década de 70. Seus anúncios para o "Dancin", que mostravam algumas moças dançando sem parceiros, passaram a mensagem de que as mulheres são auto-sustentáveis e independentes, e tornaram os produtos da Wella bastante populares entre as japonesas.

Para ser bem-sucedido em um mercado estrangeiro tão exigente quanto o japonês, uma empresa precisa lançar mão de todo o seu arsenal competitivo. As campeãs ocultas entraram em vários mercados estrangeiros, tão complicados quanto o japonês, em decorrência de um forte comprometimento, por exemplo, em investimento de capital e pessoas. Embora um alto investimento inicial possa não se justificar em termos de retorno a curto prazo, elas o consideram necessário por outras razões, mas principalmente para mostrar aos consumidores em potencial e a outros grupos de interesse que elas estão falando sério e que estão determinadas a ficar.

A BMW, embora seja muito grande para ser uma campeã oculta, serve como exemplo dessa abordagem. Quando entrou no mercado japonês na década de 80, seu investimento inicial era várias vezes maior do que o valor necessário para dirigir o que então era uma pequena operação comercial. Lüder Paysen, na época um dos diretores da BMW do Japão, comentou: "No Japão, um investimento inicial alto de uma empresa estrangeira mostra aos fornecedores, aos clientes, aos bancos e ao público em geral a seriedade que a empresa está tendo em relação ao mercado japonês". Se esses aspectos não forem observados, os concorrentes japoneses podem facilmente tirar vantagem da falta de comprometimento que se percebe nas companhias estrangeiras. Durante minhas visitas ao Japão ouvi que as concorrentes exploravam o estereótipo japonês de que as empresas de outros países que entraram no mercado nipônico não possuem a determinação para perseverar. A BMW utilizou o investimento pesado como argumento de venda para distribuidores, banqueiros e clientes em potencial. Hoje a BMW tem seu próprio edifício em Tóquio, de alta visibilidade e muito prestígio, um símbolo do seu contínuo comprometimento. As vendas da companhia no Japão são 10 vezes maiores hoje do que eram há 20 anos.

O comprometimento da empresa com as pessoas implica, mais especificamente, a continuidade dessas pessoas na companhia. Muitos dos executivos que dirigem as operações estrangeiras das campeãs ocultas estão no comando de suas unidades há mais de 10 anos. A porta giratória que geralmente caracteriza as subsidiárias estrangeiras das multinacionais é um artigo raro entre as campeãs ocultas. Os administradores sabem, por conseguinte, que provavelmente eles vão estar trabalhando com os mesmos clientes dali há 10 anos ou mais e que vão estar altamente comprometidos com eles. Comprometimento e vontade de perseverar constituem princípios básicos para o sucesso das campeãs ocultas no Japão.

Mercados emergentes

Conquanto o Japão constitua uma dificuldade extrema para se penetrar em um mercado estrangeiro, os mercados emergentes apresentam um desafio diferente às campeãs ocultas. Como fica claro na Figura 4.2, muitas delas estão representadas em mercados emergentes maiores, como Brasil e Índia. Desde o final da década de 1980, a esses dois países do Terceiro Mundo se juntaram um número crescente de novos estados na Europa Central e do Leste Europeu. Devido tanto à proximidade quanto ao seu estado de desenvolvimento, esses países são de interesse especial para muitas campeãs ocultas, provando que elas agem rapidamente quando aparecem novas oportunidades. Um exemplo a ser citado aqui é a Würth, líder mundial no segmento de produtos de montagem. Até o início de 1995, ela tinha criado subsidiárias nos seguintes países da Europa Central e do

Leste Europeu: Bulgária, Croácia, Polônia, Romênia, Rússia, Eslováquia, Eslovênia, Ucrânia e Hungria.

Provavelmente seria difícil descobrir uma empresa desse porte que tenha uma cobertura semelhante nessa parte do mundo. Outras campeãs ocultas, bem conscientes da importância de ser a primeira em mercados emergentes, ingressaram ou estão pensando em ingressar neles. Muitas conferem alta prioridade ao estabelecimento de uma posição segura no mercado antes da chegada da concorrência. Uma das mais rápidas e determinadas é, sem dúvida alguma, a Baader, que domina o mercado no segmento de equipamentos para processamento de pescados, com uma impressionante participação de 90%. Até 1992, a cidade de Vladivostok, um dos principais portos da marinha de guerra russa-soviética, ao Leste da Rússia, a cerca de 9.200 quilômetros e sete fusos horários de Moscou, era fechada a estrangeiros. Quase imediatamente após sua abertura, em 1993, a Baader montou um ponto de revenda nesse lugar remoto e de difícil acesso. Dois engenheiros, Hartmut Fischer e Thomas Schrader, reformaram, sozinhos, o prédio para o qual se mudaram. Hoje, eles equipam os navios e lhes prestam manutenção com os produtos da Baader, o que certamente transfere a ampla posição de domínio da Baader também para esse local. Até certo ponto, a empresa dá continuidade a uma tradição iniciada em 1906, quando dois comerciantes de Hamburgo construíram uma enorme loja de departamentos em Vladivostok. Os negócios eram realizados sob o nome deles, Kunst & Albers, até que a empresa foi nacionalizada em 1930 e se tornou a GUM, que continuou sendo a mais importante loja de departamento em Vladivostok e se tornou o mais famoso varejista em Moscou. O fenômeno das campeãs ocultas não é algo novo!

A Deutsche Messe AG/Hanover Fairs, líder global no mercado de feiras e exibições, é outro caso interessante. Embora o negócio, em nível internacional, esteja apenas engatinhando, ele deve contribuir com um terço das vendas totais em 10 anos. No passado, as feiras eram, quase por definição, negócios organizados localmente, uma situação que a Hanover Fairs pretende mudar. Uma vez que os países industrializados são bem-atendidos pelas empresas nacionais, a Hanover Fairs focaliza mercados emergentes da Ásia, fundando a Hanover Fairs Asia, em Cingapura, Hanover Fairs Middle East, em Istambul, e abrindo dois escritórios na China.

Para muitas campeãs ocultas, a China é um mercado-alvo muito importante. A Eff-eff Fritz Fuss, uma das principais empresas em sistemas de segurança, investe pesado na China e recebeu o "China Business Award" ("Prêmio Empresarial da China") da Cathay Pacific Airlines e da revista de negócios *Impulse*. O CEO da Eff-eff, Willi Merkel, faz o seguinte comentário: "Para uma empresa de médio porte, é mais fácil conquistar um novo mercado, como a China, do que fazer incursões em mercados estabelecidos onde há fortes empresas atuando, como os Estados Unidos ou o Japão". Outra empresa que construiu seu sucesso na China e em outros mercados emergentes da Ásia, como o Vietnã, é a Windhorst. Seu fundador, Lars Windhorst (que nasceu em 1976!), já adquiriu fama (Rohwedder, 1996) – e o apelido "Xiao Lao Ban" (O Chefinho) – na China e em Hong Kong.

Esses exemplos mostram que as campeãs ocultas estão construindo com persistência posições nos mercados do futuro, uma atividade indispensável para conquistar e defender a liderança no mercado global.

BASES INTELECTUAIS DA GLOBALIZAÇÃO

Por mais que o ato de atingir um escopo global no mundo dos negócios, de um ponto de vista superficial, possa parecer fácil, seguramente não o é para as campeãs ocultas. Sem produzir resultado a curto prazo, ele deve ser construído com bases cognitivas e comportamentais que transcendem os limites estritos dos negócios. A cultura corporativa e os fatores sociais desempenham um papel importante para superar os obstáculos à globalização.

O obstáculo mais óbvio é a língua. O conselho de Anton Fugger, "O idioma do cliente é o melhor", é levado a sério pelas campeãs ocultas, pois elas não aceitam que a língua torne-se um obstáculo à internacionalização. Algumas têm uma abordagem excepcionalmente ativa em relação ao problema da língua. Peter Barth, diretor de administração da Joh. Barth, líder na venda de lúpulo, afirma o seguinte:

> Nossa filosofia é que cada gerente deve falar no mínimo três línguas estrangeiras além da sua língua nativa. Isso é importante por causa de seus efeitos psicológicos. Ao aprender uma língua estrangeira, ganha-se compreensão sobre a cultura do outro país. É essa a base para o nosso relacionamento diferenciado com nossos clientes ao redor do mundo e, sem dúvida, nossa principal vantagem competitiva. Acontece de estarmos na Alemanha. Mentalmente, no entanto, não estamos na Alemanha, estamos no mundo.

A vontade de adotar idiomas estrangeiros não deve ficar restrita a níveis administrativos. Em muitas campeãs ocultas, o idioma usual é o inglês e, durante as inúmeras visitas que fiz, tive várias vezes a impressão de que estava fora da Alemanha, porque as conversas ao telefone e as reuniões eram todas em língua estrangeira.

São estas as sementes e é este solo de onde crescerá a verdadeira globalização. Na minha empresa, exigimos que até as secretárias falem três idiomas, alemão, inglês e algum outro. Acredito que essas exigências constituem basicamente uma questão de cultura corporativa. Saber falar vários idiomas representa um pré-requisito indispensável para os negócios internacionais, e um dos maiores erros que as empresas cometem é não serem exigentes. As campeãs ocultas não possuem vantagens naturais nesse sentido. Muitos dos seus fundadores completaram apenas os oito anos tradicionais de ensino fundamental e médio na Alemanha, sem estudar idiomas estrangeiros, e três anos de treinamento vocacional. Mas todas as pessoas que conheci tinham aprendido inglês, ou por conta própria ou no emprego, e podiam realizar negócios nesse idioma.

Muitos executivos aprenderam línguas estrangeiras. Lars Windhorst fala chinês. Alguns deles, como Dieter Schneidewind, ex-diretor da Wella, chegaram a aprender japonês, como fez também Otto Gies, diretor de vendas da Paul Binhold, que controla o mercado de materiais didáticos de anatomia (esqueletos, etc.), e que penetrou no mercado japonês. A participação de mercado da Binhold no Japão é de cerca de 50%. O catálogo da Binhold pode ser lido em 15 idiomas – o catálogo da concorrente mais próxima é impresso em apenas três idiomas. O CEO de uma empresa técnica, que prefere não ser identificado, conta o seguinte:

Nos anos 60, eu era jovem, trabalhava havia alguns anos no Japão e aprendi japonês de forma intensiva. Hoje ainda consigo entender de 70 a 80% de uma conversa em japonês. É uma vantagem formidável nas freqüentes negociações que realizo com parceiros comerciais japoneses.

Lars Windhorst, cuja empresa foi fundada em 1993 e vende cerca de US$ 140 milhões, provenientes principalmente de mercados como China e Vietnã, aprendeu chinês e vietnamita para se aproximar de seus clientes na região.

Acredito que a importância de saber vários idiomas é erroneamente subestimada por muitas pessoas. A valorização da habilidade lingüística varia entre as empresas e os países. Algumas empresas exigem, como rotina, que os funcionários aprendam o idioma local. A Royal Dutch Shell encontra-se entre elas, e conseqüentemente cada estrangeiro na equipe administrativa da Deutsche Shell AG, sua subsidiária na Alemanha, aprendeu e fala alemão. O mesmo não pode ser dito da maioria das empresas dos Estados Unidos. Os administradores norte-americanos que elas mandam para a Europa raramente dão-se ao trabalho de aprender o idioma local. Eles partem do pressuposto de que todo mundo pode negociar com eles em inglês, o que na maioria das vezes é verdade. Também existem diferenças entre as campeãs ocultas e as grandes corporações alemãs. Os funcionários dessas corporações sempre acham difícil usar idioma estrangeiro nas reuniões, seminários e conferências, mas as campeãs ocultas, cujas reuniões administrativas internacionais são quase sempre em inglês, fazem isso mais facilmente.

Por trás da capacidade de uma determinada empresa de adotar línguas estrangeiras há uma competência lingüística geral de todo um país. Existem grandes diferenças. A Tabela 4.5 apresenta a auto-avaliação e a compreensão real do inglês em alguns países europeus.

TABELA 4.5 Compreensão do inglês falado

	Auto-avaliação	Compreensão real
Bélgica	41%	17%
França	20	3
Alemanha	32	15
Itália	9	1
Países Baixos	51	28
Espanha	9	3

Fonte: Adaptada de C. Drewes, "Euro-Kommunikation", in *Euro-Dimensionen des Marketing*, ed. H.G.Meissner (Dortmund: Fachverlag Arnold, 1992), 82.

Hoje, as crianças, na maioria dos países do mundo recebem algum tipo de educação em inglês. A eficácia do treinamento, no entanto, difere notadamente de um país para o outro. Os índices mais válidos e interessantes na Tabela 4.5 são as percentagens de compreensão real. Aqui fica claro que países menores, como Bélgica e Países Baixos, são os líderes. Entre os países grandes, a Alemanha encontra-se bem à frente. Nos países de língua latina, como França, Itália e Espanha, somente uma pequena parcela da população realmente entende inglês. Embora a Inglaterra, onde evidentemente o inglês não constitui problema, não esteja representada, um levantamento feito entre os diretores comerciais britânicos revelou que "metade não faz nenhum esforço para estudar a etiqueta local nos negócios e três em 10 nem se dão ao trabalho de aprender algumas poucas frases em outro idioma" (Burke, 1994, 1). A empresa que atua em um ambiente hostil às línguas estrangeiras deve empreender esforços consideráveis para superar essas deficiências e se globalizar adequadamente.

Um caso concreto ilustra esse problema. Cecília Simon é diretora administrativa da Lingua Video Media GmbH, pequena empresa da Alemanha que importa filmes de vídeo de muitos países e os vende no país. O atacadista espanhol de quem a Lingua Video Media compra os filmes não emprega ninguém que fale inglês suficiente ou qualquer outra língua estrangeira para receber pedidos pelo telefone. Eis um impedimento realmente irritante; vendo isso, Simon começou a estudar espanhol, seu quarto idioma, para facilitar as compras na Espanha. Se a empresa realmente levar a sério seus negócios internacionais, deve superar a barreira do idioma.

A internacionalização também pressupõe a utilização inteligente dos símbolos. As pessoas geralmente sentem-se inseguras ao visitarem países estrangeiros, e pequenos símbolos podem oferecer-lhes algum conforto. A Tracto-Technik, empresa líder que faz máquinas perfuratrizes que cavam buracos horizontais, dá boas-vindas aos clientes internacionais, desfraldando a bandeira dos seus países. Muitas outras campeãs ocultas realizam essas e outras atividades simbólicas semelhantes. O CEO de uma dessas empresas, que oferece aos seus convidados japoneses a opção de escolha entre um restaurante japonês e um alemão, descobriu que eles, em geral, preferem a primeira alternativa. Durante uma negociação em um país estrangeiro, eles se sentem mais à vontade em um ambiente familiar. Com o mesmo espírito, os produtos têm de ser ajustados às preferências de um país. Paul Binhold oferece modelos de torsos com características japonesas no Japão e com características africanas na África. Amabilidades simples como essas são em geral menosprezadas no comércio internacional.

Além do idioma e dos símbolos, a internacionalização total da sociedade afeta a capacidade das empresas operarem globalmente. Conquanto seja difícil estimar o grau de internacionalização de uma determinada sociedade, o único indicador possível é o número de chamadas telefônicas internacionais feitas em um determinado país. Esse número é apresentado na Figura 4.6 para o ano de 1989, ano mais recente entre aqueles com dados disponíveis.

Esse indicador confirma que, em relação aos países de tamanho semelhante, a Alemanha parece ser o mais fortemente internacionalizado. O índice de chamadas internacionais *per capita* do país é 3,7 vezes mais alto do que o da Itália e quase 10 vezes maior do que o do Japão. Desde 1989, o tráfego de chamadas internacionais mais do que dobrou, mas não há razão para presumir que as posições relativas dos países mudaram.

Outra tendência da qual o comércio internacional pode tirar vantagem são as viagens para o exterior, mas é difícil apresentar estatísticas significativas. A Tabela 4.6 fornece os números de estadas com pernoite nos hotéis de acordo com o país de origem. Ela mostra que os visitantes franceses ficaram 2 milhões de noites em hotéis na Alemanha, enquanto os visitantes alemães passaram 26,9 milhões de noites na França, uma diferença correspondente a um fator de 13,5. A situação é semelhante se

Em milhões de chamadas

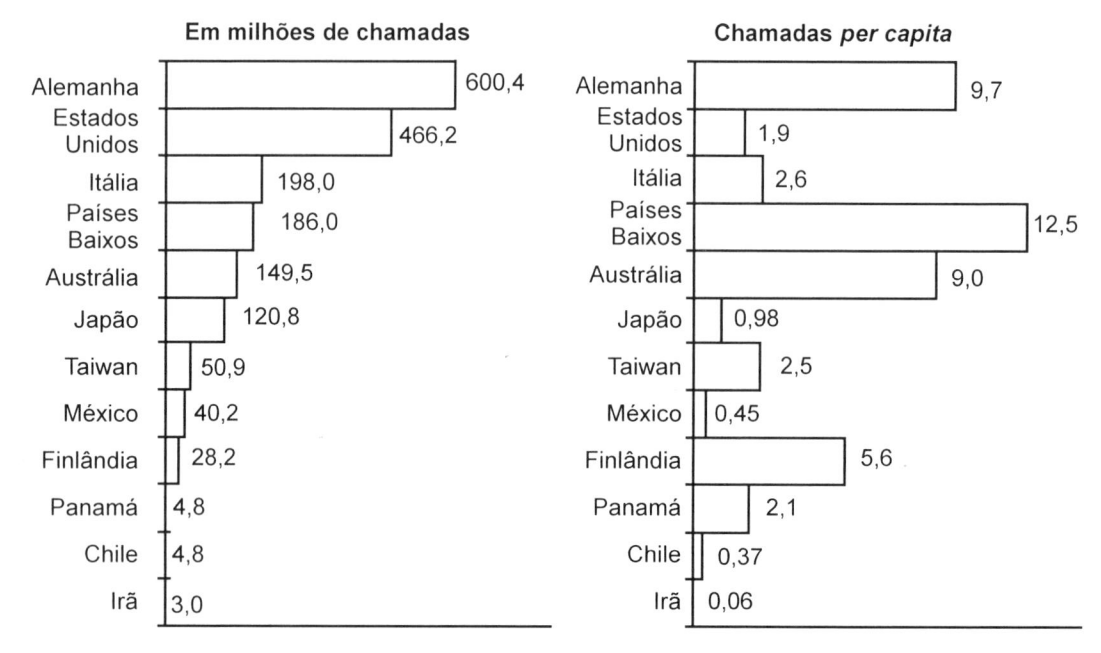

País	Chamadas
Alemanha	600,4
Estados Unidos	466,2
Itália	198,0
Países Baixos	186,0
Austrália	149,5
Japão	120,8
Taiwan	50,9
México	40,2
Finlândia	28,2
Panamá	4,8
Chile	4,8
Irã	3,0

Chamadas per capita

País	Chamadas
Alemanha	9,7
Estados Unidos	1,9
Itália	2,6
Países Baixos	12,5
Austrália	9,0
Japão	0,98
Taiwan	2,5
México	0,45
Finlândia	5,6
Panamá	2,1
Chile	0,37
Irã	0,06

Fontes: Wall Street Journal Europe, October 10, 1991, para 1989, e de acordo com os cálculos do autor.

Figura 4.6 Chamadas internacionais em alguns países, 1989.

a Alemanha for comparada à Itália e à Espanha. Em uma base *per capita*, os alemães passam cerca de três vezes mais noites no exterior do que os franceses e os italianos, e cerca de quatro vezes mais do que os espanhóis.

A dessimetria é semelhante se compararmos os gastos nos Estados Unidos e na Alemanha. Enquanto os visitantes norte-americanos gastam US$ 1,09 bilhão na Alemanha, este país gasta US$ 2,34 bilhões nos Estados Unidos (Statistisches Bundesamt, 1993, 135). O fator dessa diferença é 2,15.

Uma vez que os turistas também estão incluídos nesses números, pode-se perfeitamente alegar que os índices comparam maçãs e pêras. Mas isso é apenas

TABELA 4.6 Viagens internacionais, 1992, medidas pelo número de pernoites (em milhões)

País de origem do cliente	País da estada com pernoite					Total de pernoites	Pernoites *per capita*
	França	Alemanha	Itália	Espanha	Reino Unido		
França	—	2,0	7,0	13,5	16,3	38,8	0,68
Alemanha	26,9	—	45,2	39,0	17,6	128,7	2,04
Itália	17,3	2,0	—	8,3	8,2	35,8	0,62
Espanha	8,3	0,7	1,8	—	8,3	19,1	0,49
Reino Unido	25,6	3,5	6,2	44,1	—	79,4	1,38

Fontes: Jordi Montaña, ed., *Marketing in Europe* (London: 1994) e cálculos do autor.

em parte verdade, pois a experiência como turista no exterior amplia os horizontes internacionais das pessoas, ficando mais fácil enviar alguém ao exterior para realizar um trabalho. As campeãs ocultas têm uma forte demanda por pessoas que desejam aceitar incumbências em outros países. Reinhard Wirtgen, CEO da *Wirtgen*, líder mundial no mercado de máquinas de reciclagem de pavimento de estradas, faz o seguinte comentário: "Com muita freqüência preciso de uma equipe que pode ser enviada a qualquer lugar do mundo de repente. Com pessoas suficientes para viajar ao exterior, podemos montar um grupo desse em poucos dias, seja para o Alaska, a Sibéria ou o Saara. Essa capacidade representa uma grande vantagem". Somente os funcionários que se sentem em casa em todos os lugares do mundo, que viajaram para diversos países, estão prontos para esses desafios. Em geral, as campeãs ocultas não consideram a mobilidade dos funcionários um grande obstáculo à globalização.

Detectei outras dessimetrias entre os países no meu trabalho acadêmico. Em dois programas de intercâmbio de estudantes, um com uma universidade norte-americana, o outro com uma universidade francesa, nunca tivemos nenhuma dificuldade para preencher as vagas disponíveis para os alunos alemães. A demanda era, em geral, de três a quatro vezes maior do que o número de vagas disponíveis. Mas tanto nos Estados Unidos quanto na França houve problemas para encontrar um número suficiente de estudantes que quisessem ir para a Alemanha. Ou as habilidades lingüísticas eram insuficientes ou simplesmente não havia interesse em estudar no exterior. Uma atitude como essa entre os jovens não representa uma boa base para a globalização de um país e de suas empresas.

Com a utilização de telefones e de máquinas de fax, quase todos os lugares da terra estão a apenas um minuto de distância, supondo que sejam superados os obstáculos psicológicos e lingüísticos. E o tempo máximo para envio de pessoas e de produtos é de cerca de 20 horas. Há apenas um século, levava todo esse tempo para cobrir uma distância de 100 quilômetros. Nessa perspectiva histórica, o mundo hoje encolheu e ocupa uma área de 100 quilômetros. Os custos de viagem já não representam mais obstáculos, representando em média, apenas 1% das vendas das campeãs ocultas. A exceção mais onerosa é o Japão, onde, para cada dólar ganho, dois centavos têm de ser gastos em viagens. Se forem considerados todos esses fatos, realmente não há razão alguma para não enxergar o mundo como um único e imenso mercado. Os obstáculos existem apenas na mente das pessoas, e as campeãs ocultas conseguem eliminá-los. Elas não aceitam seu pequeno tamanho como fator limitante. Cada empresa deve, não obstante, perceber que o ambiente pode favorecer ou desfavorecer a globalização. A Alemanha parece oferecer um ambiente que a suporta firmemente, o que pode explicar a predominância de tantas campeãs ocultas dentro das fronteiras do país. Mas, como mostram vários exemplos de outros países, as campeãs ocultas germinam em qualquer lugar (ver na Tabela 11.1 uma seleção). Elas podem apenas ter de trabalhar com um pouco mais de dedicação para superar os impedimentos sociais e, com isso, criar a cultura corporativa e as bases intelectuais que promovem a globalização.

RESUMO

A discussão deste capítulo demonstrou que as campeãs ocultas são empresas verdadeiramente globais. Elas enxergam o mundo inteiro como seus mercados e agem de acordo com essa concepção. O sucesso global delas traz lições importantes para qualquer empresa.

- Um foco restrito no produto, na tecnologia e nas necessidades do cliente se combina à perspectiva global em *marketing* e vendas. Essa estratégia de dois pilares baseia-se na percepção de que os clientes no mesmo segmento tendem a ser mais semelhantes em países diferentes do que os clientes em segmentos diferentes dentro do mesmo país.
- Um escopo global pode fazer com que os mercados de nicho fiquem grandes o suficiente para gerar economias de escala e efeitos na curva de experiência.
- A globalização bem-sucedida pode se originar de motivos diferentes, mas deve começar o mais cedo possível e avançar rapidamente.
- Parece preferível estabelecer contatos diretos com os clientes através de subsidiárias próprias em mercados-alvo; o relacionamento com o cliente não deve, em teoria, ser delegado a terceiros.
- A globalização pode diminuir o risco associado a um foco restrito de mercado porque a empresa pode vender em muitos países. Mas, ao mesmo tempo, a globalização introduz novos riscos devido a um aumento da complexidade.
- A empresa que se globaliza deve observar atentamente os aspectos competitivos tanto no que diz respeito a evitar colisões frontais com fortes concorrentes locais quanto em relação a manter os concorrentes limitados ao seu mercado básico.
- O mercado japonês pode ser conquistado, mas para isso é necessário um desempenho excelente, incluindo um alto comprometimento e uma prestação de serviços excepcional.
- Em mercados emergentes, as empresas devem reconhecer a importância de chegar primeiro.
- Habilidades lingüísticas, viagens, intercâmbios educacionais e experiência internacional formam a base intelectual e psicológica para obter sucesso global no mundo dos negócios. As empresas podem criar essas bases, mas dependem, até certo ponto, da orientação internacional da sociedade em que estão inseridas.

As campeãs ocultas provam que as pequenas empresas podem superar os obstáculos, em sua maioria psicológicos, para se tornarem concorrentes globais. Ao encolher em tamanho, o mundo se tornou acessível. Para muitas empresas, ignorar as oportunidades que surgem é o único limite que possuem. As campeãs ocultas sobrepujaram esses obstáculos psicológicos e percorrem com sucesso a difícil estrada que leva à globalização. Elas podem servir de exemplo para as muitas empresas que pensam seguir na mesma direção.

O Cliente

Conheço e visitei cada um dos nossos clientes no mundo.

As campeãs ocultas mantêm relacionamentos próximos que se caracterizam pela dependência mútua com seus clientes. As empresas que têm um foco restrito, não obstante, em geral necessitam confiar fortemente em um pequeno número de clientes que achariam extremamente complicado substituir os produtos exclusivos de que precisam. Essa situação cria um comprometimento entre as duas partes e forma a base para um relacionamento de longo prazo baseado em confiança e respeito, mas não incluindo, necessariamente, amizade. Conquanto as campeãs ocultas estejam próximas a seus clientes, não são elas as profissionais de *marketing* que aparecem nos livros. Menos aptas do que as grandes corporações a oferecer serviços superficiais, as campeãs ocultas prestam bastante atenção à orientação que valoriza a preferência dos clientes. Suas ações, e não suas palavras, dizem muito sobre os efeitos da proximidade aos clientes. Mas pense nesses preceitos com certas restrições – as ações das empresas que participaram da amostra, embora em geral embuídas de espírito de colaboração com os clientes, não devem ser imitadas de modo acrítico.

A NATUREZA DO RELACIONAMENTO COM O CLIENTE

Muitas das campeãs ocultas não comercializam produtos simples, mas soluções e sistemas para problemas complexos. Isso tem um impacto direto na maneira como elas se relacionam e se envolvem com os clientes. Na amostra de campeãs ocultas, 69,7% dos respondentes classificaram a importância da avaliação que o cliente faz das transações como alta ou muito alta. E 68% puseram acima da média a afirmação de que seus clientes esperam receber uma grande quantidade de informações. A maioria das empresas acredita que comprar o produto que fabricam não é uma atividade rotineira para os clientes. Três quartos das empresas concordaram com a idéia de que seria difícil para seus clientes substituir os produtos que tais empresas fabricam.

Mas os clientes não são unilateralmente dependentes; 77,7% das empresas acreditam que elas dependem fortemente de seus clientes. Cerca da metade concordou que os clientes podem pressioná-las e que a perda de clientes importantes ameaçaria sua existência. Como conseqüência do foco restrito que possuem, muitas empresas campeãs derivam uma grande percentagem de suas vendas de alguns poucos clientes. Um sétimo delas afirmou que mais de 50% de suas vendas provêm de apenas cinco clientes e, para um quarto das empresas, os cinco maiores clientes contribuem entre 20% e 50% no total de vendas.

Todas essas constatações confirmam o fato de que há uma forte dependência mútua entre as duas partes. Tanto os produtos quanto o ato de comprá-los tendem a ser complexos e estão associados a custos substanciais de transação e a uma alta incerteza. Obstáculos significativos à mudança existem dos dois lados, uma situação que, em geral, leva a um relacionamento de longo prazo.

Dados seis fatores para serem considerados, as campeãs ocultas consideraram um sólido e duradouro relacionamento com o cliente o seu principal ponto forte – 6,1 em uma escala de 7 pontos. Dois terços vêem a primeira venda a um novo cliente como ponto de partida para um relacionamento comercial a longo prazo. E 82,5% classificaram seus clientes como fiéis ou altamente fiéis, com os compradores eventuais desempenhando um papel secundário. Os respondentes, até 85,8%, esperam manter seus clientes atuais. A única coisa que as empresas não tão bem-sucedidas podem fazer é sonhar com tais índices. E essas constatações feitas a partir do levantamento quantitativo foram consistentemente reforçadas nas entrevistas. Freqüentemente, as pessoas com quem conversamos enfatizaram a natureza duradoura das relações comerciais, que precisam basear-se em interesse recíproco.

Com a força de mercado que possuem, as campeãs ocultas de vez em quando alcançam posições de força a curto prazo em relação a seus clientes, por exemplo, quando ocorre um gargalo da oferta. Mas elas são cuidadosas a ponto de não se aproveitarem dessa tal situação, às vezes explicitamente não impondo preços mais altos nessas circunstâncias. A maioria dos clientes mostra seu apreço por esse tipo de comportamento quando muda a sorte nos negócios. Já vi muitos clientes aplaudindo a sua dependência desses fornecedores.

A orientação a longo prazo das campeãs ocultas para com os clientes vai ao encontro de descobertas recentes da pesquisa. A concepção de que custa cinco vezes mais substituir um cliente do que mantê-lo é velha conhecida dessas empresas. Elas também estão bem conscientes de que a contribuição que cada cliente lhes dá será maior quanto mais tempo ele estiver com a empresa (Heskett et al., 1990). Campeãs ocultas, como Hauni, Barth, Heidenhain e tantas outras, fizeram negócios com clientes de forma ininterrupta por décadas, até por gerações. Ao mencionar, durante uma conversa, constatações dessa natureza recentemente publicadas, eu recebia como resposta um sorriso empático, por vezes desdenhoso. Um CEO chegou a comentar comigo: "O que tem de novo nisso? Já não é de conhecimento público? Esses princípios óbvios sempre comandaram nossa política. Se você mantiver os clientes satisfeitos com qualidade e serviços excelentes, eles ficam com você para sempre – e lhe pagam um bom preço". De fato, é de conhecimento público! Mas é geralmente difícil pôr a idéia em prática.

As campeãs ocultas constroem relacionamentos com o cliente em base econômica e racional, não em emoção e amizade. Elas estão bem conscientes de que o relacionamento entre fornecedor e cliente envolve um elemento substancial de força e tentam, persistentemente, alterar o equilíbrio de força a seu favor. Há empresas que vão sistematicamente criando barreiras entre seus clientes e seus fornecedores, trocando rótulos ou repintando as peças e componentes para impedir que os clientes reconheçam a sua origem e acabem comprando diretamente dos fabricantes originais. Outras fazem uma tentativa deliberada de aumentar suas participações no suprimento para aumentar a dependência do cliente. Uma outra empresa aprofunda sua linha de produtos por meio de integração vertical e cria uma incompatibilidade com os fornecedores de alguns componentes, a fim de limitar as opções do cliente. Mas, conquanto tais ações sejam basicamente feitas para fortalecer a posição de uma empresa, elas também podem servir para beneficiar os clientes. Eles estão, por exemplo, liberados do fardo de ter que lidar com vários fornecedores quando um único fabricante assume a responsabilidade por todo um sistema. Novamente, os clientes pagam com uma dependência crescente, e, contanto que os fornecedores deixem de tirar vantagens indevidas com a situação, as duas partes podem se beneficiar. Muitas campeãs ocultas garantem suas posições de liderança pela perfeita aplicação dessas táticas. Tais estratégias, no entanto, raramente podem ser vistas como bases fundamentais para o sucesso; posições de liderança são conquistadas somente através de um desempenho superior em toda parte.

As campeãs ocultas não pensam muito em expressões de efeito como "entusiasmo do cliente" ou "encantamento do cliente". Elas têm uma visão mais desapaixonada do relacionamento com o cliente: desempenho, valor e preço desempenham funções essenciais. Quando falam das relações com o cliente, elas estão se referindo à conteúdo econômico, e não a modas passageiras. Embora amizade, emoção e deleite possam não constituir as bases sobre as quais se constrói o relacionamento com o cliente, confiança e respeito mútuo talvez o sejam. E essas atitudes geram vantagens altamente palpáveis ao reduzir despesas legais e ao economizar tempo e recursos.

A Excor, pseudônimo de uma empresa fornecedora de sistemas de processamento prontos para a indústria alimentícia, serve como exemplo de algumas dessas vantagens. Um cliente de longa data, uma grande empresa multinacional que chamarei de Confood, dispunha de um tempo curtíssimo para construir uma nova fábrica de processamento em um país do Leste Europeu, a fim de evitar a entrada de um concorrente. A Excor começou a construir a fábrica sem um contrato com a Confood, em cuja grande organização o processo de coletar as aprovações necessárias de vários comitês e inúmeras assinaturas levaria muito mais tempo do que a empresa poderia bancar. O projeto foi tão bem-sucedido que a Excor recebeu uma outra encomenda ainda maior da Confood. Nesse segundo projeto, que foi concluído no final de 1994, a Confood nomeou apenas um coordenador para o projeto. "Embora isso indicasse uma grande confiança em nosso trabalho, colocava uma grande pressão sobre nós porque tínhamos que assumir toda a responsabilidade", comenta o CEO da Excor. "Sei que, em um projeto semelhante, outro cliente pode indicar até 15 coordenadores para o projeto, o que em outras épocas era uma quantidade normal." Em troca da confiança, a Confood dispensou o serviço de 14 coordenadores, e a campeã oculta Excor estava definitivamente pronta para fazer o máximo possível para satisfazer e manter esse cliente importante.

No projeto seguinte, iniciado em 1995, a Confood deu outro passo adiante. Com um orçamento de US$ 63 milhões, a empresa pediu que a Excor construísse uma fábrica de uma determinada capacidade para essa quantia. Não havia licitação, nem contrato escrito, somente confiança e relação comercial a longo prazo. As economias de tempo, de custos e de recursos humanos nesse novo tipo de relacionamento fornecedor/cliente são enormes, tanto quanto a pressão sobre a Excor para executá-lo. Embora essa ainda não seja uma relação típica de negócios, ela demonstra o caminho que muitas campeãs ocultas tomaram. A tendência que leva a relações comerciais mais próximas e mais exigentes é uma característica particular dos fornecedores de bens industriais.

Várias lições importantes podem ser tiradas dessas observações. As campeãs ocultas e seus clientes são mutuamente dependentes. Aquele que deseja estabelecer uma forte posição junto ao cliente deve focar-se no próprio cliente, o que por sua vez o torna mais dependente dele. Até certo ponto, a força e a dependência de mercado representam os dois lados da mesma moeda: em um lado o cliente exige desempenho superior; no outro, o fornecedor exige lealdade. Essa situação cria comprometimento e leva a um relacionamento que promove confiança e economiza custos de transação, um resultado lucrativo para ambos.

PROXIMIDADE AO CLIENTE

Peters e Waterman, no livro *In Search of Excellence* (1982), sustentam, no capítulo "Close to the Customer" ("Próximo ao Cliente"), que "as empresas excelentes *estão realmente* próximas a seus clientes. As outras empresas falam sobre isso, as excelentes fazem" (156). Com base na minha perspectiva atual, não posso deixar de perguntar se as companhias excelentes estavam assim tão próximas ou se o livro reproduziu a superficialidade dessas grandes corporações em relação a palavras ou a ações espetaculares. Eu acho que as campeãs ocultas estão muito mais próximas de seus clientes do que uma grande corporação.

O que cria a proximidade ao cliente? Obviamente, cada empresário tem uma teoria sobre a questão, mas quase nenhum se dá ao trabalho de defini-la com precisão. Christian Homburg (1995) desenvolveu uma conceituação científica para ela. Com base em um conceito teórico confiável e um questionário respondido por 327 clientes de corporações industriais e no uso da técnica denominada análise causal, Homburg descobriu que a proximidade a um cliente consiste em duas dimensões diferentes, "desempenho" e "interação". O primeiro abrange o que o cliente recebe em termos de produto, prestação de serviços e qualidade do processo, ao passo que a segunda relaciona-se à interação do fornecedor com os representantes do cliente, se são pessoas abertas, compreensíveis, e assim por diante. As duas dimensões são, por sua vez, definidas por sete fatores, que refletem as diferentes facetas e são medidos por 28 indicadores. A Figura 5.1 representa o conceito de proximidade ao cliente desenvolvido por Homburg (1995).

O desempenho e a interação são aproximadamente iguais em importância para uma relação comercial. As campeãs ocultas têm a tendência de apresentar o mesmo grau de proximidade a seus clientes nas duas dimensões. Elas apresentam um desempenho excelente e demonstram vigor na interação, particularmente ao oferecer informações de forma aberta, na receptividade e em contatos com equipes que não sejam de vendas. Nesse sentido, elas diferem de modo substancial das grandes corporações típicas. As empresas que fizeram parte da amostra também são mais flexíveis ao lidar com seus clientes (Fator 3). É possível simplificar ainda mais o conceito ao pensar somente nas duas dimensões, desempenho e interação, como na Figura 5.2. As campeãs ocultas apresentam um índice alto nas duas dimensões. As grandes empresas recebem, com freqüência, uma alta avaliação no quesito desempenho, mas baixa no item interação. As pequenas empresas se comportam medianamente de forma contrária, com baixos índices de desempenho, mas com altos índices de interação.

O Cliente

Proximidade ao cliente

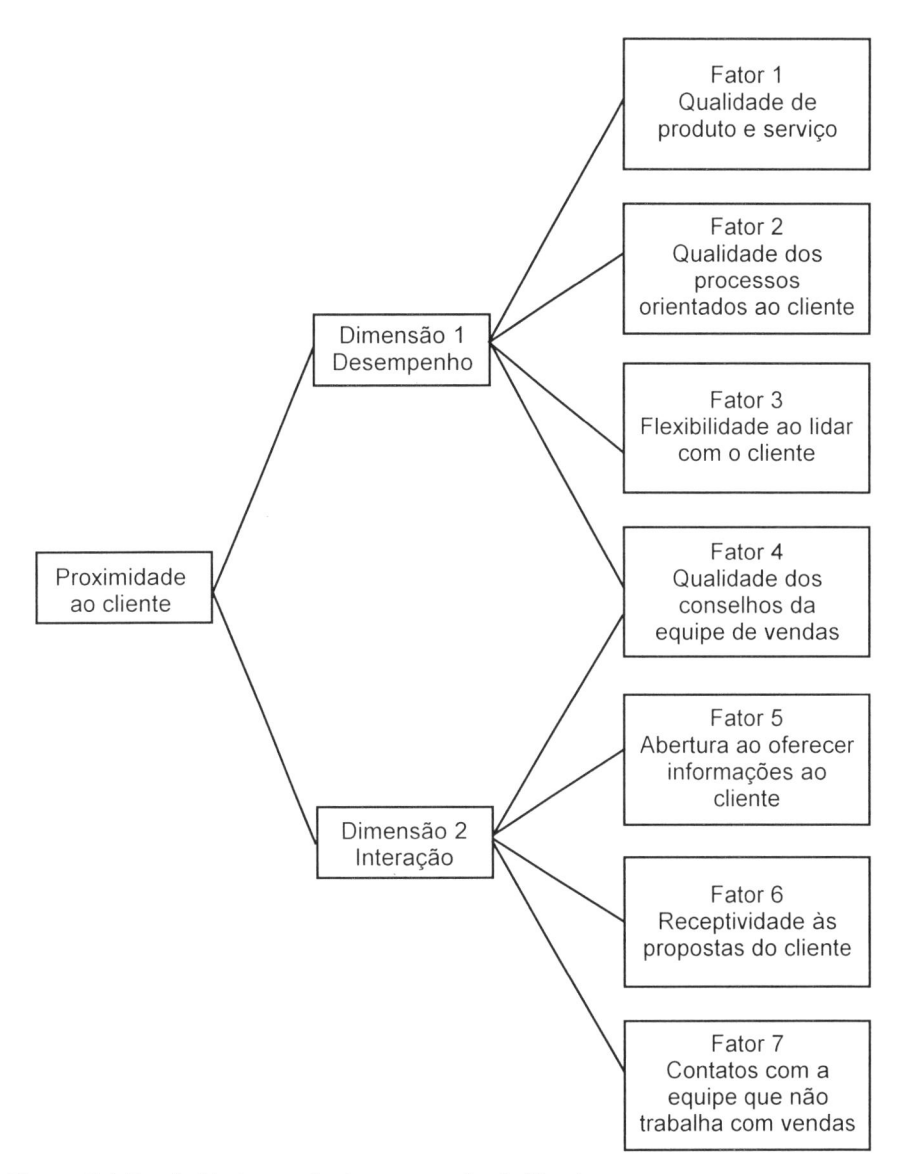

- **Dimensão 1 — Desempenho**
  - Fator 1: Qualidade de produto e serviço
  - Fator 2: Qualidade dos processos orientados ao cliente
  - Fator 3: Flexibilidade ao lidar com o cliente
  - Fator 4: Qualidade dos conselhos da equipe de vendas
- **Dimensão 2 — Interação**
  - Fator 5: Abertura ao oferecer informações ao cliente
  - Fator 6: Receptividade às propostas do cliente
  - Fator 7: Contatos com a equipe que não trabalha com vendas

Figura 5.1 Proximidade ao cliente: o conceito de Homburg.

As campeãs ocultas são superiores às grandes corporações (de alto desempenho) em interação e às pequenas empresas (em média) em desempenho. Recebem índices altos em ambas as dimensões do sistema de proximidade ao cliente, uma combinação pela qual definitivamente vale a pena lutar.

Embora estejam muito próximas a seus clientes, essas empresas não são profissionais na área de *marketing*, pelo menos não no sentido didático. Se o profissionalismo em *marketing* de uma empresa for estimado pela percentagem de funcionários que trabalham em uma função de *marketing* – planejamento, análise, pesquisa de mercado, etc. –, as campeãs ocultas têm um fraco desempenho em relação às grandes empresas, avaliando seu profissionalismo em *marke-*

	Desempenho	
	Baixo	Alto
Interação Baixa		Grandes empresas
Interação Alta	Pequenas empresas (médias)	Campeãs ocultas

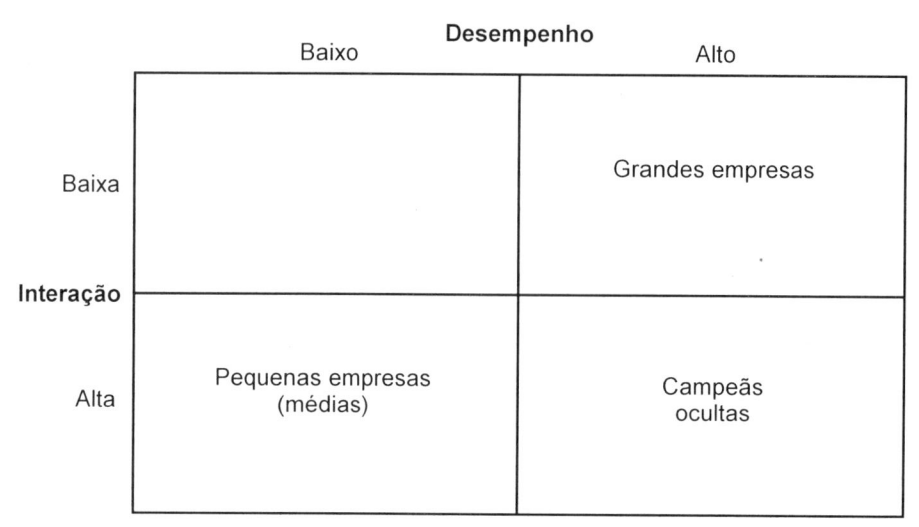

Figura 5.2 Taxas de desempenho e interação das campeãs ocultas.

ting como o terceiro mais baixo entre dezenove fatores. Muitas não possuem um membro na equipe que tenha um título de *marketing* ou exerça a função de fazer pesquisas de mercado ou, até mesmo, funcionários que tenham recebido algum treinamento em *marketing*. Mas quase todos os membros de uma empresa campeã oculta têm algum tipo de contato com os clientes.

A percentagem de funcionários que vêem os clientes de forma mais ou menos regular é de duas a três vezes maior do que a das grandes companhias. Presumo que esse índice seja de 20% a 25% na campeã oculta típica, em oposição a um valor inferior a 10% nas grandes corporações. Essa importante diferença é ilustrada na Figura 5.3. A distinção existente entre proximidade ao cliente e profissionalismo em *marketing* pode parecer artificial. O verdadeiro *marketing* não é justamente aquele que aproxima a empresa do cliente? Idealmente, isso deveria se mostrar verdadeiro, mas, como revelou meu estudo comparativo, a realidade é diferente. As campeãs ocultas não são empresas profissionais na área de *marketing*, e sim companhias especializadas na proximidade aos clientes profissionais. O contrário se aplica às grandes empresas típicas.

Naturalmente, é desejável ter índices altos nas duas dimensões – próximo aos clientes com uma abordagem de mercado que se baseia em sólidas análises e um composto de *marketing* profissionalmente planejado; as campeãs ocultas têm de melhorar na última categoria. Com tamanho, complexidade e número crescentes de países atendidos, a confiança de um empreendedor em sentimentos subjetivos torna-se cada vez menos sustentável. As empresas maiores da amostra, por exemplo, Kärcher, Würth e Wella, apresentam uma clara tendência com respeito ao profissionalismo em *marketing*. Uma mudança como essa em geral é acompanhada pela transição de um empresário-fundador para uma administração profissional. Durante esse desenvolvimento, as campeãs ocultas deveriam tomar cuidado para preservar sua proximidade aos clientes. Tamanho e profissionalismo crescentes tendem a ser inimigos naturais da proximidade ao cliente porque, como foi mostrado na Figura 5.1, afetam negativamente fatores importantes como flexibilidade, abertura, receptividade e contato pessoal. Algumas campeãs ocultas estão bem conscientes desses perigos iminentes, e já tomam algumas precauções contra eles. Um exemplo em questão é a Putzmeister, empresa de rápido crescimento, que é líder global no segmento de bombas de concreto. Karl Schlecht, o CEO-proprietário da empresa, iniciou a descentralização criando unidades operacionais independentes. O objetivo explícito dele é preservar a antiga força da proximidade ao cliente enquanto a empresa continua no seu caminho de rápida expansão.

A Figura 5.3 apresenta uma lição importante para as grandes empresas, a de que elas devem melhorar em termos de proximidade aos clientes. Embora tais empresas geralmente tenham planos e departamentos de *marketing* bem-estruturados, elas são deficientes no item proximidade ao cliente, como é definido na Figura 5.1. Carecem, particularmente, de flexibilidade, abertura, receptividade e intensidade de contato. Possuem, em geral, uma hierarquia de múltiplos níveis em relação ao cliente, com base em uma divisão marcante de trabalho que faz com que a maioria dos funcionários mantenha-se distante dos clientes. As campeãs ocultas exibem menos divisão de trabalho e muito mais posições multifuncionais, fazendo com que os funcionários fiquem em contato direto com os clientes. Essas diferenças estão demonstradas na Figura 5.4. Embora a representação possa parecer de alguma forma idealizada, ela salienta vários aspectos importantes. As grandes empresas obviamente delimitam as fronteiras entre aqueles que têm um contato direto com o cliente e aqueles que não têm. Nas campeãs ocultas, entretanto, os limites entre as funções externas – contato com o cliente – e internas são indefinidos.

Um funcionário típico de uma das empresas pesquisadas possui uma visão holística do processo de criação de valor em sua empresa e um entendimento claro da sua contribuição ao valor final do produto. Essa atitude torna mais fácil

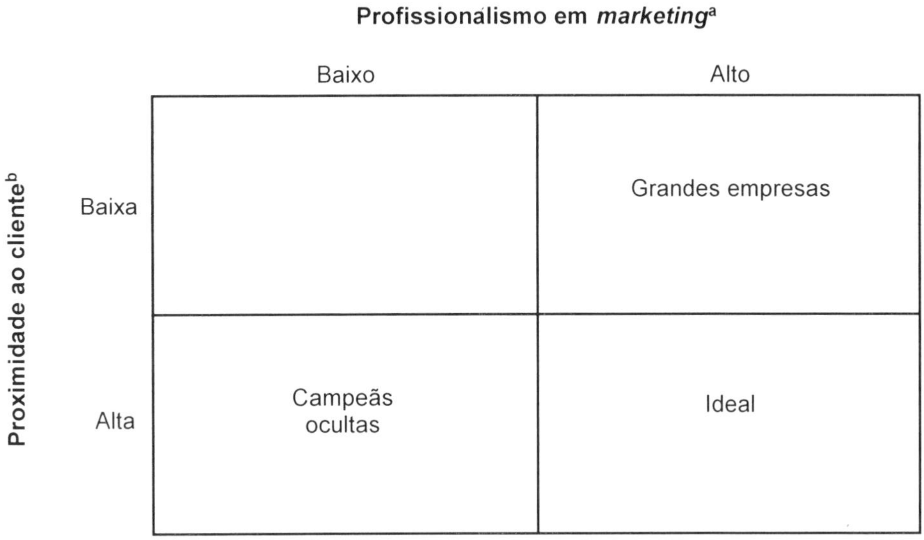

Profissionalismo em *marketing*[a]

	Baixo	Alto
Proximidade ao cliente[b] Baixa		Grandes empresas
Alta	Campeãs ocultas	Ideal

[a] Percentagem de especialistas em *marketing*.
[b] Percentagem de funcionários com contato regular com o cliente.

Figura 5.3 Proximidade ao cliente *versus* profissionalismo em *marketing* das campeãs ocultas e das grandes empresas.

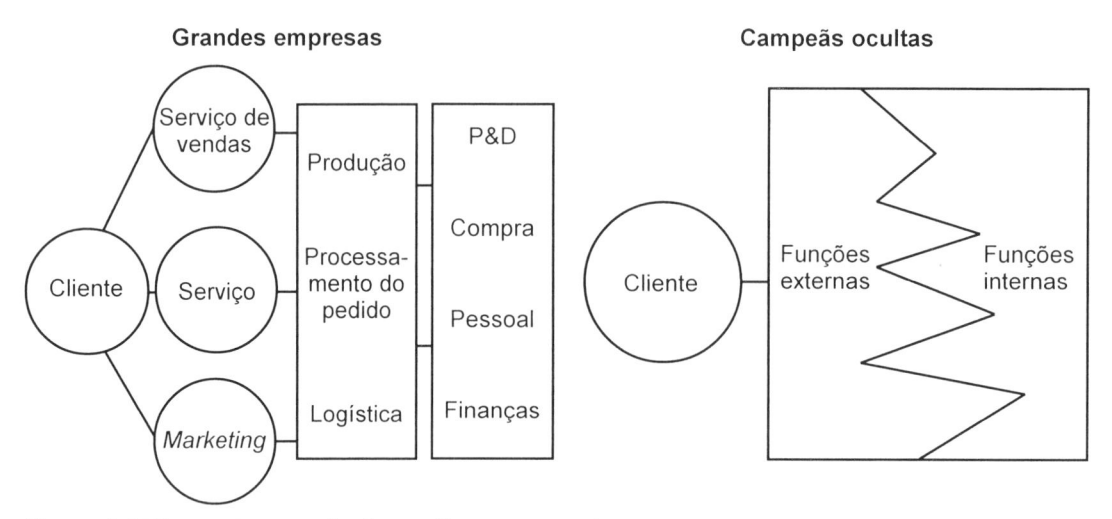

Figura 5.4 Hierarquias em relação ao cliente em grandes empresas e nas campeãs ocultas.

àqueles responsáveis pelas funções externas garantir que as demandas do cliente sejam atendidas em toda a organização.

O pequeno porte de uma empresa torna necessária a organização multifuncional, por exemplo, quando se recorre às pessoas encarregadas da produção e de P&D para auxiliar nos serviços técnicos ao cliente. O crescimento conjunto com os clientes é uma atividade comum entre as campeãs ocultas (ver Capítulo 6). A alta gerência geralmente tem um contato direto intenso com o cliente, uma questão da pesquisa que obteve um alto índice de aprovação (5,7 em uma escala de 7 pontos).

O porte modesto de uma empresa e essas atitudes ajudam uma organização a criar uma hierarquia enxuta para relacionar-se com os clientes. É interessante observar que muitos desses problemas são tratados pela reengenharia (Hammer e Champy, 1993, Davenport, 1993). Instituir a "revolução na empresa" proclamada por Hammer e Champy não representa uma necessidade para muitas das campeãs ocultas. Com seu foco restrito no cliente, elas vêm observando a maioria dos postulados da reengenharia durante vários anos. Aparentemente, novos conceitos como "case worker" ou a "case team" há muito lhe são familiares.

Klaus Grohmann, CEO-fundador da Grohmann Engineering, importante fornecedor do setor de eletrônicos, explica seu sistema:

> Deliberadamente não empregamos vendedores. Nossos gerentes têm total responsabilidade sobre seus projetos: eles vendem, fazem ofertas, desenvolvem soluções e executam o projeto. Esses líderes de projeto têm todas as competências dos gerentes-gerais em seus projetos. Designamos uma equipe para cada projeto, e a equipe age como uma pequena empresa. Todos adotam uma visão holística do projeto. Essa abordagem garante uma proximidade impressionante ao cliente.

Uma líder mundial em produtos químicos especializados utiliza um sistema semelhante. Os seus engenheiros de vendas possuem total responsabilidade e competência técnica para lidar com o cliente. Mesmo que isso não seja novo, o vigor com que esses conceitos são implementados pelas campeãs ocultas é admirável.

Também tenho a impressão de que as subsidiárias estrangeiras das campeãs ocultas têm consideravelmente mais liberdade e autonomia do que as subsidiárias das grandes corporações. A principal razão é que simplesmente não há uma grande hierarquia de controle nas matrizes. A maior crítica que ouvi ao visitar as subsidiárias estrangeiras das grandes corporações diz respeito ao excesso de intervenção do escritório central, uma reclamação que raramente ouço nas subsidiárias das campeãs ocultas. Uma outra razão pode ser que as subsidiárias que discordam das sedes são dirigidas por pessoas empreendedoras que defendem sua autonomia. As mesmas condições que promovem a proximidade ao cliente na empresa matriz prevalecem em mercados estrangeiros. Conquanto não seja possível transferir inteiramente os critérios sobre a melhor orientação para com o cliente às grandes empresas, as práticas das campeãs ocultas apontam para um enorme potencial de crescimento.

CONTATO DIRETO

As campeãs ocultas estão convictas de que conhecem bem os mercados em que atuam; o conhecimento do mercado apareceu como o terceiro ponto forte mais importante entre 19 fatores. Isso parece contrastar com os pontos fracos que possuem em profissionalismo na área de *marketing* e em pesquisa formal, apesar de a afirmação "(...) nossa fonte de informação de mercado mais utilizada é o cliente" ter recebido o maior índice de aprovação entre 20 itens (5,82 em uma escala de 7 pontos). Isso é resultado, em parte, da preferência das campeãs ocultas por relações diretas com os clientes, mas também reflete a realidade que os mercados fragmentados atendidos por vezes não servem muito bem a pesquisas de mercado estruturadas.

Em um estudo realizado sobre as informações coletadas por empresas de pequeno e médio porte, Staudt et al. (1992) confirmaram esses padrões, constatando que os clientes diretos constituem a fonte mais importante. Os resultados aparecem na Figura 5.5. A preferência pelo contato direto permeia toda a estratégia das campeãs ocultas. Na minha pesquisa, 69,4% afirmaram que tratam diretamente com os clientes. Como se observou no Capítulo 4, elas evitam intermediários quando entram em mercados internacionais e montam suas próprias subsidiárias. Naturalmente, as campeãs ocultas que vendem para clientes, como Tetra (comida para peixe), Haribo (ursinhos Gummi) e Wella (produtos para o tratamento dos cabelos) têm de operar por meio do comércio varejista. Mas, mesmo assim, elas buscam eliminar intermediários o mais rápido possível. Assim, a Wella tem suas próprias subsidiárias em quase todos os países asiáticos e, no seu comércio de produtos para tratamento de cabelos, tenta estabelecer contatos diretos com vários cabeleireiros ao redor do mundo. A Tetra oferece seminários para os criadores de peixe, criando oportunidades para receber *feedback* dos clientes.

Outra característica importante das campeãs ocultas é o alto envolvimento da administração nos contatos diretos com os clientes. Muitos gerentes de cúpula consideram que essa seja uma de suas responsabilidades básicas, mesmo quando

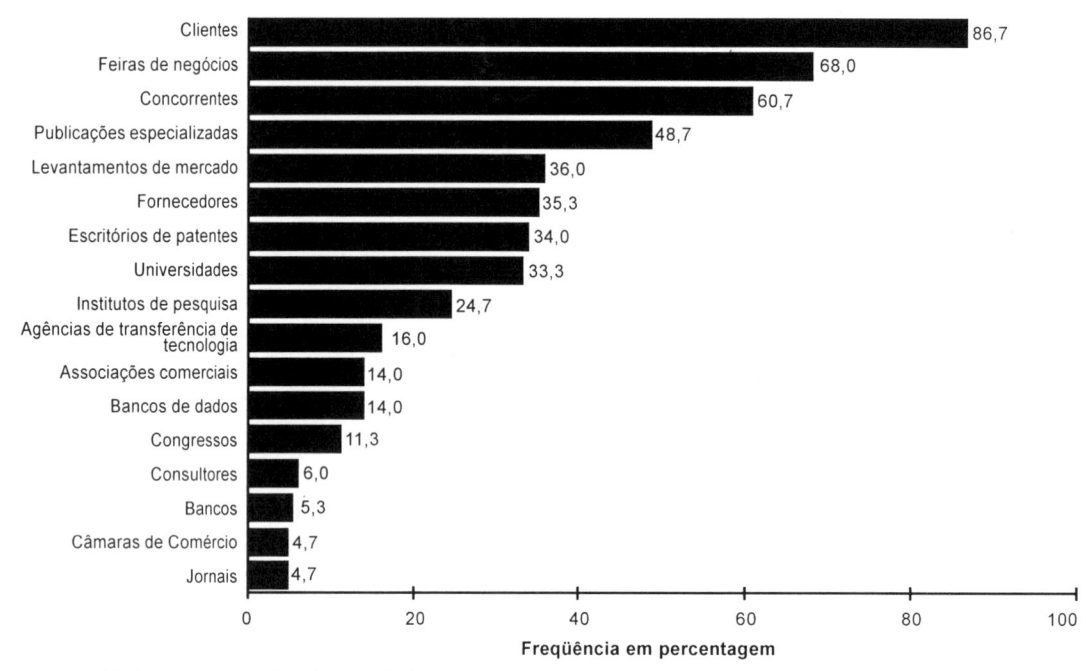

Fonte	%
Clientes	86,7
Feiras de negócios	68,0
Concorrentes	60,7
Publicações especializadas	48,7
Levantamentos de mercado	36,0
Fornecedores	35,3
Escritórios de patentes	34,0
Universidades	33,3
Institutos de pesquisa	24,7
Agências de transferência de tecnologia	16,0
Associações comerciais	14,0
Bancos de dados	14,0
Congressos	11,3
Consultores	6,0
Bancos	5,3
Câmaras de Comércio	4,7
Jornais	4,7

Freqüência em percentagem

Figura 5.5 Importância das fontes de informação.

isso exige viagens intermináveis. Wolfgang Pinegger, presidente da Brückner, fabricante-líder de sistemas de estiramento de filmes biaxiais, afirma o seguinte: "Conheço e visitei cada um dos nossos clientes no mundo. As relações diretas que estabeleci através dessas visitas são inestimáveis". Uma vez li um artigo em um jornal em algum lugar dos Estados Unidos que dizia que tinham surgido dificuldades no setor de pintura de uma grande montadora porque os trabalhadores na região usavam *sprays* de cabelo com partículas metálicas que se fixavam nas superfícies pintadas. Recortei o artigo e o enviei a Reinhard Schmidt, então CEO da Dürr, em Stuttgart, Alemanha, líder mundial em sistemas de pintura de automóvel. Schmidt escreveu-me de volta dizendo o seguinte: "Sei que existe esse problema porque estive na fábrica. O equipamento atual é feito por um concorrente que não consegue resolver o problema. Temos uma solução para o problema e na próxima vez provavelmente será a nossa hora." Isso significa proximidade ao cliente: o CEO de uma empresa de US$ 800 milhões em Stuttgart não apenas sabe que existe um problema nos Estados Unidos, como também já esteve lá, viu-o de perto e tem uma solução para ele.

Würth exige que todos os gerentes e administradores visitem um cliente no local de trabalho no mínimo uma vez por mês. O próprio Reinhold Würth, hoje presidente da companhia, aderiu ao princípio durante os 40 anos de sua gestão. Quando surgia na Holanda um problema cuja causa era desconhecida, Würth passava uma semana inteira lá com sua equipe, conversando com os clientes. Ele visitou oficinas mecânicas de automóveis em Istambul, na Turquia, por um dia inteiro, para ver as condições que encontraria. Würth não pode ser iludido em relação aos problemas que seus clientes têm em todos os lugares do mundo. Ele não desenvolve estratégias sentado em sua escrivaninha em Künzelsau, na Alemanha; deseja ter experiências ao vivo sobre um determinado mercado antes de entrar nele. O mesmo também se aplica a Heinz Hankammer, dos filtros de água Brita. Na semana anterior à que falei com ele, ele estivera em Xangai e na Albânia para inspecionar pessoalmente algumas farmácias.

Os executivos que visitam os clientes não exercem apenas um papel formal. São representantes técnicos competentes (muitos gerentes de campeãs ocultas possuem diplomas de engenheiro) que não hesitam em arregaçar as mangas para mergulhar no trabalho de um cliente. Quando Günter Sieker, engenheiro experiente e diretor da Lenze, líder mundial no mercado de pequenas engrenagens para fotocopiadoras, cadeiras de rodas, etc., visitou um cliente em Cingapura, descobriu que os técnicos locais foram incapazes de consertar uma máquina que a empresa lhes vendera. Ele tirou o casaco, e trabalhou durante duas horas para resolver o problema. Desnecessário dizer que o cliente ficou impressionado com o conhecimento que Sieker tinha do equipamento.

Um dos mais importantes efeitos da experiência direta é que ela tem um impacto muito mais forte sobre o comportamento do que qualquer outro tipo de pesquisa de mercado apresentada por relatório. Essa observação se confirma pelas descobertas realizadas por McQuarrie (1993) sobre os efeitos das visitas aos clientes. Mas, ao contrário das grandes empresas, as campeãs ocultas não precisam agendar visitas especiais aos clientes. Na sua filosofia de fazer negócios, visitas periódicas ao local de trabalho dos clientes representam uma maneira normal de fazer negócios.

LOCALIZAÇÃO DO CLIENTE

A localização do país é outro aspecto específico relativo à proximidade ao cliente. A Figura 5.6 mostra a distribuição geográfica dos clientes mais exigentes das campeãs ocultas. Era possível dar mais de uma resposta, de forma que a percentagem soma mais de 100. Aproximadamente três quartos (74,8%) afirmam que

Percentagem de campeãs ocultas

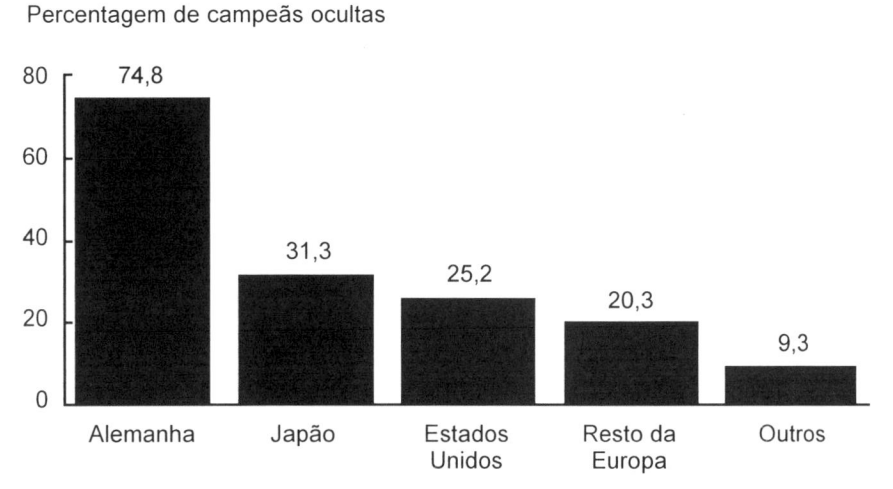

Alemanha	Japão	Estados Unidos	Resto da Europa	Outros
74,8	31,3	25,2	20,3	9,3

Figura 5.6 Localização dos clientes mais exigentes das campeãs ocultas.

seus clientes mais exigentes encontram-se na Alemanha. Isso está de acordo com a constatação de Porter (1990), segundo a qual "as empresas ganham vantagem competitiva(...) porque seu ambiente doméstico é o mais desafiador" (71). A proximidade física dos clientes mais exigentes e desafiadores é elemento importante para obtenção da liderança global.

Dos clientes estrangeiros altamente exigentes, os japoneses exercem o papel mais importante. Isso não está de acordo com a participação de vendas do Japão, mas, como foi discutido no Capítulo 4, explica por que o Japão recebe uma prioridade tão alta na agenda de muitas campeãs ocultas.

A liderança global no futuro provavelmente tem de ser separada da proximidade física ao cliente. Algumas campeãs ocultas já estão pondo em prática essa lição. Klaus Grohmann quer ser o principal fornecedor das 30 maiores empresas de eletrônica do mundo, não importando a localização delas. Fischer Labor – und Verfahrenstechnik, com 90% das vendas em exportação, cujos principais clientes concentram-se no ramo de petróleo, acredita estar próxima a seus clientes, embora estejam espalhados pelos quatro cantos da terra.

O paradigma de Porter, sobre a proximidade física aos mais exigentes clientes, embora ainda seja válido para a maioria das campeãs ocultas, está perdendo seu sentido para as empresas mais destacadas. Essas tomam muito cuidado para manter um contato direto com seus clientes líderes, não importando onde estejam localizados no mundo. Para elas, a proximidade ao cliente deixa de ser primordialmente uma questão de espaço ou de nacionalidade.

PREÇO, VALOR, SERVIÇO

Embora as campeãs ocultas se ajustem às exigências do cliente (um aspecto que será tratado com mais cuidado em termos de vantagem competitiva, no Capítulo 7), o seu principal ponto de vendas é o valor superior, não o preço. A prestação de serviços também desempenha um papel importante no valor que elas entregam. As estratégias de algumas campeãs podem ser estabelecidas nas seguintes afirmações:

- Nossas vendas não se baseiam em preço.
- Nossa mensagem é o valor, não o preço.
- A qualidade fica, muito tempo depois de o preço ter sido esquecido.
- Nossa estratégia é conduzida pelo valor, não pelo preço.
- Nossos produtos, embora caros, são econômicos.
- Os clientes devolvem uma fidelidade de 100% pelo valor recebido.
- Não nos aproveitamos da nossa posição porque a fidelidade do cliente é mais importante do que o lucro a curto prazo.

De acordo com a estrutura das estratégias genéricas sugerida por Porter (1985), as campeãs ocultas inclinam-se em direção à diferenciação, não à liderança de preço/custo. Isso não significa que elas estejam imunes às pressões competitivas, mas que a ênfase primária delas não recai sobre o preço. Dentro de um certo âmbito, a sensibilidade das vendas a preços ascendentes é relativamente baixa, uma observação confirmada pela Figura 5.7. Ela mostra como a participação de mercado das campeãs ocultas cairia se elevassem os preços atuais em 10%

Participação de mercado em percentagem

[Gráfico: eixo Y de 40 a 100, eixo X (Incremento de preço em percentagem) de 0 a 35]

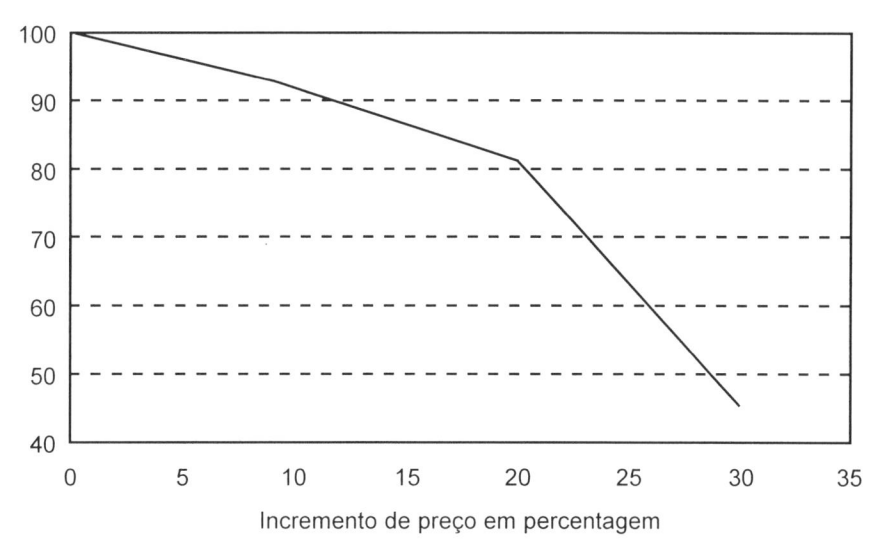

Figura 5.7 Efeito do incremento de preço sobre a participação de mercado das campeãs ocultas.

ou 20%. A curva de preço apresenta uma leve queda para um aumento de preço de 10%, indicando que apenas 8% da atual participação de mercado seria perdida. Até mesmo para um aumento de 20% nos níveis de preço, a alteração relativa na participação seria de cerca de 20%. Somente se o aumento de preço ultrapassar os 20% é que a perda na fatia de mercado se tornaria substancial. As empresas perderiam metade dos seus clientes atuais se os preços aumentassem 28%. De uma perspectiva de lucro a curto prazo, essa reação indica que o aumento de 20% nos preços seria aceitável. Mas as campeãs ocultas conscientemente evitam se aproveitar dessas oportunidades a curto prazo porque a lucratividade a longo prazo é-lhes mais importante. Nesse sentido elas são semelhantes às empresas japonesas. Defender a posição e a participação no mercado recebe uma prioridade mais alta do que se aproveitar do potencial de preços a curto prazo.

Existem algumas exceções à minha afirmação de que as campeãs ocultas não estabelecem preços de forma agressiva, mas são a minoria. A Suspa, líder no mercado de amortecedores de vibrações, oferece "qualidade alemã a preços de Taiwan". Paul Binhold, líder global em materiais didáticos de anatomia, tem uma garantia de preço para todo o mundo: se um produto de qualidade comparável for oferecido a preço mais baixos, a Binhold absorve a diferença. E a Fieldmann, líder européia no segmento de óculos, formou sua estratégia com base em uma política de preço agressiva e em uma forte campanha publicitária que mostra as vantagens dos preços praticados pela empresa. Mas até essas campeãs ocultas atípicas oferecem uma boa qualidade; suas vendas não dependem unicamente do preço.

Uma prestação de serviços rápidos e de primeira qualidade constitui outra parte importante da estratégia das campeãs ocultas. A maioria vê na prestação de serviços uma clara vantagem competitiva (ver Capítulo 7), e os serviços por elas prestados são, em geral, muito abrangentes e personalizados. Essa observação vai ao encontro da constatação de Homburg (1995) de que as empresas que estão muito próximas a seus clientes diferenciam-se mais por intermédio do serviço prestado do que pelas características do produto. O raciocínio delas é que os concorrentes podem imitar algumas características especiais do produto mais facilmente do que o serviço que oferecem. Um nível superior de prestação de serviços, que geralmente é resultado de competências superiores dos funcionários, é muitíssimo difícil de reproduzir.

A Brähler International Congress Service oferece aos seus clientes *designs* totalmente individualizados, em geral desenvolvidos em conjunto com os arquitetos de interiores dos edifícios. Gerhard M. Bauer, diretor de *marketing* da Brähler, comenta o seguinte:

> Criamos qualquer *design* que o cliente quiser, seja ele redondo, oval ou quadrado. No novo edifício do Parlamento alemão, utilizamos aço de primeira qualidade; no prédio do EuroCenter, integramos sistemas de votação, discussão e tradução simultânea nas mesas de reunião. Esses serviços personalizados são a nossa especialidade.

O treinamento é um aspecto extremamente importante da prestação de serviços. As campeãs ocultas mantêm centenas de centros de treinamento ao redor do mundo. O centro de treinamento francês da Stihl, a líder no ramo de motosserras, por exemplo, é amplamente reconhecido e publicamente aprovado. Ele não apenas fornece treinamento técnico para os clientes da Stihl, como também oferece cursos em todas as áreas relevantes para o ramo de negócios dos seus clientes. Os seminários da Wella sobre as últimas tendências da moda para o estilo de penteado são populares entre cabeleireiros em muitos países. Os clientes dos filtros de água Brita, predominantemente varejistas, em geral abrem as lojas às 9h da manhã, mas, entre 8h e 9h, a equipe de vendas da Brita treina esses varejistas para vender os filtros e lidar com eles. A Brita quer que seus varejistas também sejam usuários do produto. "Se estão convencidos, eles convencerão os clientes também", afirma Heinz Hankammer. Várias campeãs ocultas criaram unidades separadas para realizar o treinamento, como se fizessem parte das empresas. A Festo Didactic, unidade da Festo, líder global e na Europa no ramo de pneumáticos para automação industrial, é um exemplo particularmente bem-sucedido. A Festo Didactic oferece cursos aos clientes e não-clientes da Festo sobre vários aspectos da automação industrial.

Fornecer uma prestação de serviços consistente e rápida em todo o mundo é o maior desafio que as empresas de médio porte enfrentam. Ao contrário das grandes empresas, elas nem sempre podem arcar com os custos de manter uma equipe de serviço competente em cada país. Em vez disso, elas têm de ser rápidas e extremamente flexíveis. O *slogan* de serviço da Grohmann Engineering é "Confiável e Mundial"; no cartaz de propaganda sobre serviços que a empresa presta aparece um carro de alta velocidade, um avião a jato e um pára-quedas como símbolos de que os técnicos da Grohmann estão a caminho dos clientes utilizando os meios de transporte mais rápidos do mundo. A maioria das campeãs ocultas tenta prestar serviços 24 horas e entregar peças sobressalentes em 48 horas, um grande feito para uma empresa pequena.

Hermann Kronseder, da Krones, líder global no mercado de máquinas para rotulagem de garrafas, descreve os problemas:

A qualquer hora, empregamos 250 técnicos de serviço e instalação ao redor do mundo. Algumas vezes eles não conseguem ir para casa durante semanas ou meses. Coordenar todos eles é uma tarefa quase insolúvel para o departamento de serviço. Mas tenho orgulho em dizer que as pessoas sempre me falam que nosso serviço é o melhor do mundo. É essa a base do nosso sucesso e devemos isso aos nossos técnicos especializados, que, em geral, possuem 10 ou 20 anos de experiência na prestação desse tipo de serviço.

Kronseder descreve, então, o sistema de entregas de peças sobressalentes:

Armazenamos os dados de cada máquina, em um total de 20.000, no computador central. Esses dados podem ser acessados em qualquer um dos nossos escritórios do mundo em menos de um minuto. Os dados são alimentados diretamente por máquinas de controle numérico, e as peças sobressalentes são fabricadas na hora, dia e noite. As peças encomendadas antes das 7 da manhã são geralmente enviadas à noite, de caminhão, ao Aeroporto de Frankfurt; de lá são remetidas de avião na mesma noite ao país de destino. Além disso, nossa subsidiária recebe o vôo e os números de frete, assim o carregamento pode ser liberado da alfândega sem atraso.

Não é de surpreender que uma companhia desse tipo obtém de seus clientes altas avaliações sobre o serviço prestado. Uma empresa global deve sempre manter em mente que os clientes não estão interessados no local onde a empresa está localizada. Os clientes querem receber assistência onde quer que estejam.

RESUMO

Este capítulo mostrou que a proximidade aos clientes é um elemento fundamental da estratégia das campeãs ocultas. O comportamento delas traz lições valiosas para todos os tipos de empresa.

- As relações com os clientes são complexas e, com freqüência, envolvem dependência mútua. A qualidade única dos produtos das campeãs ocultas torna difícil aos clientes substituí-los, e o foco restrito gera uma forte dependência das campeãs ocultas em seus clientes. Tal situação cria um forte comprometimento de ambos os lados.
- Um bom relacionamento cliente/fornecedor não se constrói com base unicamente em amizade e emoção, mas em sólidos princípios econômicos.
- Se confiança e orientação a longo prazo predominarem em um relacionamento, ambos os lados podem reduzir substancialmente os custos de transação.
- Conquanto as campeãs ocultas estejam muito próximas a seus clientes, elas não são profissionais na área de *marketing*. Idealmente, a empresa deve ficar próxima ao cliente e ser profissional em *marketing*.
- A proximidade ao cliente compreende desempenho e interação; a empresa deve ser boa em ambas as dimensões.
- A proximidade ao cliente, particularmente em interação, é melhor alcançada por distribuição direta, por uma organização com poucos níveis hie-

rárquicos e por meio de muito contato de funcionários que não fazem parte da equipe de vendas.
- Os clientes devem e podem ser fontes extremamente valiosas de informações. Obter informações de mercado é uma atividade que deve incluir tanto confiança nos levantamentos como experiência direta em contatos de campo.
- Contatos diretos e regulares da alta administração com os clientes são extremamente importantes.
- A partir do sucesso das campeãs ocultas, parece aconselhável se formarem estratégias sobre o valor superior e o serviço prestado, e não sobre o preço. As empresas dão uma grande atenção à lealdade do cliente e não se aproveitam da sua posição de domínio para estabelecer políticas de curto prazo de preços.
- A prestação de um serviço excelente é um aspecto indispensável na proximidade ao cliente. Especialmente em um contexto internacional, a prestação de serviços deve ser rápida e mundial.
- Embora a proximidade física dos clientes ainda exerça uma função importante, as campeãs ocultas começaram a superar essa limitação. Um concorrente global deve ficar próximo a seus clientes independentemente de onde eles estejam.

Novamente, embora essas lições baseiem-se basicamente em bom senso, são difíceis de implementar. As relações com o cliente constituem uma parte essencial de cada transação econômica. A dependência mútua e a confiança desenvolvem-se somente quando ambas as partes puderem usufruir benefícios de longo prazo. A excelência do serviço prestado exige que cada membro da empresa, da equipe que não trabalha em vendas até a alta administração, mantenha-se próximo ao cliente. As campeãs ocultas, por terem conquistado um nível extraordinário de proximidade, servem como modelos perfeitos a serem seguidos.

Inovação | 6

A única maneira de manter sucesso contínuo é pela inovação contínua.

A inovação constitui uma peça-chave para as campeãs ocultas. Quase todas elas conquistaram a liderança mundial do mercado porque, em algum momento, foram pioneiras em alguns aspectos essenciais na área de tecnologia ou de práticas empresariais em seus mercados. Muitos mercados realmente não existiam há algum tempo, até serem criados por empresas inovadoras. Essas empresas obviamente lucram com um ambiente favorável à inovação. Muitas campeãs são de forma significativa as primeiras em número de patentes ou em termos de receitas provenientes de novos produtos.

Em seus esforços de criatividade, essas empresas diferem das grandes companhias por não serem guiadas apenas pela tecnologia ou apenas pelo mercado. Em vez disso, as empresas que fizeram parte da amostra preferem integrar essas duas forças motrizes de uma maneira bem-equilibrada. Desse modo, as campeãs ocultas propõem a união dos elementos externos e internos como paradigma estratégico de inovação.

A NATUREZA DA INOVAÇÃO

Como outras empresas, as campeãs ocultas enfatizam a necessidade e a vontade de inventar em seus lemas e folhetos. Mas isso se aplica a todos os tipos de empresas ao redor do mundo. Somente os fatos podem revelar a diferença entre propostas superficiais e a verdade. Concentrar-me-ei, portanto, nos fatos.

A maioria das campeãs ocultas, por acreditarem que a inovação não deve se limitar ao aperfeiçoamento dos produtos, investe significativamente em processos internos e externos. Subjacente a essa idéia encontra-se uma profunda e abrangente compreensão dos negócios e dos problemas de um cliente. Em 1993, por exemplo, a Hoppe AG, líder européia em maçanetas para portas e janelas, desenvolveu um sistema que simplifica radicalmente a montagem, além de ter o potencial para revolucionar a produção de portas de madeira. Uma publicação especializada chamou-a de "a inovação do século". Quando o CEO da empresa, Wolf Hoppe, mostrou-me o novo produto, afirmei: "Parece tão simples; por que você não pensou nessa solução antes?" Friedrich Hoppe, pai de Wolf, respondeu: "Tive a idéia 30 anos atrás, mas toma muito tempo e exige um profundo conhecimento fazer uma peça como essa da maneira mais simples possível. Esse produto é protegido por 34 patentes e solicitações de patente!" É evidente que a Hoppe só podia aperfeiçoar o produto porque estudou a função da fechadura na fabricação de portas de forma mais cuidadosa do que seus clientes.

A W.L.Gore, Inc., campeã oculta dos Estados Unidos famosa por seus tecidos Gore-Tex semipermeáveis, é uma outra empresa exemplar. A principal razão para o seu sucesso resulta da análise que desenvolveu dos processos de fabricação e garantia de seus clientes no setor de calçados e vestuário. A Gore, então, determinou que o setor de P&D da empresa desenvolvesse soluções de problemas que auxiliassem a produção de artigos de vestuário e de calçados, de forma que a Gore-Tex pudesse cumprir o prometido em seu *slogan*, "empenhada em manter você seco".

Muitas campeãs ocultas não vêem a inovação como uma série de avanços importantes que ocorrem a intervalos longos e em etapas discretas. Em seu lugar, a inovação assemelha-se a um processo contínuo de aperfeiçoamento, por vezes semelhante ao método japonês *kaizen* (aperfeiçoamento contínuo beneficiando o cliente). Nessas empresas, a atividade criativa é um processo diário pelo qual cada produto é de alguma forma aperfeiçoado sendo, portanto, melhor do que seu predecessor. Esse método operacional é particularmente predominante em sistemas e na engenharia mecânica nos quais as soluções dos problemas são os "produtos", não havendo bens tangíveis. Cada sistema novo, por visar às necessidades de um cliente específico, é de alguma maneira diferente e oferece a oportunidade para inovar.

Wolfram Burger, da Böwe Systec, líder no segmento de sistemas de gerenciamento de papéis, explica: "Nossos clientes nos dizem: 'Temos tal problema; solucione-o!' Nossos engenheiros ficam muito ansiosos para encontrar a melhor solução, integrando novas tecnologias e evitando erros do passado. No final, dois sistemas nunca são idênticos – cada um tem suas próprias características inovadoras".

Wolfgang Kufferath, da GKD, líder mundial no mercado de redes metálicas, para utilização industrial enfrenta uma situação semelhante. "Hoje nosso cliente é uma cervejaria de Dortmund, amanhã é um engenheiro de desenvolvimento de Seattle. Há uma tarefa muito comum para nós: precisamos de uma malha metálica que decomponha a gota de um líquido que atinge a malha a 45 graus. Solucionamos esses problemas."

Konrad Parloh, da Peter Wolters Werkzeugmaschinen GmbH AG, primeira no mundo em usinagem de alta precisão de superfícies planas (por exemplo, os discos rígidos Seagate são feitos em máquinas Wolters), também recebeu solicitações semelhantes dos clientes: "Nossas soluções são desenvolvidas com base nas especificações dos clientes. Uma vez que as conhecemos, projetamos o processo e o sistema. É uma nova abordagem a cada vez". Evidentemente, há muito mais inovações como essa do que geralmente se presume.

O aperfeiçoamento gradual é geralmente efetuado por meio de novas aplicações que exigem modificações em um produto existente. A RUD-Kettenfabrik, que controla o mercado mundial de correntes especiais para todos os tipos de usos industriais, iniciou suas operações em 1875 como fabricante de correntes para utilizações agrícolas e depois se tornou líder global em correntes para neve. Hoje, a agricultura é responsável por menos de 5% das vendas, e um grande número de correntes para aplicações industriais pesadas passou a ser produzido, como para elevadores, transportadores, sistemas de levantamento, correntes de pneu para construção e produtos de mineração. Biallo (1993, 64), escreve o seguinte: "Nenhum produto de qualquer outra empresa no mundo pode se comparar às correntes profissionais da RUD". A inovação intensa da RUD reflete-se nos 75% de vendas que provêm de produtos que têm menos de cinco anos, e há ainda inúmeras utilidades para a RUD a serem descobertas e aprimoradas. Sistemas automáticos de estacionamento para automóveis com plataformas levadiças e estocagem em prateleiras suspensas representam duas áreas possíveis de crescimento.

Muitas inovações visam aperfeiçoar os processos dos clientes a fim de ajudá-los a economizar em custos, aumentar a velocidade e melhorar a qualidade. A Würth, líder em produtos de montagem, introduziu sistemas de controle de estoques em centenas de oficinas mecânicas e marcenarias. A Barth, campeã oculta que fabrica lúpulo (*slogan*: "A Barth facilita a fabricação da sua cerveja*), simplificou o processo de fabricação de cerveja ensacando o lúpulo em pequenas bolsas – parecidas com grandes sacos de chá – de acordo com um tamanho específico e critérios próprios. Embora isso não pareça uma inovação radical, oferece um grande valor à fabricação de cerveja, economizando tempo de pesar e misturar o lúpulo.

Muitas campeãs ocultas, na verdade, criaram novos mercados por meio de suas inovações. O mercado de toaletes higiênicos da Clean Concept já existia ou foi criado pela empresa? O mercado para os filtros de água Brita certamente não se fazia presente antes de o produto ser lançado. O mesmo também se aplica aos pinos da Fischerwerke, que revolucionaram a maneira como as coisas são fixadas à parede. A Kärcher está tentando criar um mercado para o seu novo lavador de janelas, que funciona com base no princípio de um aspirador a vácuo para janelas.

Pode existir uma necessidade forte e duradoura em relação a um novo produto, mas os clientes, em geral, desconhecem-na ou estão relutantes em mudar de hábito. Livio De Simone, CEO da 3M, empresa-modelo de inovação e campeã "visível" em muitas áreas, descreve da seguinte forma a filosofia da sua empresa: "Os produtos mais interessantes são aqueles que as pessoas precisam, mas que elas sequer se dão conta que precisam" (Loeb, 1995, 84). É exatamente nesse tipo de bem que se sustenta o sucesso de muitas campeãs ocultas. O lançamento de um produto desse tipo requer forte convicção, perseverança e comprometimento, e, quem sabe, até um pouco de obsessão sincera, já que o novo produto vai de encontro aos hábitos já consolidados dos clientes. E poucas coisas são mais complicadas e exigem mais tempo do que mudar o comportamento do cliente.

Outras campeãs ocultas redefiniram as regras do jogo em seus mercados ao seguir o exemplo do McDonald's no mercado de *fast-food*, ou seja, ao oferecer um serviço padronizado de qualidade garantida, em vez de sanduíches de qualidade duvidosa. O distribuidor líder de comida congelada na Europa, Bo*Frost, campeã oculta de rápido crescimento, enquadra-se nessa categoria. Sua equipe de vendas deposita a comida congelada diretamente no congelador do cliente. Trata-se de um método conveniente e saudável de entrega, já que o alimento nunca deixa o refrigerador por mais do que cinco minutos. Fundada em 1966, a empresa cresceu para mais de 4.000 funcionários e vendas de aproximadamente

---

* N. de. T. "Barth facilitates your hopping." Jogo de palavras com o termo "hopping", de "hop", juntar lúpulo à cerveja, colher lúpulo, que também pode significar pular, saltar e aumentar o poder e a energia de algo.

US$ 677 milhões. Mas Josef Boquoi, fundador da Bo*Frost, reclama que o principal problema ainda é convencer os clientes. "Uma vez convertidos, eles percebem a vantagem e ficam com a gente", afirma.

Günter Fielmann revolucionou a distribuição de óculos de forma semelhante. Até seu surgimento, a comercialização de óculos caracterizava-se por oculistas vestidos com jalecos que trabalhavam em lojas com o encanto das salas de espera de dentistas, além de preços muito altos. Fielmann desenvolveu uma combinação de política de preço agressiva, vendendo beleza em vez de esquemas médicos, e campanhas publicitárias intensas. A empresa vende quase um em cada três pares de óculos comprados na Alemanha, é de longe líder no mercado europeu, está na segunda posição no *ranking* mundial e se aproxima rapidamente da casa dos US$ 667 milhões em vendas.

A reciclagem e as questões referentes ao meio ambiente tornaram-se uma área extremamente inovadora. A Edelhoff, uma das líderes nesse segmento, está mudando a coleta de lixo de um negócio de muito trabalho para um negócio de muito capital. O sistema de transporte multisserviço (MSTS, *multiservice transport system*) recentemente desenvolvido pela empresa, um caminhão de coleta de lixo de alta tecnologia operado por apenas uma pessoa, realiza a mesma quantidade de trabalho que um caminhão comum faria com quatro ou cinco pessoas. Em um teste realizado em Amsterdã, o MSTS superou todos os outros sistemas. A Waste Management, maior empresa de processamento de lixo, encomendou 200 MSTSs.

A preocupação com o meio ambiente cria uma onda de inovação, atraindo muitas campeãs ocultas para essa área. A Stihl, líder em motosserras, sentiu o efeito de uma explosão de novos sistemas, desenvolvendo recentemente um sistema de ignição digital (partida garantida, economia de combustível, baixa emissão de poluentes), um sistema de reabastecimento (sem vazamento, sem vapor), um conversor de corrente catalítico, Ematic (reduzindo o consumo de combustível em até 50%), aquecimento elétrico por carburação (melhorando o desempenho em temperaturas frias) e freios de corrente Quickstop Super (aumentando a segurança). Pode-se muito bem perguntar se a empresa conseguiu superar a si mesma, ao que a Stihl comentou: "Nos últimos anos, patenteamos mais invenções do que qualquer concorrente no mundo e mantivemos a liderança técnica".

Economizar custos de trabalho é um forte impulso para a inovação. Foi por isso que a Putzmeister, líder mundial em bombas para concreto, desenvolveu um robô para lavar aviões. Essa máquina de alta tecnologia, supostamente o maior robô do mundo, economiza os custos que a empresa teria se contratasse uma equipe inteira para lavar os aviões.

Às vezes, as campeãs ocultas direcionam suas inovações a necessidades bastante estranhas que os consumidores têm. O relógio de pulso controlado por rádio da Junghans é um exemplo extremamente bem-sucedido. Como outros relojoeiros, a Junghans passou por uma crise na década de 80, porque a venda de seus produtos despencou quando relógios eletrônicos baratos feitos na Ásia invadiram o mercado. Enquanto a Suíça respondeu à ameaça inventando o Swatch e transformando-o em um artigo de luxo e bastante venerado, a Junghans seguiu o caminho da alta tecnologia e desenvolveu um relógio cuja hora é controlada por um sinal de rádio, emitido por estações instaladas no país e recebido por meio de uma antena embutida na pulseira. O relógio, que pode atrasar um segundo em um milhão de anos, nunca está errado. O que não fica claro é o motivo pelo qual alguém pagaria um preço astronômico por um relógio como esse, mas o produto obteve um sucesso enorme entre os loucos por tecnologia.

A empresa tem apenas um concorrente no mundo, a empresa Citizen do Japão (com uma participação no mercado mundial de 19% no segmento de relógios), que lançou seu produto três anos depois da Junghans. No período de quatro anos após o lançamento, enquanto o resto do setor estava encolhendo, as vendas da Junghans passaram de menos de US$ 133 milhões para US$ 263 milhões. O produto também é um enorme sucesso no Japão – "o país que produz mais relógios", observou o CEO da Junghans, Wolfgang Fritz. O interessante é que os pesquisadores de mercado aconselharam a empresa a não lançar o produto.

A mais recente inovação da Junghans com maior potencial de mercado é um relógio solar de pulso controlado por rádio, que funciona sem pilha enquanto houver sol ou onde houver luz. O primeiro modelo foi lançado em 1993. A Citizen só lançou seu primeiro relógio solar em maio de 1995.

Os exemplos acima demonstram o escopo extremamente amplo das inovações. As campeãs ocultas tiram proveito das mais estranhas oportunidades. A criatividade e a variedade das suas invenções equiparam-se à variedade de produtos e serviços que oferecem. Raramente pegando o caminho equivocado, preferindo seguir seus próprios caminhos, alterando ou criando seus próprios mercados, as campeãs ocultas estão, em geral, muito na frente dos concorrentes.

TECNOLOGIA

A tecnologia é o fator mais importante que há por trás das vantagens competitivas e da liderança global de mercado das campeãs ocultas. Quase três quartos das empresas que responderam ao questionário que elaborei afirmaram que a posição invejável em que se encontram tem como base a inovação e o conhecimento tecnológicos. Em uma escala de 7 pontos que vai de baixa tecnologia à alta tecnologia, 70,6% avaliaram seus produtos acima da média, atribuindo a esses dois elementos índices altos de 5,9 e 5,6, respectivamente.

Alcançar inovação tecnológica depende bastante da existência de um ambiente que favoreça P&D e a implementação de mudanças. As atividades criativas das campeãs ocultas precisam ser estudadas contra esse pano de fundo. A obra *Culture and Technical Innovation* (1994), de Horst Albach, faz uma comparação cuidadosa das condições para inovação nos Estados Unidos, no Japão e na Alemanha. O estudo leva em consideração vários elementos constitutivos da inovação, como personalidade, equipe de trabalho, sindicatos trabalhistas, empresas, usuários, instituições educacionais e governo, e, a partir daí, tira conclusões. Não me aprofundo em todos esses tópicos, mas indico esse trabalho ao leitor interessado.

Este capítulo lança alguma luz sobre as condições que permitem a inovação das empresas em vários países, enquadrando os aspectos tecnológicos das empresas que integraram a amostra em uma estrutura de país, para que se possa compreender melhor seu desempenho. Ao mesmo tempo, a estrutura ajuda a corrigir concepções equivocadas sobre a capacidade de inovação existentes em várias nações.

Os indicadores mais populares das ações inovadoras são os gastos com P&D e com patentes. A Tabela 6.1 apresenta os dados a esse respeito nos maiores países industrializados.

As colunas 1, 2 e 3 da tabela mostram os gastos com P&D em índices absolutos e índices *per capita* em unidades de moeda corrente da Europa (ECU, *European Currency Unit*) e como percentagem do produto interno bruto (PIB). Na última categoria, o Japão, os Estados Unidos e os países do Norte da Europa assemelham-se muito, mas, em PIB *per capita*, os gastos absolutos indicam uma discrepância significativa, com o Japão claramente na liderança. A tabela também demonstra que uma grande quantia de recursos para P&D do total mundial concentra-se em alguns poucos países.

As colunas de 4 a 8 exibem os dados sobre patentes. A coluna 5 mostra o número de solicitações de patentes nacionais, por habitantes no país de origem. Pode-se perceber um padrão conhecido: no Japão, os habitantes exigem muito mais patentes domésticas *per capita* do que em qualquer outro país. No mundo Ocidental, os alemães lideram em patentes domésticas *per capita*. No contexto da concorrência globalizada, no entanto, as patentes internacionais são mais importantes do que as existentes em um número limitado de países. Na coluna 6, é apresentado o número de solicitações de patentes internacionais por habitantes de diversos países. Com 295.202, os cidadãos norte-americanos contam com o maior número. Mas, em uma base *per capita*, a Alemanha está bem à frente, com 264 solicitações internacionais por 100 mil habitantes, seguida do Japão com 162; os Estados Unidos e a França, ambos com 117, aparecem juntos. A coluna 8 arrola as percentagens dos pedidos de patente da Comunidade Européia (Euro 12) feitos nos Estados Unidos de acordo com o país de origem. A forte posição da Alemanha fica novamente evidenciada – com 48,7%, ela é responsável por quase metade do número total de pedidos.

O Ifo Institute, de Munique, trabalha com estatísticas de patentes internacionais para grandes corporações. A Figura 6.1 lista as 20 empresas com maior número de patentes internacionais no período de sete anos, de 1985 a 1991. Essa visão de longo prazo fornece um indicador confiável da competência tecnológica internacional de várias empresas ao neutralizar as oscilações de curto prazo. Por considerar apenas as patentes internacionais até certo ponto, isso minimiza a influência doméstica no Japão. Nove das 20 empresas inovadoras, segundo essa avaliação, são japonesas; a Alemanha aparece em segundo lugar, com cinco corporações, enquanto os Estados Unidos, com quatro empresas, ocupam a terceira posição. Os outros dois países, Suíça e Países Baixos, contribuem com uma companhia cada.

Combinando essas observações com as informações sobre orientação geral no contexto internacional, apresentadas no Capítulo 4, pode-se concluir que as campeãs ocultas atuam em um ambiente econômico que fomenta tanto a inovação tecnológica quanto a globalização. A capacidade de uma empresa de inovar é afetada pelo meio local em que opera, o que determina a disponibilidade de recursos, o acesso a pessoal e a fornecedores qualificados, assim como a infra-estrutura (ver Porter, 1994). No ambiente também estão incluídas as forças locais competitivas que exercem uma função para muitas campeãs ocultas, conforme se verá no Capítulo 8. Parece, dessa forma, que o ambiente na Alemanha no qual atuam as campeãs ocultas estimula a inovação, particularmente com um escopo internacional.

Se considerarmos seu clima favorável para os negócios, não surpreende o fato de que as campeãs ocultas estejam entre as empresas mais inovadoras.

TABELA 6.1 P&D e pedidos de patente em alguns países

País	Gastos com P&D, 1991			Pedidos de patente, 1990				
	Total (em bilhões de ECUs)	Percentagem do Produto Interno Bruto	Per capita (ECU)	Por habitantes no país de origem		Por habitantes em países estrangeiros (patentes internacionais)		Participação em percentagem dos pedidos de patente do Euro 12 nos EUA
				Número total	Per capita em 100 mil habitantes	Números totais	Per capita em em 100 mil habitantes	
	1	2	3	4	5	6	7	8
Alemanha	35,5	2,58%	445	30.928[a]	49[a]	161.006[a]	264[a]	48,7%
França	23,5	2,42%	412	12.742	22	66.632	117	17,4%
Itália	12,8	1,38%	224	—	—	29.969	52	6,9%
Japão	77,7	2,86%	627	332.952	270	129.835	162	
Reino Unido	18,4	2,26%	320	19.474	34	80.320	140	17,5%
Estados Unidos	124,6	2,78%	493	90.643	36	295.202	117	
Outros países do Euro 12 (Bélgica, Dinamarca, Grécia, Espanha, Irlanda, Luxemburgo, Países Baixos, Portugal)	14,0	<1%	150	8.371	9	52.124	56	9,5%

Fonte: Sam Lloyd, "Western Europe", in *World Science Report* (Paris: UNESCO, 1994).
[a] Somente Alemanha Ocidental.

Patentes em dois ou mais países

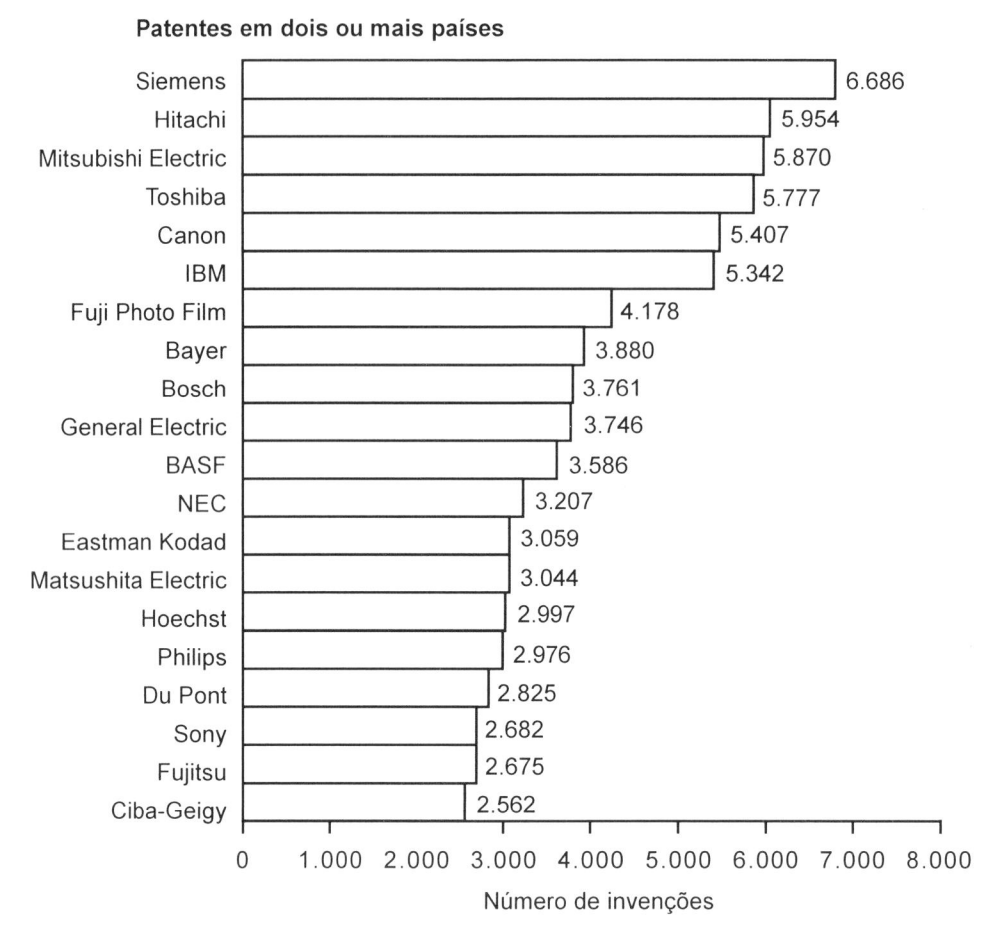

Empresa	Número de invenções
Siemens	6.686
Hitachi	5.954
Mitsubishi Electric	5.870
Toshiba	5.777
Canon	5.407
IBM	5.342
Fuji Photo Film	4.178
Bayer	3.880
Bosch	3.761
General Electric	3.746
BASF	3.586
NEC	3.207
Eastman Kodad	3.059
Matsushita Electric	3.044
Hoechst	2.997
Philips	2.976
Du Pont	2.825
Sony	2.682
Fujitsu	2.675
Ciba-Geigy	2.562

Fonte: Cálculos do autor com base nos dados obtidos do Ifo-Institute, 1986-1994.

Figura 6.1 Empresas com maior número de inovações internacionais, 1985-1991.

Uma rápida olhada no número de patentes mantidas por algumas dessas empresas evidencia a força que têm para levar a cabo as mudanças tecnológicas. A Tabela 6.2 apresenta o número de patentes e funcionários e relaciona os dois. Utilizo o número de patentes por centena de funcionários como indicador da capacidade de inovação, mas devo acrescentar que alguns desses valores podem não ser absolutamente precisos. Eles foram obtidos a partir de relatórios e folhetos das empresas, que raríssimas vezes explicam exatamente como os números foram elaborados. A lista não inclui, necessariamente, as empresas com o maior número de patentes, pois é difícil coletar informações completas sobre o assunto.

Para se obter uma perspectiva adequada do desempenho das patentes das companhias listadas na tabela, deve-se ter consciência de que a Siemens, maior corporação inovadora do mundo (ver Figura 6.1), tem cerca de 40 mil patentes e 400 mil funcionários, por isso seu número de patentes por 100 funcionários é de aproximadamente 10. Todas as campeãs ocultas representadas na Tabela 6.2 ficam acima desse nível. A Fischerwerke tem impressionantes 234 patentes por 100 funcionários, e muitas outras também são surpreendentemente fortes. É muito provável que não seja um exagero presumir que, em uma relação global de produtividade por funcionário, muitas das empresas pesquisadas estariam no topo da lista.

As estatísticas sobre o número de patentes fornecem apenas um panorama parcial da força tecnológica das campeãs ocultas. Além disso, as patentes não são sinônimos de inovação ou de sucesso no mercado. Mas as estatísticas, por serem indicadores relativamente válidos e confiáveis, oferecem a vantagem de permitir que se avalie algo tão complexo quanto a invenção tecnológica de forma quantitativa. Os índices constantes na Tabela 6.2 comprovam a afirmação de que as empresas pesquisadas atuam em um ambiente que as beneficia, o que parece, apesar de opiniões contrárias, conduzir à inovação técnica internacionalmente orientada.

Mas a criatividade das campeãs ocultas não é totalmente sentida apenas pelos números de patentes. Muitas dessas empresas, principalmente as pequenas, são bastante inovadoras, embora possuam poucas patentes, ou nenhuma, algo que tem muito a ver com estratégia e com custos. Segundo um estudo conduzido pelo European Patent Office (Escritório Europeu de Patentes), dois terços das empresas de pequeno e médio portes que desenvolvem pesquisas não protegem suas invenções com patentes. As razões para isso residem no custo e na duração do processo de patentear, na opção pelo sigilo,

TABELA 6.2 Posição das patentes de um grupo selecionado de campeãs ocultas.

Empresa	Produto principal	Funcionários	Número de patentes	Número de 100 patentes por funcionários
Fischerwerke	Fixadores para construção civil	2.350	5.500	234
Held	Prensas de correias duplas	90	50	56
Tracto-Technik	Sondas e perfuratrizes	211	100	47
Herion	Válvulas pneumáticas	1.500	600	40
RUD-Kettenfabrik	Pneus e correntes para neve	904	350	35
Sachtler	Tripes para câmeras	130	40	31
Heidenhain	Sistemas de mensuração linear de ferramentas para máquina CN	3.190	800	25
Reflecta	Tecnologia de imagens	500	100	20
Rittal	Gabinetes para produtos eletrônicos	4.500	949	20
Kiekert	Fechaduras de automóveis	1.670	300	18
Netzsch	Máquina para indústria cerâmica	2.800	350	12,5
Prominent	Bombas de medição	770	90	12
Krones	Máquinas de rotular	7.600	811	11

na falta de confiança na força protetora das patentes e na incapacidade de fazer cumprir a lei de patentes. Klaus Grohman, da Grohmann Engineering, empresa muito inovadora, explica esse posicionamento:

> Não pedimos patentes porque não temos pessoas para fazer isso, e detestamos burocracia. De qualquer forma, a velocidade da inovação em nosso setor é muito maior que a velocidade do processo de patentear. E as patentes não nos ajudariam porque não poderíamos fazer com que a lei se fizesse cumprir. De todo jeito, no tempo que se gasta para obter uma patente, fazemos, em geral, avanços enormes na área de desenvolvimento. As patentes andam como carrinhos de bebê, e nós pegamos um avião a jato.

Várias campeãs ocultas compartilham dessa opinião, mas mesmo assim, muitas delas são altamente inovadoras. Dos US$ 693 milhões em vendas da Kärcher, 78% provêm de produtos com menos de quatro anos de existência (com 182 patentes e 3.842 funcionários, a Kärcher tem 4,7 patentes por 100 funcionários). A EOS, empresa líder e pioneira no segmento de prototipagem rápida, atua em um mercado que literalmente não existia em 1990. O mesmo também se aplica à Fast Electronic, líder no mercado europeu de placas de compressão para computador. Essa é uma área em que o rápido desenvolvimento é fundamental, já que o ramo da informática como um todo se caracteriza por ciclos de vida extremamente curtos para os produtos novos ou aperfeiçoados.

Ademais, as patentes são irrelevantes em setores meramente comerciais, como a prestação de serviços. Pensemos no caso do Wige-Data Group, que cronometra o tempo e administra os fluxos de dados em grandes eventos esportivos ao redor do mundo. O Wige possui um conhecimento exclusivo sobre como promover esses eventos – como posicionar melhor as câmeras e garantir fluxos de dados aos jornalistas que cobrem o evento. Mas nenhuma dessas técnicas pode ser patenteada.

Como conclusão, posso afirmar que o sucesso global das campeãs ocultas constrói-se sobre uma competência tecnológica superior e sobre capacidade de inovação, não sendo uma questão de sorte ou de circunstâncias favoráveis. A lição é bastante clara. Se você quer se tornar líder de mercado, você deve fazer o dever de casa em termos de inovação.

As campeãs, obviamente, já fizeram esse dever. Isso também explica a autoconfiança que os CEOs com quem me encontrei várias vezes tinham ao discutir a questão. Muitos não pareciam estar particularmente preocupados, o que, como alguém muito influenciado pela eterna lamentação na imprensa, me deixou atônito. Mas a imprensa pode simplesmente se mostrar incapaz de ver os bastidores das empresas que protegem sua privacidade como as campeãs ocultas.

AS FORÇAS MOTRIZES

Depois dessa discussão tecnológica e das impressionantes estatísticas sobre patentes, poder-se-á concluir que a principal força motriz das campeãs ocultas é a tecnologia. Uma rápida comparação com as grandes corporações revela que essa conclusão está equivocada! Perguntadas sobre as forças que impulsionam as grandes corporações, 50% delas responderam que são conduzidas pelo mercado, 31% afirmaram que a tecnologia era sua força primária e 19% atribuíram um peso igual às duas forças. As campeãs ocultas têm uma resposta inteiramente diferente. A maioria, 57%, afirmou que o mercado e a tecnologia são forças equanimemente importantes, com 32% mencionando o mercado e apenas 11% citando a tecnologia como impulso dominante. Assim, a percentagem de empresas que integram tecnologia e mercado, em vez de se concentrarem em apenas um dos itens, é três vezes maior para as campeãs ocultas, conforme mostrado na Figura 6.2. Essa descoberta quase que reproduz com exatidão o resultado de um estudo realizado em 1990, o que evidencia a alta confiabilidade do resultado.

Na obra *Polarity Management*, Barry Johnson (1992) sugere que os extremos de qualquer polaridade devem ser evitados e que o caminho intermediário é geralmente superior. Em vez de ter ou uma orientação mercadológica ou uma orientação tecnológica, parece melhor se adotar os dois aspectos. A razão é que cada filosofia possui vantagens e desvantagens. Nos extremos, no entanto, quando as desvantagens tornam-se preponderantes, os efeitos positivos e desejados da orientação mercadológica – ouvir o cliente, saber exatamente o que o cliente quer, dar sempre retorno, e assim por diante (ver Capítulo 5) – são subjugados pelas desvantagens – falta de foco em tecnologia, perda da liderança tecnológica, baixo financiamento de P&D, e por aí vai. Além disso, a tecnologia como fator dominante que pretende estimular a inovação, uma forte linha de produto e uma alta tecnologia, pode, por exemplo, indispor a empresa com os clientes, elevar os preços e produzir produtos que passam por muitos processos de engenharia.

As grandes corporações encontram problemas para administrar essas polaridades. Tamanho, divisão de trabalho, separação funcional, trabalho jogado para o departamento seguinte e a compartimentalização são causas bem-conhecidas dessa síndrome. Uma vez que as campeãs ocultas são entidades menores, cada funcionário tem uma compreensão mais abrangente de sua pró-

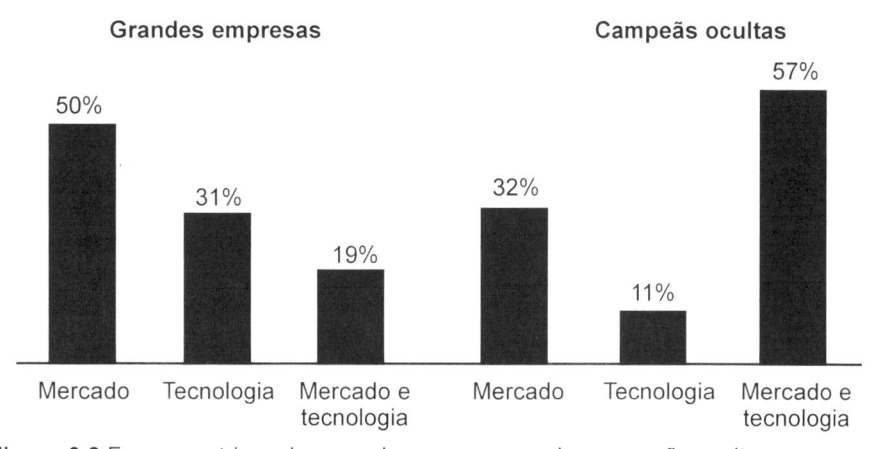

Figura 6.2 Forças motrizes das grandes empresas e das campeãs ocultas.

pria contribuição para a criação de valor e pode manter uma interação próxima com os clientes; essas empresas são mais eficientes em equilibrar as duas polaridades.

A experiência que tive com as companhias que integraram a amostra permite-me dar um passo adiante. Não vejo a tecnologia e o mercado como elementos contrários, mas sim, complementares (ver Cooper, 1979), como demonstra a Figura 6.3. Isso representa a visão de que a empresa pode ser orientada tanto pelo mercado quanto pela tecnologia, ou não aceitar nenhuma das duas orientações. Ela pode ter uma orientação unilateral, ou do mercado ou da tecnologia, como fazem as grandes corporações. O ideal seria, obviamente, ser forte nos dois aspectos. Niels Bohr, o famoso físico dinamarquês, descobriu o princípio da complementaridade, assim expresso por ele em latim: *Contraria non contradictoria sed complementa sunt* (os opostos não são contraditórios, mas complementares) (*Scientific American*, 1993). O princípio da complementaridade pode muito bem ser aplicado à orientação tecnológica em oposição à de mercado, e as campeãs ocultas encontraram uma maneira de implementá-la. Norbert Gebhardt, da Netzsch, líder em máquinas para a indústria de cerâmica e uma das empresas que aparecem na Tabela 6.2, explica seu posicionamento: "Precisamos tanto do mercado quanto da tecnologia quando lidamos com os clientes. O vendedor fica perdido quando se fala sobre os detalhes técnicos, e o técnico não se dá muito bem em comunicação. Estamos buscando a combinação de ouro".

Há características culturais profundamente arraigadas que subjazem o conflito em potencial existente entre a orientação unilateral ou tecnológia para o mercado. Muitas empresas do mundo Ocidental, em especial as maiores, sofrem de uma espécie de cisma cultural. Ao se discutir esse aspecto, é útil fazer uma distinção entre uma cultura funcional ou profissional e uma cultura corporativa ou do cliente. A primeira retira seu valor da função ou da profissão; por exemplo, o profissional, no começo da carreira, deseja ser respeitado pelos outros. A segunda, em contraposição, retira seu valor principalmente do benefício que oferece aos clientes. Quando fiz a simples pergun-

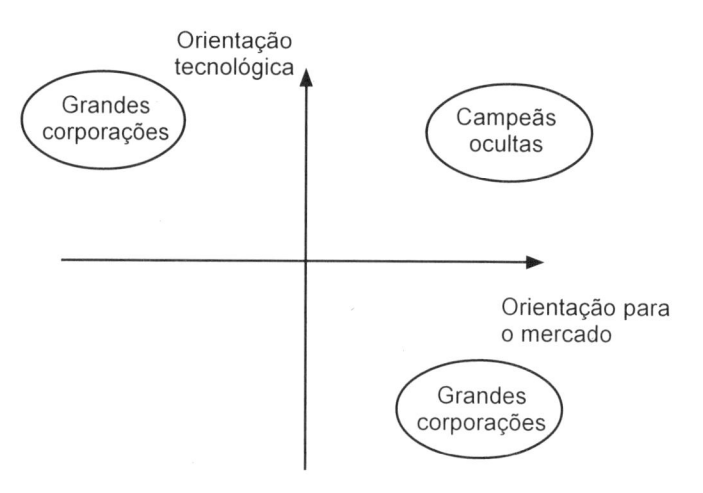

Figura 6.3 Orientação tecnológica *versus* orientação para o mercado.

ta "O que você é?", 95% das pessoas responderam dizendo a profissão: "Sou engenheiro", ou analista financeiro, químico, e assim por diante; elas também lêem publicações especializadas e freqüentam conferências da área. Todos esses são indicadores de que o sistema de valores dessas pessoas é orientado tendo em vista a profissão que exercem.

Acredito que esse tipo de cultura seja mais evidente em empresas grandes do que em empresas pequenas, e a razão é muito simples: as pessoas que trabalham em grandes companhias vivem principalmente dentro de seus mundos profissionais. Aqueles envolvidos em P&D relacionam-se, na maior parte do tempo, com outras pessoas também envolvidas em P&D. Também se aplica a mesma regra na área de produção, *marketing*, finanças, e assim por diante. Por conseguinte, essas pessoas desenvolvem uma forte orientação profissional/funcional. Dependendo do lado que se torna mais poderoso, a companhia inteira passa a ser conduzida de forma unilateral.

Nas companhias pequenas, no entanto, todo o quadro de funcionários interage continuamente com as pessoas que exercem funções e profissões diferentes das suas próprias, fica mais próximo ao resultado final do trabalho e recebe mais retorno por parte do cliente (ver Capítulo 4). Como conseqüência, eles alcançam uma integração melhor de tecnologia e mercado. Uma maneira de construir uma ponte sobre o abismo cultural é por intermédio das pessoas. Uma empresa que detém a liderança mundial em várias subáreas da química especializada faz isso de forma sistemática, deslocando os engenheiros químicos para a equipe de vendas. Mais de 60% da força de vendas dessa empresa é formada por engenheiros químicos. Eles assumem, não obstante, total responsabilidade por cada aspecto de uma venda – contrato, negociação do preço, entrega. Em sistemas como esse, de mínima divisão de trabalho, a tecnologia e o mercado se refletem em uma única pessoa. A Grohmann Engineering utiliza uma abordagem semelhante. As duas empresas estão bastante satisfeitas com os resultados.

Gostaria de acrescentar que a posição relativa do mercado e da tecnologia não pode ser definida de maneira definitiva – é um alvo que muda. Às vezes, a voz de um cliente é irrelevante porque os clientes desconhecem ou não conseguem transmitir adequadamente suas reais exigências, como já se observou anteriormente nesse capítulo. Devido às suas inovações, as campeãs ocultas às vezes precisam ensinar e convencer seus clientes, em vez de apenas ouvi-los.

Um administrador da Hauni, campeã oculta em máquinas de cigarro, conta-nos o seguinte:

> Durante muitos anos fomos guiados pela tecnologia, e não pelos clientes. O desempenho era nosso único critério. Nós ditávamos as regras. Os clientes vinham a Hamburg como peregrinos para encomendar nossas máquinas. Era como nos velhos tempos de Hermann Hollerith, que inventou um sistema que gravava as informações em cartões perfurados e que depois eram lidos eletronicamente por máquinas tabulares. Os clientes tinham que vir para Nova York e mendigar por uma daquelas máquinas.

A primeira experiência nos Estados Unidos de Hermann Kronseder, da Krones, controladora do mercado global de máquinas para rotulagem, também estava centrada na tecnologia: "Embora o preço que pedi fosse extremamente alto, não era o principal problema. O maior obstáculo era a tecnologia, convencer os clientes do desempenho superior – eles simplesmente não acreditavam que fosse possível". De forma semelhante, o principal problema para Hoppe, inventor do novo sistema de encaixe de portas já descrito neste capítulo, é fazer com que os fabricantes de porta passem a utilizar sua solução revolucionária. Wolf Hoppe explica o seguinte: "Hoje, como líder de mercado, provavelmente teremos o poder necessário para fazer isso. Se fôssemos uma empresa pequenininha nesse mercado, não conseguiríamos eliminar a oposição que o cliente impõe".

As campeãs ocultas demonstram que é necessário superar a resistência considerável do cliente às grandes inovações. Às vezes, os clientes são muito conservadores ou incapazes de agir para seu próprio proveito a longo prazo. Nesse caso, a empresa inovadora não deve ser orientada ao cliente no curto prazo. Naturalmente, isso não elimina a idéia de que, para obter sucesso a longo prazo, um novo produto deve entregar, basicamente, valor superior.

Um problema oposto que surge é que a inércia do cliente pode fazer com que a empresa corte recursos da área de tecnologia por medo de ser considerada inovadora demais. Robert Mayr, diretor executivo de *marketing* e de vendas da motosserras Stihl, faz a seguinte reflexão sobre o problema:

> Temos tantas inovações que realmente não sei se os clientes precisam delas, desejam-nas ou simplesmente as aceitam. Todas as melhorias obtidas na área ecológica são fantásticas. Mas será que os consumidores entendem essa vantagens e gostam delas? Será que desejam pagar para ter essas vantagens? Minha primeira tarefa é não empurrar essas inovações para dentro do mercado de uma maneira rápida demais, mas aprender com os consumidores o que eles querem aceitar e trazer a informação para a empresa, para que possamos atingir um nível apropriado de inovação. Por sermos tão inovadores, temos que ser mais focados no cliente. Atingir essa meta não é uma tarefa fácil.

O dilema entre tecnologia e mercado sugere uma questão estratégica mais ampla, a dos dois paradigmas da estratégia corporativa. As forças competitivas, determinantes básicos da rentabilidade, conforme proposto por Michael Porter (1985), salientam a importância das oportunidades externas. A empresa deve desenvolver as habilidades internas necessárias que levam ao sucesso depois de selecionar os mercados que apresentam condições competitivas favoráveis. Ela deve ser capaz, dessa forma, de se posicionar para criar e manter a vantagem competitiva. O paradigma, que sugere uma abordagem de fora para dentro, algumas vezes se traduz na seqüência: estrutura do setor → conduta → desempenho.

Um paradigma alternativo mais recente, a chamada estratégia baseada em recursos, tem recebido atenção considerável (Prahalad e Hamel, 1990, Peteraf, 1993, Hamel e Prahalad, 1994). Segundo essa convicção, os recursos e as competências internas devem constituir o ponto de partida da estratégia empresarial, que deve ser conduzida fundamentalmente por oportunidades internas, em vez de por oportunidades externas. Esse paradigma sugere a adoção de uma visão de dentro para fora, que apresenta a seguinte seqüência: recursos internos → conduta → desempenho. As origens dessa abordagem remontam às idéias mais antigas de Selznick (1957), Penrose (1959) e Learned et al. (1965).

```
┌─────────────────────┐              ┌─────────────────────────┐
│ Oportunidades externas: │          │ Recursos internos:       │
│ mercados, clientes,     │          │ competências principais, │
│ concorrência            │          │ capacidades, pontos fortes│
└──────────┬──────────┘              └────────────┬────────────┘
           │                                      │
           └────────────►  **Estratégia**  ◄──────┘
```

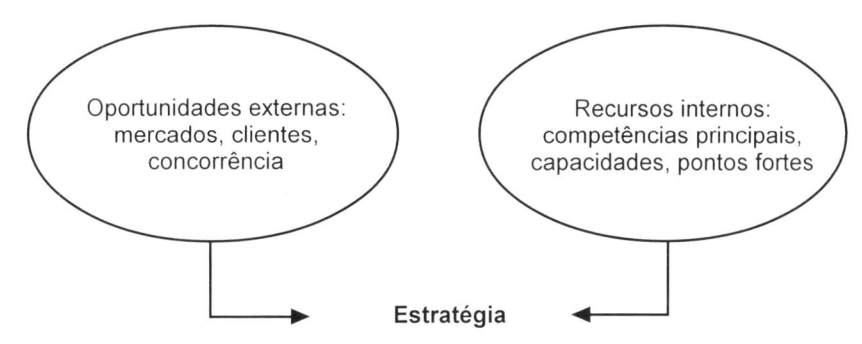

Figura 6.4 Oportunidades externas *versus* recursos internos.

A experiência que tive com as campeãs ocultas leva-me a acreditar que é necessário evitar uma visão excludente desses paradigmas. Os recursos internos constituem meramente uma condição necessária, mas não suficiente, para a vantagem competitiva externa. Um recurso interno forte que não prova seu valor junto ao mercado não pode ser transformado em uma vantagem externa. Se uma empresa pode fabricar um carro que desenvolve uma velocidade máxima de 250 quilômetros por hora, mas não há compradores para os carros que correm a mais de 150 quilômetros por hora, sua competência técnica não faz diferença. A melhor fabricante de locomotivas a vapor não realiza mais nenhum negócio hoje. De fato, algumas campeãs ocultas sucumbiram porque a excelência delas em termos de competência interna pode, no fim, se mostrar inútil em seus mercados, como aconteceu, por exemplo, com a empresa que gravava rolos para os pianos mecânicos. A estratégia, dessa forma, não pode ser construída com base apenas em recursos ou competências internas.

Uma estratégia construída unicamente com base em oportunidades externas pode ser igualmente deficiente. Um determinado mercado pode fornecer uma grande oportunidade, mas a empresa que for incapaz de desenvolver competências internas superiores estará fadada a desaparecer. Muitos projetos de diversificação caíram nessa armadilha. As grandes empresas costumam se enganar ao acreditar que podem desenvolver todas as competências exigidas em um novo empreendimento de risco. A realidade mostra-nos que isso é uma ilusão.

Somente se as competências internas e as oportunidades externas se igualarem é que será possível obter sucesso (ver Figura 6.4). As campeãs ocultas conseguem esse equilíbrio de forma adequada, freqüentemente melhor do que as grandes empresas, focalizando-se em uma estratégia global, que considera tanto aspectos tecnológicos quanto mercadológicos. O foco claro, a curta distância organizacional existente entre os portadores de competências internas e o cliente, e uma cultura corporativa, em vez de uma cultura profissional, constituem a base de uma integração efetiva dos recursos internos e das oportunidades externas.

O CLIENTE COMO INOVADOR

O cliente constitui uma fonte extremamente valiosa de idéias inovadoras. Eric von Hippel, que pode comprovar essa idéia simples com dezenas de exemplos, vê o processo da inovação como se estivesse "distribuído entre os usuários, os fabricantes, os fornecedores e as outras pessoas envolvidas" (Hippel, 1988, 3). Trata-se de um território familiar no qual muitas campeãs ocultas demoraram para se aventurar; algumas começaram a pensar na questão quando vários clientes insatisfeitos verticalizaram suas opiniões, deixando de adquirir componentes de fornecedores.

A tarefa de erguer uma ponte entre o abismo que separa os clientes e as funções que geram novas idéias para os produtos relaciona-se à questão geral de proximidade ao cliente discutida no Capítulo 5. Exige ou o estabelecimento de um contato direto entre as duas partes, ou que as funções como vendas e prestação de serviços, que envolvem contatos regulares com o cliente, possam transmitir informações à equipe técnica.

As campeãs ocultas são especialmente fortes em levar a cabo esses intercâmbios de informação. A Claas, fabricante-líder de colheitadeiras, geralmente vende seu equipamento por intermédio dos distribuidores que, então, revendem-no aos agricultores. Mas a empresa possui, pelo menos, um ponto de venda a varejo em cada um dos principais países em que atua, não porque está interessada nas vendas a varejo, mas como uma forma de ver quais são as necessidades dos agricultores no local em que trabalham. A empresa chama esses pontos de venda de áreas de exercícios, pois os funcionários que exercem várias funções internas podem utilizá-las para adquirir experiência de primeira mão sobre os problemas e as necessidades dos agricultores.

As interações entre os técnicos e os clientes geralmente ocorrem de forma natural e espontânea. Ao visitar a fábrica de uma campeã oculta, passei por um setor em que um grupo de técnicos trabalhavam com engenheiros da Volkswagen. Estavam tentando resolver um problema técnico. Fiquei impressionado com o grau de colaboração entre os dois grupos e o aparente conforto que sentiam um em relação ao outro: era impossível distinguir quais deles trabalhavam para a Volkswagen e quais trabalhavam para a campeã oculta. Era uma prova óbvia de que pessoas do mesmo mundo técnico – não organizacional! – tinham se encontrado.

Os efeitos de uma cooperação tão próxima são interessantes. De acordo com um estudo recente realizado pela J. D. Power and Associates, contatos face a face entre fornecedores e clientes na indústria automobilística melhoram a qualidade e a velocidade do ciclo de tempo (ver *Harvard Business Review*, 1994). Uma cooperação próxima em P&D não se mostra vantajosa apenas para os fornecedores ao suprir dados para o processo inovador, mas também ajuda os clientes a garantirem uma melhor qualidade em seus produtos finais e reduzir o seu próprio tempo de desenvolvimento: uma situação em que só se pode vencer ou vencer.

A mensagem do cliente geralmente tem de viajar um longo e perigoso percurso até chegar ao seu destino. Hermann Kronseder, da Krones, garante pessoalmente que as mensagens vindas do campo cheguem às pessoas certas na empresa. Kronseder explica o seguinte:

> O *feedback* dos técnicos de prestação de serviço em campo pode ser bastante desagradável para os engenheiros de projeto porque estou presente quando os técnicos relatam as descobertas que fizeram. Eles expõem com clareza as dificuldades que encontraram, o que deu errado, o que poderia ser mudado e melhorado. As pessoas que prestam esse tipo de serviço geralmente têm uma ótima compreensão dos problemas. Embora saibam exatamente o que deu errado, eles não podem traduzir o

erro em novos conceitos ou desenhos. Na maioria das empresas, os técnicos não têm a oportunidade de trazer suas complexas experiências diretamente aos projetistas. Às vezes os dois grupos simplesmente não entram em contato um com o outro.

A razão pela qual passei a estar presente nesses encontros é que, se não estivesse lá, o técnico provavelmente não aproveitaria a oportunidade. Os projetistas, que adoram ter um posicionamento forte e são mais bem-educados e espertos, põem os técnicos contra a parede. O técnico, em contrapartida, resigna-se ao inevitável em uma situação dessas e pensa: "Façam o que quiserem, não é o nosso negócio". Os técnicos, que não sabem escrever muito bem, não gostam de apresentar relatórios escritos, que passam primeiro pelas secretárias, que mais parecem professoras de escola corrigindo erros de linguagem. Isso é um veneno para os técnicos, que se sentem humilhados. Com essa metodologia de trabalho, eles não precisam escrever relatórios. Não na Krones AG!

O perigo está nos detalhes, e a experiência de Kronseder prova que a comunicação entre o mercado e a equipe da área tecnológica está cheia de armadilhas. No final das contas, a prática da Krones pode fazer toda a diferença entre inovações bem e malsucedidas.

Idéias inovadoras normalmente nascem quando as empresas prestam atenção na maneira como seus clientes trabalham. Reinhold Würth, o guru dos produtos de montagem, tropeçou nessa idéia durante a visita a uma construção, quando ouviu um trabalhador resmungando sobre a dificuldade que era ler a bitola das ferramentas e dos parafusos correspondentes, que aparecia gravada no metal e era quase ilegível. Würth imediatamente substituiu os números estampados por anéis coloridos, de forma que os trabalhadores só precisassem combinar as cores das ferramentas e dos parafusos. Esse sistema, que foi protegido como marca registrada, tornou-se um imenso sucesso. Würth, durante essas visitas, também ouviu os trabalhados se queixando de muita sensibilidade em certos músculos e tendões. Ninguém ainda havia se perguntado se ferramentas padronizadas, como alicates e chaves de fenda, eram ergonomicamente otimizadas. Würth descobriu que algumas ferramentas continuavam com o mesmo formato que tinham há mais de 100 anos, e era muito improvável que tivessem sido desenhadas de maneira a fornecer o máximo de eficiência no manuseio. Ele começou um projeto de pesquisa com a Universidade de Stuttgart que resultou em um conjunto de ferramentas que apresentavam um novo formato e reduziam o estresse crítico em mais de 30%.

O desenvolvimento conjunto com os clientes predomina entre as campeãs ocultas, de forma geralmente contínua e durante muitos anos. A Schott é líder mundial em chapas de cerâmica de vidro, com um produto chamado Ceran, que é US$ 200 a US$ 667 mais caro do que as chapas tradicionais de cozimento. Hoje todos os aparelhos elétricos ou a gás utilizados nas residências da Europa levam o produto junto, e um em cada dois fogões de cozinha vendidos tem um recipiente para cozimento Ceran. Nos Estados Unidos, onde o produto foi lançado muitos anos depois, ele tem uma penetração de 15 a 20% no mercado e está crescendo rapidamente. Há apenas um concorrente de peso, a empresa francesa Eurokera, cuja fatia de mercado é de cerca de 5%. O Ceran é oferecido em 2.000 modelos diferentes, e uma equipe de 40 pessoas colabora com os fabricantes de aparelhos elétricos ou a gás, panelas e detergentes, e com os projetistas, para aperfeiçoar o produto. A história de 20 anos do produto é de inovações ininterruptas para a qual todos na cadeia de valor contribuíram.

A Tetra, da categoria de campeãs ocultas que se originaram dos clientes, começou com Ulrich Baensch. Na década de 1950, esse jovem cientista começou a criar peixes tropicais para a sua pesquisa de doutorado. Ao encontrar dificuldades para alimentar os peixes, já que não havia nenhum produto apropriado para isso, ele desenvolveu uma comida para peixe totalmente elaborada, pronta para o uso. A Tetra Werke, a empresa que ele fundou em 1955, é hoje líder no setor de alimentação e tratamento de peixes tropicais, com uma fatia no mercado mundial de mais de 50%.

Wendelin Sachtler, operador de câmera que sentiu na pele todas as desvantagens e limitações dos tripés da época, fundou a Sachtler AG impulsionado pelas idéias que tinha para melhorá-los. Sua empresa se tornou líder no mercado mundial de tripés para câmeras profissionais em menos de 20 anos. No processo, ele eliminou um concorrente que tinha uma posição dominante, mas que se acomodou e não aceitou as importantes mudanças técnicas observadas no mercado, como a transição do filme para o vídeo.

Carl Spaeter, fundador da Stabilus, importou veículos norte-americanos para a Alemanha no começo da década de 1930. As estradas da Alemanha não haviam sido construídas para o tráfego de automóveis; tinham tantos desníveis e buracos que andar de carro nelas era uma atividade nem um pouco divertida. Spaeter desenvolveu um sistema hidráulico de amortecedores que se ajustavam automaticamente, e logo todos os carros de luxo passaram a ser equipados pelos proprietários com os componentes Stabilus, a fim de tornar a viagem mais confortável. Hoje a empresa é líder global no mercado de amortecedores a gás, que amortecem as vibrações, utilizadas de muitas maneiras diferentes para controlar qualquer tipo de vibração – em máquinas de lavar, cadeiras de escritório e aviões, entre outros.

ASPECTOS ORGANIZACIONAIS DA INOVAÇÃO

A interdependência entre organização e inovação é tão complexa que não pode ser tratada aqui em profundidade (ver Albach, 1994); devo, no entanto, tocar em alguns aspectos das campeãs ocultas que chamam a atenção nesse sentido. Suas despesas com P&D parecem não ser particularmente altas; representam em média 6,3% das vendas. Esse quadro é corroborado pela percepção subjetiva que tive de que, surpreendentemente, poucas pessoas trabalham em P&D na maioria dessas empresas. As entrevistas que realizei confirmaram que P&D e inovação são vistos como uma questão de qualidade, e não de quantidade. Nas grandes empresas, via de regra deparo-me com a filosofia de que a inovação é formada, principalmente, por informações quantitativas. Você coloca dinheiro e pessoas em um problema, e eles vão desenvolver uma solução, uma visão não-compartilhada pelas campeãs ocultas porque elas acreditam que P&D representa, antes de tudo, um desafio qualitativo.

Embora a maioria das equipes de P&D das campeãs ocultas seja surpreendentemente pequena, suas realizações são impressionantes. Em várias empresas, descobri uma única criatura, solitária e destacada, que era responsável por P&D, um especialista que por anos se concentrou, de maneira totalmente obstinada, nos problemas da companhia e produziu a maioria das invenções. Embora seja difícil generalizar a partir dessas descobertas, elas sugerem que a visão puramente quantitativa da inovação deve ser vista com certa dose de ceticismo. Em contrapartida, deve-se estar consciente de que algumas inovações somente podem ser alcançadas por grandes empresas, que possuem um número imenso de pessoas, por exemplo, na área de *software*, farmacêutica e de telecomunicações.

Também fiquei muito surpreso ao ver como várias campeãs ocultas controlavam as mudanças tecnológicas. Werner Pankoke, CEO da Hymmen, líder de mercado em prensas de correia dupla, explica: "Temos de ir atrás de muitas tecnologias novas para trabalhar com madeira, plástico, borracha, cortiça e derivados, e todas exigem altos níveis de inovação. Mas desenvolver competências técnicas e encontrar as pessoas certas são tarefas que, até agora, não retardaram nosso progresso".

A flexibilidade e a simplicidade gerais das campeãs ocultas somaram-se à sua habilidade de inovar. Em muitas empresas, as áreas de *marketing* e R&D estão sob o controle de um único líder, que, em alguns casos, é o CEO da companhia. De vez em quando, a área de *marketing* presta contas à de P&D, como na Jungheinrich, líder em equipamentos de manuseio de materiais, ou a área de P&D presta contas à de *marketing*, como na Kärcher ou na Sachtler.

A simplicidade de uma organização (ver Rommel et al., 1995), combinada ao seu espírito empreendedor, produz períodos curtos de processamento e desenvolvimento de idéias. A inovação nessas empresas avança a uma velocidade muito maior do que nas grandes corporações. Reinhard Wirtgen, CEO-fundador da líder mundial em máquinas para construção de estradas, explica a sua filosofia: "Quando surgia um problema urgente na sexta-feira, geralmente o resolvíamos durante o fim de semana. Mas os nossos concorrentes precisavam de semanas de discussão para chegar à conclusão do que fazer". Sem dúvida alguma, as campeãs ocultas são menos avessas a arriscar em suas atividades inovadoras do que as grandes empresas. Enquanto as grandes companhias testam novos produtos durante longos períodos para ter certeza de que realmente vão funcionar no mercado, as campeãs lançam-nos mais rapidamente, adotando uma abordagem de tentativa e erro para a inovação. É claro que há um risco aí, mas, em um período de concorrência cada vez mais intensa, em que o tempo é um fator importantíssimo, a esta estratégia pode se mostrar superior. Assim, não causa muita surpresa o fato de a velocidade e a flexibilidade da inovação relacionarem-se de maneira positiva e significativa ao sucesso geral dessas empresas.

Alguns fatores culturais desempenham um papel enorme ao se buscar sucesso em criatividade. Albach (1994, 17) considera o comprometimento um dos fatores mais importantes do desempenho inovador. Ele afirma o seguinte:

> O comprometimento, uma qualidade pessoal, é uma característica das empresas e um fenômeno cultural. Há indivíduos que se dedicam a uma tarefa, e ficam obcecados para solucionar um problema. As histórias e os mitos sobre os grandes inventores do mundo são fábulas de dedicação e obsessão. As empresas obcecadas com a inovação acreditam que o comprometimento seja um fator decisivo para o sucesso... A empresa que preferir enfatizar a vontade de ter êxito mais do que desenvolver regras para um projeto de pesquisa e desenvolvimento será uma inovadora mais bem-sucedida, ao final, do que as outras. O controle do comportamento – compro-

metimento – é mais importante do que o controle dos resultados – cumprindo etapas, mantendo-se dentro do orçamento, escrevendo bons relatórios intermediários de pesquisa (Albach, 1994, 19).

Essa afirmação poderia ter vindo diretamente do laboratório de inovação de quase qualquer campeã oculta, no qual o comprometimento é o principal determinante do desempenho e, basicamente, uma conseqüência de metas definidas e foco restrito (ver Capítulo 3). A Schaudt, líder no segmento de tornos cilíndricos afirma o seguinte: "A concentração em uma única área de especialização já nos permitiu inúmeras vezes anunciar inovações importantes. Estamos regulando o ritmo do mercado há 85 anos".

Uma vez desenvolvido um conceito, ele se traduz diretamente em produto. A Tracto-Technik, fabricante de sondas e perfuratrizes, explica essa filosofia: "Nosso ponto forte reside na habilidade de traduzir uma idéia na mais simples utilização possível, adequada a um determinado local de construção, e depois fabricá-la".

São esses os ingredientes do sucesso. É difícil manter sob controle uma pessoa comprometida com a inovação em um mercado bem-definido e que tem a perseverança para perseguir uma meta.

RESUMO

A inovação constitui um dos pilares sobre o qual se constrói a liderança mundial das campeãs ocultas. Muitas foram pioneiras em um novo produto ou criaram um mercado novo. Algumas transformaram seu *status* pioneiro em superioridade duradoura. Seu desempenho contém um grande número de lições importantes.

- A necessidade de inovar fica claramente expressa nas diretrizes das empresas e é transmitida de forma intensa, permeando toda a organização.
- A inovação não deve ser vista como se estivesse estritamente confinada aos produtos; em vez disso, cada aspecto de um negócio oferece oportunidades para se inventar, particularmente a partir das exigências dos clientes.
- A inovação representa mais do que um mero avanço espetacular em alguma área; as campeãs ocultas inovam de forma contínua e gradual. As empresas que buscam melhorias constantes devem aproveitar todas as oportunidades.
- Criar um novo mercado é um dos caminhos mais eficazes rumo à inovação; isso, no entanto, exige um desempenho extraordinário e é muito complicado, porque o comportamento do cliente pode precisar ser alterado.
- A tecnologia é o ingrediente mais importante da inovação, e é útil se trabalhar em um ambiente que conduza a invenções. Mas as empresas que não partilham desse ambiente não devem se sentir desestimuladas, muito embora tenham que empreender esforços particulares para compensar a desvantagem do local, por exemplo, em educação e cooperação com fornecedores e clientes. O ambiente deve ser considerado um parâmetro, mas não um limitante.

- Para haver consciência de todo o seu potencial, a inovação técnica deve ser internacionalmente orientada; as campeãs ocultas servem como exemplo nesse sentido.
- As campeãs ocultas são provas reais de que uma empresa não deve ser conduzida unicamente pelo fator tecnológico nem pelo mercadológico. Tecnologia e mercado não são fatores contraditórios, mas complementos que devem ser integrados como forças impulsionadoras equiparáveis.
- Em um contexto mais amplo, a empresa deve conciliar os paradigmas da estratégia que se baseia em recursos (de dentro para fora) e em forças competitivas (de fora para dentro). Somente se as competências internas e as oportunidades externas se adaptarem uma à outra a empresa pode aproveitar todas as suas possibilidades.
- Os clientes constituem uma fonte valiosa de idéias inovadoras; contatos diretos da equipe de P&D com os clientes, a construção sistemática de elos entre as lacunas de informações existentes entre as diferentes funções e o desenvolvimento conjunto com clientes representam maneiras efetivas de ativar o capital em conhecimento.
- A inovação bem-sucedida é menos uma questão de organização ou de recursos financeiros do que de comprometimento, de qualidade na equipe, de cultura corporativa e de vontade de implementar.

As campeãs ocultas provam que pequenas empresas podem ser grandes inovadoras. Não há fórmulas mágicas para se atravessar a terra desconhecida da descoberta. A inovação representa uma busca permanente, um processo de tentativa e erro. As práticas das campeãs ocultas podem ser beneficamente adotadas por qualquer empresa.

A Concorrência | 7
Há tão pouca concorrência...

As campeãs ocultas, conhecidas por serem concorrentes obstinadas, direcionam sua estratégia para a diferenciação, e não para a vantagem em custo. Elas não se descuidam do preço, mas lutam para oferecer valor a preços acessíveis. Ao ajustarem seu desempenho às exigências do cliente, elas criam vantagens competitivas em qualidade de produto e de prestação de serviço.

Tais vantagens podem ser sustentadas porque são construídas com base em competências internas superiores que são difíceis de imitar. Quando atacadas, essas empresas defendem suas posições de mercado com ferocidade, mas o perigo já aponta no horizonte de algumas delas; está ficando mais difícil separar seus nichos dos mercados de volume e escapar das crescentes pressões sobre custos.

ESTRUTURA

Há relativamente poucos concorrentes nos mercados das campeãs ocultas típicas. O número médio de concorrentes nos mercados mundiais é 10, mas o número mais elevado observado, de 55 concorrentes, é falacioso porque alguns mercados são formados por várias centenas de concorrentes. Apenas cerca de 20%, de campeãs ocultas da amostra, no meu projeto de pesquisa, têm mais de 20 concorrentes em seus respectivos mercados mundiais. Embora esses indicadores possam parecer pequenos, deve-se manter em mente que os valores correspondentes em muitos mercados amplos não são muito maiores. Há, no máximo, 20 competidores globais de peso entre as montadoras de todo o mundo.

Na estrutura de cinco forças de Porter (1985), há concorrência principalmente entre as empresas já existentes. Concorrentes novos são muito raros (2,7 em uma escala de 1 = muito raro a 7 = freqüente). A probabilidade de que, no futuro, se vejam novas empresas no mercado e de que elas representem uma ameaça está abaixo da média (3,6 e 3,3, respectivamente, em uma escala de 7 pontos). Obviamente porque os mercados das campeãs ocultas são pequenos e suas forças competitivas consideradas inexpugnáveis, tais arenas de combate não atraem competidores em potencial. Em alguns mercados, não obstante, as mercadorias produzidas em massa estão fazendo pressão sobre os nichos das campeãs ocultas.

Embora um eventual observador possa querer encontrar uma posição competitiva confortável nesses mercados, a realidade mostra que não é bem isso o que acontece. A concorrência direta constitui a regra. Para a maior parte, surgem concorrentes semelhantes em todos os lugares e em todos os momentos (concordância de 5,5 em uma escala de 1 a 7) para lutar por alguma parcela dos mercados restritos. Já me disseram várias vezes que as campeãs ocultas levam a competição a sério. Quase todas as empresas entrevistadas enfatizaram que os concorrentes delas também são fortes, uma indicação de que seria extremamente perigoso acreditar que a liderança do mercado que elas conquistaram estaria garantida no futuro. O índice mais alto de todos os fatores relacionados à concorrência, 5,8 em uma escala de 7 pontos, foi a intensidade da concorrência. As campeãs ocultas estão cientes de que a liderança no mercado deve ser conquistada e defendida dia após dia.

A maiorias dessas empresas não acredita que produtos substitutos, na estrutura de cinco forças de Porter, ou fornecedores e compradores, desempenhem um papel maior como ameaças competitivas. As campeãs ocultas tendem a maximizar sua participação na cadeia de valor, evitando a terceirização sempre que possível. Isso as deixa menos dependentes dos fornecedores, mas pode ter um efeito negativo sobre a sua competitividade em termos de custo. O custo, como um ponto vulnerável, é discutido a seguir.

A estrutura regional da concorrência é interessante. Para obter resposta à pergunta "Qual é o país que constitui o mercado interno do seu concorrente mais importante?", analise a Figura 7.1. Embora eu tenha pedido uma única resposta, muitos respondentes deram várias respostas, o que faz com que as percentagens passem de 100%.

A concorrência é realmente global – 72,6% afirmam que um ou mais de seus concorrentes mais importantes encontram-se em um país estrangeiro; no entanto, mais da metade dos respondentes (55,4%) diz que um ou mais encontram-se na Alemanha. Essa percentagem confirma quase que exatamente o resultado obtido a partir de um estudo realizado em 1988 no qual se fez uma pergunta parecida a empresas de engenharia mecânica – 52,8% responderam que o principal concorrente delas estava na Alemanha (Informationsdienst des Instituts der Deutschen Wirtschaff, 1988). A rivalidade nos mercados domésticos é um elemento importante no "diamante" de Porter sobre a vantagem competitiva internacional. Porter (1990a, 117) afirma: "En-

Percentagem de campeãs invisíveis

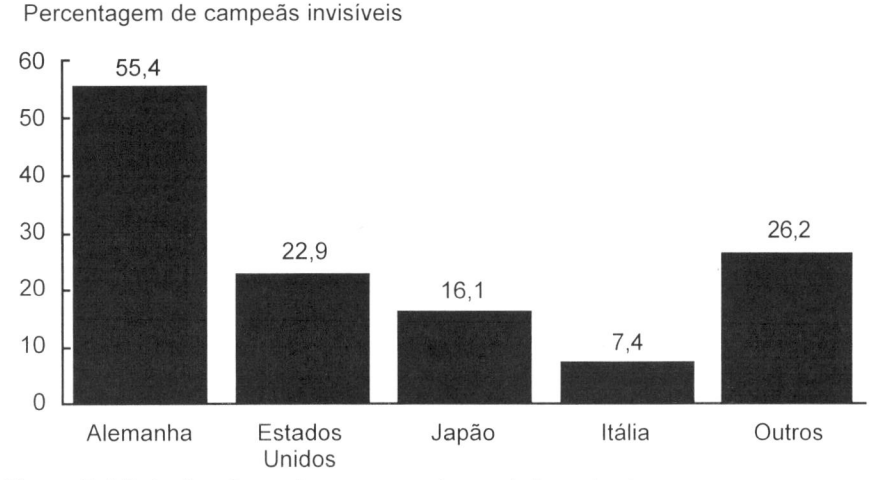

País	Percentagem
Alemanha	55,4
Estados Unidos	22,9
Japão	16,1
Itália	7,4
Outros	26,2

Figura 7.1 País de origem dos concorrentes mais importantes.

tre as mais importantes descobertas empíricas da nossa pesquisa encontra-se a correlação entre forte rivalidade doméstica e a criação e a persistência da vantagem competitiva em um setor. Os países que detêm posições de liderança mundial possuem um grande número de fortes concorrentes locais".

Essas conclusões são corroboradas pelas observações que fiz. Uma forte concorrência doméstica constitui um elemento essencial para preparar as campeãs ocultas para os mercados mundiais. Não é o único fator determinante, mas uma das várias características internas, como orientação internacional, clientes exigentes e capacidade de inovação, que interagem para que se trabalhe na mesma direção. Vejo a rivalidade doméstica como um fator de preparação para o ambiente global. O efeito não tem nada a ver com uma fraude ou uma conspiração; é como se as empresas desafiassem permanentemente para um embate o atual detentor do título, como acontece no boxe ou em qualquer outro esporte. Nesse caso, as equipes raramente são amigas, mas, ao competirem umas com as outras, a rivalidade as conduz a níveis superiores de desempenho. Fenômenos como esse podem ser observados em algumas campeãs ocultas, como ocorre com duas empresas-líderes do mundo que atuam na mesma cidadezinha ou na mesma região. No Capítulo 8, são apresentadas algumas relações específicas que as empresas da amostra têm com vários parceiros.

A perspectiva competitiva não fica confinada a uma região: 39% das campeãs ocultas acreditam que um ou mais de seus concorrentes mais importantes encontram-se nos Estados Unidos ou no Japão. A Itália, principalmente no norte, vem em seguida como ponto de localização de concorrentes fortes, o que prova que os italianos trabalharam bem no comércio internacional nas últimas duas décadas. Outras companhias citadas incluem na lista a Suíça, o Reino Unido, a Suécia e os Países Baixos. Os países do Sul da Ásia não foram muito mencionados, uma vez que as companhias dessa região operam em mercados de massa. O Leste Europeu e a Europa Central também ainda não fazem parte desse grupo, mas espero encontrar a República Tcheca na lista daqui a 10 anos. As campeãs ocultas, tendo clientes e concorrentes ao redor do mundo, projetam seus rumos em um mapa hipotético verdadeiramente global.

Em suma, essas empresas competem em mercados que têm relativamente poucos concorrentes por todo o globo. Seus mercados típicos constituem oligopólios. A intensidade competitiva é alta, já que cada empresa tem de lutar por sua fatia em mercados restritamente definidos. Em concordância com a teoria de que uma rivalidade doméstica intensa prepara as empresas para os mercados mundiais, grande parte das campeãs ocultas tem fortes concorrentes em seus países de origem, mas não limita suas atividades a uma determinada região. Visando aos mercados mundiais, elas entram em confronto com grandes companhias ao redor do mundo no papel de concorrentes. A lição é clara: qualquer empresa que deseja exercer um papel de liderança no mercado global deve buscar de forma ativa a concorrência com as melhores do mundo, onde quer que elas estejam. A excelência só é alcançada entrando em disputa com os melhores, e não competindo em nichos menores.

PRINCÍPIOS DA VANTAGEM COMPETITIVA

Com o propósito de estabelecer os fundamentos dessa questão, sugiro que se olhe o triângulo estratégico da Figura 7.2. As três palavras existentes nos ângulos

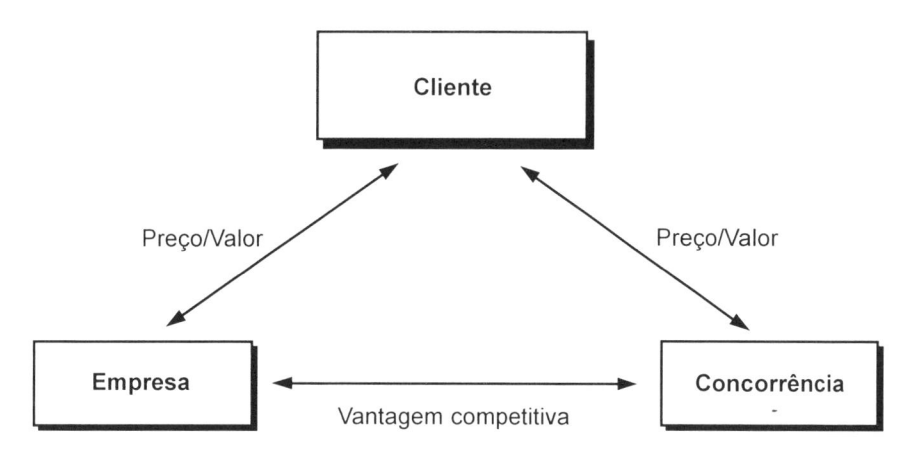

Figura 7.2 O triângulo da estratégia.

do triângulo – cliente, empresa e concorrente – representam as partes constitutivas cuja interação resulta em sucesso ou fracasso. O *marketing* sempre se concentrou na relação cliente/empresa. A empresa que tenta satisfazer as necessidades do cliente oferece um certo valor, pelo qual o cliente paga o preço. Existe um relacionamento análogo entre cliente e concorrente.

Nos mercados modernos – incluindo os mercados das campeãs ocultas –, vários concorrentes quase sempre oferecem um alto valor a preços competitivos. Dessa forma, o terceiro relacionamento no triângulo, empresa/concorrente, salienta a importância fundamental da vantagem competitiva. Não basta mais a uma empresa oferecer ao cliente alto valor a um bom preço. Ela deve ser melhor do que a concorrente em pelos menos um dos componentes de valor ou de preço, ou seja, deve possuir uma vantagem competitiva. Além da pergunta "Atendemos bem às necessidades dos nossos clientes?", a empresa deve perguntar-se: "Qual é a nossa vantagem competitiva?". É impressionante como muitas empresas, mas não a maioria das campeãs ocultas, apresentam dificuldades para responder a essa simples pergunta.

Pode-se definir uma vantagem competitiva como um desempenho superior em relação à concorrência que se enquadra nos três critérios seguintes:

1. Ela deve ser importante para o cliente.
2. Ela deve ser percebida pelo cliente.
3. Ela deve ser sustentável.

Se, por exemplo, a embalagem de um produto for irrelevante para o cliente, é improvável que ela se transforme em uma vantagem competitiva. Se a durabilidade de um produto for superior à de uma mercadoria semelhante, mas o cliente não sabe ou não percebe essa vantagem, ela não conta. Se uma empresa reduz os preços de seus produtos sem produzir uma vantagem de custo, a concorrência pode segui-la, e a vantagem não será, portanto, sustentável. Satisfazer os três critérios simultaneamente representa um grande desafio. Em um estudo anterior, 60,4% de um grupo representativo de empresas do setor industrial alemão afirmou que possuíam uma vantagem competitiva que satisfazia as três exigências (Simon, 1988).

Ao gerenciar as vantagens competitivas, a empresa deve observar e seguir alguns princípios simples dos quais as campeãs ocultas estão bem cientes.

Princípio da sobrevivência

Para sobreviver, uma empresa precisa de, pelo menos, uma vantagem competitiva. Por que o cliente deve pagar pelo produto de uma determinada empresa ou ser-lhe fiel se ela não oferece ao menos uma característica superior às mercadorias da concorrência? Um dos princípios da teoria evolutiva, a lei de Gause sobre a exclusão mútua, oferece-nos uma analogia: "Uma espécie sobreviverá somente se ela controlar pelo menos uma atividade melhor do que suas inimigas". Ela deve ser capaz de correr mais rápido, cavar mais fundo, voar mais alto (ver Henderson, 1983). O mesmo princípio se aplica à concorrência; da mesma forma que a evolução, é uma luta eterna pela sobrevivência. As campeãs ocultas são profundas conhecedoras desse princípio. A média das empresas é de 1,2 vantagem competitiva que satisfaz os três critérios exigentes. Compare esse valor a 0,6 vantagem encontrada em Simon (1988).

Conheça o princípio do seu concorrente

Para criar e manter vantagens competitivas, a empresa deve conhecer muito bem os princípios das suas concorrentes. O triângulo da Figura 7.2 transmite a idéia de que todos os três fatores atuantes e as relações existentes entre eles devem ser conhecidos por igual. Somente se uma empresa conhecer os pontos fortes e fracos das concorrentes é que ela poderá ajustar sua própria estratégia à vantagem que oferece. Na inteligência competitiva, é preciso incluir tanto as vantagens externas do mercado quanto as competências internas para se determinar quais as informações que não estão prontamente disponíveis. Embora a situação tenha melhorado na última década, graças ao aumento da capacidade de percepção por parte das empresas e a métodos diferenciados, no contexto do triângulo estratégico a inteligência competitiva, em especial no que diz respeito às competências internas, ainda está longe de ser uma realidade.

Não se trata de uma diferença fundamental no que concerne às campeãs ocultas. No Capítulo 5, mostrou-se que elas adquirem um conhecimento valioso sobre seus clientes mantendo um contato próximo em experiências *in loco* com eles, em vez de confiar apenas em pesquisas formais de mercado. O mesmo se aplica à inteligência competitiva. Poucas campeãs ocultas montaram sistemas formais de inteligência competitiva, mas, ao estarem próximas a suas concorrentes, elas, em geral, compreendem-nas bem. Têm, quase sempre, contatos pessoais com as pessoas importantes das empresas concorrentes, o que, provavelmente, caracteriza o aspecto mais importante da inteligência competitiva. Elas encontram os mesmos representantes praticamente todas as vezes, assim adquirem conhecimento do comportamento das concorrentes de forma quase automática e inevitável.

Conquanto relações próximas com os clientes produzam resultados úteis sobre o comportamento competitivo, o comportamento de algumas empresas impede a coleta das informações competitivas. Dessas, uma que se sobressai é o sigilo; muitas campeãs ocultas só permitem o acesso a uma quantidade mínima de informações escritas e de domínio público. Algumas empresas entrevistadas declararam que deixaram de coletar informações competitivas porque não se preocupavam em se comparar com as concorrentes. Uma delas chegou a afirmar: "Não nos comparamos com a concorrência. A concorrência é que presta atenção em nós". Outra disse o seguinte: "A concorrência não é o nosso padrão. Nós estabelecemos nossos próprios padrões". Empresas como essas não se interessam pelos indicadores de referência das outras, pois determinam, elas próprias, seus próprios referenciais, atitude que deve ser encarada com seriedade.

Não se pode conquistar a liderança simplesmente imitando as concorrentes. Hans-Jürgen Warnecke, presidente da Fraunhofer Society, instituto de pesquisa orientado para a indústria, adverte para o seguinte: "Uma vez que você entrou no círculo vicioso de procurar soluções para os problemas tendo os concorrentes como ponto de partida, e não sua própria empresa, você se concentra em imitar soluções já existentes e ficará em segundo plano para sempre" (Warnecke, 1992, 8). É improvável que a pessoa que segue as pegadas de outro chegue a encontrá-lo. Devo acrescentar que a inteligência competitiva e a imitação não são a mesma coisa, embora a linha que separa as duas seja bastante indefinida. Para as campeãs ocultas, a inteligência competitiva mostra-se útil principalmente para verificar se elas ainda se encontram na dianteira, e não como uma fonte primária de idéias inovadoras e de soluções para os problemas encontrados.

Princípio da oportunidade

Cada parâmetro competitivo oferece uma oportunidade para se criar uma vantagem competitiva. Há uma longa lista de candidatos em potencial. Pode-se obter um desempenho superior, não apenas nos parâmetros de produto e de serviços essenciais, como qualidade, tecnologia, durabilidade e preço, mas em inúmeros parâmetros de "software", como prestação de serviços, entrega, vendas/distribuição, informações, publicidade, relacionamento com o cliente e treinamento do cliente. A Figura 7.3 apresenta o círculo do suporte lógico.

Uma rápida olhada na Figura 7.4, que esquematiza as vantagens competitivas das campeãs ocultas a partir das respostas fornecidas, mostra que tanto o produto central quanto o círculo de *software* estão bem representados. Percebe-se, no entanto, um foco no produto central, em especial qualidade e tecnologia. A qualidade do produto, em 38%, era, de longe, a vantagem mencionada com mais freqüência. O par tecnologia/inovação, que surge em segundo lugar, corrobora a constatação feita no Capítulo 6, de que esse fator constitui a base para a superioridade das empresas. A linha de produtos e a integração de sistemas também representam áreas importantes (ver Capítulo 4). Separadamente, os parâmetros de *software*, como serviço, personalização, vendas/distribuição e entrega, são citados com menos freqüência, mas, se considerados como um todo, produzem um impacto maior. O preço exerce um papel na vantagem competitiva para apenas uma pequena minoria de empresas.

Pode-se aprender com essas concorrentes exemplares, que, apesar do que se diz em contrário, o desempenho superior é resultado da criação de vantagens competitivas primordialmente em produtos e serviços essenciais, que determinam amplamente o valor para o cliente. A melhor vantagem que se obtém é a

Vantagens do produto *versus software*

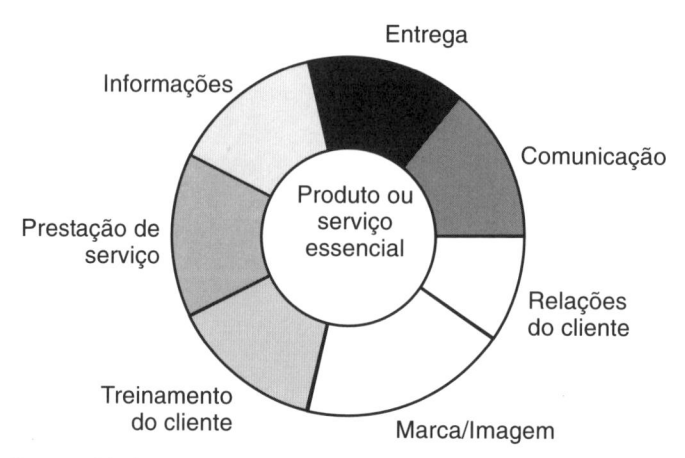

Figura 7.3 Oportunidades para a vantagem competitiva.

Vantagem competitiva	Percentagem
Qualidade do produto	38
Tecnologia/Inovação	16
Linha de produtos/Integração de sistemas	15
Serviço	12
Personalização	10
Economia (valor pelo dinheiro)	7
Vendas/Distribuição	7
Entrega	4
Design/Estilo	3
Ecologia	3
Preço/Garantia de preço	3

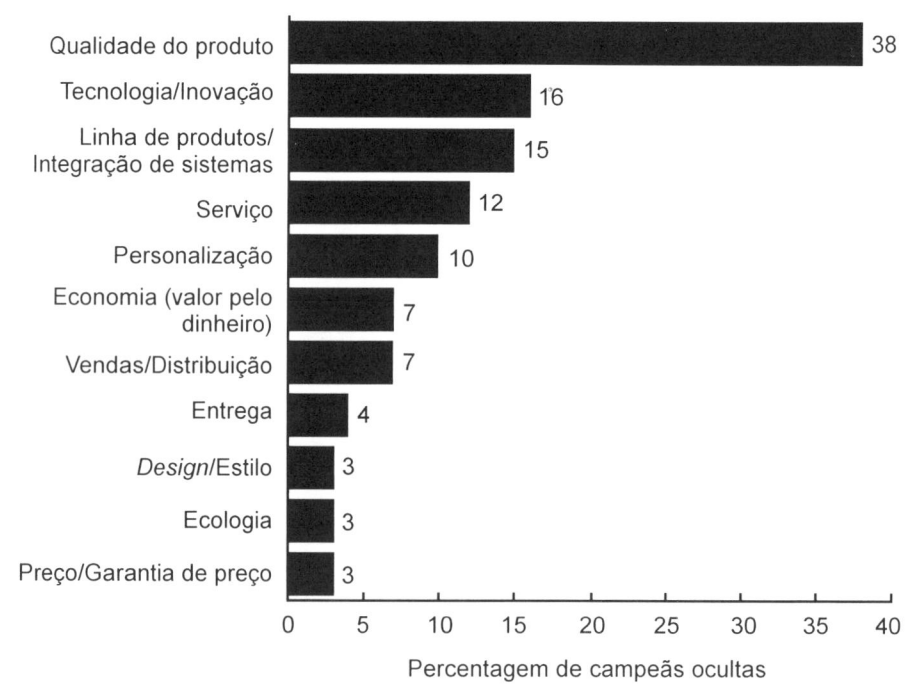

Figura 7.4 Freqüência das vantagens competitivas das campeãs ocultas.

qualidade do produto, pois, como provaram as campeãs ocultas, a maior parte dos produtos não se mostrou igual.

Não estou desconsiderando as vantagens competitivas no círculo de *software*, embora as prioridades estabelecidas na Figura 7.4 estejam corretas. Em muitos mercados, está se tornando cada vez mais difícil manter a superioridade no produto essencial, em especial quando os concorrentes podem imitar rapidamente as vantagens dos outros. Deve-se reconhecer que a sustentabilidade das vantagens de *software* está ganhando importância. A Figura 7.5 ilustra a relação existente entre a origem e a sustentabilidade das vantagens competitivas.

As vantagens competitivas não-patenteadas que foram incorporadas a um produto são, em geral, fáceis de copiar – em muitos mercados modernos o concorrente precisa apenas de algumas semanas ou meses para reproduzir um novo produto comprando-o e aplicando nele o processo de engenharia reversa. É consideravelmente mais complicado reproduzir a fabricação em si e outros processos organizacionais, o que deixa essas áreas mais sustentáveis. Por exemplo, um concorrente como a Komatsu exigiria muito mais tempo e dinheiro para copiar o sistema global de entrega de peças sobressalentes da Caterpillar do que para reconstruir o graduador de inclinação mais recente da Caterpillar.

As vantagens mais difíceis de serem duplicadas, portanto as mais sustentáveis, são aquelas que residem nas pessoas e em seus processos. As relações com o cliente, uma prestação de serviços superior baseada em técnicos altamente qualificados, capacidade de resposta e cordialidade motivadas pela vontade de melhor atender pertencem a essa categoria. Mas o tempo é um dado essencial no que concerne à construção de confiança e segurança entre o fornecedor e o cliente, pois são exigidas oportunidades freqüentes para consolidar tais relacionamentos. O mesmo também pode ser aplicado à educação, que, do mesmo modo que essas competências, não está à venda no mercado. Assim, o tempo necessário para construir algo cria automaticamente sustentabilidade. Naturalmente, a distinção existente entre vantagem externa e competência interna nessas áreas torna-se obscura. Contudo, com uma sustentabilidade baseada em fatores cultivados no cerne da cultura corporativa e da cultura de funcionários, é extremamente mais difícil e demorado para um concorrente menos eficiente envolver-se no processo.

Embora tais vantagens competitivas nessa categoria superior sejam raramente mencionadas pelos que forneceram as respostas esquematizadas na Figura

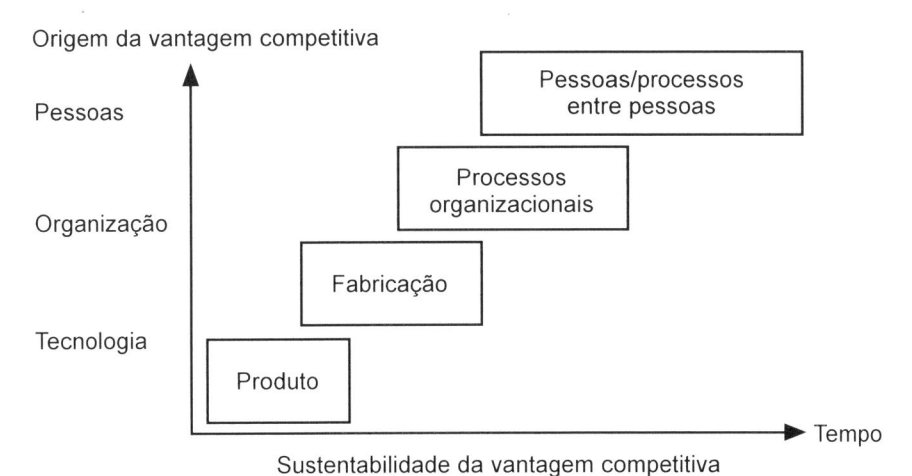

Figura 7.5 Sustentabilidade e origem das vantagens competitivas.

7.4, elas desempenham uma função de destaque em entrevistadas não-estruturadas. Relações superiores com os clientes era um tema recorrente. A frase "Nossa vantagem competitiva reside claramente nos contatos que temos com os clientes" era um comentário muito comum. O tempo também recebia alguma atenção: "Estamos nesse negócio há mais de 100 anos, e nossos clientes nos conhecem e confiam em nós, por isso a concorrência sempre se dá mal com a gente". Vejo essas vantagens como complementos à posição do produto essencial, que tem de ser pelo menos equivalente à do concorrente. As vantagens do *software* não podem servir para compensar um produto ou serviço essencial de nível inferior. O que me leva ao próximo preceito.

Princípio da consistência

O desempenho de um parâmetro competitivo deve estar em consonância com a importância que os clientes atribuem a ele. A excelência em desempenho é responsável, consideravelmente, pelos parâmetros que são importantes aos clientes, embora um baixo desempenho seja aceitável se o parâmetro não lhes for importante. A proximidade que as campeãs ocultas têm aos clientes permite ajustar o desempenho delas às exigências do cliente. Esse aspecto será discutido em maiores detalhes a seguir, na análise da vantagem competitiva.

Princípio da percepção

As únicas vantagens competitivas que realmente contam são aquelas que os clientes percebem – possuir uma vantagem competitiva não se mostrará suficiente, a menos que seja repassada ao cliente. Embora a maioria das campeãs ocultas acredite que dominam bem o desafio da comunicação, algumas expressam sua preocupação com o fato de suas mensagens serem ou não compreendidas. Isso se mostra particularmente verdadeiro para os produtos e sistemas novos e complexos, como os toaletes higiênicos da Clean Concept, ou quando um grande número de clientes inviabiliza conversas intensas em base individual. Uma vez que a comunicação em massa nos mercados que possuem muitos clientes não é um ponto forte das campeãs ocultas, algumas podem não traduzir seu potencial total em vantagens que podem ser percebidas. Isso se revela um problema quando empresas em fase de crescimento precisam passar de um estilo direto e pessoal de comunicação a um estilo mais indireto.

As informações anteriores são resumidas na Tabela 7.1.

Mais uma vez percebe-se que as campeãs ocultas não têm nenhuma fórmula mágica de concorrência, mas utilizam uma boa dose de bom senso. Ao aderir aos princípios delineados anteriormente, todas passam a ter pelo menos uma vantagem competitiva. Elas conhecem as concorrentes que possuem sem confiar na inteligência competitiva formal; não caem na armadilha da imitação. Elas aproveitam ao máximo as oportunidades para criar vantagens competitivas, mas desenvolvem foco em produto e serviço essenciais. Tentam se utilizar dos parâmetros de *software*, em especial do relacionamento com o cliente, para construir vantagens sustentáveis, e, ao observar o princípio da consistência, ajustam o desempenho de acordo com as exigências do cliente de maneira melhor que seus

TABELA 7.1 Princípios das vantagens competitivas e posicionamento das campeãs ocultas

Princípio	Afirmação	Posicionamento das campeãs ocultas
Sobrevivência	Sobrevivência somente com vantagem competitiva	Bem conscientes desse princípio; têm uma ou duas vantagens competitivas
Conhecer concorrente	Inteligência competitiva tão importante quanto pesquisa sobre o cliente	Bom conhecimento das concorrentes pela proximidade que tem a elas; pouca inteligência competitiva formal; não caem na armadilha da imitação
Oportunidade	Cada parâmetro competitivo oferece oportunidades para a vantagem competitiva	Foco principal nas vantagens de produto ou serviço essenciais; vantagens do *software* sob o aspecto da sustentabilidade
Consistência	Desempenho deve estar de acordo com importância	Bem ajustado; algumas exceções entre as empresas conduzidas pela tecnologia
Percepção	Só contam as vantagens percebidas	Geralmente boa, mas surgem problemas com produtos novos e complexos; habilidades de comunicação às vezes fracas

concorrentes. Algumas acham difícil transmitir suas complexas vantagens aos clientes.

ANÁLISE DAS VANTAGENS COMPETITIVAS

Para apresentar as vantagens competitivas das campeãs ocultas de uma maneira mais formal e quantitativa, utilizo o sistema COMSTRAT*, que mostrou sua utilidade em muitos projetos de consultoria para a minha empresa, Simon, Kucher & Partner, Strategy and Marketing Consultants. O COMSTRAT contém vários módulos, incluindo um que se preocupa com as vantagens competitivas externas, e outro que analisa as competências competitivas internas. Ambos são ilustrados na Figura 7.6.

Os dois módulos possuem a mesma estrutura. Primeiramente, são determinados os parâmetros relevantes; em seguida, avalia-se a importância do peso de cada um; por fim, é avaliado o desempenho. Os pesos de importância e as avaliações de desempenho podem ser discriminados de acordo com várias escalas, em geral uma escala de 1 a 5, outras vezes por classificação direta. Métodos sofisticados como o processo de medição conjunta e de hierarquia analítica podem ser utilizados para essa regulagem.

Uma vez que o desempenho e as competências são avaliados por todos os concorrentes, o sistema contém uma grande quantidade de dados (por exemplo, para 10 concorrentes e 15 atributos, obtivemos 300 pontos de dados), cujo volume prejudica a interpretação. Por isso, os dados são condensados em duas matrizes: a matriz das vantagens competitivas e a matriz das competências competitivas, que novamente possuem a mesma estrutura. No eixo vertical são mostrados

---

* N. de T. De *COM*petitive *STRAT*egy.

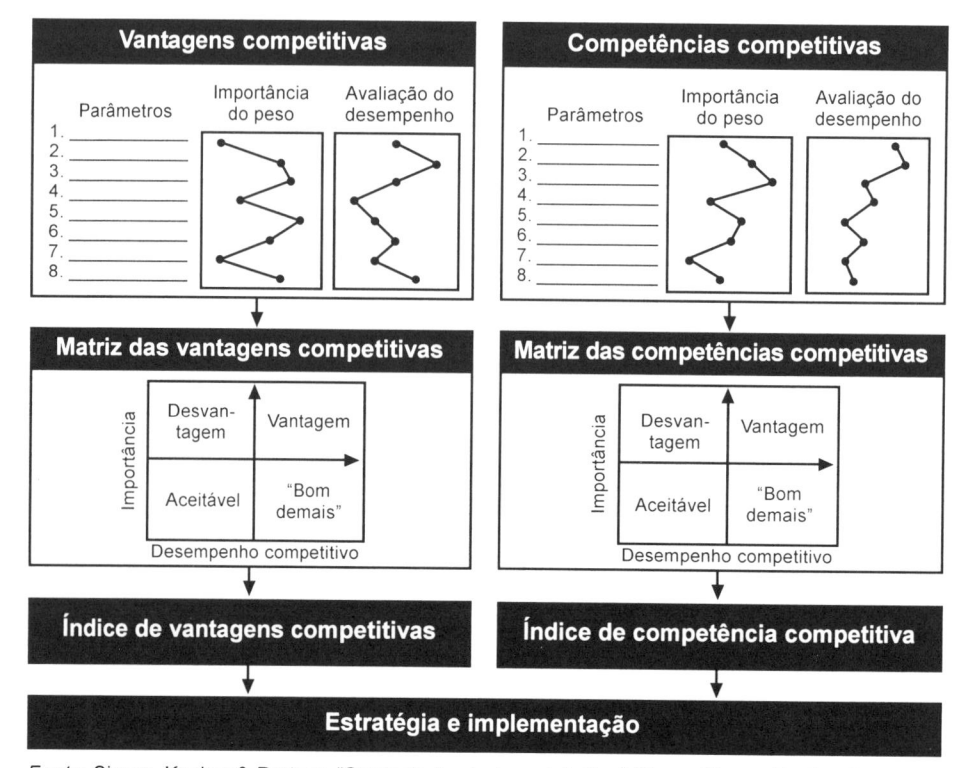

Fonte: Simon, Kucher & Partner, "Strategic Analysis and Action" (Bonn: Simon, Kucher & Partner, 1995), brochura.

Figura 7.6 Vantagens competitivas e competências no sistema COMSTRAT.

os pesos de importância, enquanto o desempenho e a competência competitiva são apresentados no eixo horizontal.

O desempenho competitivo é medido tanto em classificação direta quanto em relação ao concorrente mais forte, no que concerne ao parâmetro que está sendo considerado. A idéia é comparar a sua empresa com a concorrente mais forte, não com a concorrente de peso médio. (Pode-se comparar a técnica com o portfólio do The Boston Consulting Group, no qual a participação relativa de mercado é determinada de acordo com a participação do concorrente mais forte.) Se a avaliação da qualidade do seu produto for 4,8 em uma escala de 5 pontos, e a de seu concorrente mais forte for 4,0, o desempenho competitivo da sua empresa será 4,8/4,0 × 100 = 120. O produto que você fabrica é 20% melhor do que o do seu concorrente mais forte. Se a sua avaliação de qualidade for de apenas 3,2 e a do seu concorrente mais forte for 4,0, o seu desempenho competitivo será 3,2/4,0 × 100 = 80; 20% inferior do que o do seu concorrente mais forte. O escore da competência competitiva pode ser calculado da mesma forma.

Tais aspectos podem ser mais condensados em um índice de vantagem competitiva e em um índice de competência competitiva. Ao se somarem os produtos dos pesos de importância e do desempenho competitivo de todos os parâmetros, obtém-se um número que mede a posição competitiva geral. Um índice de vantagem competitiva de 95 significa que, na média ponderada, você se encontra 5 pontos abaixo do concorrente mais forte para cada atributo.

A matriz das vantagens competitivas apresentada na Figura 7.6 ajuda a explicar o princípio da consistência da seção anterior. Somente os parâmetros no quadro superior direito da matriz (denominado "vantagem") formam as vantagens competitivas, pois a importância delas fica acima da média e o desempenho é melhor do que o da concorrente mais forte. Da mesma forma, os parâmetros no quadro superior esquerdo constituem desvantagens competitivas – alta importância, desempenho competitivo inferior. As posições dos parâmetros no canto inferior direito da matriz de vantagens competitivas são realmente muito boas – abaixo da importância média, desempenho competitivo superior. Essa combinação não cria uma vantagem competitiva relevante. Seria melhor deslocar os recursos desses parâmetros para aqueles que tenham uma importância acima da média, a fim de melhorar o desempenho naquele contexto. De maneira semelhante, as posições no quadrante inferior esquerdo são aceitáveis. Pode-se aplicar a interpretação análoga à matriz das competências competitivas. O princípio da consistência afirma que o perfil ideal vai em diagonal do canto superior direito ao inferior esquerdo, pois está de acordo com a consistência entre importância e desempenho.

Na Figura 7.7, é apresentada a matriz das vantagens competitivas para as campeãs ocultas que participaram da amostra. Importância e desempenho competitivo são avaliados em escala de graduação. Lembre-se de que os diagramas representam médias feitas entre todas as empresas da amostra. A linha diagonal sombreada ilustra o princípio da consistência, com o qual as campeãs ocultas estão em sintonia perfeita. Comparada com as centenas de matrizes do tipo que já vi, a consistência entre importância e desempenho aqui é fantástica. A qualidade do produto, o parâmetro mais importante, demonstra o melhor desempenho competitivo. Essa consistência sem igual reforça a descoberta anterior sobre

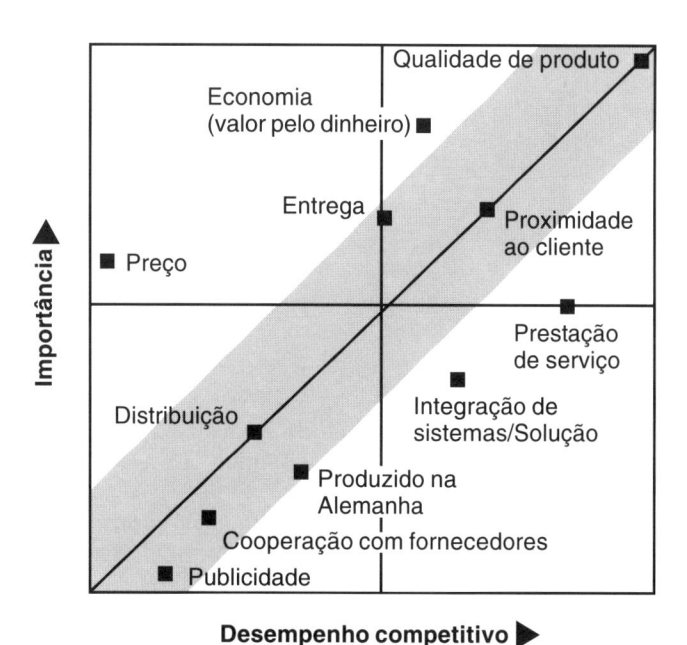

Figura 7.7 Matriz das vantagens competitivas das campeãs ocultas.

o papel competitivo da qualidade do produto. O terceiro parâmetro mais importante, a proximidade ao cliente (ver Figura 5.1), na qual se incluem abertura, receptividade e contatos, também está perfeitamente posicionado, da mesma forma como alguns dos parâmetros menos importantes no quadrante inferior esquerdo.

A economia (valor pelo dinheiro), o segundo parâmetro mais importante, que poderia garantir alguma melhoria no desempenho, reflete parcialmente a única violação maior do princípio da consistência, ou seja, o preço. A prestação de serviços, segunda no critério desempenho, é de importância média. No futuro, o desempenho superior em prestação de serviços pode ser algo desejável, desde que haja a probabilidade de a importância do serviço aumentar. Naturalmente, em determinados setores, por exemplo, no de engenharia mecânica e usinagem, a prestação de serviço é mais importante, vindo em geral em segundo, depois da qualidade. Nesses casos, as campeãs ocultas tendem a prestar assistências de ótima qualidade. Wolfgang Wilmsen, CEO da Weinig, líder mundial em modeladores automáticos para madeira, demonstra uma grande autoconfiança: "Em nosso segmento, somos de longe a melhor empresa do mundo na prestação de serviços". Ele enfatiza que um serviço superior diminui a pressão sobre o preço nas recentes oscilações do câmbio, que vêm favorecendo os concorrentes em outros países, principalmente na Itália. Hermann Kronseder, da Krones, e Berthold Leibinger, da Trumpf, vêem vantagens competitivas semelhantes para suas empresas na prestação de serviços.

O preço é o único parâmetro competitivo de importância acima da média que possui uma posição desvantajosa, mas é aceitável apenas na medida em que outros parâmetros importantes são superiores. A maioria das campeãs ocultas, não obstante, já tomou consciência do aumento da sensibilidade ao preço e presta-lhe mais atenção; algumas chegam a utilizá-lo como ferramenta competitiva. A Fielmann, líder na Europa e número dois no mundo no mercado de óculos, oferece a garantia de devolução do dinheiro. O consumidor que encontrar o mesmo produto por um preço menor é reembolsado. Paul Binhold, líder mundial no setor de materiais didáticos para a área de anatomia, aplica o mesmo princípio em qualquer lugar do mundo. Além de defender as empresas que cortam preços de forma agressiva, Binhold considera a prática uma maneira vantajosa de obter informações sobre as políticas de preço dos concorrentes de várias partes do mundo.

A partir disso, pode-se concluir que o desempenho competitivo das campeãs ocultas está em sintonia com a importância dos parâmetros. As empresas possuem vantagens competitivas na qualidade do produto, na proximidade ao cliente e na prestação de serviços, três características difíceis de serem sobrepujadas. Conquanto a matriz geral forneça informações sobre a posição competitiva média das campeãs ocultas, seria interessante pensar em profundidade sobre um caso específico, pois isso pode lançar luz sobre os problemas que algumas empresas enfrentam na dinâmica competitiva. Trata-se da Procon, pseudônimo atribuído a uma campeã oculta que faz motores de propulsão. Os dados foram coletados por meio de entrevistas realizadas com os clientes em todas as regiões importantes do mundo – América do Norte, Europa, Ásia e Austrália. A Procon é líder mundial em um submercado, um mercado "especial". Além disso, ela tem uma participação muito menor em um mercado de "volume" maior. As exigências dos clientes nos dois mercados são notadamente diferentes.

Em seu mercado especial, a elasticidade do motor, que inclui força e aceleração, constitui o parâmetro mais importante; no mercado de volume, o preço é de importância fundamental. Faz-se necessário, portanto, analisar separadamente os dois mercados e as posições competitivas correspondentes da empresa. A Figura 7.8 mostra a matriz das vantagens competitivas dos dois itens. A posição competitiva da Procon é basicamente diferente nos dois mercados. No mercado especial, ela tem três vantagens competitivas: elasticidade, qualidade do produto e proximidade ao cliente. No mercado de volume, ela não apresenta nenhuma vantagem.

A desvantagem no item preço no mercado especial é exeqüível porque ela é compensada pelo desempenho superior em vários outros parâmetros, mas se mostra totalmente inaceitável no mercado de volume. O índice geral de vantagem competitiva no mercado especial é 118, o que indica que, na média ponderada, o desempenho da Procon ultrapassa o desempenho do melhor concorrente em 18%. No mercado de volume, o índice de vantagem competitiva da empresa é 89, comprovando que, em relação à concorrente mais forte nesse caso, a Procon possui um desempenho inferior de 11% na média. Assim, não surpreende o fato de a Procon ser líder mundial no mercado especial, mas ser apenas uma empresa comum no mercado de volume.

O ponto forte associado ao foco da companhia no mercado especial transforma-se em ponto fraco no mercado de volume. Quando a administração da Procon decidiu procurar oportunidades de expansão, o mercado de volume parecia ser um alvo natural. O padrão de tamanho e crescimento desse mercado atraiu a atenção, ao mesmo tempo em que o mercado especializado encontrava-se estagnado. Como líder tecnológico incontente, a Procon estava convencida de seu sucesso no mercado de volume.

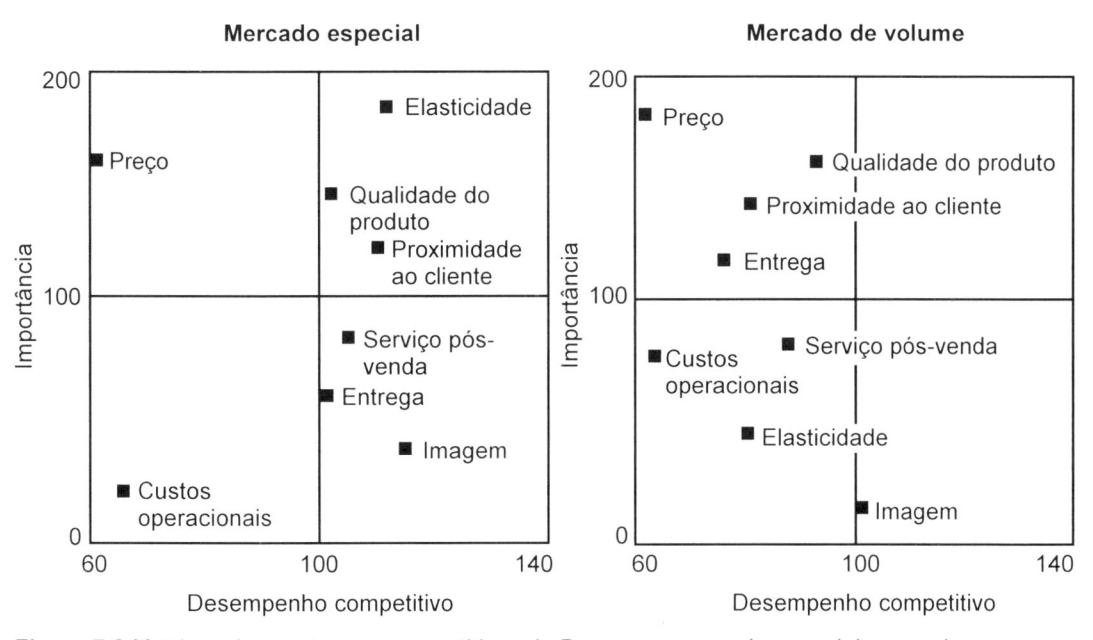

Figura 7.8 Matrizes das vantagens competitivas da Procon no mercado especial e no volume.

A análise que fiz das vantagens competitivas confirmou a forte posição no mercado especializado, mas revelou que a Procon encontra-se em uma situação desvantajosa no mercado de volume, no qual sua atual posição competitiva viola praticamente todos os princípios da vantagem competitiva. Conseqüentemente, a Procon se perguntou se possuía as competências internas para melhorar a posição competitiva. As empresas devem se dar conta de que as competências internas constituem pré-requisitos para obterem as vantagens competitivas externas em relação a um mercado específico.

Seguindo o padrão do sistema COMSTRAT, apresentado na Figura 7.6, desenvolvi as matrizes das competências competitivas da Procon no mercado especial e no mercado de volume, reproduzidas na Figura 7.9. No seu mercado especial, a Procon possui cinco competências de grande importância e desempenho superior: P&D, vendas, flexibilidade de fabricação, *marketing* e implementação. Fica evidente por que tais parâmetros são importantes no mercado especial, e sua experiência histórica é responsável pela superioridade da Procon nesse caso. Foram exatamente esses parâmetros que conduziram a companhia à liderança global. No mercado de volume, entretanto, o quadro das competências competitivas é desastroso, apresentando o princípio da consistência quase ao contrário: a Procon apresenta competências inferiores em todos os parâmetros significativos para o mercado de volume. Até os parâmetros relativamente bons não valem muito nesse mercado. A Procon possui três opções estratégicas.

1. Manter a estratégia das campeãs ocultas de permanecer no mercado especial, defendendo e fortalecendo sua posição nele. O risco dessa opção é que as desvantagens de custo tornem-se muito grandes e os clientes comecem a comprar os produtos-padrão originalmente concebidos para o mercado de volume.

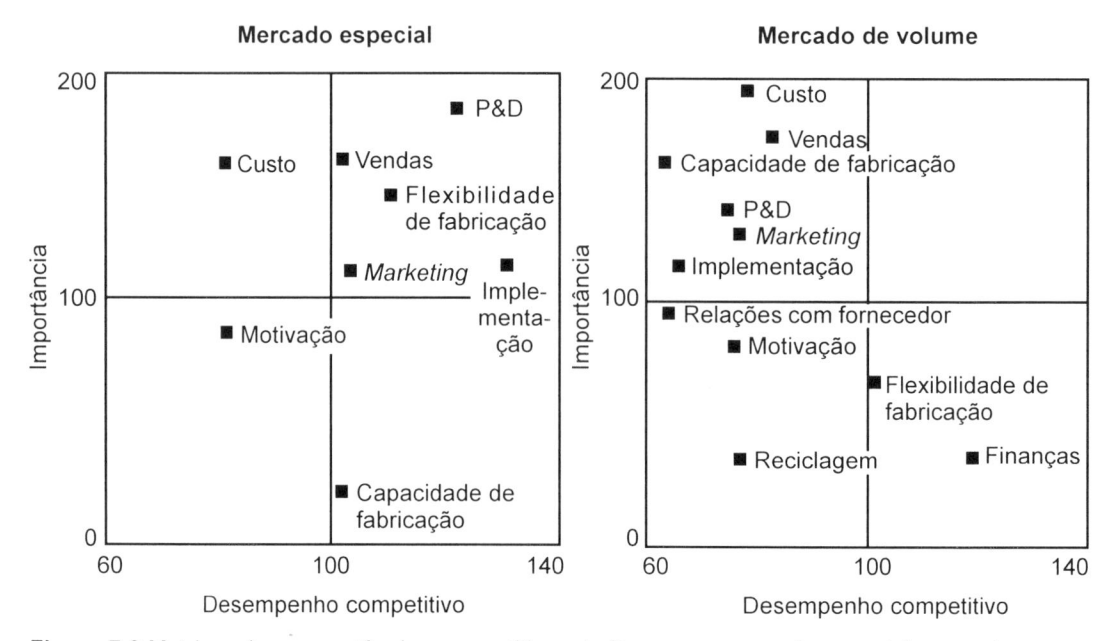

Figura 7.9 Matrizes das competências competitivas da Procon no mercado especial e no volume.

2. Desenvolver as competências competitivas necessárias para prosperar no mercado de volume e transformá-las em vantagens competitivas. Levaria muitos anos para implementar essa opção de forma bem-sucedida.
3. Encontrar um parceiro forte no mercado de volume, mas fraco no especial. Esta foi a opção escolhida pela empresa. Ao formar uma aliança estratégica com uma companhia japonesa, ela começou a operar em uma escala global no início de 1995.

Esse caso também serve para ilustrar os riscos competitivos que as campeãs ocultas comumente enfrentam, discutidos na seção seguinte. Mudanças dinâmicas entre mercados de volume e mercados especiais (de nicho) comportam tanto riscos quanto oportunidades para essas empresas.

Minha análise determinou que as campeãs ocultas geralmente mantêm uma posição competitiva consistente. As vantagens competitivas delas repousam na qualidade do produto, na proximidade ao cliente e no serviço prestado. A história da Procon revelou que tanto as vantagens competitivas quanto as competências competitivas internas em um mercado restrito podem facilmente se transformar em desvantagens em um mercado amplo. Essas observações lançam luz sobre os riscos competitivos em potencial para as campeãs ocultas que possuem um foco restrito.

RISCOS COMPETITIVOS

No Capítulo 3, foi examinado o risco de mercado, particularmente em relação ao foco restrito de mercado das campeãs ocultas, o que indica que essas empresas arriscam tudo em uma única cartada. O declínio ou o desaparecimento de um mercado podem acarretar conseqüências desastrosas. Se as pessoas passarem a fumar menos, a demanda por máquinas de cigarro da Hauni será direta e negativamente afetada, mas esse risco é de certa forma atenuado pela abrangência geográfica, já que os ciclos de negócios variam de uma região para outra. Em relação ao risco de mercado, no entanto, os riscos competitivos mais predominantes e ameaçadores podem assumir várias formas.

Provavelmente, o risco mais ameaçador afete as posições de nicho das campeãs ocultas e seja resultado de uma complexa combinação de desempenho, custo e dinâmica de preço. Como já foi observado, a posição competitiva da campeã oculta é quase sempre uma posição de, na terminologia de Porter (1995), "diferenciação focada", ou seja, a combinação de mercado-alvo restrito e desempenho superior em um ou em vários parâmetros. Pode-se pôr em perigo essa prática de várias maneiras. Uma das situações em que isso acontece é a do desempenho de produto em massa que gradualmente neutraliza as vantagens da diferenciação tradicional das campeãs ocultas. Isso já ocorreu em inúmeros mercados, como o de câmeras, motocicletas, automóveis, produtos farmacêuticos após a expiração da patente, ferramentas para máquinas e equipamento de alta tecnologia, quando os produtos *standard* alcançam um nível de qualidade ou de desempenho anteriormente disponível apenas em produtos *premium** de nicho.

---

* N. de T. "Premium product", no original.

O desgaste da vantagem de um produto *premium* é, com freqüência, resultado do aumento de versatilidade de um produto *standard*. As máquinas-padrão eletrônicas estão cada vez mais aptas a lidar com aquilo que uma vez já se mostrou um problema específico e individualizado. Com um computador pessoal de mesa qualquer um pode criar publicações que já foram domínios exclusivos de especialistas em impressão, em gráficos e em leiaute. As máquinas-padrão controladas por computador executam tarefas que, no passado, poderiam ser realizadas apenas por mecanismos exclusivos.

O aprimoramento dos produtos *standard* é quase sempre sustentado por maiores vantagens de custo e de preço, provenientes de economias de escala e de efeitos na curva de experiência que são associados a volumes muito maiores de rendimentos. Os fabricantes japoneses de máquinas de modelagem de plástico por injeção produzem cerca de 10 vezes o volume produzido nas empresas da Alemanha, e a mesma relação vale para a maior empresa em cada um dos dois países. O tamanho relativo leva, com certeza, a maiores diferenças de custo e preço que o desempenho superior, em geral, não consegue compensar. Um dos respondentes da entrevista, fabricante-líder de centros de usinagem, relatou o comentário feito por um cliente da Holanda: "O preço que vocês pedem é US$ 1,6 milhão, e o de uma empresa italiana é US$ 990 mil. Sei que o produto de vocês é melhor, mas não é 60% melhor". O cliente holandês comprou o produto da empresa italiana.

Isso já se tornou uma situação corriqueira, e não fica limitada às campeãs ocultas. Todas as empresas que atuam em um mercado qualificado precisam enfrentar esse risco. Aconteceu basicamente o mesmo problema com a Mercedes-Benz e a BMW no início da década de 90, quando as duas montadoras foram atacadas pelos carros de luxo mais baratos do Japão, como o Lexus e o Infinity. Mas as conseqüências do risco são particularmente ameaçadoras para as empresas que integraram a amostra porque, ao contrário da Mercedes-Benz, elas não tinham uma base sólida para sustentá-las durante a crise.

Como se pode reagir a uma ameaça como essa? Nenhuma empresa pode tomar como certo que suas vantagens competitivas atuais estão garantidas no futuro. Deve-se defender a vantagem conquistada e se lutar por ela continuamente, em apenas uma entre duas maneiras, basicamente. Primeiro, a empresa tem de aprender mais rápido do que suas concorrentes – inovando, cortando custos e melhorando rapidamente a qualidade. Se ela conseguir fazer isso, poderá manter sua posição de liderança. Naturalmente, é necessário dar-se conta de que a maioria dos parâmetros possui um nível de saturação e de que os custos aumentam exponencialmente à medida que se atinge esse nível.

A outra maneira é alterar o parâmetro da vantagem competitiva criando uma nova vantagem. Se não for possível nem econômico realizar novas melhorias na qualidade do produto, a empresa pode ter de trocar para um parâmetro de *software* ou construir um nome de marca forte que possa ser importante para os consumidores, a fim de atingir essa finalidade.

As campeãs ocultas percorrem todos esses caminhos. A Tetra Pak e a Kärcher estão batalhando para construir suas marcas. Muitas firmas realizam esforços extras no ramo da prestação de serviços. Até mesmo pequenas mudanças podem ser acrescentadas a uma vantagem competitiva que se baseia na prestação de serviços. A Smithers Oasis, subsidiária alemã da Solaris norte-americana, líder mundial no mercado de espuma floral, disponibilizou uma linha de fax gratuita, organiza com freqüência seminários para os floristas e publica livros especializados para os clientes. Quando a empresa recebe uma reclamação, há um funcionário encarregado de resolvê-la em 30 minutos. Isso não é tão extraordinário, pois muitas companhias sonham em resolver rapidamente as queixas que surgem. Mas para se evitar a impressão de que essas metas estão sendo buscadas apenas da boca para fora, é preciso que se trabalhe conscientemente todos os dias para implementá-las. Há inúmeras maneiras de acrescentar prestação de serviços a um produto, mas, quanto maior for o potencial desses serviços como uma vantagem competitiva, maior será a dificuldade de implantá-los.

Aperfeiçoar ou alterar a estratégia de diferenciação não deve se apresentar como um impedimento a um profundo corte de custos, se isso se mostrar necessário. Muitas companhias que adotaram essa tática se equivocaram ao enfatizar em excesso as vantagens competitivas baseadas na diferenciação e ao se descuidarem das considerações de custo. Foi o que ocorreu com a Procon: quando as campeãs ocultas não estão suficientemente equipadas para competir em um mercado de produção em massa, elas devem prestar o máximo de atenção ao custo. Mesmo que a base primeira de uma estratégia competitiva seja o desempenho superior, os custos são de suma importância. A longo prazo, nenhuma empresa pode se dar ao luxo de não ser eficaz em termos de custo. A ilusão que as empresas alimentam, de que os clientes pagam qualquer preço por um produto superior, de forma que os custos possam ser tratados sem maiores preocupações, caracteriza-se, provavelmente, como o equívoco mais sério das companhias que trabalham com produtos *premium*. A regra de ouro da concorrência é que o desempenho *e* os custos são os dois parâmetros de importância praticamente igual, permitindo apenas uma sutil variação de maior ou menor ênfase em um ou em outro.

Grande parte das campeãs ocultas tiveram que aprender essas lições dolorosas no início da década de 90. Embora algumas delas não tenham sobrevivido como empresas independentes, como foi o caso das fabricantes de ferramentas para máquina Maho e Deckel, por exemplo, a maioria fez o que se considerava impossível ao dar um novo *design* aos produtos e ao cortar custos. No estudo que realizei, boa parte das companhias relatou que lidou melhor com a recessão do que as concorrentes. Elas representam o fruto de grandes esforços realizados para remodelar processos e produtos (ver Capítulo 1). A maioria das campeãs ocultas acrescentou uma política de preço e de custo-alvo aos seus planos de crescimento. Em vez de produzir um produto "perfeito" e, a partir disso, determinar o custo, elas projetam, de forma contínua, alvos definidos de preço e custo antes de iniciar um projeto. Os produtos resultantes são freqüentemente mais simples do que foram inicialmente visualizados durante a fase de produção. A Trumpf, líder em mecanismos para corte de chapas, uma das primeiras empresas a instituir o custo-alvo, afirmou ter obtido reduções de custo de 30% nos produtos de desempenho superior.

É claro que todas as técnicas conhecidas, como engenharia simultânea, reengenharia e gestão enxuta, são empregadas para reduzir o tempo de desenvolvimento e produção. Embora as campeãs ocultas, não obstante, já fossem muito enxutas comparadas às empresas maiores, muitas delas me contaram que retiraram pouco lucro dessas técnicas, pois já tinham implantado muitas delas antes que seus princípios aparecessem na literatura. Isso está em total concordância com o que presenciei no passeio que fiz pelos locais onde essas empresas realizam seus negócios, onde vi alguns dos procedimentos mais eficientes do mundo. Por exemplo, cinco fábricas têm áreas nas quais não são admitidos visitantes japoneses. Talvez a maior diferença entre as campeãs ocultas e as grandes empresas seja que as campeãs exigem muito menos tempo para fazer implementações – meu palpite é de metade a dois terços do tempo necessário a menos.

No desenvolvimento realizado para melhorar sua posição competitiva, muitas companhias descobriram que não devem conceder mercados de volume aos fabricantes de grande escala. Se os efeitos na curva de experiência e as economias de escala são importantes e os produtos *standard* apresentam um rendimento tão bom quanto os produtos *premium*, as empresas devem defender ou atacar o território de seus mercados de produção em massa. Nicholas Hayek, o homem que criou o Swatch, foi um dos primeiros a chamar a atenção para essa lição ao recomendar que as companhias que desejam defender seus mercados de nicho se recusem a cedê-los aos comerciantes de grande escala. A empresa, fabricante de relógios solares de pulso controlados por rádio, adotou essa filosofia lançando modelos a preços mais acessíveis. A companhia hoje desfruta a liderança de mercado na Alemanha por meio dessa estratégia agressiva. A empresa assumiu o controle da Citizen em 1991 e, em 1993, tinha uma participação relativa no mercado em valor de, aproximadamente, uma vez e meia a de sua concorrente.

Em geral, as campeãs ocultas, quando atacadas, defendem seus mercados de maneira feroz. Uma empresa italiana muito agressiva era a principal concorrente de uma campeã oculta. Quando, em 1992-1993, a lira se desvalorizou em mais de 20%, a empresa italiana aproveitou a oportunidade para atacar via uma política de preço muito agressiva, aumentando sua participação mundial em sete pontos percentuais em 1993. A campeã oculta realizou um estudo detalhado sobre inteligência competitiva focalizado em custos. Ao perceber que a concorrente tinha uma vantagem geral de seus custos de 27%, ela estabeleceu como alvo uma redução de 30% nos seus custos. O projeto incluía o remodelamento do produto da empresa, a criação de um novo produto de "ataque" a preços baixos e a transferência da fabricação de peças para os países da Europa Central, onde os salários pagos eram mais baixos. A empresa atingiu a redução de custos desejada em um curto período de tempo. A partir do momento em que a campeã oculta reconheceu que a redução era uma meta realista e antes de ela realmente baixar os custos, os preços sofreram uma redução brusca. Desde então, a companhia reconquistou os pontos perdidos na participação do mercado e encontra-se na melhor condição já vivida desde sua fundação.

A expansão de unidades internacionais fornece às campeãs ocultas uma certa flexibilidade e uma salvaguarda contra as oscilações de custo e do câmbio. Uma empresa da Alemanha reduziu sua força de trabalho em 300 postos e aumentou-a na mesma quantidade nos Estados Unidos. Como o salário bruto em horas nos Estados Unidos é cerca de um terço menor do que o pago na Alemanha (Institut der Deutschen Wirtschaft, 1994, 6), essa transferência teve como resultado uma redução substancial nos custos. Ao mesmo tempo, a empresa deslocou o trabalho adicional para a nova subsidiária recém-fundada na Polônia, onde os custos salariais são aproximadamente um sexto menores do que na Alemanha. Mas tenha em mente que a flexibilidade obtida com essas transferências de produção é limitada. As altas qualificações de alguns funcionários das campeãs ocultas podem ser reproduzidas apenas de forma parcial em outros locais.

Ao avaliar as ameaças, é extremamente importante entender os fatores que determinam o sucesso. Embora eu enfatize a importância do custo, esse não representa sempre o fator decisivo. Em muitos mercados, os efeitos na curva de experiência e as economias de escala não exercem nenhuma influência. Um dos maiores erros da estratégia competitiva das décadas de 70 e 80 foi propor uma validade universal dessa curva, que simplesmente não existe. Além disso, essas tendências mais recentes na estratégia competitiva, como competição baseada no tempo, gestão da qualidade total (TQM, *Total Quality Management*) e reengenharia, proclamam uma universalidade indevida cujo perigo reside na ênfase unilateral em um único fator (ver Porter, 1994). É necessário examinar com cuidado os parâmetros competitivos para determinar quais são decisivos em uma base de caso a caso. Com freqüência, o parâmetro-chave pode não ser custo ou tempo ou qualquer outro fator único. Geralmente, a arte da estratégia competitiva reside no fato de fazer várias coisas de alguma forma melhor, e não em fazer uma única coisa muito melhor.

O mercado japonês ainda apresenta um desafio competitivo maior às campeãs ocultas. Poucos anos atrás, realizei um estudo sobre a posição competitiva dos produtos alemães no Japão, para o qual entrevistei 66 administradores e gerentes no Japão (33 expatriados, 33 japoneses). Por ser um estudo que não ficou limitado às campeãs ocultas, ele lança luz sobre os desafios que as empresa enfrentam no Japão. A Figura 7.10, que apresenta a matriz das vantagens competitivas, possui a mesma estrutura da Figura 7.7. Tanto a importância no eixo vertical quanto o desempenho competitivo no eixo horizontal são ordenados de acordo com sua classificação.

A classificação japonesa das importâncias é bastante diferente daquele mostrado na Figura 7.7, que se relaciona ao cliente "global" médio. Novamente, a qualidade do produto constitui o parâmetro mais importante, com a prestação de

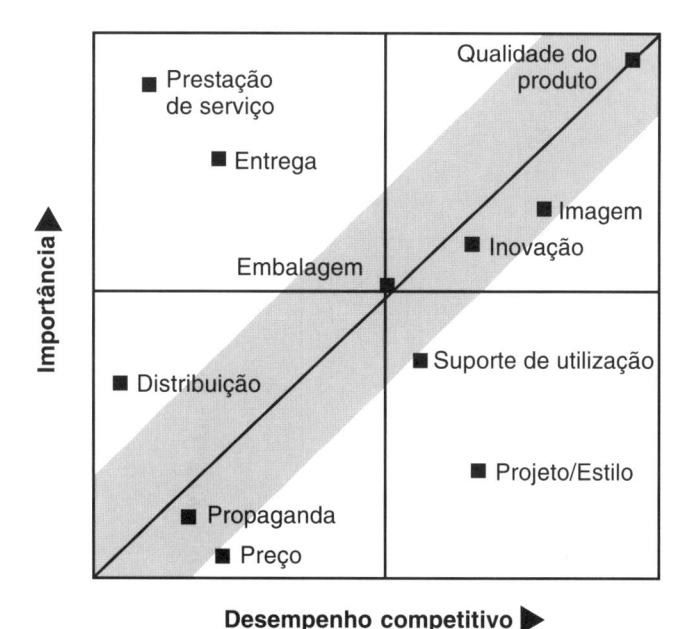

Figura 7.10 Matriz das vantagens competitivas, produtos alemães no Japão.

serviços e a entrega aparecendo em segundo e terceiro lugares, respectivamente. Embora o preço desempenhe um papel menor no mercado japonês, parece que a situação está mudando nos últimos anos. Em consonância com a Figura 7.7, os produtos alemães possuem uma forte vantagem competitiva em qualidade do produto, com a imagem e a inovação figurando em seguida. Mas a posição competitiva nos itens prestação de serviço e entrega dos produtos alemães no Japão é totalmente inaceitável. A longa distância existente entre a Alemanha e o Japão, responsável por esse ponto fraco, é irrelevante para os clientes japoneses, que exigem uma prestação rápida e competente de serviços, assim como uma entrega pontual e flexível. Seria bom que a empresa que deseja se dar bem no mercado japonês tomasse cuidado em evitar essas desvantagens competitivas desde o início. Várias campeãs ocultas que são bem-sucedidas no Japão, por exemplo, Binhold, Weinig, Heidelberg, Karl Mayer, Trumpf e Wella, não sofrem o ônus dos obstáculos que incomodam as empresas tradicionais da Alemanha. Elas deram um passo adiante no mercado japonês para se ajustar ao desempenho competitivo das concorrentes locais. O lema de Paul Binhold, "dar o xeque-mate nos japoneses no Japão", e a implementação eficaz que promoveu na empresa provam que as empresas estrangeiras podem construir posições competitivas superiores no Japão, fato que deve incentivar outras empresas.

RESUMO

As campeãs ocultas não estão imunes à concorrência; elas estão expostas às mesmas pressões que sofrem outras empresas. Atuam, em sua maioria, em mercados de oligopólio intensamente competitivos. Em geral concorrentes obstinadas, elas buscam, conscientemente, uma estratégia competitiva focada, baseando suas vantagens na diferenciação, e não em custo. Seu desempenho apresenta algumas lições sobre a estratégia competitiva.

- A empresa deve lutar com firmeza para ter pelo menos uma vantagem competitiva que seja importante para os clientes, que seja percebida por eles e que seja sustentável.
- A base para a vantagem competitiva reside no entendimento completo das exigências do cliente.
- Conhecer os concorrentes é tão importante quanto conhecer os clientes, e o conhecimento competitivo provém da proximidade aos concorrentes e da inteligência competitiva formal.
- As vantagens competitivas devem ser criadas no produto essencial; não se deve ignorar o círculo de *software*, pois os parâmetros deste em geral garantem uma melhor sustentabilidade.
- O desempenho competitivo exige a excelência em parâmetros importantes, mas um desempenho inferior em parâmetros menos importantes é aceitável. As campeãs ocultas servem como exemplo na criação de vantagens competitivas em termos de qualidade do produto, proximidade ao cliente e prestação de serviços.
- As vantagens e as competências competitivas devem ser quantitativamente analisadas na estrutura de um sistema formal; uma visão meramente qualitativa se mostrará insuficiente.

- Para alcançar ou manter um *status* de qualidade superior, a empresa deve procurar concorrer de forma ativa com as melhores do mundo, em vez de evitar tal competição.
- Mesmo se uma vantagem competitiva for construída com base na diferenciação, não se deve esquecer o custo, dando-se-lhe uma prioridade sutilmente inferior.
- Um concorrente *premium* ou de nicho deve ficar alerta às ameaças que um mercado de volume oferece. Produtos *standard* podem atacar produtos *premium*, aumentando seu desempenho ou estabelecendo vantagens maiores de preço.
- Quando uma posição competitiva é atacada, é preferível que a empresa a defenda de maneira imediata e feroz, em vez de adotar uma postura de esperar para ver.
- Como provam os sucessos obtidos por algumas campeãs ocultas no Japão, as empresas podem levar a melhor em um ambiente hostil implementando uma estratégia competitiva decisiva. Evitar desvantagens competitivas é fundamental em uma situação como essa.

A concorrência implica uma batalha permanente pela sobrevivência. As campeãs ocultas não têm nenhuma arma maravilhosa em seus arsenais, mas, em uma guerra, utilizam as armas disponíveis a todos os outros. A arma mais eficaz que possuem é aderir de forma mais rigorosa do que as concorrentes às regras ditadas pelo bom senso. Elas oferecem aos clientes qualidade superior, que garantem com um contato pessoal próximo e com excelentes serviços. Se os clientes percebem que estão recebendo um valor superior, ficam dispostos a pagar um preço *premium* justo. Constrói-se a vantagem competitiva fazendo-se muitas coisas um pouco melhor, e não apenas uma única coisa de modo muito melhor. Ao implementar suas estratégias competitivas, as campeãs ocultas agem rápida e decisivamente. A empresa que observar esses princípios simples encontrará pela frente pouca concorrência real.

Os Parceiros | 8

Aquele que é forte é mais poderoso sozinho.
Friedrich von Schiller

Além dos clientes e dos concorrentes, outras categorias de potenciais parceiros têm alguma importância para a excelência das campeãs ocultas. Os fornecedores são tão importantes quanto as alianças estratégicas e outros tipos de cooperação. Primeiramente, analisei a terceirização, que, da mesma forma que as alianças estratégicas, tornou-se um remédio para todos os males e problemas. Nenhum dos dois itens, terceirização e alianças estratégicas, exerce muito fascínio sobre as campeãs ocultas. Elas preferem manter a manufatura de seus produtos e conduzir seu próprio P&D. Tendem a ficar sozinhas mesmo em mercados estrangeiros, confiando apenas em seus próprios pontos fortes, e não na ilusão de que uma força externa solucionará todos os problemas.

Mas elas não são empresas solitárias; estão cercadas por fornecedores, clientes, condições locais e companhias fora de seu setor, que formam o contingente que as impulsiona a realizações extraordinárias. Embora seja difícil de explicar e impossível de medir, esse ambiente pode exercer uma função muito maior, quase imperceptível, do que os observadores externos percebem. Por que outro motivo se encontrariam várias campeãs ocultas em uma cidade pequena? De vez em quando, uma empresa recém-chegada adota uma dessas firmas como modelo e se torna parte integrante do grupo de elite. Todas as empresas devem estar conscientes da relevância dessas forças e tentar tirar proveito delas, ou criar condições propícias a si mesmas.

AUTOCONFIANÇA

As campeãs ocultas esforçam-se para manter o trabalho dentro do limite da empresa. Na média, o valor agregado é responsável por 50% da receita, que é um índice impressionantemente alto para as modernas empresas do setor industrial. (O valor agregado é definido pelo que uma empresa acrescenta ao valor de materiais e serviços comprados, a saber, a soma de salários, impostos, juros e lucro.) O valor agregado anual por funcionário das empresas da amostra é US$ 88.435, que é alto em qualquer padrão. Um estudo realizado no segmento de máquinas-ferramentas na Alemanha (Rommel et al., 1995) deparou-se com um valor agregado anual médio por funcionário de apenas US$ 68.667.

A autoconfiança manifesta-se em especial na fabricação e em P&D. A média de fabricação própria (a percentagem da fabricação total feita na fábrica) é de 57%. Um quarto das campeãs ocultas até tem fabricação própria de mais de 70%.

Somente um quarto possui menos de 40%, que parece ser um limite superior para as empresas de produção enxuta. E 69,2% das empresas da amostra asseguram que uma alta intensidade de fabricação é importante ou muito importante. A afirmação "Nosso índice de fabricação próprio é mais baixo do que o dos concorrentes" recebeu o índice mais baixo de consentimento entre 20 itens sobre questões corporativas, e "Tentamos terceirizar o máximo possível" recebeu o terceiro índice de consentimento mais baixo. A clara autoconfiança na fabricação reflete a crença na especialização e na concentração. A importância crítica da qualidade do produto como vantagem competitiva (ver Capítulo 7) não permite, aos olhos das campeãs ocultas, a terceirização da produção de componentes-chave. A fim de protegerem tanto as vantagens competitivas quanto as competências essenciais, elas preferem manter essas atividades internas, apesar das possíveis desvantagens de custo. Na escolha entre executar ou comprar, a decisão é, em geral, executar.

A Heidelberger Druckmaschinen, líder mundial no mercado de prensas para impressão em *offset*, é um exemplo típico. A empresa ainda controla sua própria fundição, pois a administração está convencida de que a qualidade e a precisão de altíssimo nível exigidas de seus produtos não podem ser alcançadas sem um controle rígido e próximo do processo de fabricação. A empresa provavelmente sacrifica algumas economias de escala que poderia levar a cabo pela terceirização, mas ela acredita que a qualidade é mais importante do que o custo. O mesmo tipo de raciocínio pode ser encontrado na Miele. Essa fabricante-líder de máquinas de lavar e lavadoras de louça padrão *premium* reflete os mesmos valores. "A Miele fabrica o maior número possível de componentes, preferivelmente em uma pequena região que tem trabalhadores firmemente enraizados nela. Isso não vai mudar tão cedo", afirma a publicação *Frankfurter Allgemeine* (1995). Em uma conversa privada, Peter Zinkann, CEO da empresa, comentou comigo que essa atitude refere-se às competências essenciais, não às atividades não-essenciais. E sobre a Braun, subsidiária da Gillette que é líder mundial no mercado em quatro de seis negócios realizados no setor, diz-se o seguinte: "A Braun fabrica quase tudo que precisa, mesmo as máquinas especiais de produção e os pequenos parafusos para os aparelhos de barbear. A empresa sustenta que suas exigências de qualidade são extremamente altas, e essa qualidade não pode ser obtida a preços razoáveis no mercado" ("Ein echter Braun wird mit Nüssen und Kirschkernen beschossen", 1995).

A Mercedes-Benz adota uma postura semelhante em relação aos componentes essenciais da empresa. Sua divisão de caminhões, líder mundial no mercado de caminhões pesados, é a única montadora da Alemanha que controla sua própria fundição de eixos, cabeças de cilindro e cárteres. Outro defensor do controle total de produção é Helmut Aurenz, fundador da ASB Grünland, líder mundial em terras para plantas. Como não estava satisfeito com a qualidade das embalagens para terra disponíveis no mercado, Aurenz começou a produzir e a gravar suas próprias embalagens. O lema de Aurenz é: "Você só pode confiar inteiramente no que você faz na própria loja". Esse sistema de valor encontrou eco em outras campeãs ocultas. O gerente de uma empresa fabricante de equipamento para construção conta-nos o seguinte:

> Sempre que possível, mantemos o trabalho dentro da empresa. Descubro o quanto custa um certo componente no mercado, e aí desafio meu pessoal a produzi-lo pelo

mesmo custo ou por um custo inferior. Em geral, eles conseguem, e eu fico certo de que é um produto de qualidade. A gente realmente não gosta de passar o trabalho para os outros.

As campeãs ocultas que terceirizaram sem parar suas atividades nos últimos anos estão reconsiderando suas posições. O diretor-gerente de uma empresa como essas, que fabrica motores especiais, descreve o raciocínio que tinha em 1995:

> No final da década de 1980, tínhamos um CEO que tentava terceirizar quase tudo. Acho que isso foi um grande erro. Não estou tentando trazer de volta para a empresa o trabalho terceirizado, porque a terceirização tornou nossos processos muito complexos, particularmente no setor de P&D. Também passamos por sérios problemas de qualidade, mas nossa autoconfiança crescente nos leva a uma visão contrária à terceirização. No que somos bons, afinal de contas, se não podemos fazer pistões e eixos de manivela de melhor qualidade com o mesmo custo que as outras empresas no mercado?

Um problema pouco estudado com a terceirização origina-se nos clientes. Um executivo de uma campeã oculta do setor elétrico explica:

> Nossos clientes percebem que todos os concorrentes utilizam os mesmos componentes dos mesmos fornecedores. Aí eles se perguntam por que têm de pagar um preço elevado pelo nosso produto se ele é tão semelhante ao dos outros. No fim, só a montagem e a aparência externa são diferentes. Não! Precisamos inteiramente de componentes essenciais feitos pela empresa que podem ser encontrados em nossos produtos, e no de mais ninguém.

Subsistemas completos de terceirização constituem uma tendência moderna. Em vez de comprar componentes separados e montá-los como um sistema ou subsistema, pede-se ao fornecedor para entregar o subsistema inteiro. Essa abordagem reduz o número de fornecedores e de peças, repassa toda a responsabilidade àquele fornecedor e é eficaz em termos de custo. Muito popular no setor automobilístico, ela também recebeu atenção dobrada dos fabricantes de equipamentos industriais. Mas essa abordagem pode levar a novos problemas, como se deram conta algumas das empresas que fizeram parte da amostra. Uma fabricante-líder de equipamentos para a indústria alimentícia ensinou aos fornecedores o *know-how* essencial e pediu-lhes para produzir vários subsistemas. Por um momento, o empreendimento se saiu muito bem, conseguindo economias substanciais em custo. Mas, durante o processo, vários fornecedores, com o conhecimento que haviam adquirido, começaram a vender seus subsistemas diretamente para os clientes da indústria alimentícia. Assim, a campeã oculta qualificou as próprias concorrentes, o que lhe causou sérias dificuldades. A empresa interrompeu a terceirização desses subsistemas e está lutando para retomar seu volume de vendas obtido com o sistema completo.

A filosofia contrária à terceirização não se limita aos componentes da produção, mas inclui um estágio anterior de criação de valor. Muitas campeãs preferem fazer as máquinas necessárias para a manufatura de seus produtos, o que, novamente, mal pode se justificar em termos de custo. Motivada apenas parcialmente por manter o valor agregado dentro da empresa, a idéia é vista como uma maneira eficaz de proteger a técnica de produção das companhias. Friedrich Hoppe, presidente do conselho de administração da Hoppe, líder no mercado europeu em encaixes para portas e janelas, afirma: "Aproximadamente 10% de nossa força de trabalho encontra-se na nossa oficina de máquinas, onde nossas operações são extremamente bem-protegidas. Desenvolvemos e fazemos nossas próprias máquinas e não as vendemos a ninguém. É aí que reside nosso diferencial".

Quando Heinz Hankammer, fundador e CEO dos filtros de água Brita, conduziu-me durante uma visita à fábrica, ele incluiu a oficina de máquinas no passeio. "Por que alguém deve fazer essas máquinas de uma maneira melhor?", indagou ele. "A Brita é líder mundial no mercado porque tem um produto exclusivo feito em máquinas exclusivas." A Haribo, líder global fabricante dos ursinhos Gummi, que desenvolve e constrói suas próprias máquinas, prefere não expô-las aos visitantes. Isso também acontece com as cintas da Schlatterer, utilizadas em máquinas de cigarro. A Schlatterer, cuja participação total no mercado global é de 70% a 75%, produz tudo de que precisa dentro da empresa. Como ninguém mais produz o equipamento de tecer que a companhia utiliza, a Schlatterer o produz para si mesma, substituindo as máquinas por modelos mais avançados a cada três anos.

Presumo que o desenvolvimento e a produção interna de máquinas apresentam o objetivo adicional de manter e motivar os engenheiros e técnicos altamente qualificados. Tive a impressão de que os funcionários mais aptos das empresas geralmente trabalhavam nesses departamentos, e não nas tarefas de rotina que envolvem a fabricação do produto final. A vantagem competitiva das campeãs ocultas não pode ser atribuída unicamente a um produto melhor, talhado a partir de máquinas de terceiros que qualquer empresa pode comprar. A vantagem das empresas que integraram a amostra origina-se em sua capacidade de desenvolver e fabricar equipamentos únicos a partir das exigências da empresa e que não estejam disponíveis aos concorrentes.

Jürgen Nussbaum, vice-presidente executivo da Sachtler, líder no setor de tripés profissionais para câmeras, enfatiza essa questão: "Em alguns países, os concorrentes tentam imitar nossos produtos. Mas eles não conseguem porque não têm as mesmas ferramentas. Fazemos nossas próprias ferramentas, que não podem ser compradas no mercado. Essa é a nossa melhor proteção contra a pirataria". Vista sob esse prisma, a questão do índice de fabricação interna assume um significado totalmente diferente como alicerce essencial de uma estratégia competitiva que busca a diferenciação. O âmago da vantagem reside na capacidade de oferecer, de dentro da empresa, uma parte do equipamento, que não pode ser reproduzido, para que o processo de criação de valor comece em uma fase única e anterior e não fique restrito à fabricação do produto final.

Essa idéia pode ser diretamente transferida à área de P&D, na qual a autoconfiança das campeãs ocultas fica ainda mais evidente do que na fabricação. Oitenta e dois por cento dos respondentes afirmaram que buscam maior foco em P&D por duas razões. Em primeiro lugar, a especialização dessas empresas exige que elas realizem suas próprias pesquisas. As outras empresas simplesmente não se revelam especializadas o suficiente para contribuir com alguma coisa de valor. Em segundo lugar, tais empresas tentam proteger seu conhecimento idiossincrático ao menor sinal de perigo. O CEO de uma fornecedora-líder no setor de móveis descreve sua experiência: "Uma vez fizemos um acordo cooperativo de P&D com outra empresa. Aprendemos muito pouco com a associação, mas eles obtiveram muitas informações conosco. Desde então, nosso departamento independente de P&D se tornou uma atividade ultra-secreta. É a única maneira de proteger nosso conhecimento superior". Eu já ouvi as campeãs ocultas fazerem dezenas de comentários semelhantes.

Naturalmente, também há sérios riscos associados a essa postura antiterceirização. Se custo e preço tornam-se parâmetros competitivos mais importantes, e economias de escala podem ser efetuadas via terceirização, a postura corrente precisa ser reconsiderada. Muitas empresas da amostra aumentaram a fatia do valor agregado terceirizado. A terceirização e o P&D, como qualquer outra questão, não devem receber uma avaliação ideológica ou unilateral. A confiança demasiada nos pontos fortes de uma empresa pode se converter em um ponto fraco se as competências necessárias às novas tecnologias não puderem ser desenvolvidas o suficiente de forma rápida ou interna. Em contrapartida, se o P&D – competência essencial na maioria das empresas – for comprado no mercado aberto, é improvável que crie uma vantagem competitiva já que se torna acessível a qualquer um. A literatura sobre terceirização vem se concentrando de forma muito restritiva nos custos, deixando de lado os efeitos sobre a diferenciação competitiva. As campeãs ocultas nos ensinam que essa é uma interpretação incompleta e que um exame mais holístico da terceirização se faz necessário.

Conquanto atitudes negativas em relação à terceirização se apliquem às atividades essenciais, como manufatura e P&D, elas quase se transformam em fatores positivos para elementos não-essenciais, os quais as campeãs ocultas terceirizam bastante. Enquanto as grandes companhias em geral buscam suporte interno em áreas não-essenciais, como direito, contabilidade tributária e outros serviços, a maioria das campeãs ocultas utiliza profissionais externos para essas atividades. O argumento mais utilizado por elas é que não podem bancar esses departamentos e os custos fixos a eles associados. Mas acredito que não seja apenas isso e suspeito, novamente, de que haja uma substitutibilidade entre custo e qualidade. Sempre que discuto essa questão com os representantes das grandes corporações, eles, em geral, conseguem provar que lhes fica mais barato ter alguns advogados, consultores internos e uma equipe própria que cuida dos impostos, mesmo levando-se em consideração essa substitutibilidade entre custos fixos e variáveis. Mas eles raramente põem em discussão a qualidade, o que pode ser compreensível na medida em que as diferenças de qualidade entre profissionais de dentro e de fora da empresa que prestam serviços sofisticados são difíceis de avaliar. As campeãs ocultas possuem uma visão diferente dessas questões.

O CEO de uma empresa de comércio expõe uma posição extremamente comum:

> Terceirizamos todas as funções não-essenciais, como impostos, direito e relações públicas. Queremos manter a empresa bem enxuta nessas atividades, e simplesmente odiamos ter custos fixos. Além disso, estou convencido de que conseguimos uma qualidade muito melhor de prestação de serviços do que poderíamos gerar internamente. Por que um advogado brilhante, um contador ou qualquer outro especialista deveriam trabalhar para nós como funcionários? Se eles realmente forem bons, poderão ganhar muito mais dinheiro trabalhando como

free-lancers ou como parceiros em uma empresa especializada. Acho que as grandes empresas enganam-se muito nesse sentido ao acreditarem que podem contratar uma assessoria de primeira nessas áreas. A terceirização representa a única maneira de ter os melhores profissionais nas atividades não-essenciais. Quando a empresa encontrar um consultor externo excelente, ela deve construir uma relação permanente com ele. O consultor aos poucos vai adquirindo o conhecimento de um especialista interno, mas não se vê obrigado a provar constantemente que ainda é o melhor porque ele não faz parte do quadro de funcionários da empresa.

A partir da experiência que adquiri tanto com grandes corporações quanto com as campeãs ocultas, posso dizer que concordo com essa afirmação. Os profissionais que prestam serviços especializados às empresas que integraram a amostra em geral superam as equipes internas das grandes corporações. Provavelmente, mostra-se verdadeira a idéia de que as grandes empresas necessitam de certos serviços internos não-essenciais, mas a experiência das campeãs ocultas sugere que a decisão de terceirização nessas áreas não deve ficar limitada a aspectos de custos, incluindo também aspectos ligados à qualidade.

INTEGRADORAS DE SISTEMAS

À primeira vista, algumas campeãs ocultas parecem ser fortes terceirizadoras e, assim, entram em contradição com minhas afirmações anteriores. O valor agregado em tais empresas pode ser responsável por apenas 15% ou 20% da receita de vendas. A Dürr e a Brückner pertencem a essa categoria. As duas constroem grandes plantas, a primeira para o setor automobilístico e a segunda para a indústria química. As percentagens das duas empresas em serviços terceirizados não contradizem minhas idéias porque essas empresas são basicamente integradoras de sistemas, em vez de manufatureiras. Suas competências essenciais encontram-se na integração de sistemas altamente complexos, no gerenciamento de projetos e na engenharia.

A Brückner, empresa-líder na manufatura de sistemas biaxiais de estiramento de películas plásticas, serve como exemplo desse tipo de empresa. Apenas 260 funcionários são responsáveis por receitas de venda de US$ 120 milhões, e os US$ 461.538 de vendas por funcionário representam um valor extremamente alto para uma empresa do setor industrial. A razão? A Brückner não fabrica, mas se limita a projetar e a montar suas máquinas.

Wolfgang Pinegger, presidente da Brückner, descreve o papel da empresa:

> Nossas competências essenciais concentram-se em projetar essas máquinas complexas, encontrar os fornecedores das peças necessárias e depois montar tudo. Trata-se de uma tarefa extremamente complicada. Não estamos, na verdade, terceirizando, pois não fabricamos nada. Mas, na integração dos sistemas, nossa atividade essencial, não terceirizamos nada. Protegemos nosso conhecimento de forma muito cuidadosa. Mantemos as patentes essenciais e fortalecemos nossa posição durante a crise dos últimos anos.

Essa empresa constitui outro exemplo de campeã oculta que preserva suas competências essenciais. Terceirizar possui um significado diferente para as empresas integradoras de sistemas do que para as empresas manufatureiras.

ALIANÇAS ESTRATÉGICAS

A idéia negativa que as campeãs ocultas possuem em relação à terceirização das atividades essenciais estende-se às alianças estratégicas. Muitas empresas com certeza endossariam o que Michael Porter (1990b, 93) declarou: "As alianças, enquanto estratégia ampla e liberal, apenas garantirão a mediocridade de uma empresa, não sua liderança internacional". Realmente, decidir se a empresa deve formar uma aliança estratégica ou se aventurar sozinha em um mercado estrangeiro é uma tarefa complicada. Peter Drucker (1989) sugere que "os negócios [as alianças estratégicas] de pequeno e médio portes estão se tornando uma maneira de a empresa ficar internacional". Mas isso não se aplica às campeãs ocultas: a maioria delas, 56,5%, afirmou que deve fazer tudo sozinha. A afirmação do questionário, "Trabalhamos em cooperação nos mercados estrangeiros", recebeu o segundo menor índice de consentimento entre 20 itens. Essas empresas não desejam ter intermediários entre elas e os clientes. Somente 23% afirmaram que, em geral, ingressam em mercados estrangeiros com um parceiro.

O mercado japonês constitui uma exceção à regra. As alianças são muito mais comuns no Japão do que em outros países dada a dificuldade de penetrar no mercado. Muitos acordos de cooperação começaram a ser firmados na década de 1960 e se mostraram bastante bem-sucedidos. A Lenze, líder mundial no mercado de pequenas engrenagens, possui uma relação de longa data com a Miki Pulley, companhia japonesa de porte semelhante, uma relação que remonta ao início da década de 60. O relacionamento ajudou a Lenze a vender seus produtos no Japão; em troca, essa empresa comercializa os produtos da Miki na Alemanha. Com os anos, as famílias dos proprietários das duas companhias desenvolveram laços pessoais próximos: uma família comparece aos casamentos e aniversários da outra, e vice-versa.

A Trumpf, que vende máquinas de corte de chapas de madeiras, entrou no mercado japonês também no começo da década de 1960 por intermédio de uma distribuidora japonesa, com quem estabeleceu um contrato de cooperação por mais de uma década. A Kreul, fabricante-líder no mercado de oboés de primeira qualidade, só conseguiu penetrar no mercado japonês nos anos 80, quando firmou uma cooperação com uma importadora japonesa. Hans-Joachim Kreul, proprietário e CEO da empresa, chama a atenção para a importância de um relacionamento a longo prazo, e de paciência. Ele e seu parceiro japonês cooperaram de forma bem-sucedida e se visitam várias vezes no ano para cultivar o relacionamento.

Mas, mesmo se adentram em um mercado estrangeiro com um parceiro, a maioria das campeãs ocultas prefere obter o controle total de suas operações ao final das contas, como fez a Trumpf ao montar sua subsidiária própria em meados da década de 70. A BMW é um exemplo muito bom: ela só conseguiu começar a se expandir de forma satisfatória no Japão quando assumiu o controle da distribuidora japonesa no começo dos anos 80. Uma campeã oculta, fornecedora da indústria automobilística, ingressou em muitos mercados estrangeiros estabelecendo parcerias com empresas locais. Contudo, com o passar do tempo, a companhia passou a pôr em prática, de forma constante, a estratégia de obter controle total das operações, e hoje é sócia majoritária de 16 das 19 subsidiárias que têm no exterior. É esse o padrão de muitas empresas que integraram a amostragem.

Embora as campeãs ocultas sejam parceiras exigentes, mas justas, nas transações que realizam ao longo da cadeia normal de fornecedor/cliente, são empresas difíceis de se lidar em alianças estratégicas não tão bem-definidas. A cultura corporativa idiossincrásica e o estilo administrativo que elas desenvolvem (ver Capítulos 9 e 10) podem transformar a cooperação com terceiros em uma prática inoportuna. Ao zelarem de forma entusiasta por sua apreciada independência, essas empresas são muito exigentes no trato com os parceiros, dos quais esperam os mesmos padrões de desempenho e os mesmos valores que elas próprias possuem. Seu objetivo (ver Capítulo 2) pode ser incompatível com as metas de um parceiro menos ambicioso.

Faço uma distinção entre as empresas do tipo "barricada" e as "empresas-ameba". Enquanto as empresas-ameba maximizam seus contatos com parceiros de fora, as do tipo barricada são afastadas dos terceiros e muito reservadas com eles, que não são nem clientes nem fornecedores. A maioria das campeãs pertence à categoria das barricadas e pode ser caracterizada pela descrição da Mars, a gigante que fabrica doces e confeitos: "A estratégia da Mars é avançar sozinha e não se mostra muito afeita à idéia de alianças estratégicas e de cooperação" (Saporito, 1994). Observe, no entanto, que nem a cultura das amebas nem a das barricadas é, em geral, superior. A primazia de uma ou de outra depende de condições específicas. A idéia de que as campeãs ocultas inclinam-se para o lado da cultura de barricadas não deve ser interpretada como uma recomendação. Essa cultura pode ser perigosa porque peca ao não perceber ou compreender as mudanças ocorridas no meio. Uma cultura do tipo ameba, em contrapartida, envolve o risco de se ceder e compartilhar muita perícia e conhecimento com terceiros.

As campeãs ocultas ensinam a ter muita cautela com a ilusão de que as alianças estratégicas podem solucionar os problemas que uma empresa não consegue desenredar sozinha. Em primeiríssimo lugar, cada empresa deve confiar em seus próprios pontos fortes e assumir a responsabilidade de formar as competências essenciais necessárias para competir e prosperar em um mercado. Segundo essas empresas, as alianças estratégicas devem ser o último recurso, não a primeira opção.

As opiniões das campeãs sobre terceirização e alianças estratégicas são apresentadas na Tabela 8.1.

Tais posicionamentos afastam-se bastante das opiniões predominantes na literatura. A gestão enxuta e alguns conceitos semelhantes sugerem a ampla utilização da terceirização e das alianças, mas muitas recomendações como essas são resultados de uma ênfase demasiada nos custos. Os efeitos sobre a qualidade, sobre o comprometimento com um mercado, sobre a motivação do funcionário, sobre a proteção do conhecimento desenvolvido e sobre a diferenciação são raramente estudados em profundidade. Estou muito longe de sugerir que o ceticismo das campeãs ocultas esteja sempre certo, pois ele certamente pode levar ao perigo de deixar para trás economias de escala ou desenvolvimentos tecnológicos, ou de perder muito tempo entrando em um mercado estrangeiro. O que as campeãs ocultas podem nos ensinar é o benefício que é obtido ao se duvidar de que a

TABELA 8.1 Posicionamento das campeãs ocultas sobre terceirização e alianças estratégicas

Atividade externa	Posicionamento das campeãs ocultas
Terceirização na manufatura	Geralmente negativa; qualidade mais importante que custos, em especial para componentes essenciais e, algumas vezes, para maquinário
Terceirização de P&D	Negativa, com o P&D dentro da empresa visto como algo fundamental para a proteção das competências essenciais
Terceirização das atividades não-essenciais	Positiva, dada a variação de custo e qualidade; contínuo relacionamento com os profissionais
Cooperação/Alianças estratégicas	Geralmente negativa; preferência por controle total; mentalidade do tipo "barricada" prevalece, particularmente em mercados estrangeiros, salvo o Japão

busca pelas soluções dos problemas deva ser feita em outras empresas, e não internamente, na própria empresa.

PARCEIROS

Embora a análise precedente possa sugerir uma espécie de isolamento das campeãs ocultas (o que é extremamente verdadeiro), muitas conexões e redes formais e informais contribuem para o desempenho incomum dessas empresas. Algumas fazem parte de grupos ou famílias estratégicas, ou até de *clusters* industriais, mas outras são formadas simplesmente na base de algum outro tipo de regulamentação.

Ao discutir todos esses aspectos, seria útil esquematizar a estrutura de Porter sobre as forças competitivas e as condições do ambiente (1985, 1990a). A Figura 8.1 fornece um exemplo simples dessa estrutura. Já escrevi alguns artigos sobre as várias condições do ambiente que afetam as campeãs ocultas. No Capítulo 4, foi mostrado que elas operam em um ambiente que possui uma forte orientação internacional, favorecendo sua própria globalização. No Capítulo 6, foi demonstrado que elas lucram com um ambiente propício à inovação tecnológica.

O Capítulo 7 tratou das estratégias competitivas, concentrando-se em vantagens competitivas; a partir dessa perspectiva, as empresas concorrentes tornam-se adversárias. Mas, no contexto da Figura 8.1, e como Porter (1990) corretamente salientou, as concorrentes também estão "treinando os parceiros para sua conveniência". Isso não quer dizer que elas devam manter relações amigáveis; o contrário também se mostra verdadeiro. Mas as empresas que competem uma com a outra não podem se dar ao luxo de não tentar melhorar continuamente as relações comerciais se querem sobreviver. O relacionamento delas pode ser comparável ao de dois atletas que competem um com o outro. Mesmo que não pratiquem exercícios juntos, os dois tentam alcançar novos parâmetros de desempenho enquanto forem ambiciosos.

Relacionamentos competitivos próximos são práticas bastante comuns entre as campeãs ocultas. A Tabela 8.2 arrola as empresas cujas concorrentes mais próximas – e, em geral, mais obstinadas – encontram-se nas proximidades. Às

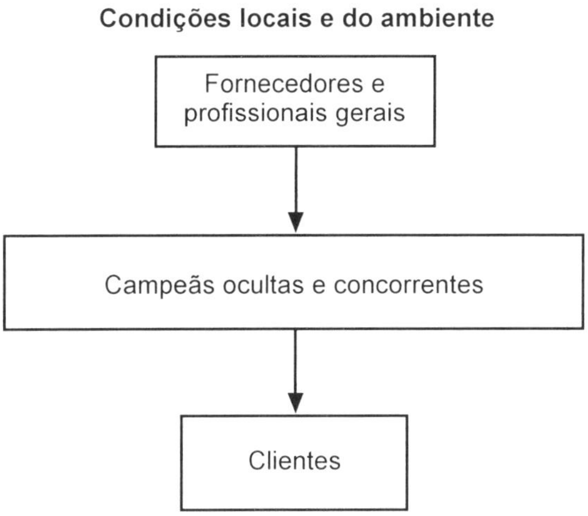

Condições locais e do ambiente

```
┌─────────────────────────┐
│    Fornecedores e       │
│   profissionais gerais  │
└─────────────────────────┘
             │
             ▼
┌─────────────────────────────────┐
│  Campeãs ocultas e concorrentes │
└─────────────────────────────────┘
             │
             ▼
       ┌──────────┐
       │ Clientes │
       └──────────┘
```

Figura 8.1 Forças externas que afetam as campeãs ocultas.

vezes, a número um e a número dois do mundo ficam localizadas na mesma cidadezinha, como a Würth e a Berner, em produtos para montagem, em Künzelsau, e a Zahoransky e a Ebser, em Todtnau. As duas últimas lideram o mercado mundial de máquinas de fazer escovas. Duas empresas-líderes em artigos de cerâmica, a Hutschenreuther e a Rosenthal, têm suas sedes em Selb, cidade alemã próxima à fronteira com a República Tcheca.

A Faber-Castell, número um do mundo em lápis, e a sua concorrente mais próxima, a Staedtler-Mars, ficam em Nuremberg. Uma de suas muitas brigas, sobre qual é a fabricante mais antiga de lápis, aconteceu em 1994. A Faber-Castell foi fundada em 1761, a Staedtler-Mars, em 1835. Em 1994, a Staedtler lançou uma loteria para celebrar seu 333º aniversário de produção do primeiro lápis, iniciada por Friedrich Staedtler, primeiro membro da família fundadora que se ocupou do negócio. A Faber-Castell contra-atacou de maneira feroz para defender sua posição como a empresa mais antiga. O fato de, em 1978, a Staedtler ter adquirido a Eberhard Faber, empresa norte-americana fundada pela ovelha-negra do clã Faber-Castell em 1904, acrescentou um pouco de tempero à hostilidade entre as empresas. Outra concorrente, a Lyra Bleistift-Fabrik, de Nuremberg, fundada em 1806, também alega ser mais antiga que a Staedtler.

As entrevistas que fiz com as campeãs ocultas sempre remetiam à questão das concorrentes mais fortes, mas um número considerável de respondentes não se preocupou com o assunto. A impressão que tive é que, como concorrentes, elas não mantêm relações amigáveis, mas sim, relações competitivas, talvez hostis. De qualquer forma, não tenho dúvidas de que umas estejam levando as outras a um ajuste competitivo. Albert Berner, ex-funcionário da Würth, é o número dois do mundo em produtos de montagem, com vendas de mais de US$ 533 milhões. Berner declarou publicamente sua pretensão de ultrapassar a barreira dos US$ 667 milhões (um milhão de marcos alemães) em 1997. Naturalmente, a disputa entre a Berner e a Würth, que tem quatro vezes mais vendas que a rival, impele as duas a um rápido crescimento. O mesmo também pode ser aplicado à maioria dos outros pares listados. Algumas vezes, a luta termina em derrota ou

TABELA 8.2 Pares de concorrentes entre as campeãs ocultas

Mercado/Produto	Campeãs ocultas concorrentes	Posição e comportamento competitivos
Produtos de montagem	Würth	Primeira posição incontestável da Würth; participação relativa no mercado de 5%;
	Berner	Berner, o fruto, atacante voraz
Prensa para impressão em *offset*	Heidelberg Roland	Concorrência intensa por mais de 100 anos
Sistemas de engarrafamento	KHS Krones	KHS é a número um em sistemas completos, a Krones, em máquinas de rotulagem; concorrentes vorazes
Molas pressurizadas a gás, controle de vibração	Stalibus Suspa	Cada uma é a número um em certos submercados
Correntes industriais	RUD Erlau	Concorrentes fortes por 100 anos; em 1988 a RUD assumiu o controle da Erlau
Prensas de dupla correia para aquecimento e compressão contínua	Hymmen Held	Cada uma é a número um em certos submercados; concorrência extremamente intensa e não-amigável
Máquinas de fazer escovas	Zahoransky Ebser	A Zahoransky é líder distante da rival; concorrência acirrada em submercados
Lápis	Faber-Castell Staedtler-Mars	A Faber-Castell foi fundada em 1761, a Staedtler-Mars, em 1835; batalhas intensas sobre quem tem a mais longa tradição e a melhor reputação

aquisição, como no caso da RUD. A guerra entre a RUD e a Erlau, fabricantes-líderes de correntes, ambas localizadas na cidade alemã de Aalen, foi travada por quase 100 anos. Embora a RUD tenha adquirido a Erlau em 1988, ela manteve o nome de marca da rival.

Podem-se encontrar padrões competitivos semelhantes em outros países. Os dois maiores produtos de vinho espumante do mundo, Freixenet e Codorníu, ficam na mesma cidade da Espanha. Juntas, as duas companhias dominam uma fatia enorme no mercado de vinhos espumantes dos Estados Unidos e da Europa. O sucesso delas, de acordo com o *Wall Street Journal Europe*, "deve bastante à rivalidade acirrada da Freixenet e da Codorníu" (1994). Pares e grupos de empresas competidoras também são um fenômeno no setor calçadista italiano, no setor de poda de flores da Holanda, na indústria norte-americana de *softwares* e onde quer que se encontrem líderes mundiais (ver também Porter, 1990a).

Como já foi mencionado nos capítulos anteriores, as campeãs ocultas não vêem a concorrência como algo limitado pelo escopo regional. Parece, no entanto, que a proximidade de um concorrente forte exerce um enorme impacto sobre o desempenho competitivo. Isso leva a uma implicação aparentemente perversa. Pode ser melhor para uma empresa ter concorrentes fortes, e não fracos, à sua volta. Como na analogia com o esporte, é menos provável que o atleta solitário conquiste uma medalha de ouro do que aquele que treina junto com os mais fortes rivais. Pode-se aplicar a mesma lógica às empresas. Deve-se examinar, não obstante, os dois lados dessa medalha. Na competição direta, ou a empresa atinge uma superioridade inquestionável ou naufraga. Se for imprudentemente promovido (por exemplo, por meio de uma política de preços agressiva), esse tipo de concorrência pode ser desastroso para ambas as partes. A abordagem ativa a uma concorrência próxima e acirrada parece segurar a promessa da liderança no mercado mundial.

Outra força importante para o desenvolvimento das campeãs ocultas são as relações verticais. Os clientes de várias empresas são líderes mundiais em seus mercados. Juntas, elas formam duplas verticais de campeãs ocultas. A fabricante-líder de gelatina, a DGF Stoess, pertence a essa categoria. A Haribo, dos ursinhos Gummi, maior usuária de gelatina do mundo, é a maior cliente da DGF Stoess. Um outro cliente, parcialmente controlado pela DGF Stoess, é a R. P. Scherer, que controla o mercado mundial de cápsulas de gelatina plástica para a indústria farmacêutica. A DGF Stoess e a R. P. Scherer localizam-se na cidade de Eberbach. A Schlatterer, produtora de cintas de tecido especiais para a manufatura de cigarros, tinha uma participação de 100% no mercado mundial em equipamentos originais e entre 90% e 95% em reposições. A Schlatterer tornou-se grande por intermédio da Hauni, líder em máquinas de cigarro. Thomas Beckh, da Schlatterer, comentou o seguinte: "Não precisávamos vender ou fazer nenhum *marketing*; apenas distribuíamos nossos produtos. E como não tínhamos volumes suficientes, nossos prazos de entrega eram longos demais". Hoje, a Schlatterer está muito interessada em fazer *marketing* dos seus produtos e tem uma fatia de 70 a 75% do mercado mundial. O relacionamento da empresa com a Hauni ainda é frutífero para ambos os lados. A mesma filosofia também pode ser aplicada à ebm Electrobau Mulfingen, líder mundial em motores elétricos especializados.

A Koenig & Bauer, que tem cerca de 90% do mercado mundial de prensas para impressão de cédulas, e a Giesecke & Devrient, número dois em serviços desse tipo de impressão, logo atrás da De La Rue, formam outro par vertical de campeãs ocultas. A Wirtgen e a SAT combinam conhecimento adquirido em máquinas e serviços de reciclagem no local. Tais pares são difíceis de serem desfeitos, pois compartilham conhecimentos, cooperam em P&D e podem criar obstáculos adicionais à entrada de outras empresas no mercado. Os pares verticais só dão certo se as duas empresas alcançam os níveis mais altos de desempenho. Nenhuma delas é clemente em relação ao desempenho da outra, pois elas criam um relacionamento de mercado, não uma aliança estratégica. O fato de as duas parceiras terem culturas corporativas semelhantes favorece a cooperação.

Clientes locais fortes e exigentes, como um ingrediente essencial para se tornar uma organização classe-mundial, não é uma idéia nova (ver Porter, 1990a). Na verdade, dezenas de campeãs ocultas fornecem materiais a setores nos quais a Alemanha detém uma forte posição internacional.

A Tabela 8.3 apresenta uma lista de algumas dessas empresas em cinco setores selecionados, pois elas se encontram em vários estágios de seu ciclo de vida internacional (Wells, 1972). A indústria automotiva na Alemanha era, e ainda é, forte e, embora tenha perdido mercado em países como os Estados Unidos, a Alemanha parece não estar a perigo de perder sua competitividade na fabricação de automóveis. Já, na indústria química, as condições são diferentes, pois lá as restrições ambientais fizeram com que grandes corporações alemãs aumentassem o investimento no exterior, em vez de no mercado doméstico. Os Estados Unidos já se tornaram o maior mercado para a Bayer AG, e os mercados de oferta estão gradualmente migrando da Alemanha para outros países. Esse movimento, que se mostra veloz no setor de móveis, é ainda mais adiantado no setor têxtil, cujas empresas já começaram a se deslocar para regiões com salários médios mais baixos.

Apesar da estrutura atual de localização de todos esses setores, inúmeras campeãs ocultas fortes mantêm sua base de operações na Alemanha, o que evidencia duas lições importantes. A primeira é que elas conseguem segurar os clientes mesmo se se mudarem; a segunda é que, se os clientes se internacionalizarem, um determinado fornecedor, a fim de se manter à frente do grupo, precisa seguir os clientes aonde quer que eles vão. Uma localização próxima pode ser importante para se conquistar uma posição de liderança em primeiro lugar, mas, uma vez obtida, a empresa deve ser flexível o suficiente para atender os clientes no mundo inteiro.

As campeãs ocultas dos setores têxtil e de móveis parecem ter assimilado bem esse desafio, mas outras empresas também o assimilaram em setores como papel, processamento de alimentos, remédios, óptica e até mesmo eletrônica. Ao menos até o momento, elas conseguiram defender sua posição de liderança como fornecedoras, apesar de seus clientes terem abandonado o mercado doméstico. Outros setores não se deram tão bem assim. Com o declínio da indústria calçadista na Alemanha, os fabricantes de máquinas para fabricação de calçados entraram em colapso, e a Itália assumiu a liderança. A longo prazo, no entanto, manter-se em contato com os clientes que se mudaram pode exigir uma reacomodação das atividades principais de um determinado fornecedor. Já que muitas indústrias estão mudando de um país para outro, no ritmo das mudanças em custos comparativos, taxas de câmbio, tecnologias e demanda, o fornecedor que deseja trabalhar junto a essas empresas deve se tornar, em última instância, um concorrente verdadeiramente global, com capacidade de mostrar serviço e atuar em qualquer lugar. Muitas campeãs ocultas atingiram esse nível de globalização.

A visão vertical das empresas da amostra sugere que um bom caminho rumo à liderança internacional é atrelar-se a clientes exigentes que apresentam uma ótima qualidade em seus produtos. Somente a empresa que deseja atender às exigências desses consumidores poderá se tornar líder mundial e permanecer na posição. Pode ser possível alcançar essa meta a partir de uma localização original, mas se a proximidade física mostrar-se importante, como em muitos casos parece ser mesmo, a transferência das atividades essenciais será necessária. Algumas campeãs ocultas, como a Karl Mayer e a Dürr, estão bem adiantadas nesse sentido.

Além da concorrência direta horizontal e do relacionamento vertical fornecedor/cliente, outros fatores do ambiente afetam as campeãs ocultas. Muitas delas operam em um ambiente que fomenta o desenvolvimento de uma mentalidade específica a um determinado setor. Embora essa idéia seja de alguma forma semelhante, ela vai além da idéia de Porter (1990) sobre *clusters* industriais. Vários setores acomodam inúmeras campeãs ocultas que nem competem diretamente umas com as outras, nem agem como fornecedoras. Elas parecem, não obstante, tirar proveito da existência de outras empresas que abrangem o setor industrial mais amplamente, conforme demonstrado na Tabela 8.4.

As campeãs ocultas que pertencem a esses grupos parecem se beneficiar da posição geral da indústria. Por exemplo, o setor de equipamentos esportivos presta-se a uma discussão das possíveis explicações e implicações. Em primeiro lugar, há causas associadas aos recursos disponíveis. Os grandes atletas podem criar fortes demandas para esses produtos – a Germina, produtora da Alemanha Orien-

TABELA 8.3 Campeã oculta em indústrias com vários estágios do ciclo de vida internacional

Setor do cliente	Fornecedora campeã oculta	Produto principal
Automobilístico	Weingarten, Schuler	Prensas pesadas
	Gehring	Máquinas de afiar
	Kiekert	Trancas de porta
	Webasto	Tetos solares, aquecedores auxiliares
	Dürr	Oficinas de pintura
	Glyco	Anéis de deslize
	Hella	Equipamento de iluminação
Indústria química	Uhde, Lurgi	Engenharia química
	Barmag	Máquinas de fibra
	Brückner	Máquinas para distensão de filme biaxial
	Göttfert	Equipamento de teste reológico
	Automatik-Apparate	Peletizadores subaquáticos
Móveis	Weinig	Moldadores automáticos
	Hymmen, Held	Prensas de dupla correia
	Homag	Máquinas para a indústria de móveis
	Glunz, Hornitex, Pfleiderer	Materiais de madeira como papelão grosso e fibra compensada
	Hoppe	Maçanetas para portas e janelas
	Siempelkamp	Prensas hidráulicas para compensado
Têxtil	Erhardt & Leimer	Tecnologia para processamento de tecido
	Karl Mayer	Máquinas *rashel*
	Grosse	Máquinas Jacquard*
	Helsa	Ombreiras
	Union Knopf	Botões
	Groz-Beckert	Agulhas
Eletrônico	Aixtron	Equipamento para filme fino
	Convac	Equipamento para revestimento de CD
	Grohmann	Sistemas de montagem para produtos eletrônicos
	Leybold	Tecnologia a vácuo
	Wacker	Silicone
	Meissner & Wurst	Tecnologia para limpeza de salas

tal de esquis para campos de alto desempenho, já foi fornecedora da equipe oficial da Alemanha Oriental. Se um determinado esporte começar a ser praticado em uma determinada área, não surpreenderá o fato de os fabricantes dos produtos a ele relacionados se localizarem nessa região. Nem deve espantar o fato de a Fischer, líder mundial na fabricação de esquis, origine-se da Áustria, ou que a Gallagher, fornecedora número um do mundo em cercas eletrificadas para rebanhos bovinos e ovinos, venha da Nova Zelândia. Mas a base de recursos oferece uma explicação apenas limitada, pois há outras condições que parecem ser igualmente importantes. O cliente internacional que deseja comprar equipamentos esportivos pode achar mais conveniente comprá-los em um único lugar do que em vários locais diferentes.

---

*N. de T.: Referência a Joseph Marie Jacquard (1752 – 1834), inventor francês que criou o primeiro tear automático capaz de tecer padrões complexos no tecido, depois batizado com o seu nome.

TABELA 8.4 Indústrias com várias campeãs ocultas

Setor ou mercado	Campeã oculta	Produto principal
Equipamento esportivo de alto desempenho	Spieth	Instrumentação para ginástica
	Sport-Berg	Discos e martelos para arremesso, e tiro ao alvo
	Uhlmann	Equipamento para esgrima
	Germina	Esquis para campo
	Carl Walther	Armas esportivas
	Anschütz	Armas esportivas
	BSW	Assoalhos para esporte
	Wige Data	Aparelhos de cronometragem para grandes eventos esportivos
Balanças	Bizerba	Balanças para o varejo
	Söhnle	Balanças para uso doméstico e pessoal
	Sartorius	Balanças científicas e de laboratório
	Seca	Balanças médicas
	Mettler-Toledo	Balanças industriais
Bombas	KSB	Bombas industriais, centrífugas
	Prominent	Bombas para medição
	ABS	Bombas submergíveis
	Putzmeister	Bombas de concreto
	Schwing	Bombas de concreto
Tecnologia a *laser*	Rofin Sinar	*Laser* industrial
	Trumpf	Máquinas de punção para chapas de madeira
	EOS	Prototipagem rápida
Fotografia/Filmes	Cullman	Tripés para câmeras
	Sennheiser	Fones de ouvido
	Neumann	Microfones de alto desempenho, cadeiras para câmeras
	Arnold & Richter	Câmeras para filme de 35 mm
	Sachtler	Tripés profissionais para câmeras
Soldagem	Cloos	Tecnologia de soldagem
	LSG	Fontes de íons para soldagem
	Linde	Gases para soldagem
Plantas/Viveiros	Bruns	Viveiros
	von Ehren	Plantio de árvores
	Dümmen	Plantas decorativas
Produtos para montagem	EJOT	Encaixes diretos de parafusos
	Würth	Produtos para montagem
	Berner	Produtos para montagem
	Böllhoff	Parafusos e porcas
	Fischerwerke	Cavilhas
Livros	Kolbus	Máquinas de encadernação
	Bamberger Kaliko	Tecidos para encadernação
	Heidelberger	Prensas de impressão
	Roland	Prensas de impressão

Com muita freqüência, infra-estruturas complexas desenvolvem-se em torno de uma indústria desse tipo. Um cliente interessado em participar de uma feira sabe que a maior feira de materiais esportivos do mundo é a ISPO, realizada na Alemanha. Da mesma forma, o organizador dos Jogos Olímpicos, que precisa não apenas de equipamentos esportivos, mas também de enormes instalações e barracas de alimentação, encontraria o líder mundial apenas dobrando a esquina em Frankfurt, onde ele provavelmente pretende comprar de qualquer maneira. A Röder Zeltsysteme, empresa localizada nessa região, é a maior locadora de tendas e barracas para essa finalidade do mundo e, em geral, presta serviços a grandes eventos, como os Jogos Olímpicos. Além da ISPO, muitas outras feiras de importância internacional são realizadas na Alemanha. A Hannover Messe é a maior feira de bens industriais do mundo, e a CeBIT, a maior feira de tecnologias de informação e todos os seus anteparos. As duas acontecem em Hanover, cidade que tem a maior área de exposição da Alemanha. Há outras cidades alemãs que regularmente abrigam feiras de importância mundial. A cidade alemã de Cologne é palco de 25 feiras mundiais, as maiores em suas respectivas áreas. Abrigar todas essas feiras na Alemanha oferece às firmas locais um ativo valioso de fácil acesso aos principais participantes em seus mercados próprios. Em contrapartida, as fortes empresas locais são, até certo ponto, responsáveis pela existência e pela importância dessas feiras.

As relações de recursos e de demanda diferem de um caso para outro. Às vezes, acontecimentos históricos oferecem algumas explicações, como foi o caso de Basel, na Suíça. A cidade é o quartel-general do setor químico, porque, vários séculos atrás, ela acolheu os alquimistas expulsos de outras regiões. Quaisquer que sejam as condições de recursos e de demanda existentes para o surgimento da liderança em um setor, esse tipo de ambiente parece auxiliar na obtenção de posições mundiais de dominância. O Vale do Silício e os centros de biotecnologia nos Estados Unidos são exemplos mais recentes. Toda empresa deve ser conhecedora desses fenômenos ao decidir em que local vai se instalar.

Outros efeitos que têm a ver com a localização, mas que não se relacionam à proximidade do setor de atuação, pode exercer um impacto sobre a liderança das campeãs ocultas em indústrias totalmente diversas. Lembro-me, quando era jovem, de uma pequena vila que tinha sete fazendas. Quase todos os garotos da minha geração que cresceram na região criaram seu próprio negócio em um setor diferente. Os meninos motivavam-se uns aos outros para se tornar empresários. Por isso, não deve surpreender o fato de se encontrar aglomerações locais de campeãs ocultas, como se pode ver na Tabela 8.5. Não é uma casualidade que, do outro lado da estrada onde fica a fábrica da Wirtgen, líder mundial em máquinas de reciclagem de pavimento de estradas, fique também a fábrica da JK Ergoline, número um em camas de bronzeamento artificial? Ou foi por acaso que não apenas a Würth, maior empresa de produtos de montagem do mundo, e a sua maior concorrente, como também a Sigloch, uma das maiores empresas de encadernação de livros da Europa, originem-se de Künzelsau? Ou que a Stihl e a Kärcher, duas das mais fortes campeãs ocultas, fiquem localizadas nas cidades vizinhas de Waiblingen e Winnenden, próximas a Stuttgart, na Alemanha, onde podem se observar bem de perto?

Uma grande parte da indústria mundial de instrumentos cirúrgicos concentra-se na região de Tuttlingen, no sul da Alemanha, onde se pode encontrar cerca de 600 empresas que produzem instrumentos médicos. Elas competem em parte umas com as outras, mas também se complementam, já que o mercado é altamente fragmentado. Enquanto a Aesculap é líder geral no mercado do mundo todo, a Karl Storz é líder absoluta em instrumentos para endoscopia.

Poucas campeãs ocultas admitiriam que essas relações e comparações afetaram seu próprio comportamento. Mas há conseqüências, sim! Se uma

TABELA 8.5 Associações locais de campeãs ocultas

Região/Cidade	Empresas em associações locais	Produtos principais
Windhagen, Horhausen, Bad Honnef/Rhenania	Wirtgen JK Ergoline Birkenstock	Máquinas de reciclagem de estradas Camas para bronzeamento artificial "Birkenstocks", sandálias naturais
Palatinate	SAT	Serviços de conservação de estradas
Künzelsau/Baden-Württemberg	Würth, Berner Sigloch	Produtos para montagem Serviços de encadernação e impressão
Solingen/North Rhine-Westphalia	Henckels Zwillingswerk Pfeilring Boeker	Cutelaria de alta qualidade Estojos de manicure Facas de cerâmica
Waiblingen, Winnenden/Baden-Württemberg	Stihl Kärcher	Serras articuladas Limpadores de alta pressão
Neutraubling/Bavaria	Krones Zippel	Sistemas de engarrafamento Minicervejarias
Holzminden/North Rhine-Westphalia	Dragoco Haarmann & Reimer	Fragrâncias Fragrâncias
Nuremberg/Bavaria	Faber-Castell Staedtler-Mars Lyra Bleistift-Fabrik Schwan Stabilo	Lápis Lápis/instrumentos de escrita Lápis/instrumentos de escrita Lápis/instrumentos de escrita
Tuttlingen/Baden-Württemberg	Aesculap Gebr. Martin Medizintechnik Medicon Karl Storz	Instrumentos cirúrgicos Instrumentos cirúrgicos Instrumentos cirúrgicos Instrumentos endoscópicos

pessoa possui o nível de motivação, a empresa que for criada nas vizinhanças dessa pessoa torna-se um forte desafio e um exemplo a ser seguido. Georg Schmitt, da SAT, a empresa de conservação de estradas, aborda essa questão ao afirmar:

> O sucesso do meu amigo Reinhard Wirtgen me fez encarar um desafio real. Cometi um erro em relação a Reinhard. Embora ele tenha montado o próprio negócio após um período de preparação, aos 18 anos, decidi primeiro estudar, indo depois trabalhar numa firma grande. Só montei meu negócio quando tinha 45 anos. Hoje, depois de 13 anos, tanto Reinhard quanto eu somos líderes mundiais de mercado, mas o movimento de vendas dele é quatro vezes maior que o meu.

As campeãs ocultas são criadas e dirigidas por pessoas empreendedoras, e a motivação é um dos ingredientes essenciais do empreendedorismo. Não pode haver dúvidas de que o ambiente dos negócios possui um forte impacto sobre todos – e que as campeãs ocultas desenvolvem outras campeãs ocultas.

EQUIPES DE CAMPEÃS OCULTAS

Se forem levadas mais adiante as constatações sobre as vantagens da liderança de mercado, perceber-se-á que algumas empresas já começaram a construir um portfólio corporativo ao redor desse tema. Grandes empresas, como General Electric, Siemens ou Hoechst, que declararam buscar a primeira e a segunda posições no mercado mundial, podem ser consideradas precursoras dessa tendência. A Gillette e, em especial, a sua subsidiária Braun estão bem adiantadas nessa estratégia. A Braun domina o mercado em quatro de suas seis áreas de atuação. A Heraeus, fabricante de produtos especializados em química e em metalurgia, mantém várias posições de liderança no mercado mundial. Sua subsidiária Electronite, que fabrica sensores para o setor de aço, é líder de mercado em cada um dos mais de 15 países em que atua.

Algumas empresas da minha amostra encontram-se em posições duplas entre as campeãs ocultas: a Webasto domina o mercado mundial tanto no ramo de tetos solares quanto no de sistemas auxiliares de aquecimento; a Steinbeis Holding possui duas unidades que controlam o mercado mundial, a Peter Temming, em línter, um tipo especial de fibra de algodão, e a Zweckform Etikettiertechnik, em rótulos para bateria. A Hauni/Körber parece estar construindo sistematicamente um império de campeãs ocultas. Além de sua posição única no mercado de máquinas de cigarro, a empresa controla a E.C.H.Will, líder mundial em máquinas de corte padronizado para produtos de papel, além da empresa norte-americana Wrapmatic, que controla o mercado mundial em máquinas especiais de empacotamento. No portfólio da Hauni aparecem outras empresas muito fortes: todos os papéis térmicos para fax na Alemanha são produzidos em máquinas Pagendarm e muitos dos passaportes que circulam no mundo são fabricados em máquinas da Kugler Automation, e as duas são subsidiárias da Hauni.

As empresas de outros países também parecem estar construindo associações em torno do conceito de campeãs ocultas. A Hallmark é a número um em cartões de visita, e a sua subsidiária, a Revell-Monogram, controla o mercado em estojos de modelos plásticos, principalmente por intermédio de sua subsidiária, a Revell AG. A companhia inglesa De La Rue é líder mundial na impressão de títulos bancários, com uma participação de 57% do mercado disponível fora do país. Também é a matriz da Garny, a empresa-líder no mercado mundial em cofres e equipamentos bancários. No final de 1994, a De La Rue adquiriu a Portals, que detém cerca de 50% do mercado mundial de papéis negociáveis. Esse trio de campeãs ocultas parece bastante poderoso, já que há uma sinergia considerável nesses três ramos de atuação. Em 1995, a empresa inglesa Lonrho e a Gencor, empresa da África do Sul, fundiram-se para conquistar a liderança no mercado mundial de platina.

É difícil conceber estratégias mais astutas do que aquelas que se formam em torno das posições combinadas das campeãs ocultas. O maior desafio dessas empresas é conservar o foco e os pontos fortes originais que as conduziram à liderança global em primeiro local. Uma equipe de campeãs ocultas que trabalham juntas, sem perder o foco em suas atividades comerciais essenciais, se parece muito com constelações muitos brilhantes no céu – e são alvos muito interessantes para os investidores.

RESUMO

As empresas líderes são solitárias, e isso não é diferente para as campeãs ocultas. A liderança exige que uma empresa não transfira as atividades essenciais sobre as quais se constrói seu domínio. Ao mesmo tempo, cada empresa opera em um ambiente mais amplo a partir do qual ela pode tirar proveito. O posicionamento e as experiências das campeãs ocultas compreendem muitas lições importantes:

- Uma grande opção pela fabricação própria dos componentes essenciais parece, em geral, superior à terceirização, sempre que possível.
- A decisão de terceirizar deve depender não apenas de considerações sobre custo; deve-se levar em consideração os efeitos sobre a qualidade, o conhecimento adquirido e as competências essenciais.
- Pode ser vantajoso para uma empresa integrar-se verticalmente, por exemplo, para construir suas próprias máquinas, pois as coisas que não podem ser compradas em um mercado são altamente eficazes na criação de uma vantagem competitiva.
- Terceirizar subsistemas inteiros pode ser uma prática perigosa, porque ela permite que os fornecedores negociem diretamente com os consumidores finais. Isso não se aplica às empresas integradoras de sistemas, cuja competência essencial é integrar esses sistemas.
- Uma grande opção por P&D próprio parece ser uma maneira eficaz de proteger a perícia e as capacidades essenciais da empresa.
- As campeãs ocultas terceirizam um grande número de atividades não-essenciais, não apenas porque desejam manter os custos variáveis, mas também porque isso leva a uma qualidade superior.
- As campeãs ocultas possuem uma idéia negativa sobre as alianças estratégicas, mesmo ao entrar em mercados estrangeiros. Elas ensinam a se precaver da ilusão de que as alianças estratégicas constituem a solução para os problemas que a empresa não consegue resolver sozinha. O Japão representa uma exceção.
- Os concorrentes devem ser vistos não apenas como adversários, mas como parceiros de treinamento em busca de desempenho, pois, a longo prazo, a empresa pode se beneficiar com o fato de possuir concorrentes fortes. Isso sugere que a empresa deve competir de forma ativa com os concorrentes mais fortes do mundo, já que é o único caminho que conduz à liderança do mercado mundial.
- A empresa também deve procurar os clientes mais exigentes e, a fim de manter a liderança, segui-los aonde quer que eles vão no mundo inteiro.
- O ambiente geral em que a empresa se encontra e a mentalidade da sua indústria são pré-requisitos para uma empresa classe-mundial. A empresa não deve encará-los como dons, mas deve buscar e criar ativamente – ou, se isso for impossível, transferir-se para – esse tipo de ambiente produtivo.

As campeãs ocultas seguem o lema de William Tell, herói suíço na obra de Friedrich von Schiller: "A pessoa forte é mais poderosa sozinha". Elas desconfiam de muitos conceitos modernos que aconselham a se prestar atenção nas outras empresas a fim de resolver os problemas que, no fim das contas, não devem ser transferidos para ninguém. Essas empresas, não obstante, fazem parte de redes e sistemas que as conduzem a um desempenho ainda melhor. Elas estão sozinhas, embora não sempre e ao mesmo tempo. Acho que esse é um bom conselho para qualquer empresa. Em algumas áreas, presumivelmente na de atividades essenciais, a empresa deve permanecer sozinha, mas, nas atividades não-essenciais e na motivação que se obtém dos clientes, dos concorrentes e do ambiente em geral, a cooperação deve ser bem-vinda.

A Equipe

Sempre mais trabalho do que cabeças trabalhando!

9

As campeãs ocultas têm predileção por uma cultura corporativa forte e idiosincrática. Seus funcionários identificam-se com as metas e os valores da empresa de forma mais intensa do que os funcionários das empresas comuns. Essa alta motivação reflete-se em índices notadamente mais baixos de faltas por doença e de rotatividade de funcionários. Ao trabalharem como uma equipe, os funcionários puxam todos na mesma direção, gastando uma energia mínima em atritos internos. As campeãs ocultas que fizeram parte do meu projeto de pesquisa são empregadoras severas; exigentes em seus padrões, elas não toleram rendimentos abaixo da média e eliminam as pessoas que não estão em sincronia com as práticas da empresa. Ao considerarem-na uma parte do seu processo de seleção, os empregadores não pensam duas vezes em dispensar os funcionários que não aceitam o *modus operandi* deles.

A zona rural, onde está localizada a maioria dessas empresas, cria uma dependência mútua entre empregador e empregado. Isso tende a fomentar um comprometimento quase vitalício por parte dos funcionários com a organização, além de uma flexibilidade por parte dos empregadores de sempre oferecer novas oportunidades de educação e qualificação multifuncional aos trabalhadores. A criatividade do funcionário é uma fonte importante de melhoria contínua no trabalho, e parece que as campeãs ocultas estão aptas a atrair e conservar um quadro funcional qualificado.

CULTURA CORPORATIVA

Sustento que é possível formar uma idéia da cultura corporativa de uma empresa 10 minutos depois de iniciada a primeira visita ao local de trabalho. Sua aparência, o comportamento da recepcionista, a decoração, tudo simboliza o espírito da empresa. Minhas primeiras impressões das campeãs ocultas eram em geral de admiração, duravam bastante e, algumas vezes, após uma entrevista, eram até de reverência. Mas raramente eu conseguia sentir um elemento particularmente admirável, a não ser uma sensação de energia e eficiência, semelhante à *gestalt*.

Defino cultura corporativa como um conjunto de metas e valores que uma empresa possui e com os quais, em teoria, todos os funcionários estão comprometidos. É isso, e não as características palpáveis de prédios enormes, rituais e equipamentos, que forma a substância da cultura. Não há necessidade de ela ser formalmente homologada como princípios ou diretrizes escritas, mas deve estar internalizada nas mentes (cognitivamente) e nos corações (emocionalmente) de todos os funcionários e respeitada pelos líderes e colaboradores.

Algumas campeãs ocultas realmente têm diretrizes ou doutrinas escritas, e algumas são sutilmente mais audaciosas e marcantes do que as das grandes corporações, mas não diferem fundamentalmente. Como não dou muita importância a esses princípios, deixo de citá-los aqui. As campeãs ocultas em geral não entalham seus princípios corporativos em pedra, sendo sua característica mais distinta os valores aceitos. À medida que aumenta o tamanho de uma empresa, torna-se-lhe necessário estabelecer e divulgar diretrizes, mas essas não podem suplantar a comunicação pessoal. Annett Kurz, gerente da Clean Concept, tem um posicionamento típico: "Você pode escrever uma regra, pode até escrevê-la com classe e estilo, mas no fim você precisa transmiti-la pessoalmente para motivar seu pessoal". A diferença entre culturas corporativas fortes e fracas não reside na formulação, mas no grau de entusiasmo com que todos os funcionários aceitam os valores. Nesse sentido, as campeãs ocultas fornecem modelos realmente notáveis.

Minha pesquisa tratou de vários aspectos da cultura corporativa e do comprometimento dos funcionários. A Figura 9.1 expõe a avaliação feita pelas campeãs ocultas de algumas características relacionadas aos funcionários e à cultura corporativa. A lista completa contina muitas outras características, mas, para fins comparativos, decidi mostrar as relações a longo prazo com o cliente, que foram selecionadas como pontos fortes por um grande número de empresas, e os custos de produção, item selecionado por uma minoria. A figura ilustra que todos os traços característicos, da fidelidade à empresa ao ambiente de trabalho, receberam escores de aproximadamente 75% ou superiores, de forma que a maioria dos respondentes acredita que suas empresas sejam fortes nesses aspectos. Essa identificação positiva constitui a base para se formarem as competências competitivas superiores destacadas no Capítulo 7.

A cultura corporativa não representa um fim em si mesma, mas um meio de aumentar a produtividade. Uma cultura forte é a melhor maneira de evitar atritos internos. Geralmente, pergunto aos gerentes e administradores qual é a percentagem de energia que eles gastam combatendo oposições internas. Nas grandes corporações, a resposta em geral fica entre 50% e 80%, as empresas de médio e pequeno portes ficam na casa dos 20% a 30% e as campeãs ocultas tendem a atribuir um índice de 10% a 20%. É interessante perceber que os gerentes das grandes corporações japonesas também fornecem estimativas baixas. Embora não sejam avaliações exatas e comprováveis, esses números indicam que as grandes diferenças de uma empresa para outra podem se traduzir diretamente em produtividade, velocidade e competitividade.

Refiro-me aqui aos efeitos econômicos concretos e mensuráveis, como o índice de absenteísmo decorrente de doença; uma alta motivação pode baixar esses valores. As campeãs ocultas que fizeram parte da amostra têm um índice médio de doença de 4,9%. Destas, 40,8% relataram um número inferior a 4%, e apenas 16,3%, um valor maior que 6%. Esses números e aqueles apurados em grandes montadoras na Alemanha, em 1992, são apresentados na Tabela 9.1. Como esses índices de faltas por doença variam de uma indústria para outra, comparações devem ser feitas com cautela. Entre os grandes setores industriais,

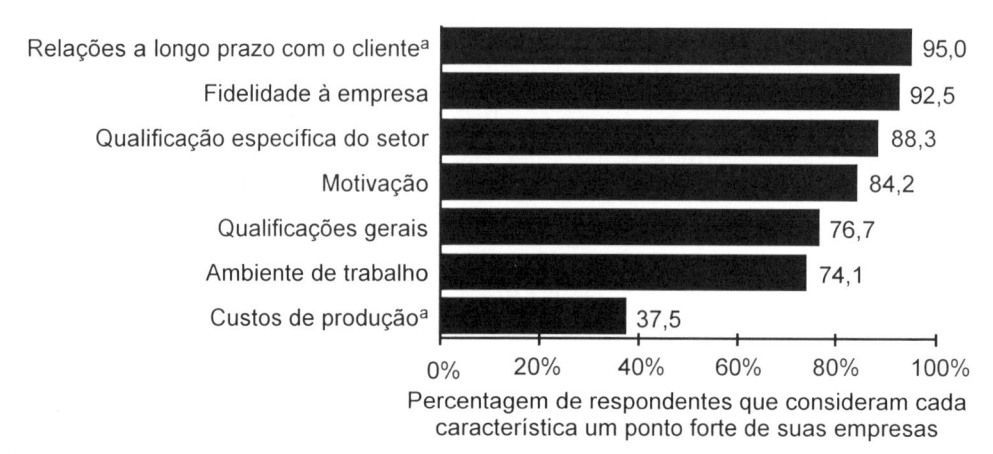

Característica	%
Relações a longo prazo com o cliente[a]	95,0
Fidelidade à empresa	92,5
Qualificação específica do setor	88,3
Motivação	84,2
Qualificações gerais	76,7
Ambiente de trabalho	74,1
Custos de produção[a]	37,5

Percentagem de respondentes que consideram cada característica um ponto forte de suas empresas

[a] Relações a longo prazo com o cliente, com o valor máximo, e custos de produção, com o valor mínimo, foram incluídos como base de comparação.

Figura 9.1 Avaliação das características relacionadas aos funcionários e à cultura corporativa.

a indústria automotiva oferece uma boa comparação com as campeãs ocultas, pois muitas delas atuam no setor de engenharia mecânica.

As diferenças existentes entre as duas categorias de empresas são surpreendentes. O índice médio de enfermidade de 8,3% nas grandes montadoras é quase duas vezes o das campeãs ocultas. Se as montadoras que têm uma força de trabalho acumulada de 544 mil pessoas pudessem atingir o mesmo índice das campeãs, elas poderiam reduzir seu quadro de funcionários em 18.946 pessoas. Com um custo total bruto para cada trabalhador a mais de US$ 100 mil, esse alto índice de enfermidade custa às grandes montadoras US$ 1,9 bilhão, valor próximo ao lucro conjunto de todas as montadoras de US$ 2,07 bilhões em 1992, ano de recorde de vendas. Comparadas às montadoras, as empresas avaliadas na amostra economizam US$ 813 milhões através de um absenteísmo menor decorrente de doenças. Se esse cálculo fosse estendido a todas as 500 campeãs ocultas, a economia chegaria a US$ 3,3 bilhões. Tais comparações mostram que um único fator, como um número reduzido de faltas por doença, pode representar uma enorme economia às companhias.

Um fator que pode ter um efeito econômico negativo sobre a cultura corporativa é a rotatividade de funcionários. O alto índice de fidelidade à empresa apresentado na Figura 9.1 é confirmado pelo índice de rotatividade de funcionários. Embora o valor médio seja de 5,3%, porque alguns poucos funcionários não moram próximos ao local de trabalho, a média é de 3%, valor consideravelmente baixo. Muitos gerentes chamam atenção para a ausência real de uma movimentação freqüente de funcionários de uma empresa para outra. Heinz Hankammer, por exemplo, dos filtros de água Brita, afirma o seguinte: "Praticamente não temos rotatividade", e sua declaração encontra eco em Hermann Kronseder, da Krones: "Mal sabemos o que seja a tal rotatividade dos funcionários".

Há, no entanto, uma exceção importante. Muitos funcionários recém-contratados deixam uma campeã oculta, ou são por ela dispensados, logo após se juntarem à equipe de trabalho, pois os dois lados dão-se conta rapidamente de

TABELA 9.1 Índices de faltas por doenças em campeãs ocultas e em montadoras

Empresa	Índice de faltas por doença em percentagem		Funcionários (em milhares)
Campeãs ocultas (n = 122)	Média 40,8% 42,9% 16,3%	4,9 abaixo de 4 de 4 a 6 mais de 6	239
Audi		8,2	38
Mercedes-Benz		8,6	222
Ford		8,6	48
Opel		9,8	53
Volkswagen		8,2	123
BMW		6,3	60
Setor automobilístico	Média (ponderada)	8,3	544

que o trabalhador não se adapta à cultura da empresa e não consegue entrar no ritmo que ela possui. Discuto a questão do recrutamento e abordo esse aspecto importante mais adiante, mas posso dizer de antemão que não é de todo certo afirmar que as empresas da amostra não sabem o que seja rotatividade dos funcionários; é verdade, não obstante, que, uma vez que os funcionários foram "adquiridos" para integrar a cultura corporativa, a rotatividade se mostrará extremamente baixa.

A fidelidade média a uma empresa significa, em geral, que os funcionários permanecem na empresa por 20 ou 30 anos, mas a fidelidade em si não representa uma meta. O importante é que, na hora de selecionar e contratar, geralmente por longos períodos, pessoas altamente qualificadas e com experiência, as campeãs ocultas sejam recompensadas com esse ativo de valor inestimável. Isso é um forte contraste com a experiência que tive nos Estados Unidos. Durante os anos que vivi lá, descobri que, em muitas empresas norte-americanas, o vaivém constante de pessoas em determinadas funções e a freqüente rotatividade dos funcionários constituem um fator que atrapalha bastante e diminui a eficiência da empresa. O relacionamento com o cliente sofre toda vez que o contato dentro da empresa é substituído. Competências e conhecimento valiosos se perdem quando funcionários qualificados deixam a empresa. As campeãs ocultas utilizam esses critérios para plantar e alimentar a devoção de seus colaboradores competentes.

DESEMPENHO

As culturas corporativas das campeãs ocultas são orientadas para o desempenho. No levantamento que realizei, cerca de dois terços dos respondentes atribuíram o sucesso que obtiveram a toda a equipe e à sua coerência, e apenas um terço acreditou que o sucesso foi decorrência de realizações individuais, constatações que indicam o predomínio da cultura de equipe. Em *Feitas para Durar*, Collins e Porras (1994) afirmam, de forma semelhante, que o fator-chave para se obter sucesso sustentável com suas companhias visionárias é uma cultura corporativa de veneração. As campeãs ocultas, no entanto, parecem achar que o líder constitui um fator mais importante do que acham as grandes corporações investigadas por Collins e Porras.

As campeãs ocultas comparam um negócio a um esporte que se pratica em equipe, como futebol ou vôlei, nos quais os jogadores fracos afetam negativamente o desempenho e são, portanto, inaceitáveis. Essa atitude não é imposta em uma hierarquia de cima para baixo, mas faz parte do sistema de valores do time. O controle social ou de grupo do desempenho funciona sob tais circunstâncias e é muito mais eficaz do que o controle formal. As grandes corporações possuem sistemas complexos predeterminados, por exemplo, incentivos e avaliações da equipe, mas o ato de eliminá-los é considerado uma prática socialmente aceitável. Por conseguinte, muitas empresas de grande porte sofrem de uma aceitação demasiada de profissionais abaixo da média. A Philips Electronics passou por uma crise séria no começo dos anos 1990. Segundo Jan Timmer, que então assumiu a direção executiva da empresa e socorreu a grande companhia, a Philips teve problemas porque havia uma tolerância exagerada com desempenhos insatisfatórios. É provável que a cultura de equipe das empresas que fizeram parte da amostra não tolere tais situações. Aqueles que se esquivam de seus deveres são postos para fora.

Evidentemente, as empresas menores possuem uma vantagem estrutural, pois um desempenho considerado abaixo da média pode ser rapidamente detectado. Annett Kurz, da Clean Concept, faz o seguinte comentário: "Em nossa empresa, de 80 pessoas, não podemos nos dar ao luxo de ter nem mesmo dois funcionários negligentes. Como não temos excesso de capacidade, todo mundo tem que arregaçar as mangas. Os preguiçosos podem passar despercebidos em uma empresa grande, mas em uma empresa pequena como a nossa – nunca". Durante as visitas que fiz às campeãs ocultas, pude observar o ritmo acelerado de trabalho. Nessas empresas, os funcionários empenham-se em suas tarefas durante o expediente porque sentem uma obrigação com o trabalho.

Essa questão é extremamente importante. Um dos CEOs com quem conversei acertou em cheio ao afirmar:

> Sempre tivemos mais trabalho do que cabeças trabalhando nele, e é assim que deve ser. Não é apenas bom para a produtividade, mas ajuda as pessoas a ficarem mais felizes. Se não são desafiadas a trabalhar duro, elas acabam recorrendo a atividades improdutivas, como escrever memorandos, fazer reuniões, se ocupar de uma forma ou de outra. Boa parte das intrigas e das confusões burocráticas que contaminam as grandes empresas poderia ser evitada se houvesse uma quantidade considerável de trabalho.

É claro que a relação existente entre capacidade e carga de trabalho é uma questão delicada e não deve ser levada ao extremo, mas um certo excesso de trabalho é uma ótima maneira de reduzir ao máximo os atritos internos e a conseqüente perda de energia. A Lei de Parkinson aplica-se somente quando a empresa tiver mais pessoas do que trabalho. Quando os funcionários têm de inventar trabalho para parecerem ocupados, eles produzem menos valor agregado.

Nesse contexto, é fundamental que as pessoas saibam para o que elas estão trabalhando e possam reconhecer suas contribuições no resultado final. Somente então é que elas vão querer investir mais tempo e empenho pessoal. Com menos divisão de trabalho, esse pré-requisito para a motivação pode ser mais facilmente alcançável em pequenas empresas do que em grandes. Em uma situação de crescimento, um excesso de trabalho desenvolve-se quase que automaticamente, pois a demanda é quase sempre maior do que os recursos internos. É por isso que algumas campeãs ocultas dão atenção total ao crescimento contínuo. Um dos CEOs com quem conversei afirmou o seguinte: "Temos de crescer para nos mantermos produtivos; o crescimento nos mantém ocupados e alertas. Uma empresa é como uma árvore: no dia em que pára de crescer, ela começa a morrer. O crescimento faz parte da nossa cultura".

Mas o crescimento, no final das contas, faz com que o tamanho da empresa fique maior, o que representa um perigo. Muitas campeãs ocultas enfrentam o desafio de manter suas culturas de empresas pequenas porque estão ficando grandes demais. Esse é um dos aspectos que Clifford (1973) chama de "as dores iniciais de crescimento da empresa". A Putzmeister, líder no mercado mundial de bombas para concreto, é um exemplo útil. Karl Schlecht, proprietário e CEO da empresa, teme que, à medida que aumentar o tamanho da Putzmeister, surja uma burocracia corporativa, mais pessoas passem a freqüentar reuniões e a tomada de decisões leve mais tempo. Em 1995, ele começou a dividir a empresa em várias unidades – bombas de concreto, lavadores de aeronaves, bombas industriais –, que se transformaram em companhias que atuam como campeãs ocultas independentes. A Hauni-Körber, que controla o mercado mundial de máquinas de cigarro, fez o mesmo em 1995, dividindo a empresa em três companhias operacionais independentes: a Hauni, especializada em máquinas de cigarro, a PapTis, que passou a controlar várias posições de liderança global na fabricação de equipamentos de processamento de tecido e papel, e a Schleifring, fabricante de ferramentas para máquinas.

O desafio de conservar uma cultura orientada ao desempenho nas empresas em crescimento mostra-se extremamente difícil. Poucas empresas de grande porte da atualidade que já foram campeãs ocultas de porte menor conseguiram conservar as qualidades de sua juventude administrativa, mas muitas sucumbiram à síndrome da grande empresa. Há fortes evidências de que o caminho escolhido pela Putzmeister pode ser eficaz. A Hewlett-Packard obteve sucesso ao aplicar um sistema semelhante: unidades de menos de 100 pessoas controlam a maior parte das operações, como acontece em empresas pequenas. A W.L.Gore, Inc., fabricante da Gore-Tex, material semipermeável utilizado em aplicações como agasalhos, produtos medicinais e isolamento solar, também busca essa estratégia. As unidades da Gore são formadas por não mais do que 150 funcionários, para que, dentro de cada unidade, todos se conheçam, o desempenho pessoal fique evidente a todos e a comunicação pessoal direta seja efetiva.

É fascinante cogitar a possibilidade de dividir grandes corporações em pequenas unidades que sigam os padrões das campeãs ocultas. Refiro-me não apenas aos setores algemados pelas burocracias administrativas, mas às empresas verdadeiramente independentes. Uma das poucas que optou por esse caminho foi a empresa de produtos químicos da Inglaterra ICI, que, em 1993, criou a Zeneca, responsável por comercializações no ramo científico, e a ICI, no ramo industrial. Ela parece ser tão bem-sucedida quanto as "*baby* Bells"*, da norte-americana

---

* N. de T.: Na metade da década de 80, o governo norte-americano obrigou a AT&T, que detinha o monopólio das telecomunicações nos Estados Unidos, a se dividir em empresas menores, as chamadas "baby Bells". A designação surgiu devido ao fato de a AT&T também ser conhecida no passado como "Ma Bell".

AT&T, que nasceram em decorrência da alienação da empresa em 1984. Em 1985, a AT&T anunciou uma nova divisão em três companhias independentes. Outras empresas grandes deveriam pensar nessa alternativa, embora ela vá contra o atual conceito imperativo do tamanho transparente como meta e fator indicativo da posição de uma empresa na hierarquia econômica.

Outro aspecto da cultura de desempenho é a disponibilidade e a flexibilidade dos funcionários em relação ao tempo de trabalho. Enquanto as grandes empresas são relativamente inflexíveis, as campeãs ocultas apresentam um ponto forte essencial nesse sentido. Quase todas as entrevistadas disseram que conseguem mobilizar seus funcionários para trabalhar por mais tempo, mesmo sem aviso prévio. Wolfgang Pinegger, presidente da Brückner, fabricante-líder de sistemas de estiramento de filmes biaxiais, explica a situação em sua empresa:

> Nossos funcionários não podem esperar ter turnos regulares de oito horas de trabalho. Temos de ser mais flexíveis e mais rápidos. Por exemplo, freqüentemente temos que viajar no final de semana, e as pessoas que ficam na empresa não são rígidas em relação a semanas de trabalho que começam na segunda e terminam na sexta-feira. Somos muitos exigentes, mas também oferecemos mais do que apenas compensação monetária.

Embora a Brückner tenha menos de 300 funcionários, ela possui um jardim de infância e casas de praia para os funcionários no Caribe, entre outros benefícios. Reinhard Wirtgen concorda: "Temos ganhado de nossos concorrentes nos finais de semana". Um CEO que passa mais da metade do ano em viagens incessantes para vários lugares afirma o seguinte sobre a empresa em que trabalha: "Viajamos de noite e trabalhamos de dia". A obstinação das campeãs ocultas estende-se à disponibilidade do quadro de funcionários e à flexibilidade das horas de trabalho, o que faz com que tais exigências sejam outro ponto a ser levado em consideração na hora de selecionar e contratar funcionários.

A flexibilidade também se mostra necessária na distribuição organizacional e funcional dos empregados. Em 1992, Reinhold Würth percebeu que tinha de aumentar a força de vendas de maneira drástica, mas, devido à recessão, ele não pôde expandir sua força total de trabalho. A única alternativa que se lhe apresentou foi o remanejamento da equipe, dos serviços internos ao departamento de vendas. A Figura 9.2 apresenta o que Würth conseguiu em um ano. A força total de trabalho aumentou sutilmente, de 12.730 a 12.860 (+1%), mas a força de vendas passou para 509 pessoas (+8%) e a equipe de serviços internos foi reduzida em quase 400 pessoas (-6%). A mudança foi bem-sucedida graças ao remanejamento de pessoal. Qualquer pessoa que conhece as dificuldades para realizar mudanças como essas no ambiente comercial da Alemanha, onde os sindicatos trabalhistas são fortes, sabe apreciar a flexibilidade extraordinária dessa organização. A maioria das empresas de porte semelhante teria precisado de um tempo muito maior para efetuar um reordenamento desse tipo.

Para recapitular, as campeãs ocultas têm uma predileção especial por culturas corporativas exigentes e orientadas ao desempenho. Embora possam ser instituídas de cima para baixo, elas são aceitas e praticadas por equipes virtuais de funcionários que exercem controle social de forma mais eficiente do que qualquer outra regra rígida poderia fazer. As empresas em geral têm mais trabalho do que pessoal para realizá-lo. Apesar de a situação fazer com que as empresas se-

Serviços internos		Força de vendas	
6.106	5.727	6.624	7.133
1992	1993	1992	1993

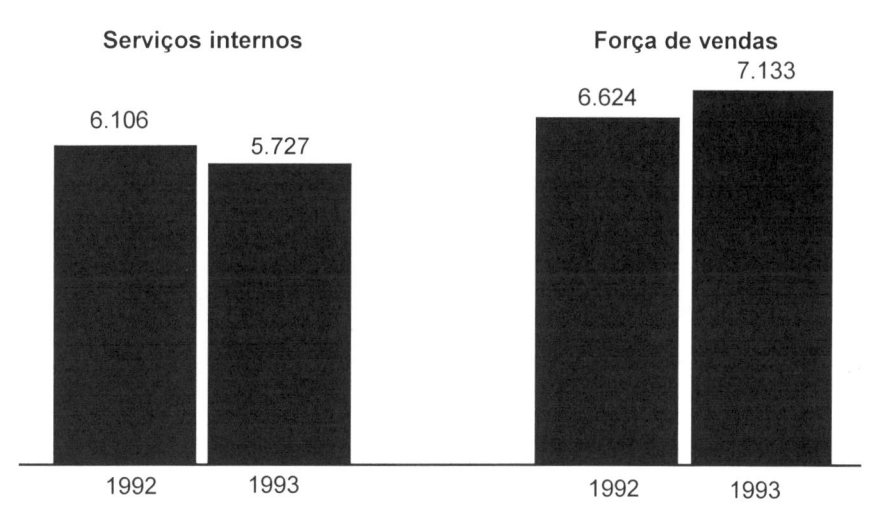

Figura 9.2 Evidências da flexibilidade das campeãs ocultas, Würth, 1992-1993.

jam exigentes em relação ao tempo e à flexibilidade dos funcionários, ela minimiza o atrito e o conflito internos. Embora não seja fácil trabalhar para as campeãs ocultas, o comprometimento dos seus colaboradores torna-os muito fortes.

LOCALIZAÇÃO EM ZONAS RURAIS

Quais são as origens do sólido comprometimento dos funcionários das campeãs ocultas? Além de fatores óbvios como foco claro, proximidade ao resultado final e mentalidade de equipe, a localização da empresa também desempenha um papel importante. Poucas campeãs ocultas possuem sedes em cidades grandes, como Berlim, Frankfurt, Munique e Düsseldorf. Apenas Hamburgo é a sede de um número considerável de empresas: Jungheinrich, equipamentos para logística; Fielmann, óculos; Rothfos-Neumann, café; Eppendorf-Netheler-Hinz, produtos médicos; von Ehren, plantio de árvores; Paul Binhold, material didático de anatomia; e outras. A ampla maioria das empresas localiza-se em pequenas cidades e vilarejos com nomes como Harsewinkel (Claas), Aichtal (Putzmeister), Kandel (David + Baader, que controla o mercado de esterilização de mamadeiras e assemelhados), Holzminden (Dragoco, Haarmann & Reimer, duas líderes em fragrâncias), Mulfingen (ebm, líder mundial em ventiladores domésticos), Plettenberg (Plettac, líder mundial em andaimes), e assim por diante. Poucas pessoas já ouviram falar desses lugares. O interessante é que as empresas japonesas também preferem esses locais a grandes cidades quando instalam suas fábricas.

Localizar-se na zona rural apresenta vários aspectos importantes. Primeiro, como a campeã oculta é geralmente a única grande empregadora na cidade, seus funcionários ficam sem alternativa. Em contrapartida, a cidade oferece um suprimento limitado de trabalhadores qualificados, assim a empresa tem de depender da boa vontade dos funcionários. Para melhor ou para pior, essas condições criam uma dependência mútua: o empregador precisa do empregado, e os trabalhadores precisam dos empregos da empresa.

O fato de o proprietário-gerente de uma empresa ter nascido e crescido, em geral, na mesma cidadezinha que seus funcionários leva a relações de amizades que não podem ser recriadas nas corporações instaladas em grandes cidades. Em muitas dessas cidadezinhas, várias gerações de uma mesma família trabalham ou trabalharam para a empresa. Os gerentes ajudam a fomentar essa proximidade. Ao caminhar pelas fábricas na companhia dos CEOs, fiquei surpreendido ao perceber que eles conhecem a maioria dos funcionários pelo nome, e às vezes dirigiam-se a eles até na segunda pessoa, o que não é usual na Alemanha. Também é uma atitude muito comum os proprietários da empresa patrocinarem, principalmente, clubes locais de futebol, o que ajuda a aumentar a popularidade da empresa na cidade. Uma empresa que oferece produtos e serviços de qualidade é, com freqüência, o orgulho de uma pequena cidade. Todos esses fatores contribuem para o comprometimento surpreendentemente raro do funcionário.

Outra conseqüência do fato de uma empresa localizar-se na zona rural é a ausência de distração. Klaus Grohmann, que tem as 30 maiores empresas de produtos eletrônicos do mundo como seus clientes-alvo, explica essa vantagem:

> Sou de Düsseldorf, uma cidade grande, e minha primeira empresa foi lá. Na época, tínhamos um negócio muito bem-sucedido de engenharia com os clientes do setor do aço. Mas o que fazemos hoje para a indústria eletrônica não poderia ser feito em Düsseldorf, pois haveria distrações demais para nossos profissionais superiores. Exigimos profunda concentração, que só pode ser conseguida em regiões tranqüilas. Decidi ir até a pequena cidade de Prüm, na região montanhosa de Eifel, próxima à fronteira da Bélgica, pois queria criar um laço permanente entre os funcionários e a empresa, e funcionou. Nossa taxa de rotatividade no trabalho é menor do que 1%, a média de idade dos funcionários é de 30 anos, e não perdemos tempo em engarrafamentos. A gente vive perto dos campos e das florestas, e quando vamos para casa conseguimos relaxar. Os funcionários podem comprar casas próprias, pois a terra é muito barata. O único problema é que atraímos pessoas das cidades grandes, mas não é um problema sério.

Ademais, essa é a atitude de muitas campeãs ocultas, senão da maioria. Ela encontra eco em Livio De Simone, CEO da 3M em Minneapolis-St.Paul, que afirmou o seguinte: "Estamos de volta ao Meio-Oeste – você sabe, somos meio fazendeiros" (Loeb, 1995, 83). As campeãs ocultas ao redor do mundo concordam com essa idéia. A Melroe, fabricante dos famosos carregadores e retroescavadeiras de tração contínua* Bobcat, fica em Gwinner, no estado de Dakota do Norte, EUA, dentre outros locais. A Gambro, empresa sueca que controla o mercado mundial de produtos para o tratamento renal, com receitas próximas a US$ 550 milhões, tem sua sede na pequena cidade sueca de Lund. A Beneteau, uma das mais antigas construtoras de varas de pescar da França, é hoje a construtora-líder de iates do mundo. A empresa emprega cerca de 1.100 pessoas longe das grandes cidades, em seis locais de produção na região de Saint-Hilaire-de-Riez, na França. A Freixenet e a Codorniu, as duas maiores produtoras de vinho espumante do mundo, operam perto da cidade espanhola de Sant Sadurni d'Anoia. Duas líderes suíças no mercado mundial, que abocanham cerca de 60% de seus

---

* N de T.: "Skid-steer", no original. Sistema desenvolvido pela Bobcat também utilizado pela Caterpillar, por exemplo. Termo muito usado em português.

respectivos mercados, ficam localizadas próximas uma da outra: a Flytec, que controla o mercado mundial de instrumentos para vôo livre, e a Uwatec, líder global no mercado de instrumentos para mergulho com cilindro, instalaram suas unidades no meio dos picos e lagos montanhosos da região de Hallwil, na Suíça.

Essas empresas "fazendeiras" deveriam ser estudadas com mais seriedade. Enquanto os funcionários inteligentes da área urbana podem estar caindo nas tentações da cidade grande, os rapazes das campeãs ocultas provavelmente estão maquinando alguns planos competitivos sórdidos em suas casas na floresta – até nos finais de semana.

QUALIFICAÇÃO E APRENDIZAGEM

Os fatores-chave na competição internacional variam de um mercado para o outro. Nos mercados de massa, onde os baixos custos são decisivos, a capacidade de produzir ao menor custo possível, com acesso à mão-de-obra barata, torna-se uma competência essencial. Nos mercados das campeãs ocultas, qualidade e prestação de serviços são os parâmetros competitivos mais importantes, assim a habilidade e a perícia da força de trabalho em aprender constituem competências essenciais. Em mercados sofisticados, a educação está se tornando cada vez mais um fator determinante da vantagem competitiva internacional. Para um país atingir e manter uma educação competitiva superior, as oportunidades devem ser dirigidas não apenas à elite, mas também à massa de trabalhadores.

A Figura 9.1 demonstra que as campeãs ocultas avaliam com um alto índice as qualificações especializadas de seus trabalhadores. Na média, 8,5% dos funcionários possuem curso universitário. Em muitas empresas, a percentagem de funcionários com educação superior é muito maior. Da força de trabalho de 250 membros da Aqua Signal, líder mundial em sistemas de iluminação de navios, 50 são engenheiros. Na Hauni/Körber, os mais de 1.500 engenheiros da folha de pagamento da empresa representam quase um em cada quatro funcionários. Vinte e dois por cento dos funcionários da Trumpf têm diploma universitário.

Em uma comparação internacional, no entanto, a educação dos trabalhadores é um fator ainda mais importante. Praticamente toda a força de trabalho não-acadêmica das empresas da amostra completou programas de treinamento vocacional. Esse sistema constitui um dos pilares da competitividade internacional da Alemanha. O programa consiste em três anos e meio de uma combinação de trabalho prático e educação teórica. Toda a experiência prática, durante a qual o aprendiz recebe um salário modesto, é bancado pelo empregador. A parte teórica é oferecida por escolas federais. As duas etapas da aprendizagem são coordenadas por conselhos especiais, formando uma parceria do governo com a iniciativa privada que é única no mundo. Na conclusão dos programas, a Câmara do Comércio e da Indústria alemã aplica uma prova. Gerhard Neumann, chefe do Aircraft Engine Group (líder mundial em motores a jato) da General Electric por 17 anos, afirma que seus anos de aprendizagem na Alemanha foram o período de formação mais importante de sua vida profissional, mais importante do que seus estudos acadêmicos de engenharia. Os que obtém as melhores notas passam para a fase seguinte, que leva ao título de *Meister* (mestre, que não deve ser confundido com o título de mestre obtido em um mestrado), exigindo trabalho prático adicional e instrução teórica.

Os aprendizes nos programas de treinamento vocacional perfazem 4,5% da força de trabalho das campeãs ocultas. Se essa percentagem for relacionada aos seus 735 funcionários médios, uma campeã oculta típica tem cerca de 33 aprendizes. Somado à baixa incidência anteriormente mencionada de rotatividade, esse índice garante uma fonte permanente de pessoal qualificado.

No final da década de 80, o sistema de treinamento vocacional foi criticado, com razão, por ser muito inflexível, incapaz de se adaptar às rápidas mudanças tecnológicas. Como conseqüência, os programas sofreram uma reforma no início da década de 90 e passaram a ter padrões modernos de ensino. Os centros de treinamento nos anos 80 eram pouco diferentes daqueles da década de 60, mas os que tenho visto ultimamente se parecem com laboratórios de eletrônica. As escolas federais na Alemanha encontram alguns problemas, principalmente financeiros, mantendo o mesmo nível dos novos equipamentos, mas até essa situação melhorou. Os aprendizes das campeãs ocultas em geral já adquiriram uma boa educação fundamental quando entram no programa. Na Hymmen, que controla o mercado de prensas de dupla correia, praticamente todos os aprendizes completaram os 13 anos de educação primária e secundária necessários para se conseguir um diploma do segundo grau na Alemanha. O mesmo também se aplica a inúmeras outras companhias da amostragem.

Muitas campeãs ocultas, além de grandes corporações, como a Siemens, "exportaram" alguns fundamentos dos sistemas de treinamento vocacional para suas subsidiárias no exterior. A Stihl, que controla o mercado de motosserras, utiliza os conceitos alemães para fins de treinamento nos Estados Unidos e no Brasil. Outros programas institucionais de troca extensiva com subsidiárias garantem que seus funcionários jovens ao redor do mundo recebem a mesma base de conhecimento. Embora seja difícil reproduzir esse sistema de treinamento fora das capitais, todas as empresas podem aprender com os alemães que educar seus trabalhadores habilidosos é um investimento gratificante. Contudo, a menos que a empresa impregne seus trabalhadores com o sentido de fidelidade sincera a seus empregadores, o investimento não compensa.

As campeãs ocultas também são ativas ao patrocinarem uma educação contínua. O estudo de Rommel et al. (1995) demonstrou que as companhias bem-sucedidas gastam quase quatro vezes mais em educação por funcionário – US$ 551 versus US$ 150 – do que seus concorrentes não tão bem-sucedidos na área de engenharia mecânica. Mas esses números revelam apenas parte do panorama das pequenas empresas, pois o treinamento no trabalho desempenha uma função maior do que os programas formais. Altos índices de inovação induzem a um processo de aprendizagem contínuo quase automático; ao contrário das grandes organizações, as companhias menores raramente incluem em seus orçamentos, de forma sistemática, programas de educação, dificultando a comparação entre empresas.

Um ingrediente importante do processo de aprendizagem, que não aparece incluído nas estatísticas, é a troca interfuncional. Como já foi observado nos Capítulos 5 e 6, a flexibilidade de deslocar a equipe de trabalho a outras funções predomina entre as campeãs ocultas. A Winterhalter Gastronom exige que cada funcionário aprenda a exercer pelo menos uma outra função, de preferência duas. A equipe de produção habitualmente salta para o departamento de prestação de serviço, e vice-versa. Rommel et al. (1995) afirmam que essas transferências ocorrem com uma freqüência cerca de quatro ou cinco vezes maior nas empresas bem-sucedidas do que naquelas malsucedidas.

As entrevistas que realizei tratam da questão de aprendizagem organizacional. Os respondentes quase nunca reclamam que suas equipes estão sem vontade ou com pouca vontade de aprender, em contraste às grandes empresas, que geralmente mencionam essas posturas por parte dos funcionários. A razão para que isso ocorra pode muito bem ser que os funcionários das campeãs ocultas sentem-se menos seguros e percebem uma necessidade maior de aprender do que seus colegas em outras empresas. Eles compreendem que a lei da sobrevivência em relação à aprendizagem exige que eles se adaptem rapidamente às mudanças em seu ambiente de trabalho e ajam de acordo.

Meus respondentes vêem a força de trabalho instruída como outra base de sua superioridade competitiva. Uma combinação desses vários fatores é indispensável para o sucesso na concorrência internacional.

CRIATIVIDADE DO TRABALHADOR

Todas as empresas devem constantemente estar na busca de novas idéias para aumentar a produtividade, cortar custos, aperfeiçoar produtos e reduzir o tempo de fabricação. Todo mundo professa submissão a essas idéias, mas poucas empresas fazem uso total da fonte mais óbvia e mais próxima de aperfeiçoamentos, a criatividade dos trabalhadores. Os japoneses, por meio do *kaizen*, o sistema de melhoria contínua, são muitos melhores do que as empresas do Ocidente ao fazer proveito dessa fonte.

A Tabela 9.2 apresenta provas concretas das diferenças entre a Alemanha e os Estados Unidos, por um lado, e o Japão, por outro. Esses cálculos baseiam-se em estatísticas coletadas pelo Instituto Comercial Alemão (Deutsches Institut für Betriebswirtschaft). É provável que os números não sejam totalmente comparáveis de um país para o outro, mas as diferenças são tão inacreditáveis que erros sutis na avaliação parecem ser irrelevantes.

As empresas alemãs, com 16 sugestões, e as norte-americanas, com 21 sugestões por 100 funcionários, são exemplos semelhantes, mas as companhias japonesas atingem o impressionante número de 2.500 sugestões, ultrapassando a Alemanha em um fator de 156 e os Estados Unidos em 119. Na Alemanha e nos Estados Unidos, apenas 39% e 35%, respectivamente, das sugestões são postas em prática, ao passo que, no Japão, a taxa de implantação sobe para 86%. O que conta, no final, são as economias líquidas por funcionário. Os índices nos Esta-

TABELA 9.2 Sugestões dos funcionários na Alemanha, 1993, e no Japão e nos Estados Unidos, 1992

	Alemanha	Japão	Estados Unidos
Sugestões por 100 funcionários	16	2.500	21
Bônus médio por sugestão em dólares	621	4,1	461
Parcela de implementação	39%	86%	35%
Sugestões aceitas por 100 funcionários	6,2	2.150	7,4
Economias líquidas por sugestão aceita em dólares	2.609	139	
Economias líquidas por funcionário em dólares	161	3.921	

Fontes: Deutsches Institut für Betriebswirtschaft, dados variados; Informationsdienst des Instituts der Deutschen Wirtschaft, dados variados; Simon, Kucher & Partners, Strategy & Marketing Consultants, 1995.

dos Unidos para essa categoria não foram apurados, mas são provavelmente semelhantes aos da Alemanha. Os alemães atingem economias líquidas de US$ 161 por funcionário, e os japoneses, US$ 3.921, o que compõe um fator inacreditável de diferença de 24!

Os dados alemães provêm de um levantamento feito entre 245 empresas de várias indústrias, dentre as quais 17 eram campeãs ocultas. Estas se saem substancialmente melhor do que a média das companhias alemães. Elas atingem 47 sugestões comparadas às 16 sugestões por 100 funcionários e economias de US$ 229 por funcionário, em oposição aos US$ 161 para todas as companhias alemães. Assim, as campeãs ocultas, embora consideravelmente melhores do que a média das empresas da Alemanha, ainda estão bem abaixo das japonesas. Mas as campeãs, pelo menos aquelas na amostra do instituto, não são, definitivamente, boas o suficiente para mobilizar a criatividade de seus trabalhadores. Duas empresas na Alemanha provaram que crescimentos enormes são possíveis: em 1993, a unidade da General Motors na Alemanha Oriental, a Open Eisenach GmbH, tinha 924 sugestões por 100 funcionários e economias de US$ 1.000 por funcionário; em 1994, a Porsche AG, fabricante de carros esportivos, alcançou a marca de 600 sugestões por 100 funcionários, obtendo economias de US$ 1,53 milhão. Para 1995, é relatado um crescimento para 1.500 propostas por 100 funcionários e economias de US$ 5,2 milhões.

Acredito que as campeãs ocultas, no geral, mostrariam estatísticas melhores do que as das 17 empresas do estudo. A maioria das campeãs ocultas, particularmente as menores, não possui um sistema formal de sugestões – em um dos levantamentos que realizei apenas 12,8% dos respondentes adotava esse procedimento. As campeãs ocultas afastam-se dessa burocracia inerente a esses sistemas. Em vez disso, como os *kaizen* japoneses, elas exigem e esperam que todos os funcionários empenhem-se ativamente em buscar melhorias possíveis, que, estou convicto, é uma atitude superior ao processo formal. A Trumpf, líder mundial em máquinas de perfuração de chapas de madeira, pede que "cada funcionário sinta a necessidade e tenha a habilidade de influenciar os processos na empresa e de atuar de forma criativa". Minha empresa, a Simon, Kucher & Partner, tem três qualidades: é uma empresa correta, rápida e criativa. Por "criativa", entende-se que todos sempre devem pensar em maneiras para melhorarmos nossos serviços.

Uma segunda razão para o fato de as campeãs ocultas não se saírem muito bem em números de sugestões é que elas já são maravilhosamente eficientes e produtivas. Um jovem executivo, que hoje trabalha em uma montadora, fez a seguinte observação: "Na minha empresa atual, os trabalhadores fazem muitas sugestões, e realmente há muito a ser melhorado. Antes de ir para lá, trabalhei em uma campeã oculta, onde pouquíssimas sugestões podiam ser postas em prática, simplesmente porque a empresa era tão boa que havia menos espaço para melhorias do que aqui". Também pode-se dizer o mesmo em relação a melhorias na produtividade. O número de sugestões das campeãs ocultas, para a maioria delas, pode não impressionar muito porque elas já atingiram um alto grau de produtividade. A empresa precisa tomar cuidado para não se iludir com a mudança propriamente dita; é preciso se perguntar em que ponto a mudança começou. Freqüentemente descobri que as informações sobre ganhos impressionantes em produtividade (como aqueles anunciados pela literatura da reengenharia) tinham mais a ver, na maioria das vezes, com os processos que foram extremamente ineficientes no passado.

Em relação ao pensamento criativo dos trabalhadores, tomo a liberdade de citar uma frase de Konosuke Matsushita, fundador da Matsushita Electric Industrial Corporation, que o professor Philip Kotler incluiu em uma comunicação pessoal.

Vamos vencer e o Ocidente industrial vai perder; não há muito que possa ser feito sobre isso porque as razões para o fracasso estão dentro de vocês mesmos. As empresas são construídas de acordo com o modelo Taylor, e pior ainda, a mentalidade também é construída de acordo com esse modelo. Enquanto os chefes ficam pensando e os trabalhadores apertando parafusos, você ficará convencido de que essa é a maneira certa de gerenciar um negócio. Para você, a essência da administração é tirar as idéias dos chefes e colocá-las nas mãos do operário.

Fomos além do modelo de Taylor. Percebemos que a empresa se tornou tão complexa, a sobrevivência das firmas tão precária e o nosso ambiente cada vez mais imprevisível, competitivo e perigoso que a existência contínua das empresas depende da sua mobilização diária para cada grama de inteligência.

Não sei exatamente quem o Sr. Matsushita tinha em mente, mas sua declaração certamente não se aplica às campeãs ocultas, com exceção da última frase. Nisso elas concordariam totalmente com ele. Elas podem não ser especialistas em procedimentos formais, e provavelmente poderiam melhorar bastante nesse sentido, mas, até onde vai minha experiência, elas são muito boas em extrair criatividade dos trabalhadores em muitas áreas, grandes ou pequenas.

Novamente, enfatizo que todas as empresas devem se empenhar em extrair o maior potencial da mente de seus trabalhadores. A maioria das companhias possui enormes reservatórios de minas inexploradas de idéias de ouro. Embora ninguém tenha descoberto ainda a palavra mágica para entrar nessas minas, as campeãs ocultas revelam que o comprometimento do trabalhador com o grupo e a integração a ele, pensando junto no trabalho propriamente dito, pode ser preferível aos sistemas de sugestões.

ATRAINDO E MANTENDO O MELHOR

Se a qualidade do funcionário representa o princípio básico de competências superiores, atrair e manter o melhor talento disponível é, obviamente, muito importante. Desde o início da década de 80, a minha empresa vem fazendo estudos regulares sobre a atratividade das empresas para os recém-formados das universidades e sobre programas de treinamento vocacional. A partir desses estudos, sabemos que as empresas de tamanho médio estão se tornando mais atraentes aos recém-graduados do que as grandes corporações.

A Figura 9.3, que utiliza a matriz das vantagens competitivas do Capítulo 7, apresenta as descobertas de um estudo realizado pelos formados em Engenharia Mecânica. A ordem de importância dos itens está representada no eixo vertical e o desempenho de uma companhia de médio porte, em relação a uma grande corporação, é apresentado no eixo horizontal. A Volkswagen, exemplo típico de grande corporação, é utilizada para comparação. No lado direito, a companhia de porte médio é mais atrativa e, no lado esquerdo, a Volkswagen é melhor. Um desempenho relativo superior relacionado a um item de importância mais alta vale mais.

```
                                    ■ Ambiente
                                      de trabalho

                                      Execução de idéias ■

                            ■ Sofisticação do trabalho
    ▲
    ■ Conhecimento
 ncia  tecnológico
tâ                           Responsabilidade rápida
or                                  ■
mp
I   ■ Segurança no trabalho

    ■ Tempo claro de trabalho/lazer

                            Pagamento de acordo
                            com o desempenho
                                    ■
    ■ Oportunidades para rotatividade de trabalho


    ◄ Melhor para a    Igual   Melhor para empre- ►
      Volkswagen               sa de médio porte
                 Desempenho relativo
```

Fonte: Hermann Simon, Kai Wiltinger, Karl-Heinz Sebastian, and Georg Tacke, *Effektives Personalmarketing* (*Marketing* pessoal efetivo) (Wiesbaden: Gabler, 1995).

Figura 9.3 Interesse em uma companhia de médio porte e na Volkswagen por recém-formados em Engenharia Mecânica.

A empresa de médio porte possui vantagens nos dois itens mais importantes, ambiente de trabalho e execução de idéias, além de ser considerada superior em oferecer responsabilidade rapidamente. A Volkswagen, ao representar um exemplo típico de grande corporação, possui vantagens na sofisticação do trabalho e no conhecimento tecnológico. Os itens que obtiveram importância abaixo da média são menos importantes para as decisões dos recém-formados.

Além de tudo, a empresa de médio porte é uma empregadora mais desejável do que a empresa grande. As empresas médias provavelmente atraem as personalidades mais empreendedoras, que gostam da oportunidade de pôr suas idéias em prática e de assumir a responsabilidade rapidamente. Enquanto as grandes empresas são procuradas por alguns técnicos mais excêntricos, as companhias menores seduzem os profissionais que se adaptam a suas culturas corporativas.

Tais descobertas estão de acordo com as observações que fiz sobre algumas campeãs ocultas, que, em geral, não apresentam problemas sérios para contratar pessoas excelentes. Nas regiões em que atuam, são consideradas empregadoras desejáveis. A administração da Würth, por exemplo, afirma que, com cinco vezes mais candidatos altamente qualificados do que a empresa pode contratar, ela realmente pode ser seletiva. A Heidenhain, líder global no mercado de sistemas de medição de cumprimentos e ângulos, tem 3.000 funcionários. Certa vez, a empresa anunciou dois empregos para físicos recém-formados – e houve mais de

1.000 candidatos interessados. Manfred Bobeck, da Winterhalter Gastronom, afirmou em 1994: "Hoje é mais fácil para nós atrair boas pessoas. A reputação e o interesse da Winterhalter melhoraram tanto que vários candidatos recém-formados fazem fila para conseguir empregos. Esses jovens sabem que recebem um treinamento excelente, podem assumir responsabilidades rapidamente e ter um futuro rico em oportunidades". Algumas campeãs ocultas tiveram problemas em contratar recém-formados capacitados vindos de universidades distantes. O fato de essas empresas se localizarem na zona rural e de não serem bem conhecidas fora de suas regiões pode ser uma desvantagem, pois é possível que os candidatos relutem em se mudar para uma cidade pequena. Mas, uma vez que sucumbam à beleza do ambiente e sintam-se em casa, é provável que fiquem trabalhando na empresa um bom tempo.

Atrair as pessoas certas é apenas o primeiro passo; mantê-las e dispensar aqueles que não se adaptam à cultura da empresa são aspectos igualmente importantes ao se construir uma força de trabalho excelente. Embora, como já foi mencionado, o índice de rotatividade dos funcionários das campeãs ocultas seja muito baixo, ele pode ser razoavelmente alto nos estágios iniciais de integração do funcionário à empresa. A força do comprometimento e da cultura corporativa age contra os novos funcionários que não se ambientam bem à empresa. Heinz Hankammer, dos filtros de água Brita, descreve a situação de sua empresa da seguinte forma: "Os novos funcionários que não se adaptam à nossa cultura se desqualificam. Não preciso dizer a ninguém: 'Você não se adapta à empresa.' A pessoa se dá conta sem a minha intervenção".

Há maneiras alternativas de montar uma força de trabalho qualificada. Uma delas é testar os candidatos de forma cuidadosa antes de serem contratados. As empresas japonesas parecem seguir esse caminho quando contratam pessoas para trabalhar em outros países. As campeãs ocultas raramente utilizam esse método, pois preferem contratar pessoas promissoras e testá-las no trabalho. As que não desempenham as funções de forma satisfatória são afastadas em pouco tempo. Na Alemanha, os contratos de trabalho geralmente especificam um período de experiência de seis meses, mas as grandes empresas, ao contrário das campeãs ocultas, raramente dispensam um funcionário novo nesse período. Os trabalhos mais complexos podem exigir um período de experiência mais longo. Um dos CEOs com quem conversei disse-me que a real qualidade de um funcionário novo pode ser avaliada somente após um ano ou dois. "Até depois de dois anos", afirmou, "somos rigorosos em dispensar um funcionário se percebemos que ele não corresponde às nossas expectativas. Deve-se ser paciente e dar tempo aos funcionários novos, mas é preciso ser implacável se eles não se adaptarem". A vantagem desse método, comparado com vários testes preliminares, reside na sua maior validade, pois a única maneira de avaliar o verdadeiro desempenho de uma pessoa é no trabalho. É mais intuitivo e menos científico do que testes preliminares, mas, no final, pode ser mais eficaz.

As campeãs ocultas são razoavelmente bem-sucedidas na atividade de atrair e conservar funcionários excelentes. São apreciadas enquanto empregadoras empreendedoras que fornecem liberdade considerável para a responsabilidade e a rápida assimilação de novas idéias. Essas características tornam-nas atrativas para perfis empreendedores, que costumam se ambientar a suas culturas corporativas. Os que não se adaptam são rapidamente liberados. Esse processo de seleção "inconsciente" é mais eficaz.

MITTELSTAND

Subjacente aos traços culturais das campeãs ocultas descritos neste capítulo encontra-se a filosofia mais geral da *Mittelstand*, a classe média. A *Mittelstand*, que abrange todas as empresas de pequeno e médio portes, descreve uma rede intricada de valores distintos compartilhados por milhares de firmas alemãs. Em seu âmago encontram-se valores como desejo pela independência, fascínio pela qualidade e boas relações de trabalho. Assim, praticamente inexistem greves nas empresas que integraram a amostra. A RUD, que controla o mercado de correntes industriais, chama sua fábrica de ilha da paz. Nunca houve uma greve sequer em seus 120 anos de história. Em 1910, a empresa criou, voluntariamente, uma espécie de sindicato dos trabalhadores. Em geral, a Alemanha está sempre no final das estatísticas de greve, e as campeãs ocultas estão entre as mais baixas nesse sentido. Cerca de 50% delas oferecem distribuição de lucros e muitas criam clubes e organizam atividades para os funcionários e seus familiares. Mas não acho que isso seja uma exclusividade delas, pois muitas outras empresas, grandes e pequenas, oferecem privilégios semelhantes.

No geral, a Mittelstand é uma filosofia tradicional e conservadora em sua essência. Ela acredita na geração de valor e qualidade aos clientes e na exigência de preços justos. "Mantenha as coisas simples" é um lema recorrente. As idéias da filosofia Mittelstand são racionais e não se prestam a novos modismos ou frases de efeito. O subtítulo do livro *The Tom Peters Seminar* (1994), de Tom Peters, *Crazy Times Call for Crazy Organizations* ("Épocas loucas exigem organizações loucas"), provoca apenas um risinho de sarcasmo nos CEOs das campeãs ocultas. Não há nada de espetacular em suas organizações e culturas. Com nenhuma razão especial para o sucesso, elas só fazem milhares de pequenas coisas um pouco melhor do que as concorrentes.

Os valores da Mittelstand não são exclusivos da Alemanha. Encontrei a mesma postura em empresas de primeira classe do mundo todo. Obviamente, há princípios e valores sobre a realização de negócios que ultrapassam o espaço e o tempo, e cada empresa está bem avisada de que deve lhes prestar bastante atenção.

RESUMO

O papel da cultura corporativa no sucesso a longo prazo das empresas em geral está sendo menosprezado. Culturas corporativas fortes constituem uma característica importante da identidade das campeãs ocultas. As culturas de equipe contribuem bastante para a contínua competitividade dessas empresas. As principais lições que se pode tirar delas são as seguintes:

- Uma cultura corporativa, como um conjunto de valores e metas aceitas, é uma maneira de atingir a eficiência ao associar recursos e minimizar o atrito interno.
- Uma cultura compartilhada constitui a base para a identificação e a motivação do funcionário.
- A motivação, por sua vez, produz fortes vantagens econômicas ao reduzir os índices de faltas por doença e de rotatividade de funções.

- Uma cultura corporativa deve ser orientada para o desempenho e para a intolerância de desempenhos abaixo da média; o controle social é muito mais eficaz do que o controle formal.
- É mais aconselhável ter mais trabalho do que pessoas para fazê-lo; esse desequilíbrio também impede o atrito interno.
- Uma empresa, ou suas unidades, deve permanecer pequena o suficiente para tornar o desempenho transparente; uma vez que a empresa torna-se grande demais, ela pode pensar em se dividir em unidades menores (se for possível).
- Um local que oferece pouca distração aos funcionários pode contribuir para melhorar o desempenho.
- Para se dar bem em mercados dinâmicos, as empresas devem tentar obter flexibilidade da força de trabalho em relação às horas de trabalho e à organização da equipe;
- A empresa deve prestar bastante atenção à qualificação do funcionário, não apenas em nível profissional, mas também em termos de trabalho real. Os programas de treinamento vocacional são recomendados.
- A criatividade do trabalhador é uma fonte de produtividade ainda sem utilização, cujo potencial total pode ser mais bem assimilado pela motivação de toda a força de trabalho do que pelos sistemas formais de sugestão.
- Pode-se criar uma força de trabalho superior atraindo, selecionando e contratando pessoas de alta qualidade. As campeãs ocultas dão a entender que contratar pessoas, testá-las no trabalho e dispensar com rigor aquelas que não se adaptam é uma atividade que se presta àquela finalidade.

A cultura corporativa constitui a alma de uma empresa, e as campeãs ocultas possuem uma alma forte. Seus valores são construídos com base em princípios simples, rigorosamente implementados em toda a empresa e aceitos por todos os funcionários. Uma força de trabalho que compartilha valor forma uma equipe difícil de ser vencida.

Os líderes

10

*Deve arder dentro de você
aquilo que deseja acender nos outros.*

St. Augustine of Hippo

Se eu tivesse que escolher um ponto forte característico e comum das campeãs ocultas, esse seria os líderes, ou, mais especificamente, o impulso e a energia incessantes que tais líderes emanam. Eles não são tão diferentes das pessoas em geral, mas todos estão imbuídos de força e entusiasmo que impulsionam suas empresas para a frente. A maioria deles é extremamente focada em seus negócios. A manutenção da liderança é outra característica de destaque. A média de tempo que os líderes das campeãs ocultas permanecem no comando é de mais de 20 anos. Os estilos de liderança são autoritários, quando se fala em metas fundamentais e valores essenciais, e são participativos e orientados à criação de autonomia, quando se fala nos processos e nos detalhes da implementação. A liderança é o principal ingrediente para que uma empresa seja propriedade de uma família ou de um grupo de interesses especiais. As grandes organizações que compram uma campeã oculta são sábias em deixá-la trilhar seu próprio caminho se desejam manter seu êxito nos negócios.

ESTRUTURAS E IMPACTO

Nas empresas de pequeno e médio portes, as estruturas de propriedade e de administração estão intimamente associadas. Das campeãs ocultas, 76,5% pertencem a famílias ou a um número limitado de pessoas, e apenas 2,4% são empresas totalmente públicas. Os 21,1% restantes são de propriedade de grupos empresariais. A Figura 10.1 resume a estrutura de propriedade e a composição de gerência das empresas familiares. Nas outras, os gerentes e administradores são, por definição, mão-de-obra contratada.

Em quatro de cada cinco empresas familiares ou de capital fechado, no mínimo um dos proprietários faz parte da gerência. De modo geral, os gerentes-proprietários atuam ativamente em quase dois terços das campeãs ocultas, 62,3% para ser mais exato. As duas funções combinadas, a de proprietário e a de gerente, naturalmente colocam esses líderes em uma posição muito forte. Em quase um quinto das empresas, 17,6%, essa posição é valorizada por haver uma única pessoa no nível mais alto de administração.

A experiência educacional dos líderes é dividida de forma quase parelha, com 49,1% deles tendo recebido ensinamentos na área de negócios, 38,6% na área técnica ou científica e 5,3% tendo estudado formalmente nos dois campos. Muitos desses administradores, no entanto, são bem-versados nas duas discipli-

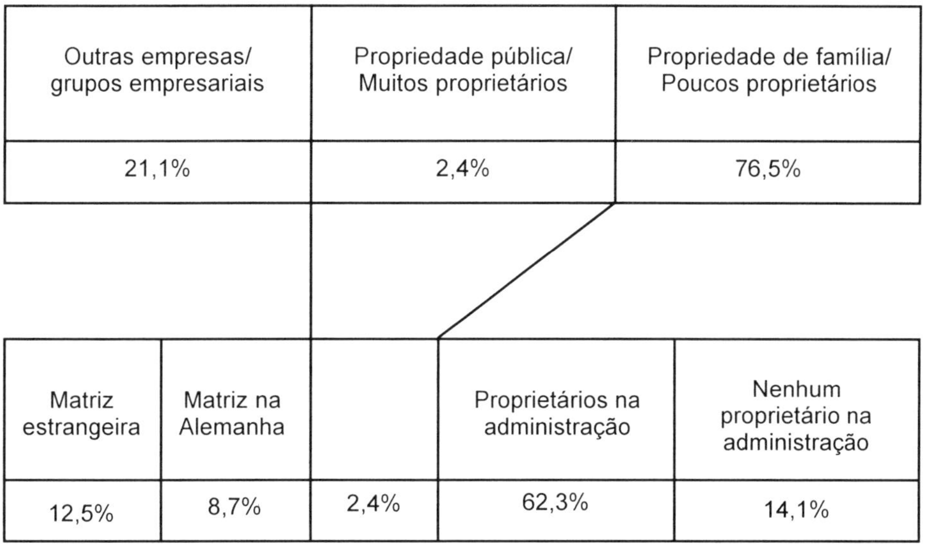

Outras empresas/ grupos empresariais	Propriedade pública/ Muitos proprietários	Propriedade de família/ Poucos proprietários
21,1%	2,4%	76,5%

Matriz estrangeira	Matriz na Alemanha		Proprietários na administração	Nenhum proprietário na administração
12,5%	8,7%	2,4%	62,3%	14,1%

Figura 10.1 Estruturas de propriedade e administração das campeãs ocultas.

nas, pois já enfrentaram problemas em todas as funções e regimes da empresa. Há muito menos divisão das tarefas de administração nas empresas pequenas do que nas empresas grandes.

É interessante observar que muitos fundadores de campeãs ocultas não receberam nenhum tipo de formação acadêmica. Hermann Kronseder (Krones, produtora de máquinas de rotulagem), Heinz Hankammer (filtros de água Brita), Reinhard Wirtgen (máquinas de reciclagem de estradas) e Reinhold Würth (produtos de montagem), como dezenas de outras pessoas, pertencem a essa categoria. Em geral, eles passaram por um programa de aprendizagem, durante o qual fizeram uso de seu talento natural e adquiriram conhecimentos técnicos suficientes e usualmente de ótima qualidade. Hermann Kronseder, um *Meister*, possui 151 patentes.

O fato de receberem uma educação formal está intimamente relacionado à idade dos fundadores da companhia. A maioria dos que fundam uma nova organização ou levam uma empresa pequena já existente à liderança mundial do mercado começa a trabalhar muito cedo. Würth tinha 19 anos quando o pai morreu de maneira repentina e Wirtgen começou aos 18, da mesma forma que Lothar Bopp, da LoBo Electronik, líder no ramo de *shows* com *laser*. Os que só fundaram suas próprias empresas depois de velhos acham hoje que cometeram um erro. Georg Schmitt, da SAT, que domina o mercado de reparação de superfícies de estradas no local, afirmou: "Foi um erro eu só ter aberto meu próprio negócio aos 45 anos. A SAT poderia ser muito maior hoje se eu tivesse começado mais cedo, como fez o meu amigo Reinhard Wirtgen".

A idade da pessoa que funda uma empresa é um tema recorrente na investigação da origem das companhias. Landrum (1993), que estuda os líderes de companhias inovadoras, como Microsoft, Apple e Federal Express, acredita que a maioria começou quando era muito jovem, e vários, como Steve Jobs, da Apple, e Bill Gates, da Microsoft, largaram a faculdade. O mesmo também se aplica aos fundadores das "companhias visionárias" estudadas por Collins e Porras (1994). William Hewlett e David Packard, por exemplo, tinham 26 anos quando fundaram a Hewlett-Packard; J. Willard e Allie Marriott tinham 26 e 22 anos, respectivamente, e Howard Johnson tinha 27 quando abriram suas empresas. Embora haja exceções, a energia empreendedora parece ser mais forte nas pessoas que têm entre 20 e 30 anos. Isso sugere uma interessante analogia com as descobertas de jovens cientistas quando estavam na casa dos 20 anos, como Einstein, por exemplo.

Esses padrões de idade e comportamento apontam para um conflito potencialmente sério entre o impressionantemente longo processo educacional e o dinamismo empreendedor ambicioso. Na Alemanha, os estudantes raramente completam os estudos na faculdade antes de terem 30 anos. Da mesma forma, antes de completarem os 30, é pouco provável que os estudantes que se dedicam a pesquisas de doutorado, prática bastante comum em algumas áreas, deixem a universidade. Até lá, a energia empreendedora desses estudantes pode muito bem já ter escasseado. A idéia de que simplesmente podem fazer o que quiserem já terá desaparecido. Os que desejam seguir o caminho empreendedor dos negócios devem pensar seriamente em encurtar suas carreiras acadêmicas ou abandoná-las de vez. Os empreendedores representam o combustível que impulsiona o crescimento econômico, e, no momento, estou ciente de que há, na verdade, uma carência de empreendedores no potencial das campeãs ocultas, em vez de uma escassez de acadêmicos com boa formação.

As campeãs ocultas preferem promover seus líderes de dentro da empresa, afirmação com a qual 64,2% dos respondentes da minha pesquisa concordaram ou concordaram totalmente. Conseqüentemente, a atitude de gerar líderes dentro da empresa, observada nas atividades essenciais, estende-se à promoção e ao desenvolvimento da gestão. Por outro lado, apenas uma minoria acreditava que a integração dos gerentes de fora era problemática, com o que não concordo. As observações que fiz confirmam que as culturas corporativas idiossincrásicas dificultam o ingresso de um profissional de fora em uma campeã oculta típica, a menos que a pessoa venha de uma companhia que possua uma cultura semelhante. Quanto mais forte for uma cultura corporativa, mais difícil se tornará a alguém adiantado na carreira se ajustar a uma nova cultura. Muitos dos meus entrevistados confirmaram que os melhores futuros líderes crescem na cultura de suas próprias companhias.

A personalidade do líder no comando de uma empresa foi vista como ponto forte por 73,9% dos respondentes, enquanto a permanência no comando recebeu um índice de aprovação ainda mais alto, 79,8%. Essas avaliações diretas são confirmadas por uma análise múltipla de regressão, pela qual tentamos explicar o sucesso geral das companhias, como definido no Capítulo 1, por variáveis independentes relacionadas a recursos internos. (Embora as variáveis externas também tenham sido incluídas, elas não são de interesse aqui.) A Figura 10.2 mostra o impacto das quatro variáveis internas que acabaram tendo uma influência significativa sobre o sucesso. A liderança possui o maior impacto, mas o profissionalismo da administração é de importância equivalente. Essas descobertas surpreendentes estão em total acordo com minhas observações subjetivas: os líderes das campeãs ocultas mais bem-sucedidas são fortes tanto na liderança quanto no profissionalismo. A liderança e o profissionalismo da administração de uma empresa não devem ser considerados características excludentes, mas concomitan-

Impacto sobre o sucesso global

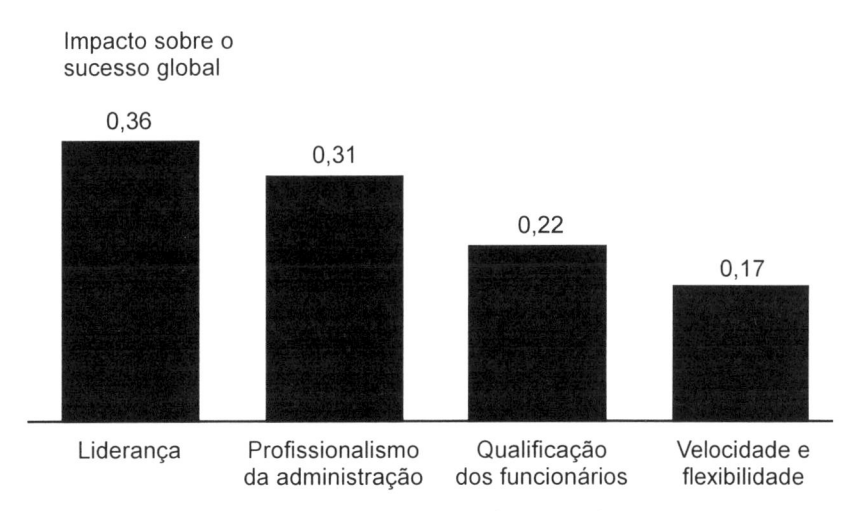

- Liderança: 0,36
- Profissionalismo da administração: 0,31
- Qualificação dos funcionários: 0,22
- Velocidade e flexibilidade: 0,17

Figura 10.2 Variáveis internas com impacto significativo sobre o sucesso global.

tes. Essas pessoas notáveis combinam traços visionários, motivadores e vigorosos com capacidades instrumentais, técnicas e metódicas. Reinhold Würth faz a distinção entre dois aspectos quando fala de "cultura de liderança" e "técnica de liderança". O bom líder deve ser mestre nas duas. De acordo com Würth, o traço cultural é mais raro do que o traço técnico, e a combinação dos dois é muito rara.

EQUIPES DE LIDERANÇA

Na maioria das companhias que têm apenas um líder, o fundador da empresa é quem desempenha a função. Na segunda geração, as campeãs ocultas são geralmente dirigidas por equipes. No geral, a grande maioria das empresas da amostra, 82,4%, são controladas por uma equipe de até cinco membros. É interessante analisar as estruturas dessas equipes, nas quais são incluídas todas as variantes de combinações de famílias e não-famílias. A Tabela 10.1 apresenta uma relação de vários padrões.

Na primeira geração, encontramos, além de um único líder-fundador, líderes-co-fundadores. Em algumas companhias, eles são parentes, como Rainer e Jürgen Wieshoff, que fundaram a Interface, empresa que controla o segmento de travas para as unidades de disco de computador. Em outras empresas, eles não têm relação nenhuma, como é o caso da SAP, líder em *softwares* comerciais, fundada por Dietmar Hopp, Hasso Plattner, Hans-Werner Hector e Klaus Tschira, todos ex-colegas na IBM. A Fast Electronic, uma das empresas-líderes no mundo em placas de compressão para computador, foi fundada por Matthias Zahn, que abriu a empresa com amigos e colegas de quarto da faculdade, que ainda mantêm posições de liderança na firma.

As duplas ou as equipes formadas por fundadores-líderes abrangem um fenômeno interessante cujo potencial ainda não foi bem pesquisado e compreendido. Elas se combinam para fornecer conhecimentos técnico e comercial, que raramente são encontrados no mesmo grau em qualquer outra pessoa. Muitas gran-

Tabela 10.1 Estrutura de liderança de algumas campeãs ocultas

Estrutura de liderança	Exemplos			
	Empresa	Fundação	Produto principal	Líderes
Um líder-fundador	Brita	1966	Filtros de água	Heinz Hankammer
	SAT	1982	Serviços de reparação de estradas	Georg Schmidt
	Grohmann Engineering	1982	Sistemas eletrônicos de montagem	Klaus Grohmann
Vários líderes-fundadores	Interface	1983	Travas para disquetes	Rainer e Jürgen Wieshoff
	SAP	1972	Aplicações de cliente/servidor	Dietmar Hopp, Hasso Plattner, Hans-Werner Hector e Klaus Tschira
Várias gerações de uma família	Hoppe	1952	Ferragens para portas e janelas	Friedrich Hoppe (fundador), Wolf e Christoph Hoppe
	Reflecta	1967	Projetores de eslaides	G. Junge e esposa, a filha e o marido dela
	Sandler	1879	Materiais que não utilizam tecelagem	Christian Heinrich Sandler, Dr. Christian Heinrich Sandler
Segunda geração da família	Stihl	1896	Motosserras	Hans-Peter Stihl, Eva-Mayr-Stihl, Robert Mayr
	Haribo	1920	Ursinhos Gummi	Hans e Paul Riegel
	AL-KO	1931	Chassis de caminhões	Herbert, Kurt e Willy Kober
Misto de membros familiares e não-familiares	Binhold	1948	Material didático para anatomia	Paul Binhold, filha e o marido dela, Otto H. Gies
	Krones	1951	Sistemas de engarrafamento	Hermann e Volker Kronseder, Paul Hinterwimmer
Não-familiar	Dürr	1895	Sistemas de pintura de automóveis	Hans-Dieter Pötsch, Rolf Haueise, Walter Schall, Bernward Hiller
	Sachtler	1967	Tripés para câmeras	Joachim Gehrt, Jürgen Nussbaum
	Heidenhain	1889	Instrumentos de medição de cumprimentos e ângulos	Rainer Burkhard, Walter Miller

des empresas devem sua origem e seu crescimento a essas equipes. Pode-se citar como exemplo, além de William Hewlett e David Packard, Paul Dubrule e Gerard Pelisson, que criaram a companhia francesa Accor, hoje a maior rede de hotéis do mundo; Masaru Ibuka e Akio Morita, que ergueram a Sony; e Carl Zeiss e Ernst Abbé, que fundaram a Schott e a Zeiss, duas empresas gêmeas alemãs no segmento de vidros e produtos ópticos, que trazem com elas uma combinação perfeita de conhecimento técnico e comercial.

O problema mais importante que as campeãs ocultas enfrentam é o da sucessão do comando da empresa, que será discutido em detalhes a seguir. Em teoria, os fundadores desejam passar o bastão para a próxima geração da família, e de fato há inúmeros exemplos de membros de família da segunda ou da última geração que integram a equipe de administração. Freqüentemente dois, às vezes três parentes, substituem o fundador-líder. Um caso quase perfeito é a Haribo, cujo comando foi assumido por Hans e Paul Riegel após a morte do pai, em 1945. Hans comanda o departamento de relações exteriores e de *marketing*, enquanto Paul administra o setor de operações internas. Às vezes, cunhados e cunhadas se juntam à equipe de administração, como acontece na Stihl, na Binhold e na Reflecta (ver Capítulo 10.1).

Nas equipes de administração formadas por parentes entre si, uma delas – em geral, a mais velha – exerce um papel dominante. O fato não surpreende, pois a relação de parentesco delas apenas se estende aos domínios da empresa. Mas até as campeãs ocultas não estão imunes ao comportamento apresentado em séries de tevê como *Dallas* e *Dinastia*; por isso, há casos em que o parentesco não funciona da forma desejada e acaba sucumbindo.

Na fase inicial das empresas, as esposas dos fundadores desenpenham uma importante função de apoio. Elas também são capazes de assumir o controle da empresa após a morte repentina de seu líder. Quando o fundador Alfred Kärcher morreu em 1974, a mulher dele, Irene Kärcher, substitui-o na função de CEO da Kärcher e, com a ajuda do administrador Roland Kamm, que não faz parte da família, conduziu a empresa à sua atual posição de liderança no mercado mundial de limpadores de alta pressão. E Elisabeth Belling, a filha do fundador Hans Lenze, assumiu o comando da Lenze quando o marido morreu, em 1981.

Equipes mistas formadas por membros da família e por pessoas sem nenhum grau de parentesco podem trabalhar muito bem em conjunto. Embora a família forneça o talento técnico necessário, os profissionais vindos de fora em geral trazem técnicas administrativas especializadas, como os sistemas de controle e *marketing*. Durante a transição de um único líder-fundador para uma equipe formada por membros especializados, a empresa pode ganhar um novo impulso de crescimento – ou pode entrar em crise. A discrepância de poder, por outro lado, entre os membros da família e os que não fazem parte dela pode continuar. A propriedade e o contrato de administração são mais importantes do que apenas um contrato de administração. Um aspecto interno muito significativo dessa estrutura de poder diz respeito aos funcionários. Os que cresceram e trabalharam sob a tutela de um líder-fundador podem muito bem aceitar um herdeiro como novo dirigente, mas podem achar complicado estender sua lealdade a um novo chefe contratado.

Em 18,5% das campeãs ocultas controladas por uma família, nenhum membro dela participa da alta administração. Entre elas encontram-se muitas empresas que são muito bem-administradas e conseguiram conduzir com sucesso a transição de uma seleção do líder orientada à família a uma baseada em seus méritos. Para elas, como para as campeãs de propriedade de grupos de interesse, o problema da sucessão é muito menos sério do que as companhias dirigidas por famílias. Em contrapartida, as firmas controladas por um administrador carecem das características atraentes encontradas em empresas familiares. No final das contas, toda empresa pode se ver forçada a fazer essa transição, desde que haja garantias de que se possa encontrar uma pessoa com capacidade administrativa suficiente na geração seguinte.

A verdadeira mensagem apresentada na Tabela 10.1 não é que a origem dos administradores e gerentes ou dos líderes, no fim das contas, importa. O fato de eles serem ou não membros da família mostra-se irrelevante comparado à capacidade que têm de atuarem como equipe. Deparei-me com muitas equipes formadas por parentes de várias gerações que mostraram um alto nível de tensão e comportamento debilitado, mas também com equipes mistas que atuavam de maneira bem tranqüila.

Comunicação e informações são as duas áreas mais óbvias das quais se podem tirar exemplos de cooperação. Em uma empresa muito competitiva, os três líderes principais dividem um amplo escritório. Tendo acesso à correspondência todas as manhãs, cada um deles fica sempre bem-informado. Em outra empresa, todos os membros da equipe de administração que se encontram na empresa almoçam juntos diariamente e discutem as questões do dia. Wolfgang Pinegger, presidente da Brückner, fabricante dos sistemas de estiramento de filmes biaxiais, descreve o estilo de comunicação da empresa:

> A gente nunca sabe onde cada um está, porque todos estão sempre viajando. Mas todo mundo sabe como encontrar os colegas. Montamos uma estrutura global de comunicação que nos permite entrar em contato com cada membro da equipe em qualquer lugar, em qualquer hora. E três a quatro vezes por ano nos reunimos por vários dias para discutir tudo em profundidade. Nesse encontro, unimos o corpo de conhecimento a partir do qual podemos viver nos meses seguintes. Esse sistema funciona somente se a equipe for suficientemente pequena e os membros estiverem perfeitamente harmonizados uns com os outros.

Ao comparar a grande empresa típica com as campeãs ocultas, vejo uma enorme diferença nas relações interpessoais dos membros da equipe administrativa. Nas grandes firmas, eles são pessoas normais, comandadas por esferas de responsabilidade e território que têm disputas de poder concomitantes. Evidentemente, as campeãs ocultas não estão livres de rixas e atritos internos, mas esses problemas não são predominantes, e a conseqüente perda de energia e tempo não chega nem perto daquela observada nas grandes organizações.

Uma diferença mais sutil existente entre as equipes de administração nas companhias grandes e pequenas é que o papel de liderança da pessoa que está no comando da equipe é mais destacado nas empresas menores. Nas grandes empresas da Alemanha, o poder dentro de uma equipe de administração é razoavelmente bem distribuído, o que faz com que, às vezes, o presidente do conselho de administração ou o orador da equipe seja mais um *primus inter pares* do que um chefe propriamente dito. Isso se aplica mais às grandes empresas alemãs do que às norte-americanas. Nesse sentido, a estrutura de poder das companhias da amostra é relativamente mais parecida com a das corporações norte-americanas do que a das alemãs. O forte papel do líder não entra, necessariamente, em conflito com o bom espírito de equipe descrito antes. Se os outros membros da equipe reconhecem o papel do líder, a liderança forte e o espírito de equipe podem coexistir pacificamente. Uma explicação possível para a diferença existente entre as empresas grandes e pequenas é que a forte liderança do fundador da empresa é repassada para os líderes que o sucederão. A sólida continuidade da liderança, que abordarei na próxima seção, contribui para a transcendência do legado do fundador. Infelizmente, quanto maior for a empresa, mais rapidamente esse efeito se dissipará.

CONTINUIDADE

A continuidade da liderança como tal não é boa nem ruim. O longo mandato de um líder ineficaz é obviamente uma desvantagem. Um bom líder que permanece no cargo por um longo tempo pode ser uma grande vantagem para a empresa. Collins e Porras (1994) comparam a gestão média dos CEOs em suas empresas "visionárias" com a gestão de uma amostra equivalente de empresas menos bem-sucedidas de "comparação". No grupo visionário, que os autores chamam de "melhor do melhor", os CEOs possuem um mandato médio de 17,4 anos, enquanto que o tempo médio para as empresas de comparação é apenas 11,7 anos. Todas as empresas que fizeram parte do estudo dos dois têm, pelo menos, 15 anos de idade e todas foram fundadas antes de 1946.

A duração da gestão do CEO, no entanto, nas melhores das melhores companhias, perde a importância diante da duração do cargo nas campeãs ocultas. Entre as campeãs, a média de mandato dos líderes é de 20,6 anos. Essa comparação com o melhor do melhor mostra-se um pouco tendenciosa, pois a maioria das campeãs ocultas que integrou a amostra existe a menos tempo do que o mínimo de 15 anos das companhias visionárias. Se forem consideradas apenas as companhias da minha pesquisa que foram fundadas antes de 1946, o tempo médio da gestão dos CEOs é de 24,5 anos.

Muitas campeãs são dirigidas pelo mesmo CEO por um longo período de tempo, considerado incomum. A Tabela 10.2 apresenta uma série de companhias antigas cujos CEOs já completaram 30 anos ou mais de cargo, e uma grande percentagem dessas firmas tiveram apenas três ou quatro líderes em seus mais de 100 anos de existência.

Deve-se ser extremamente cuidadoso ao interpretar a longa duração das gestões de CEOs como algo vinculado ao sucesso das campeãs ocultas. Será que a companhia é bem-sucedida porque o CEO possui uma visão a longo prazo e permanece no cargo para executá-la, ou será que o CEO é convidado a ficar (ou se lhe permite a permanência na função) porque a empresa é bem-sucedida em primeiro lugar? As duas razões são plausíveis: embora a primeira seja mais provável, o outro motivo também pode ser verdadeiro.

A importância crítica da continuidade precisa ser analisada em relação às metas audaciosas discutidas no Capítulo 1. Se o fundador de uma pequena empresa estabelece a meta de se tornar líder mundial de mercado, ele deve pensar primeiro em termos de uma geração. Alguns mercados modernos fabulosos, por exemplo, o de telecomunicações e o de computadores, que foram globais desde seu surgimento, podem enganar algumas pessoas sobre a quantidade de tempo necessário para penetrar nos mercados de vários países diferentes. Geralmente leva décadas para se construir confiança e uma rede de distribuição e prestação de serviços, para se aprender como ser bem-sucedido em mercados distantes e para se desenvolver equipes de administração e recursos humanos. A continuidade constitui um pré-requisito para o sucesso sob tais condições. Em combinação

TABELA 10.2 Tempo médio de gestão dos CEOs em algumas campeãs ocultas

Empresa	Fundação	Produto/serviço principal	Idade da empresa	Número de CEOs	Tempo médio de gestão por CEO
Netzsch	1873	Máquinas e instalações para indústria de cerâmica	121	3	40,3
Glasbau Hahn	1836	Mostruários de vidro para museus e exibições	158	4	39,5
Böllhoff	1877	Parafusos e porcas	117	3	39
seca	1840	Balanças médicas	154	4	38,5
Haribo	1920	Ursinhos Gummi	75	2	37,5
EJOT	1922	Encaixes diretos de parafusos para material plástico	72	2	36
Stihl	1926	Motosserras	68	2	34
von Ehren	1865	Plantio de árvores grandes	130	4	33,3
Carl Jäger	1897	Incensos e porta-incensos	97	3	32,3
Loos	1865	Vapor industrial e caldeira de água quente	129	4	32,2
Bizerba	1866	Escalas para varejo de sistemas eletrônicos	128	4	32
Merkel	1899	Lacres industriais	95	3	31,6
Probat Werke	1868	Tecnologia para torração industrial do café	126	4	31,5
Bruns	1875	Viveiros	120	4	30

com a perseverança, pode resultar, no fim, na liderança do mercado mundial. A descontinuidade, por outro lado, precisa ser vista como um dos fatores mais desastrosos tanto das grandes quanto das pequenas empresas. Como um plano a longo prazo pode ser implementado com sucesso se a pessoa no comando troca todos os anos? Esse é um problema sério para as unidades de negócios das grandes corporações, que, durante o rápido vaivém de funções, sente, em geral, a rápida rotatividade de seus gerentes.

PERSONALIDADES

Quem são esses líderes? Que tipo de personalidade eles têm? O que os torna admiráveis? Se os encontrássemos na rua, provavelmente não os reconheceríamos. Em sua aparência, e na maioria das características que apresentam, são pessoas comuns, como você e eu. Não há uma maneira de descrevê-los em termos de uniformidade, pois são tão variados quanto a humanidade em geral. Entre eles já encontrei de extrovertidos entusiásticos a introvertidos extremamente tímidos. Alguns são grandes comunicadores que adoram falar, enquanto outros são homens de poucas palavras. Tirar algum comentário dos mais quietos e reservados é como extrair um dente deles. Durante as visitas que fiz, alguns estavam sempre rodeados por pessoas da equipe, enquanto outros se escondiam na privacidade de seus escritórios.

Mas, apesar de todas essas variantes, tais líderes possuem várias características em comum. A partir das observações que fiz, cheguei a cinco traços característicos que, em maior ou menor grau, são comuns aos líderes das campeãs ocultas.

Unidade entre pessoa e objetivo

Sempre se disse o seguinte de Hans Riegel, da Haribo, típico líder de uma campeã oculta: "A pessoa que ele é e a empresa que possui sempre formaram uma unidade". Isso me faz lembrar de uma descoberta sobre artistas e cientistas. Na sua relação de 12 estudos de casos sobre pessoas famosas e criativas, Wallace e Gruber concluem o seguinte: "Para muitas pessoas criativas, sua vida é o trabalho. Algumas pessoas criativas integram sua vida pessoal e seu trabalho, em vez de separá-los" (1989, 35). O mesmo poderia ser dito da maioria dos líderes de empresas campeãs que conheci. São pessoas genuínas que se identificam totalmente com suas empresas. Ao contrário de muitos administradores das grandes corporações, eles vivem o que são e o que querem ser. Helmut Brähler, da Brähler International Congress Service, afirma que a empresa é o seu *hobby* e recomenda que todo mundo tente transformar o *hobby* em profissão, como fez para si mesmo. "Tente fazer o que você gosta e planeje as coisas para daqui a poucos anos", aconselha.

Essa postura em relação ao trabalho indica que o dinheiro não constitui a principal força impulsionadora. Embora alguns líderes admitam que é muito fácil dizer isso quando se tem dinheiro suficiente, acredito que esse posicionamento seja verdadeiro em essência. A motivação deles é o resultado, primeiro, da identificação e da satisfação dos líderes com seu trabalho e somente a partir daí com o sucesso econômico. A conclusão à que cheguei é corroborada pelo fato de que muitos dos líderes, apesar de sua riqueza, continuam a levar vidas bastante modestas. Hermann Kronseder é um exemplo desse estilo: "Minha família e eu nunca vivemos de forma extravagante. Não gosto de gastar dinheiro em luxos desnecessários. Não tenho iate, e não visto ternos caros nem uso relógios muito finos. Tenho brevê de piloto, mas não possuo avião."

Alguns líderes possuem *hobbies* extravagantes, mas tive a impressão de que os *hobbies* relacionavam-se de certa forma ao negócio. Reinhold Würth, que tem brevê de piloto para qualquer condição climática, pode muito bem ser, aos 60 anos, o mais antigo possuidor de um brevê desse tipo na Alemanha. Jamais consegui determinar se aquele era realmente o *hobby* dele ou era a maneira que encontrou de chegar aos seus vários destinos no menor espaço de tempo. Embora seja incomum na Alemanha, várias pessoas como ele possuem brevê para voar. Encaro essas atividades como auxílios à eficiência, em vez de apenas *hobbies*. Theo Schroeder diz que seu *hobby* é pilotar balões de ar quente, mas eis que Schroeder é um dos maiores fabricantes de balões de ar quente do mundo. Tudo isso leva a uma integração de trabalho e vida pessoal, e não a uma dissociação das duas coisas.

A total devoção que essas pessoas têm a seus trabalhos, e a conseqüente identificação com eles, dão aos líderes uma credibilidade enorme junto aos funcionários e aos clientes. Eles não impõem limites sobre o que fazem e assumem toda a responsabilidade por suas companhias. Alguns industriais aclamados demonstraram a mesma atitude. Robert Bosch, fundador da Bosch, disse certa vez: "Prefiro perder dinheiro à confiança. Sempre me foi insustentável pensar que alguém poderia afirmar, ao examinar meus produtos, que produzo alguma coisa de qualidade inferior". Henry Ford concorda. "Quando um dos meus carros quebra, sei que sou o culpado" (Ford, 1922, 67). Esse ponto de vista sincero é transferido aos funcionários e contribui para aumentar a motivação e a identificação deles com a empresa. A verdadeira liderança nunca pode representar; ela deve consistir na essência genuína de crenças e valores que o líder possui.

Raramente se percebem essas atitudes nas grandes corporações modernas. Conheci muitos gerentes e administradores que se sentiam relativamente alienados do trabalho que exercem, o que pode explicar a às vezes fantástica facilidade com que trocavam de um emprego para o outro.

Determinação

Na sua biografia, *Adventures of a Bystander*, Peter Drucker conta alguns encontros que teve com dois famosos professores em suas áreas, Buckminster Fuller, em Física, e Marshall McLuhan, em Ciência da Comunicação. Drucker (1978, 255) afirma:

> Para mim eles exemplificam a importância de ser determinado. As pessoas determinadas, as monomaníacas, são as únicas empreendedoras reais. O resto, as pessoas como eu, podem ser mais divertidas, mas acabam se esgotando aos poucos. Os Fullers e os McLuhans carregam uma "missão"; o resto tem interesses. Sempre que se consegue alguma coisa, foi um monomaníaco com uma missão que conseguiu.

Aplicada aos dirigentes das campeãs ocultas, essa descrição pode ser um pouco exagerada, mas está muito próxima da realidade. O foco e a concentração deles fundamentam-se na idéia da determinação. A pessoa pode não querer se tornar monomaníaca, mas deve estar ciente de que é provável que alguém seja perdedor ao competir com um companheiro desses. Pense novamente na última frase de Drucker sobre realizações, e lembre-se das palavras de Klaus Grohmann citadas no Capítulo 9: "Exigimos concentração profunda, que só pode ser obtida em ambientes silenciosos".

Sob esse foco e essa concentração às vezes há uma estratégia deliberada surpreendente denominada EKS. Significa *Engpass-konzentrierte strategie*, ou seja, "estratégia centrada nos gargalos". A EKS foi criada nos anos 60 pelo consultor Wolfgang Mewes e comercializada como produto de aprendizagem à distância. Ela já foi especialmente popular entre as companhias de médio porte. Vários anos atrás, Mewes vendeu seu produto educacional para o *Frankfurter Allgemeine Zeitung*, o principal jornal alemão, cujo departamento de serviço de informações continua a comercializá-lo. A idéia simples que se esconde por trás da EKS é a de que cada desenvolvimento é limitado por um gargalo que tende a limitar o crescimento. A EKS propõe que, primeiramente, é preciso identificar o gargalo, e depois concentrar-se inteiramente em eliminá-lo. Uma vez que o fator tenha sido extirpado, ele é substituído, por definição, por outro fator limitante que deve ser identificado e atacado.

A EKS fornece detalhes e métodos para empregar esse conceito essencialmente simples e correto, recomendando-se forte concentração em um fator por vez, mas também um ajuste dinâmico da concentração. Com freqüência, encontrei essa filosofia nas minhas entrevistas. Alguns CEOs de campeãs ocultas tornaram-se adeptos fervorosos desse método, e eles o ensinam a seus próprios clientes. Manfred Bobeck, da Winterhalter Gastronom, líder global no setor de lava-louças comerciais para hotéis e restaurantes, tenta convencer os distribuidores do valor dessa abordagem altamente focada na estratégia. Ele está totalmente convencido de que esse método os tornará, e indiretamente ele próprio, mais bem-sucedido. A adoção surpreendentemente freqüente da EKS pode ser um dos poucos "segredos" que as campeãs ocultas escondem.

Destemor

Uma terceira característica em comum dos líderes das campeãs ocultas é o destemor. Prefiro a palavra destemor à palavra coragem porque ela me parece transmitir a idéia da falta de medo, em vez de presença de coragem. Pode-se perceber também a idéia da falta de inibição com essa escolha. De acordo com a minha experiência, o provérbio chinês "O desconhecimento da sua liberdade é a sua escravidão" aplica-se a muitas pessoas, inclusive a mim. Todos nós poderíamos atingir alturas impressionantes se estivéssemos realmente conscientes da nossa liberdade e das nossas oportunidades, pois muitos dos limites que sentimos estão dentro de nós mesmos.

Mas o provérbio não se aplica a muitos líderes de campeãs ocultas, que não possuem as mesmas inibições e temores que as pessoas normais e, portanto, são mais indicados para explorar seus próprios potenciais.

Eles apenas se direcionam para qualquer país, qualquer mercado, qualquer cliente e começam a fazer negócios. Simplesmente não se deixam afligir pelo risco, pelo conhecimento limitado de línguas estrangeiras e por outros obstáculos psicológicos. Heinz Hankammer começou a vender filtros em uma farmácia da cidade de Salt Lake; Reinhard Wirtgen não hesitou em viajar pelo mundo inteiro para desenvolver suas máquinas. Uma empresa com apenas 110 funcionários, que prefere permanecer no anonimato, começou a fabricar produtos para o lar na Rússia e na China em 1995. É bastante provável que muitos erros sejam cometidos durante ações como essas, pois muitas envolvem um grande risco. Mas os líderes das campeãs ocultas não são jogadores que desejam apostar todos os recursos que possuem em especulações arriscadas. No lugar, eles consideram essas ações a única maneira rápida de angariar informações valiosas e confiáveis sobre novos mercados.

Resistência e perseverança

Como foi observado na introdução deste capítulo, os líderes das campeãs ocultas parecem gozar de energia, resistência e perseverança inesgotáveis. Helmut Aurenz, da ASB Grünland, líder mundial no mercado de terras para plantas, acredita que a perseverança seja o fator mais decisivo de todos. O fogo continua a arder dentro deles, mesmo depois da aposentadoria. Alguns nunca chegam a se aposentar, o que pode ser até mesmo um problema. Paul Binhold, aos 82 anos, e o Prof. Friedrich Förster, aos 86, ainda são presenças ativas em suas empresas.

Além do dinamismo intrínseco, acredito que a interação com metas transparentes e o destemor sejam fatores essenciais para se conseguir resistência. O sucesso e o cumprimento das metas injetam novas energias nesses líderes. Tony O'Reilly, CEO da H. J. Heinz, expressa a idéia de forma agradável: "Nada energiza mais um indivíduo ou uma empresa do que metas claras e um grande objetivo" (Smith, 1994, 71).

Também é surpreendente observar como certas experiências que podem desestimular outras pessoas têm o efeito contrário nos líderes das campeãs, como Günther Fielmann, por exemplo, líder na Europa e dirigente da empresa número dois do mundo no varejo de óculos. Em suas passadas por uma cidade e outra, ele lutou contra concorrentes entrincheirados, engajando-se em inúmeras batalhas legais, sendo atacado de muitas frontes diferentes e sobrevivendo a outros incidentes enervantes. Há uma piada que circula sobre Fielmann: existem duas coisas de que os oculistas não gostam: das pessoas que têm uma visão perfeita e de Fielmann. Sua resposta imediata: "Seria muito pior se os meus concorrentes me ignorassem." Richard Branson, do Virgin Atlantic Group, do Reino Unido, outra empresa da mesma categoria, ataca onde quer que esteja – mais recentemente a Coca-Cola, com um produto parecido –, e quanto mais forte se mostra o contra-ataque da empresa desafiada, maior é o sentimento de satisfação de Branson.

Ao entrar no escritório de muitos líderes de empresas campeãs, quase consegui enxergar a energia que emanava da pessoa, uma espécie de força desconhecida que certas pessoas possuem. Não tenho nenhuma explicação para esse fenômeno.

Inspiração aos demais

Os artistas podem criar sua própria fama mundial, mas em um empreendimento ninguém pode criar, sem nenhuma ajuda, uma empresa-líder no mercado mundial. A pessoa sempre precisa do trabalho e do apoio de outras pessoas. Dessa forma, o fogo que arde em um único líder é insuficiente; ele deve acendê-lo nos outros, em geral em muitos outros. Segundo Warren Bennis (1989), ainda não sabemos por que as pessoas seguem certos líderes e não seguem outros. Só posso dizer que os CEOs das campeãs ocultas são muitíssimos eficazes em formar séquitos. Isso não pode ser atribuído ao estilo de comunicação que possuem, pois muitos deles não são grandes comunicadores no sentido comum. Acho que o primeiro traço, a identidade de pessoa e de objetivo, desempenha um papel crucial na habilidade de acender o fogo da inspiração nos demais.

Os cinco traços de personalidade certamente não constituem uma descrição definitiva, pois a importância relativa dessas características varia de pessoa para pessoa, mas servem para distinguir de forma adequada os líderes que conheci. Os cinco traços são resumidos na Figura 10.3. Naturalmente, não são características

```
                    ┌─────────────┐
                    │  Unidade de │
                    │ pessoa e objetivo │
                    └─────────────┘
    ┌─────────────┐                   ┌─────────────┐
    │ Determinação│                   │  Destemor   │
    └─────────────┘                   └─────────────┘

    ┌─────────────┐                   ┌─────────────┐
    │ Resistência e│                  │ Inspiração aos│
    │ perseverança│                   │    demais   │
    └─────────────┘                   └─────────────┘
```

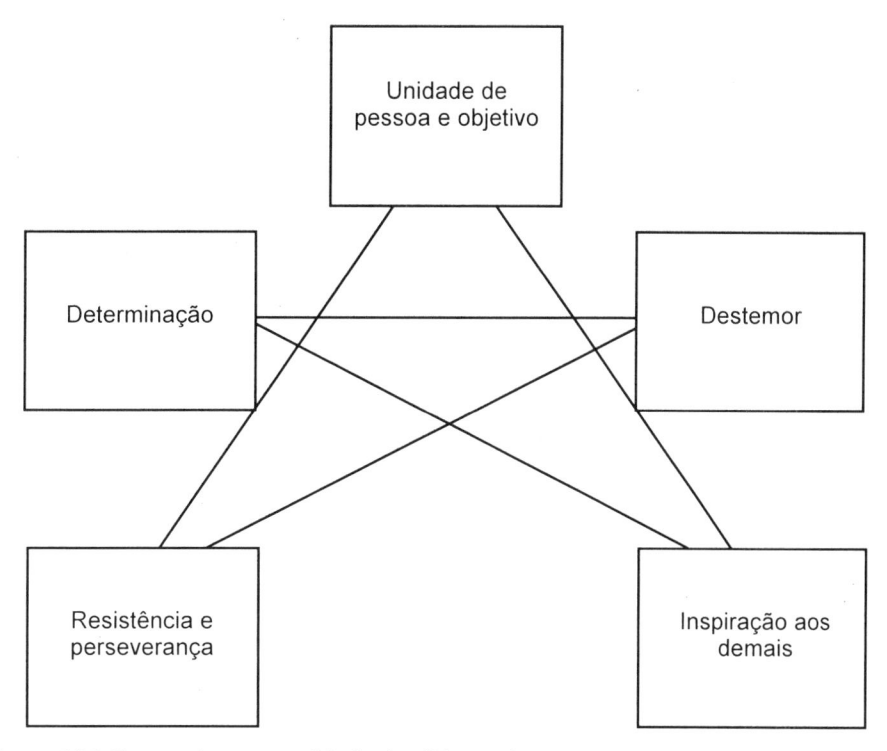

Figura 10.3 Traços de personalidade dos líderes das campeãs ocultas.

estáticas. As exigências sobre esses líderes mudam com o tempo, e os líderes devem mudar com as exigências. Muitos deles tiveram de fazer mudanças enormes nesse aspecto. A experiência de Günther Fielmann é, de certa forma, elucidativa:

> Comecei como oculista, especialista em óculos. Depois tive que me tornar "um chefe de torcida", um missionário, alguém que pudesse atrair pessoas excepcionais e instilar vitalidade neles. Tive então que aprender como lidar com a mídia. Hoje tenho que supervisionar uma grande organização e dedicar meu tempo a coisas como finanças, para as quais posso ainda não ter talento suficiente.

As exigências sobre as habilidades maleáveis dos líderes das campeãs são enormes. Embora as grandes organizações tenham se tornado mais dinâmicas nos últimos tempos, as mudanças que seus líderes experimentaram são raramente tão radicais quanto aquelas que ocorrem durante o desenvolvimento de uma campeã oculta.

ESTILOS DE LIDERANÇA

Os estilos de liderança dos executivos das empresas campeãs não são fáceis de descrever, sendo ambivalentes e às vezes contraditórios. Como já salientei várias vezes, as campeãs ocultas são empregadoras obstinadas e exigentes, e não é todo mundo que gosta de trabalhar para elas.

Berthold Leibinger, da Trumpf, líder mundial de máquinas para perfuração de chapas de metal, chama o estilo de liderança predominante de patriarcado erudito. Alfred K. Klein, da Stabilus, número um no mundo em amortecedores a gás, descreve seu estilo empresarial, paradoxalmente, como tanto orientado para o grupo quanto autoritário. Como se pode harmonizar essas contradições aparentes?

A resposta direta parece bastante óbvia. Os estilos de liderança são autoritários, centralizados e ditatoriais quando os princípios e valores fundamentais de uma empresa forem importantes. Não há discussão sobre esses aspectos centrais, como missão, metas estratégicas, foco de mercado, qualidade e prestação de serviços. Tais valores são decididos e impostos de cima para baixo. Há, no entanto, uma certa tolerância na participação dos indivíduos e do grupo ao se decidir como esses princípios devem ser postos em prática. Os funcionários das campeãs ocultas geralmente defrontam-se com um número muito menor de regras e normas para lidar do que seus colegas em organizações maiores e mais burocráticas.

Esse estilo de liberdade justo e ao mesmo tempo indefinido está ilustrado na Figura 10.4. As campeãs ocultas típicas, cujo estilo de liderança é rigoroso nos princípios e flexível nos detalhes, são mostradas embaixo à esquerda. Algumas empresas grandes, que são participativas ou negligentes nos princípios, mas autoritárias e altamente regimentares nos detalhes, aparecem no quadro superior direito. Outras firmas são participativas nas duas dimensões, que podem apresentar um problema quando vários sócios da empresa buscam metas diferentes.

Essas diferenças resultam em conseqüências concretas. Enquanto as grandes organizações tendem a operar sob a suposição de que a confiança é proveitosa, mas o controle é melhor, o contrário também se aplica às muitas campeãs ocultas. Uma empresa tem uma regra simples em relação aos custos de viagem:

	Princípios/metas/ valores fundamentais	
	Autoritários	Participativos
Autoritários		Algumas empresas grandes
Detalhes/ atividades diárias		
Participativos	Campeãs ocultas	

Figura 10.4 Estilo de liderança predominante das campeãs ocultas.

"Todo mundo deve se comportar como se estivesse gastando seu próprio dinheiro". As grandes organizações típicas lançam um manual especial que trata dos gastos com viagem, às vezes manuais com mais de 20 páginas. A diferença entre as duas abordagens é que o reinado das campeãs ocultas é, em geral, um reflexo das normas sociais ou de grupo que têm um impacto muito mais forte sobre o comportamento do que regulamentos escritos, cheios de detalhes, que não se originam em um sistema de valores. Uma das razões para a falta ou a escassez de leis é que as companhias de pequeno e médio portes não possuem pessoal qualificado para escrever guias e manuais – um efeito colateral de se ter mais trabalho do que pessoas para executá-lo. E elas obviamente não precisam dessas publicações. Não significa que o controle seja menos eficaz, é simplesmente diferente, um autocontrole social em vez de decisões formais enviadas de cima para baixo, a fim de impor controle. Tais observações estão em total acordo com as constatações de Rommel et al. (1995), que relatam que as pequenas empresas bem-sucedidas geralmente delegam mais responsabilidade a grupos pequenos e a pessoas isoladamente.

Uma observação intimamente associada a essa é que a avaliação do desempenho nas empresas campeãs é orientada para os resultados, e não para os processos. As grandes conquistas das pessoas são mais importantes do que as maneiras pelas quais foram alcançadas. O controle e o monitoramento do processo ficam menos evidentes do que nas grandes empresas. Isso pode causar um certo risco, mas, se uma empresa possui o pessoal certo, ela pode, no final das contas, levar a um melhor desempenho. Obviamente, selecionar as pessoas com melhor qualificação é fundamental para manter esse estilo de liderança baseado na confiança (ver Capítulo 9).

Nas discussões que tive com os funcionários das campeãs ocultas, com bastante freqüência percebi uma atitude ambivalente em relação ao líder. Por um lado, houve reclamações sobre o estilo autoritário, sendo o líder irritante, ameaçador ou de rompantes. Por outro, os mesmos funcionários gostavam de seus líderes e não tinham vontade de trabalhar para outra empresa, pois a identificação e a motivação deles com a empresa era muito forte. Essa ambigüidade faz-nos lembrar do comportamento das crianças em relação aos professores. Um professor exigente pode ser ao mesmo tempo adorado e odiado pelos alunos. O comportamento em relação a líderes exigentes tende a ser ambíguo. A liderança bem-sucedida parece apresentar uma combinação de recompensa prometida com penalidade ameaçada.

SUCESSÃO DA ADMINISTRAÇÃO

A sucessão do comando da empresa é o problema mais sério a longo prazo que as campeãs ocultas enfrentam. A morte repentina ou a doença do líder podem causar uma crise séria na empresa, mas, mesmo sem esses acontecimentos inesperados, a sucessão representa um desafio enorme. Encontrar bons administradores na geração seguinte é uma tarefa difícil para qualquer empresa, mas, para uma empresa familiar, constitui a tarefa mais desafiadora de todas. Nas sociedades agrícolas tradicionais, nas de produção artesanal e nas de pequenas empresas, a sucessão era vista como algo natural ao passar uma empresa para as mãos do filho do proprietário, e muitos líderes de campeãs ocultas ainda mantêm a tradição. Esperando conservar as empresas que fundaram nas mãos dos familiares, preferem ter os membros da família na equipe de administração.

Esse comportamento é uma das causas do problema. Acho que o ato de passar o comando da empresa para a próxima geração da família deve ser seriamente questionado pelos líderes de empresas de pequeno e médio portes, por duas razões. Em primeiro lugar, não se deve presumir que o filho ou a filha do dono da empresa herde automaticamente a capacidade de administrar um negócio. Se por acaso isso se mostrar verdadeiro, melhor assim, mas, do contrário, a empresa deve estar preparada para passar o bastão para uma pessoa que não pertença à família ou a uma equipe. Em segundo lugar, a idéia de que os filhos têm de seguir os passos dos pais limita suas escolhas de uma maneira que está se tornando cada vez menos aceitável na sociedade moderna. Os filhos desejam cada vez mais escolher suas próprias profissões.

As campeãs ocultas apresentam um quadro misto. Na Tabela 10.1, forneci padrões de transição bem-sucedida da administração, um aspecto que não precisa ser profundamente estudado. Em vez disso, concentro-me aqui no papel do líder como indivíduo.

Muitos líderes-fundadores subestimam o tempo necessário para o desenvolvimento de sucessores capazes. Discuti o problema da sucessão com os dirigentes das empresas da amostra. Em meados da década de 50, as pessoas geralmente achavam que tinham bastante tempo para selecionar e desenvolver a futura equipe de administração. Apenas uma minoria nesse grupo de idade tinha uma noção clara e definitiva de quem deveria sucedê-la e quando. Embora haja exceções, acho que, até completarem 50 anos de idade, os líderes devem saber exatamente quem eles querem que os sucedam no controle da empresa.

A concessão do poder constitui o segundo problema sério. Novamente, poucos líderes de campeãs ocultas parecem ter vontade, em uma idade razoável, de conceder poder voluntariamente à próxima geração. Muitos líderes consideram-se insubstituíveis e, talvez subconscientemente, fazem tudo que podem para se tornarem insubstituíveis. Tão inteligentes quanto esses líderes podem ser ao administrar uma empresa, em geral eles se mostram capazes de reconhecer suas limitações. "A inteligência fica reduzida à metade no que se refere à sua própria pessoa", admite um deles. O desejo deles de garantir continuidade torna-se a causa da descontinuidade e da crise.

Existem dois resultados comuns para esse comportamento: ou a empresa se depara com dificuldades sérias ou é rapidamente vendida para um grupo de interesse. A segunda possibilidade pode ser o pior resultado, já que a empresa talvez perca sua independência e as vantagens de que desfruta como campeã oculta. Nem todos os grupos de interesse são capazes de administrar campeãs ocultas, pois isso envolve basicamente a idéia de deixá-las sozinhas.

Há uma terceira opção atraente: a do proprietário comprar todas as ações da empresa e ficar sozinho na administração. Em várias campeãs ocultas, os administradores e gerentes acabaram adquirindo a empresa com o tempo. Berthold Leibinger, que começou como funcionário da Trumpf, hoje é dono da empresa. Dietrich Fricke, da Tente Rollen, líder mundial no mercado de rodas para camas de hospital, foi trabalhar na Tente como gerente e adquiriu a empresa quando a segunda geração da família do fundador perdeu o interesse pelo negócio. Na condição de manter as vantagens de uma empresa pequena, a compra total das ações parece ser uma opção mais atraente do que vender a empresa a uma grande organização. Há empresas, como a Quadriga Capital Management, que se especializaram em auxiliar as campeãs ocultas a efetivar a compra total das ações.

Qualquer que seja o possível resultado, os líderes das campeãs ocultas estão bem avisados a não imaginar, desde o início, que suas funções gerenciais podem ser repassadas para um membro da família. Se ocorrer justamente o contrário, a empresa deve encarar isso como uma surpresa positiva. Os líderes devem ficar cientes de que desenvolver novos líderes é uma tarefa muito complicada e de que se deve começar muito cedo a procurar e a treinar sucessores capazes de um dia assumir o controle. Elas devem estar dispostas a conceder poderes a essas pessoas e se retirarem após um período de tempo razoável. Já que o perigo da falsa auto-avaliação parece particularmente ameaçador nesses aspectos, é aconselhável se chamar consultores externos neutros para executar a tarefa.

Os líderes das campeãs ocultas que consultam assessores externos confiáveis são mais capazes de lidar com o problema da sucessão do que aqueles que confiam unicamente em seus próprios julgamentos. Alguns líderes de empresas campeãs são exemplos nessa área: Reinhold Würth, da Wurth, Werner Baier, da Webasto, Heinz Dürr, da Dürr – todos passaram a liderança das empresas quando estavam na casa dos 50 anos, mas eles representam a exceção, não a regra. Incentivo todos os líderes a não negar o problema da sucessão, mas a encará-lo de forma ativa e criativa. Acredito que muitas ex-campeãs ocultas poderiam ter sobrevivido ou se tornado grandes empresas bem-sucedidas se esse problema tivesse sido tratado mais cedo e com mais destreza.

As campeãs ocultas enfrentam um segundo problema referente ao desenvolvimento da administração, que se deriva do fato de suas organizações serem enxutas e de pequeno porte. Ao contrário das grandes empresas, elas não podem se dar ao luxo de contratar muitos funcionários que demonstrem potencial de liderança e avaliá-los durante um longo processo de seleção que, no fim, produz um quadro suficiente de executivos capazes. Tampouco podem oferecer muitas posições nas quais o funcionário possa atestar uma capacidade administrativa geral. Grandes grupos de interesse possuem uma enorme vantagem nesse sentido, já que tendem a possuir subsidiárias e unidades de negócios que servem como centros de treinamento para os jovens administradores. Os estagiários podem avançar de unidades menos complexas para unidades mais complexas, adquirindo um *know-how* administrativo ao longo do caminho.

Administrar uma filial no exterior é uma excelente oportunidade de aprendizagem, mas muitas subsidiárias ficam confinadas a vendas e prestação de serviços e não oferecem abertura suficiente para tanto. Por outro lado, a abordagem mais holística sobre a questão da administração das empresas da amostra estimula a compreensão do processo comercial completo até mesmo para aqueles que não se encontram em uma posição formal única de administração. Descobri que os gerentes das campeãs ocultas cuja responsabilidade limita-se a uma função ou divisão possuem uma visão geral extraordinariamente boa da empresa. Algumas campeãs sistematicamente tentam desenvolver um *expertise* administrativo ao dividir suas empresas em unidades completas projetadas para gerar valor agregado. Por exemplo, os projetos da Grohmann Engineering são dirigidos como se fossem pequenas empresas temporárias. Do gerente de projetos, que tem total responsabilidade (do setor de vendas ao setor de finalização), espera-se uma postura semelhante a um empresário de pequeno porte. Ele junta uma equipe, reivindica recursos comuns ao departamento de P&D e produção, e basicamente precisa estar familiarizado com todos os aspectos envolvidos (e saber controlá-los), como finanças, *marketing* e equipamentos. Klaus Grohmann está otimista com a idéia de que a organização possa desenvolver, com o tempo, um número suficiente de gerentes experientes e instruídos. Uma empresa baseada em projetos presta-se muito bem a esse tipo de organização de aprendizagem. Podem-se obter resultados semelhantes por meio da organização das unidades de negócio de uma empresa líder no mercado global de produtos especializados de química e metalurgia. Tal empresa, cuja receita total é de US$ 530 milhões, é formada por 10 pequenas unidades de negócios (a menor tem uma receita de vendas de US$ 8 milhões), controladas por pessoas que têm uma ampla responsabilidade administrativa.

A situação específica de uma empresa afeta a maneira como o processo de geração de valor pode ser repartido entre vários participantes do sistema geral. Muitas campeãs ocultas devem se conscientizar de que não são tão afortunadas, como a Grohmann e a empresa de produtos químicos, em sua facilidade de desenvolver gerentes, e de que não há solução fácil para esse problema. As grandes empresas podem contratar mais estagiários do que precisam e "armazená-los" por algum tempo, mas esse método vai contra a filosofia de empresa enxuta que as campeãs ocultas defendem. Contratar uma determinada percentagem de gerentes e administradores que trabalham em outras empresas pode ser uma resposta, mas, mais uma vez, as culturas corporativas idiossincráticas dificultam a integração dos profissionais que vêm de fora. As empresas devem buscar uma conciliação entre esses dois métodos.

CAMPEÃS OCULTAS CONTROLADAS POR EMPRESAS-LÍDERES

Na minha amostra, 21,1% das empresas eram controladas por outras empresas ou por grupos empresariais. Por definição, essas campeãs possuem gerentes profissionais contratados. Fico com a impressão de que, para alcançar liderança, não faz diferença se uma empresa pertence a uma família ou a um grupo empresarial, contanto que satisfaça algumas condições. (Parti do princípio de que, do ponto de vista legal, apenas as empresas independentes, e não as divisões das grandes corporações, fossem campeãs ocultas.) Em quase todos os exemplos, as campeãs ocultas pertencentes a grupos empresariais foram adquiridas por tais grupos, e não fundadas por eles. Originariamente empresas familiares, elas desenvolveram suas próprias culturas corporativas e somente depois de terem alcançado o *status* de campeãs ocultas é que foram adquiridas por grupos empresariais.

A Tabela 10.3 apresenta uma relação de exemplos de empresas cuja ascendência não é apenas alemã, mas também de outros países.

Muitas empresas campeãs controladas por grupos empresariais funcionam muito bem. Pertencer a um grupo maior obviamente traz vantagens e desvantagens. Alfred K. Klein, da Stabilus, apresenta os dois lados da questão:

> Em termos operacionais e a curto prazo, é desvantajoso pertencer a um grupo de interesse, mas a longo prazo, e para se sobreviver a uma crise, pode ser bastante vantajoso fazer parte de um grupo maior. Além disso, o poder financeiro fica gradativamente mais importante. Cada vez mais estamos nos tornando um fornecedor sistêmico, pois as montadoras que são nossos clientes buscam um aten-

dimento global e desejam uma parceria forte e segura. Nesse sentido, o suporte da nossa empresa-mãe constitui, definitivamente, um ponto forte. Saber virar-se entre esses dois pólos é uma arte. Temos sorte de nossa empresa-mãe ser paciente e nos dar tempo, mas algumas vezes as exigências do grupo podem ser irritantes.

As observações do CEO de uma campeã oculta, cuja matriz é um grande grupo que atua no setor químico, lançam luz sobre alguns prós e contras de certa forma diferentes da liderança exercida por um grupo empresarial:

Encontramo-nos com a matriz uma vez por mês durante meio dia. Desde que nossa contabilidade esteja bem, temos liberdade de conduzir nosso negócio sozinhos. Meio turno por mês – ou, digamos, um dia, se incluirmos a fase preparatória – é suficiente. E temos a vantagem de não termos de gastar tempo lidando com investidores, preparando exposições, e assim por diante. Não posso lhe dizer quais são as vantagens líquidas do negócio, mas convivemos muito bem com nossa matriz.

Após realizar várias entrevistas e obter algum conhecimento sobre os grupos empresariais e sobre as campeãs ocultas, aconselho os grupos empresariais, sempre que possível, a deixarem as campeãs ocultas desenvolverem suas próprias estratégias. Normalmente, recomendo um encontro a cada três meses, em vez de uma vez por mês. O proprietário tem de prestar atenção máxima na hora de selecionar os líderes apropriados, mas deve, além disso, interferir o menos possível. Embora possa ser difícil para um grupo de interesse típico e para a sua burocracia corporativa, ninguém deve se enganar em relação às sinergias. Ao tentar maximizá-las, é mais provável que o grupo empresarial destrua os pontos fortes das unidades das suas campeãs ocultas. Foi o que admitiu o gerente de um grupo que trabalha com produtos químicos: "Estamos quase adquirindo as empresas pequenas, na esperança de conservar seus pontos fortes e evitar nossas fraquezas. Mas, rapidamente, no período de três anos, descobrimos que acabamos impondo nossas fraquezas a elas e destruímos seus pontos fortes." Isso, em geral, começa com uma padronização aparentemente inofensiva, como impor o sistema de contabilidade, a tecnologia de informação e outros programas semelhantes do grupo maior à empresa pequena – e acaba paralisando tudo.

Outra questão importante é deixar o maior número possível de decisões administrativas e operacionais para uma campeã oculta. Essa empresa foi notavelmente bem-sucedida em gerenciar seu próprio destino. Se lhe for retirado o poder essencial de tomar decisões em departamentos, como finanças, P&D, vendas e tecnologia de informação, ela tende a perder sua identidade como unidade totalmente integrada de criação de valor. É provável que tal conselho vá contra a natureza dos contadores de um grupo empresarial, que calculam as economias dividindo os recursos em comum. Mas, ao mesmo tempo, essas pessoas geralmente não entendem ou não são capazes de quantificar o valor do empreendedorismo, da flexibilidade e da identificação em uma pequena unidade.

Acredito que operar as subsidiárias ao estilo das campeãs ocultas é uma verdadeira arte, que a maioria dos grupos empresariais ainda não dominou de forma satisfatória. Mas elas devem aprender essa habilidade, não apenas para poder adquirir tais empresas, mas também, talvez fundamentalmente, porque as empresas pequenas devem concentrar seus esforços para se tornarem um grupo

TABELA 10.3 Amostragem de campeãs ocultas controladas por grupos de interesse

Empresa	Grupo/empresa matriz		Produto principal	Vendas em milhões de dólares	Funcionários	Posição no mercado mundial		
	Nome	País de origem				Classificação	Participação em percentagem	Participação relativa
Tetra Gruppe	Warner-Lambert	Estados Unidos	Comida para peixe	266	650	1	50	5
Stabilus	Mannesmann	Alemanha	Molas pressurizadas a gás	330	2.400	1	n/d	n/d
Zanders	International Paper	Estados Unidos	Arte em papel	580	3.300	1	15	3
Rofin-Sinar	Siemens	Alemanha	*Laser* industrial	73	460	1	21	1,2
KBC	Dollfus-Miag	França	Tecidos estampados	466	1.500	1	8	1
Böwe Systec	Wanderer	Alemanha	Manipulação de papel	116	1.000	2	16	0,46
Schlafhorst	Saurer	Suíça	Máquinas para indústria têxtil	1.066	5.700	1	35	1,4
SMS	MAN	Alemanha	Laminadores para produtos planos	566	2.550	1	30	1,5
Glyco	Federal Mogul	Estados Unidos	Anéis deslizantes	167	2.000	1[a]	40[a]	1[a]
Sabo	John Deere	Estados Unidos	Cortadores de grama	73	250	1[a]	n/d	n/d

[a] Europa

de campeãs ocultas. Embora alguns grupos no passado tenham sido semelhantes a um enorme navio-tanque, prevejo que as grandes corporações do futuro serão grupos flexíveis, de pequenos barcos a motor livremente coordenados por uma autoridade central, mas que atuam de forma independente. É óbvio que as unidades desses grupos exijam líderes que possam seguir o exemplo dos líderes das campeãs ocultas, em vez de ter como parâmetro os gerentes tradicionais das grandes burocracias corporativas.

RESUMO

Os líderes constituem a fonte do sucesso das campeãs ocultas, pois dentro deles arde o fogo que norteia suas empresas. A liderança é o fator mais importante que contribui para a total realização das metas. O que os líderes das campeãs ocultas fazem e como fazem pode ensinar muitas coisas a outras empresas sobre uma diretoria eficaz:

- Os líderes são pessoas normais que refletem o espectro inteiro da humanidade; podem ser extrovertidos ou introvertidos, bons ou maus comunicadores, ou o que quer que seja, pois não há um único critério para se caracterizar um líder.
- A estrutura de liderança, se os líderes são membros ou não da família, é menos importante do que a personalidade e a coerência da equipe de administração.
- A maioria dos líderes começa a trabalhar cedo na vida. Um período muito extenso de educação e talvez uma carreira muito longa em uma grande empresa podem esgotar suas energias, sugerindo que os líderes devam ser descobertos e selecionados quando ainda são jovens.
- Ao selecionar os líderes, deve-se dar bastante valor à energia, força de vontade e motivação, e talvez deva-se concentrar relativamente menos importância em fatores como habilidade cognitiva e "QI de inteligência".
- A continuidade é um aspecto importante da liderança. O tempo médio de gestão dos CEOs das campeãs ocultas é superior a 20 anos. Se uma empresa deseja atingir metas ambiciosas a longo prazo, é-lhe, em geral, vantajoso possuir líderes que permaneçam no comando por muitos anos.
- Ao se pensar na personalidade dos líderes, deve-se buscar unidade de pessoa e objetivo, um certo grau de determinação, destemor, perseverança e capacidade de inspirar os demais. Apenas os líderes que conseguem acender o fogo da inspiração nas outras pessoas podem levar uma empresa ao horizonte do sucesso.
- Os estilos de liderança podem, ou talvez devam, ser ambivalentes: autoritários nos fundamentos, participativos e orientados à delegação de autonomia nos processos e nos detalhes de implementação. A liderança não é uma opção autoritária *ou* participativa, mas uma opção tanto autoritária quanto participativa. A liderança exige o equilíbrio de polaridades aparentemente irreconciliáveis.
- A sucessão do comando da empresa é um problema sério para todas as companhias, mas, para as empresas de familiares, constitui "o" problema. As empresas familiares são aconselhadas a não achar que a gerência

da empresa deve ficar nas mãos da família, e devem tentar desenvolver o maior número possível de potenciais líderes.
- As campeãs ocultas controladas por grupos empresariais não devem sofrer muita interferência da matriz, na medida do possível. Tentar forçar sinergias entre pequenas empresas é uma grande ameaça à liderança das campeãs oculta.

Embora possamos não compreender o que está envolvido na liderança, podemos seguir exemplos e aprender com eles. Além disso, os líderes das campeãs ocultas nos ensinam lições básicas. A liderança deve se focalizar, de forma autoritária, nos princípios e deixar os detalhes para os funcionários. É tarefa dos líderes não deixar nenhuma dúvida sobre os valores essenciais e as metas da empresa. A liderança nunca deve representar, pois deve ser genuína e se basear na unidade de pessoa e objetivo. Energia e força de vontade são características indispensáveis de um líder eficaz. A continuidade mostra-se necessária para se atingirem as metas a longo prazo. Sendo tão simples assim, essas lições são de difícil assimilação, porque exigem dedicação total de uma pessoa à tarefa da liderança. Esse constitui o desafio final para cada líder: dedicar-se integralmente, como os CEOs das campeãs ocultas, à causa de uma empresa.

As Lições   11

*Uma empresa de pequeno porte
não é uma grande empresa pequena.*

Muitos acadêmicos e profissionais da área de negócios continuam a acreditar que a grande corporação deve representar o modelo perfeito a ser seguido pelas empresas. Livros como *Vencendo a Crise* (Peters e Watermann, 1982) e *Feitas para Durar* (Collins e Porras, 1994) analisam e cultuam as grandes empresas bem-sucedidas, que, concluem eles, as outras empresas devem utilizar como modelo.

Este livro revoga radicalmente essa perspectiva. Sustento que, em termos de posição no mercado global e desempenho competitivo, muitas das melhores empresas do mundo não são corporações gigantes, mas empresas ocultas, indistinguíveis e amplamente desconhecidas. Elas se portam de maneira diferente tanto dos protótipos sugeridos quanto dos modernos ensinamentos da administração. O processo amplamente testado dessas empresas indica que outras empresas, em particular as grandes organizações, podem aprender com suas práticas e experiências.

A pressuposição de que a aprendizagem é uma via de mão única que vai das grandes às pequenas empresas não se mantém mais hoje, e chegou a hora de virarmos a placa de contramão ao contrário. Mas ninguém deve, ingenuamente, tentar reproduzir as experiências que as campeãs ocultas tiveram; de preferência, deve-se avaliar essas experiências com certo cuidado. Nem todos os mercados e todas as situações se prestam à mesma abordagem utilizada pelas campeãs. As grandes empresas mantiveram e continuam a manter suas razões para existir, pois possuem certas capacidades necessárias, que as pequenas firmas não compartilham, para atuar em alguns mercados. Muitos mercados, não obstante, são bem receptivos à abordagem das campeãs.

Há alguns padrões instigantes que vêem a empresa do futuro como uma grande campeã ou como um grupo de campeãs ocultas. Pode-se dar um passo adiante: minhas constatações também sustentam a noção de que, em vez de formar grupos empresariais cada vez maiores e mais complexos, pode ser preferível dividir as organizações enormes em empresas verdadeiramente independentes que podem atuar como campeãs ocultas. As primeiras tendências em relação a essa linha de pensamento estão começando a surgir, porquanto permanecer pequeno ou tornar-se pequeno parece ser um caminho promissor para o futuro.

A segunda estrada que conduz à aprendizagem envolve a questão de descobrir se as campeãs ocultas constituem, especificamente, um fenômeno da Alemanha ou se suas estratégias podem ser aplicadas em outros lugares. Encontrei muitas campeãs ocultas com características impressionantemente semelhantes em muitos outros países. Neste capítulo, apresento uma relação delas, discuto suas características e formulo conclusões aplicáveis às empresas do resto do mundo.

GRANDE OU PEQUENA?

Bater nas grandes corporações tornou-se recentemente um passatempo popular. Um dos mais sinceros defensores dessa tendência, Percy Barnevik, CEO do conglomerado ABB, da Suécia e da Suíça, comenta o seguinte: "Acredito que as grandes organizações são inerentemente negativas. Elas criam tanto atraso e burocracia, distanciam-se tanto dos clientes, desestimulam a iniciativa do funcionário e atraem o tipo de gente que consegue sobreviver nesse ambiente" ("ABB on the Move", 1994, 27; ver também Knobel, 1994). Peter Drucker (1991) concorda com ele:

> As vantagens das empresas menores estão se tornando muito grandes. Se você olha para quem está exportando, vai ver que não são as grandes companhias. Claro, a GE se deu bem com os motores de aeronaves, e a Boeing com as aeronaves, mas há outras além dessas; praticamente todos os exportadores de bens manufaturados são empresas de médio porte, altamente especializadas. Eu não acho que as grandes empresas vão desaparecer. Mas vejo cada vez mais negócios para os quais uma empresa menor será melhor e negócios nos quais a empresa envolvida simplesmente dilui os resultados e destrói a lucratividade para tentar ser grande. É cada vez mais importante pensar sobre qual é o tamanho certo de uma empresa.

Considerando os resultados que obtive com a minha pesquisa entre as empresas da amostra, não é fácil discordar de Drucker, mas eu acrescentaria que o fato de ele ter utilizado a General Electric Aircraft Engine Group e a Boeing como exemplos corrobora meus argumentos. Embora, de acordo com minha definição, elas sejam grandes demais para serem "ocultas", as duas representam modelos perfeitos da estratégia das campeãs ocultas no que concerne a seu foco poderoso, sua orientação ao mercado global e inovação, entre outras qualidades.

A GE é um exemplo particularmente característico. Passei horas discutindo com Gerhard Neumann, que, como diretor da empresa há 17 anos, levou a GE Aircraft Engine Group à primeira posição no mercado mundial. Neumann confirma praticamente todas as minhas constatações sobre as campeãs ocultas e afirma que adotou princípios semelhantes. Um aparte interessante é que ele classifica seus anos de aprendizagem na Alemanha como a fase mais enriquecedora de sua vida, mesmo para suas práticas da alta administração. Neumann representa o modelo para as características da liderança apresentadas no Capítulo 10, e suas atividades no comando do grupo GE constituem um protótipo para a administração de uma unidade dentro de um grupo empresarial maior, ou seja, com uma grande dose de independência.

É óbvio e cada vez mais aceito que as pequenas empresas adaptam-se melhor e mais rapidamente aos ambientes em mutação. Elas fazem isso com poucos funcionários, mas funcionários de melhor qualificação e mais motivados. Somente elas parecem ser capazes de se afastar de forma significante e coerente dos padrões. As grandes corporações enfrentam um desafio diferente. Ronaldo Schmitz, hoje no Conselho de Administração do Deutsche Bank, falou-me de suas experiências como membro do Conselho Administrativo da gigante da área química BASF: "Com mais de 100.000 funcionários, é difícil para nós divergir da opinião da sociedade como um todo. Basicamente nossa força de trabalho é uma cópia da sociedade. Se for verdade, e temo que seja, será difícil ser muito melhor do que a média". Sou forçado a concordar com ele. Embora haja diferenças óbvias entre as grandes corporações, o risco de se tornar um clone da sociedade como um todo aumenta com o tamanho de uma empresa. Um desempenho brilhante exige uma elite, e a organização que deseja alcançar e manter esse *status* deve limitar seu tamanho.

Quando falo de empresas de pequeno e médio portes, minha principal preocupação não é com o porte absoluto, mas com o foco a ele subjacente. Se um mercado mundial representa vendas de US$ 25 bilhões, a empresa com uma participação de 40% desse mercado obtém US$ 10 bilhões desse total. Tal empresa pode não ser pequena, mas provavelmente tem um foco claro e adota os princípios descritos neste livro. A Boeing enquadra-se nessa categoria. Por outro lado, a empresa do mesmo tamanho que atua em muitos mercados não-relacionados entre si, mas que possui uma posição fraca em cada um deles, definitivamente não segue os meus critérios. O tamanho de uma empresa precisa ser julgado em relação ao mercado, mas o foco pode ser aplicado a qualquer um deles.

Certos mercados gigantescos, como o de telecomunicações, o de infra-estrutura e o de automóveis, que exigem grandes recursos, será sempre domínio das grandes companhias. Mas, mesmo nesses mercados, a estrutura da empresa não será algo óbvio. Pode-se organizar a criação de valor de várias maneiras. O modelo totalmente integrado da fábrica de River Rouge, da Ford, que inclui toda a cadeia de valor, partindo da extração de minérios até a venda de um carro novo, é cada vez menos o modelo utilizado no futuro. O fato de uma empresa ser grande ainda pode ser importante em alguns mercados gigantescos, mas cada vez mais as vantagens, em termos de motivação, de uma equipe reduzida são compensadoras para as economias de escala em grande volume. Alguns ajustes na divisão de trabalho permitem que as empresas tirem proveito de tais vantagens.

PERMANECENDO PEQUENA

Se o tamanho modesto de uma empresa oferece certas vantagens que são ameaçadas por um tamanho maior, as empresas de pequeno e médio portes devem pensar seriamente em permanecer pequenas. Embora isso vá de encontro ao conhecimento e ao comportamento já consagrados, e parcialmente às minhas idéias sobre crescimento expostas no Capítulo 1, os padrões e as metas tradicionais de crescimento devem ser questionados em vista das minhas constatações. Lembre-se de que a maioria das grandes empresas da atualidade não poderia ter atingido esse tamanho se, antes, não tivessem sido empresas de médio porte bem-sucedidas; em algum lugar do percurso, muitas devem ter contraído a doença da "empresa grande". O que se pergunta é se elas poderiam tê-la evitado se tivessem conscientemente tomado e implementado a decisão de permanecer pequenas. Quem sabe!

Relacionando sempre o tamanho de uma empresa ao seu mercado (de preferência global), se uma companhia puder crescer, ou aumentando sua baixa participação de mercado ou por meio da expansão regional, não haverá motivo para preocupação. Ela pode continuar a se focar em seu mercado e em suas competências e adotar uma estratégia de crescimento perfeitamente consistente com o caminho do sucesso das campeãs ocultas. Se, no entanto, a participação dela no mercado mundial já for alta e a diversificação mostrar-se como o único caminho para novos crescimentos, os acionistas da empresa devem pensar seriamente em investir o dinheiro em outro lugar. A decisão usual – e, na minha opinião, geralmente equivocada – nesse contexto é diversificar. Essa expansão pode fazer a empresa desviar-se do foco que a tornou forte e leva à ruptura dos princípios característicos de uma campeã oculta. Nessa situação, a administração e os acionistas poderiam optar por fazer com que a empresa permaneça pequena e poderiam manter o foco restrito de mercado a fim de conservar os pontos fortes existentes, e os acionistas podem procurar outros investimentos nos quais aplicar os lucros obtidos com a participação acionária. Para as empresas familiares, essa pode ser uma idéia estranha, mas o ato de permanecer pequeno e focado em um negócio original deve ser encarado como opção estratégica. A pessoa que fez grandes progressos em um negócio tende a superestimar sua capacidade de repetir o sucesso em novos empreendimentos.

Uma campeã oculta controlada por uma família enfrentou uma situação parecida. Líder mundial de um mercado lucrativo no segmento industrial, o negócio oferecia tão-somente oportunidades limitadas de reinvestimento. Devido à natureza de longo prazo de seus projetos, suas ações se movem de forma gradual e é difícil obter um crescimento satisfatório dentro do mercado atual da empresa. A empresa avaliou duas alternativas: primeiro, a diversificação em uma nova área promissora, que trazia um risco considerável, mas também apresentava oportunidades atraentes. O novo empreendimento seria supervisionado pela mesma equipe da alta administração, mas instituíram uma nova divisão dentro da empresa. A segunda alternativa era simplesmente distribuir aos acionistas o dinheiro não-utilizado nos reinvestimentos e deixá-los decidir o que fazer com ele. A decisão de adotar a segunda alternativa, acredito, foi acertada. Tenho plena convicção de que a força, o foco e a liderança no mercado mundial no negócio já existente continuarão, pois a total concentração da administração da empresa está garantida. Mas a decisão também impõe limites ao tamanho da companhia e às previsões de crescimento em um futuro próximo.

CRESCENDO PEQUENA

A idéia de que as empresas devem encolher em tamanho é um anátema ao crescimento amplamente aceito e às crenças sobre fusões. Uma empresa maior é considerada, em geral, sinônimo de empresa melhor. O setor bancário nos Estados Unidos, no entanto, está desafiando essa visão, como se percebe no subtítulo de um artigo do *Wall Street Journal Europe* (Hirsch, 1995, 4): "Maior é melhor, mas mais restrito é ainda mais compensador". A maioria dos empresários está ciente de que as empresas que são unidades ou divisões de grandes companhias podem não estar se dando bem. Se forem liberadas para se tornarem entidades realmente independentes, muitas empresas possuem potencial para se tornarem campeãs ocultas por seus próprios méritos. Basicamente, enfrentam o desafio de reduzir seu tamanho e livrarem-se das deficiências das grandes empresas.

Grande parte das fusões resulta em organizações ainda maiores. Sugiro que o caminho contrário, seccionar as empresas, pode ter um efeito importante, mas são raros os exemplos dessa prática. Um deles é a ICI, fabricante da Grã-Bretanha de produtos químicos. Em 1993, sua divisão farmacêutica foi desmembrada em uma corporação pública independente e passou a ser chamada de Zeneca, enquanto sua divisão industrial de produtos químicos continuou a funcionar com o nome de ICI. Em um artigo para o *Harvard Business Review*, Owen e Harrison (1995) dão um parecer completo sobre o processo que levou a essas ações e aos seus resultados. Eles afirmam que a farra das aquisições na década de 1980 tinha "aumentado a complexidade de um portfólio de empresas já complicado e difícil de gerenciar" (133). O valor dos produtos principais da ICI, remédios na verdade, não se refletia no preço da mercadoria da empresa, resultando em uma má combinação do papel da corporação e das exigências das empresas.

Hoje, a Zeneca, com mais de três quartos de seus lucros vindos da venda de remédios, pode concentrar-se completamente em um setor central restrito. E a nova ICI já estabeleceu a meta "de atingir a liderança do mercado mundial nas áreas em que a ICI possui vantagem tecnológica" (Owen e Harrison, 1995, 139). Após dois anos, a avaliação das duas empresas e o novo foco proposto têm conseqüências positivas. Ronald Hampel, CEO da "nova" ICI, fez alguns comentários interessantes em uma entrevista em 1995:

- Hoje temos mais tempo para nos focar no setor químico.
- Uma das minhas maiores preocupações antes da divisão era: não vamos deixar a ICI pequena demais? Pequena demais para competir de forma bem-sucedida na corrida tecnológica? Afinal de contas, tínhamos que abrir mão de algumas das sinergias obtidas entre a produção química e a farmacêutica.
- Antes do desmembramento, eu era responsável por mais movimento de vendas do que sou hoje. Ninguém gosta de renunciar a uma parcela de responsabilidade, mas tiramos vantagem da oportunidade de mudar. Toda a nossa vida de trabalho mudou para melhor. Nunca imaginei que seria possível (*Wirtschaftswoche*, 1995).

A experiência da ICI/Zeneca incentivou outras grandes empresas a cogitar sobre mudanças semelhantes. Na metade de 1995, a gigante suíça do setor químico Sandoz começou a vender seus produtos químicos especializados sob seu novo nome, Clariant, na Bolsa de Valores de Zurique. No futuro, a Sandoz planeja se focar em apenas dois segmentos: o farmacêutico e o de alimentação. Também na metade de 1995, a ITT anunciou o plano de se dividir em três empresas independentes mais bem focadas. A AT&T acompanhou as outras poucos meses depois, anunciando sua divisão em três empresas independentes. O mercado de ações respondeu de forma positiva. Em novembro de 1995, a 3M anunciou o desmembramento de sua unidade de armazenagem de dados em uma nova companhia. E em dezembro de 1995 a Baxter International, empresa que fornece materiais para hospitais, anunciou a divisão em duas firmas independentes. Essas mudanças podem ser precursoras da onda de desmantelamentos que está por vir.

É interessante imaginar o que aconteceria se houvesse um número igual de divisões e fusões. Com certeza introduziria um novo e dinâmico elemento na economia. Alguns desmembramentos impostos às empresas por forças externas apontam nessa direção. Em 1991, o colapso na confiança da Standard Oil levou ao surgimento de várias empresas extremamente bem-sucedidas, como a Exxon, por exemplo. Após a Segunda Guerra Mundial, o monopólio no setor químico da empresa alemã IG Farben foi dividido entre BASF, Bayer e Hoechst. Há poucas dúvidas de que essas três, combinadas, eliminaram qualquer possibilidade de empreendimento no mercado mundial de uma ação monolítica por parte da IG Farben. A divisão em 1984 da AT&T fornece uma sustentação extra para a minha tese. Ao mesmo tempo, as *baby* Bells e a nova AT&T combinadas foram notavelmente bem-sucedidas. É interessante pensar no que poderia ter acontecido se a IBM tivesse se desmembrado em companhias separadas conforme planejado pelo Department of Justice mais ou menos na mesma época. Não parece algo tão estranho imaginar o desenvolvimento de um grande número de "*baby* Blues" altamente focados e bem-sucedidos na década de 80*. A busca tradicional por grandeza deve ser seriamente questionada. É provável que liquidações de ativos, divisões, desmembramentos e procedimentos semelhantes tornem-se opções altamente atraentes para estratégias futuras.

Um passo menos radical do que o desmembramento total é criar uma empresa legalmente independente. Um bom exemplo é a AgrEvo, nova empresa no ramo de proteção de fábricas formada por ex-divisões de proteção de fábricas das empresas químicas da Alemanha, Hoechst e Schering, e da empresa francesa Roussel Uclaf. Gerhard Prante, CEO da AgrEvo, afirma que a nova empresa desenvolveu uma identidade própria em pouquíssimo tempo. A empresa hoje focaliza-se apenas na proteção de fábricas e não se distrai com os problemas das outras companhias de produtos químicos. Com uma orientação decidida para o mercado global, ela está muito mais próxima dos clientes do que jamais poderia estar junto com as matrizes das suas corporações gigantescas. A identificação do funcionário com a AgrEvo aumentou, e as vantagens de uma campeã oculta típica são emergentes. Esse é um protótipo quase ideal para a criação de empresas campeãs a partir das unidades das grandes corporações. Em uma transformação em 1995, a Hoechst reproduziu esse modelo ao combinar o setor de tintura de produtos têxteis com a respectiva divisão da Bayer para formar uma nova empresa chamada Dystar.

É fundamental para uma transição bem-sucedida que as empresas recentemente formadas, como essa, tenham o máximo possível de independência. A nova entidade toma conta de si mesma e, em um período de tempo inacreditavelmente curto, realiza algumas conquistas que pareciam impossíveis em um período de tempo maior. Em teoria, a nova unidade deveria até ficar fisicamente separada da sua matriz.

Vejo grandes oportunidades para mudanças semelhantes em várias corporações de grande porte. As empresas que fazem parte de organizações enormes, diversificadas e não-focadas, que possuem missões e identidade difusas, podem se transformar em unidades ao estilo das campeãs ocultas. Por exemplo, uma ex-divisão não-lucrativa de um grande grupo de interesse alemão no ramo de produtos químicos foi vendida para uma companhia suíça, que, ao contrário da sua ex-matriz, concedeu à empresa uma independência considerável. Em um ano, ela converteu uma perda de US$ 46,5 milhões em um lucro de US$ 26,5 milhões. O

---

* N. de T.: Outro exemplo que poderia ser mencionado é a recente disputa judicial envolvendo a Microsoft, de Bill Gates, e o governo norte-americano. Acusada de práticas monopolistas, a Microsoft correu o risco de ser desmembrada em empresas menores, que passaram a ser chamadas por alguns de *baby* Bills, em uma referência ao dono da companhia.

CEO que manteve sua posição explicou que seus únicos problemas reais eram as restrições impostas pelo ex-proprietário, cujas idéias sobre estrutura e comércio eram totalmente diferentes do que seria necessário para tornar essa unidade bem-sucedida. A empresa tornou-se uma campeã oculta e é líder do mercado mundial.

As grandes corporações também são aconselhadas a liquidar as empresas que são diminutas demais em seus contextos. Tais unidades podem ser altamente atraentes para as pequenas empresas orientadas ao nicho. A Siemens vendeu sua empresa que fabrica marca-passos, uma unidade relativamente pequena dentro do contexto da Siemens, para a St.Jude Medical, campeã oculta especializada na área cardiológica (ver Tabela 11.1). É provável que a indústria de marca-passos receba mais atenção e foco administrativo na St. Jude Medical do que se poderia esperar que recebesse na Siemens. O mesmo se aplica à unidade odontológica da Bayer, que foi vendida para a Heraeus Kulzer, especializada na área, na metade de 1995. Com 560 funcionários e US$ 134 milhões em vendas, essa unidade era pequena demais para exercer um papel significativo dentro da Bayer, como me explicou Manfred Schneider, CEO da Bayer. E Juergen Heraeus, CEO da Heraeus, acredita que a nova empresa enquadre-se perfeitamente dentro da cultura da Heraeus, que está acostumada a controlar empresas de nicho e possui várias campeãs ocultas.

Uma pequena unidade de negócios que provavelmente é esquecida em uma grande organização pode se tornar o centro e o foco de atenção quando obtém sua independência ou é vendida para uma empresa menor. O tamanho de uma empresa deve estar de acordo com o tamanho da companhia-matriz. Empresas pequenas atuam melhor nas mãos de companhias menores; dessa forma, as grandes companhias podem ser aconselhadas a não se fixar muito nelas. Em primeiro lugar, as grandes empresas não dirigem bem as empresas menores; em segundo lugar, tais empreendimentos desviam-nas de seus negócios principais.

LIÇÕES PARA AS GRANDES EMPRESAS

Será que as constatações feitas sobre as campeãs ocultas podem ser aplicadas às grandes empresas de vários bilhões de dólares? É claro que parece uma contradição fixar o rótulo "oculta" às grandes corporações proeminentes, e não se deve recomendar de forma ingênua que as grandes empresas adotem estratégias típicas de empresas menores. Parece útil, ao aplicar tais lições, fazer uma distinção entre dois tipos de grandes corporações. O primeiro tipo, a organização focada que basicamente restringe suas atividades em um mercado, no qual ela luta por uma posição de liderança, chamo de grande campeã. A outra categoria, a empresa grande que atua em vários mercados ou negócios diferentes, mas mais ou menos relacionados, denomino corporação diversificada.

LIÇÕES PARA AS CORPORAÇÕES CAMPEÃS

É óbvio que a corporação campeã desenvolve uma estratégia semelhante à das campeãs ocultas, embora em uma escala mais ampla e mais perceptível. Dessa forma, as lições contidas neste livro podem ser adotadas de forma fácil e difundida por esse tipo de empresa. A Boeing pertence a essa categoria. Seu foco está em aeronaves, e é a líder mundial em seu mercado. A Whirlpool, que já é a fabricante-líder de equipamentos domésticos, declarou certa vez que quer se tornar líder em cada uma das principais regiões do planeta. A Otto-Versand, maior empresa de reembolso postal do mundo, está sistematicamente construindo sua posição em todos os principais países do mundo.

Outras empresas que desenvolveram um foco como esse, mas que acabaram por se desviar do "caminho da virtude", estão retornando à posição inicial. Como exemplo pode-se citar a Kodak, que, após vender os segmentos farmacêuticos e de diagnósticos, está voltando ao seu núcleo tradicional de atuação. A revista *Business Week* (Maremont, 1995, 65) faz o seguinte comentário: "A venda converteu a Kodak de um conglomerado em uma empresa restritamente focada em imagens". De forma bastante interessante, George Fischer, o novo CEO da Kodak, de repente passou a detectar inúmeras oportunidades de crescimento em um mercado mais restrito. Como isso é possível? Porque ele redirecionou a atenção da Kodak para os mercados globais. Segundo a *Business Week* (63),

> Fischer está convencido de que o setor de filme e papel tradicional da Kodak pode crescer de 7% a 9% anualmente na próxima década. Como? Em parte, por meio da expansão nas economias de crescimento rápido da Ásia, onde a Kodak tem se posicionado de maneira sonolenta atrás da rival Fuji Photo Film Co. E ele vê o rápido crescimento da empresa em mercados em desenvolvimento mal explorados como Rússia, Índia e Brasil.

Com seu novo foco, a Kodak começou, em março de 1995, a fazer o que até agora se imaginava impensável: vender filmes de marca própria no Japão. Esse é um exemplo perfeito. Nada mudou na realidade desses mercados. Apenas a perspectiva foi redirecionada dentro do arquétipo das campeãs ocultas.

Muitas corporações diversificadas de grande porte determinaram mudanças semelhantes ou estão pensando em fazer isso. A Schering é outra empresa que redirecionou totalmente seu negócio aos produtos farmacêuticos. Em 1992, todos os segmentos que comercializavam produtos não-farmacêuticos foram vendidos ou organizados em empresas separadas, como se fez com a AgrEvo. A Schering tornou-se uma empresa puramente farmacêutica, com um foco bem-definido. Após três anos, ela considera que a reorganização de suas atividades foi positiva. A alienação de todas as unidades de negócios, com exceção da unidade farmacêutica, levou a um declínio nas vendas de mais de US$ 785 milhões, mas metade dessa queda foi compensada por um crescimento, no primeiro ano de funcionamento, como empresa recém-focada.

Muitas outras empresas grandes parecem trilhar caminhos semelhantes, abandonando empresas marginais e se concentrando em menos unidades. O que não vi de forma tão freqüente foi um realinhamento correspondente de metas, de escopo de mercado e de vantagens competitivas. A empresa que se retira de alguns mercados e se centraliza em um ou em outros mercados deve, simultaneamente, estabelecer metas mais ambiciosas, expandir seu escopo regional de mercado, aproximar-se mais de seus clientes e melhorar sua força competitiva. Quase tudo que relatei sobre as campeãs ocultas aplica-se às corporações focadas.

LIÇÕES PARA AS CORPORAÇÕES DIVERSIFICADAS

As corporações diversificadas constituem uma categoria mais complexa. O que fica menos óbvio é se e o que tais empresas podem aprender com as campeãs ocultas. Será que elas não estão buscando o oposto do que as campeãs ocultas mostram, ao se dedicarem a muitos empreendimentos diferentes a fim de equilibrar os riscos, aproveitar sinergias, e assim por diante? A maioria desses empreendimentos tem pelo menos uma relação marginal entre tecnologia e mercados, mas essa interdependência usualmente abre um espaço considerável para um forte foco em tecnologia ou em mercado.

Esse último aspecto oferece a oportunidade de se controlarem divisões ou unidades de negócios de alguma forma ao estilo das campeãs ocultas. Isso implica dar-lhes uma missão clara para que lutem por fortes posições no mercado e muita autonomia ao decidir como alcançar essa meta. A Hewlett-Packard e a 3M pertencem a essa categoria de corporações modernas descentralizadas. A Hewlett-Packard, que tem vendas de mais de US$ 20 bilhões, organiza-se em unidades de negócios que são operadas como empresas menores e têm total responsabilidade para gerar lucros. Uma unidade de negócios pode ter vendas da magnitude das campeãs ocultas, por exemplo, US$ 100 milhões. O mesmo pode ser dito sobre a 3M, cuja inovação constante depende essencialmente desse tipo de descentralização.

Na Europa, a ABB, que tem várias centenas de unidades de negócios que deveriam ser administradas como empresas pequenas, é, provavelmente, a corporação que mais implementou, de forma sistemática, esse conceito. É necessário indagar, no entanto, se a ABB possui tantas unidades como essas e se as metas e o foco de liderança do mercado são suficientemente visíveis. Como um grupo formado por centenas ou milhares de companhias que atuam ao estilo das campeãs ocultas pode, ao mesmo tempo, se manter focado, além de ser administrado e controlado? Além dos focos das unidades em separado, a corporação como um todo precisa de ligação e de um foco central.

Percebo tendências semelhantes em relação à formação de grupos de campeãs ocultas entre outras grandes corporações. Por muitos anos, a General Electric tinha a relevante missão de fazer com que suas unidades lutassem pela primeira ou segunda posição no mercado mundial. A *Fortune* chama as divisões da GE de "unidades ágeis que dominam seus mercados globais" (Grant, 1995, 74). O Aircraft Engine Group, já mencionado neste capítulo, é um modelo impressionante de estratégia-campeã. A Siemens está trilhando um caminho semelhante, embora seu processo de descentralização situe-se em um estágio anterior. É interessante observar que algumas divisões da Siemens estejam desenvolvendo sua própria identidade, como fez a AgrEvo.

A abordagem das campeãs ocultas sugerida aqui para a corporação diversificada é diferente das recomendações onipresentes para o processo de descentralização? Basicamente não! Mas as campeãs ocultas dão a entender que a descentralização deve ser mais radical do que costuma ser hoje. As unidades recém-formadas devem receber autoridade de todos os departamentos centrais de uma empresa, e não apenas de algumas.

A questão do que é ou do que permanece comum a todas as divisões que formam uma corporação diversificada é extremamente complexa e não pode ser respondida de forma ingênua. Deve haver algum compartilhamento de recursos e sinergias, no que se refere à tecnologia e ao mercado. Concordo totalmente com a afirmação de um artigo de 1995 do *Harvard Business Review*: "Como acabamos aprendendo, a capacidade de relacionamento de vários empreendimentos encontra-se no âmago da criação de valor nas companhias diversificadas" (Collins e Montgomery, 1995, 125). O comprometimento ideal existente entre as competências centralizadas e descentralizadas é difícil de ser encontrado e não é estático. No contexto de uma corporação diversificada, a estratégia de uma campeã oculta não pode ser copiada ao pé da letra. Mas as divisões, apesar disso, devem observar as lições obtidas. A síntese da liderança autoritária e participativa discutida no Capítulo 10 pode ser aplicada à relação existente entre um centro e suas unidades descentralizadas. O centro deve ser autoritário nos aspectos fundamentais que determina, mas tais aspectos não podem ser em grande número. Em todos os detalhes, a liderança deve ser altamente participativa, com as unidades tendo a oportunidade de expressar-se. Na maioria das corporações, apesar do simulacro em contrário, ainda há uma centralização acentuada. O centro não fica confinado ao estabelecimento de metas e de valores básicos, mas se dedica demais à microadministração, que impede que as unidades adotem uma estratégia genuína de campeã oculta. O centro deve, contínua e criticamente, perguntar-se qual é o valor que ele oferece ao negócio das unidades.

Um outro requisito para a liderança oculta são responsabilidades funcionais abrangentes. As unidades de negócios devem ser definidas de forma que lhes seja dada responsabilidade total para as funções centrais e para o valor agregado de seus empreendimentos. De acordo com a experiência da Siemens, esse deve ser o critério regente para a definição de uma unidade de negócio. Isso implica que tantos os aspectos mercadológicos quanto os recursos internos devem ser incluídos, como foi exemplificado no equilíbrio das campeãs ocultas entre as oportunidades externas de mercado e os recursos ou competências internas. Somente se os dois aspectos forem controlados pela administração de uma unidade de negócios é que a empresa pode adotar a estratégia de lutar pela liderança global de mercado. O que vem sendo praticado com freqüência é a transgressão dessa condição: vendas e produção são alocadas a unidades de negócio diferentes, ou as vendas e a prestação de serviço ficam em setores distintos da empresa. Essa divisão de responsabilidades que pertencem à mesma cadeia de valor é inimaginável para as campeãs ocultas. É bastante improvável que as unidades que tiveram suas funções centrais removidas tornem-se ou permaneçam campeãs. No entanto, em setores que exigem uma integração próxima entre manufatura e pesquisa (por exemplo, produtos químicos e eletrônicos), é quase impossível compreender o modelo completo da delegação total das funções centrais.

A arte de descobrir um caminho intermediário ideal entre os dois pólos de centralização e descentralização determina o futuro de uma grande corporação. Imagino a corporação diversificada do futuro como um grupo de empresas que compartilham alguns poucos recursos essenciais, mas que, além disso, atuam como campeãs independentes que têm missões explícitas, mercados focados, orientação global, e assim por diante. É bastante provável que pequenas unidades autônomas alcancem o tipo de especialização, integração de tecnologia e *marketing*, além de identificação do funcionário, que satisfazem as exigências competitivas do futuro. As grandes empresas podem achar difícil reproduzir algumas características das campeãs ocultas, pois as habilidades e as personalidades das pessoas que integram a administração de cúpula constituem esses ativos vitais. Os líderes que são tecnicamente competentes, que unem pessoa e objetivo, que conhecem os aspectos práticos de um negócio, que desejam pôr a mão na massa e que estão totalmente comprometidos com seu trabalho, representam a peça-chave para criar uma atmosfera na qual os funcionários sintam-se motivados e envolvidos. Essas são características mal desenvolvidas em muitas corporações.

Isso implica que a transição de uma empresa administrada de modo centralizado para uma corporação ao estilo de uma campeã oculta não é apenas organizacional. O maior desafio reside em mudar os estilos de liderança e a cultura corporativa. Consome tempo e energia modificar tais características, mas, como mostram a AgrEvo e a Zeneca, é mais provável que essa mudança aconteça em unidades menores do que no contexto de uma grande corporação.

Em muitas ocasiões, nas corporações diversificadas, testemunhei a recepção entusiástica da abordagem das campeãs ocultas. Tenho a impressão de que muitas pessoas nas grandes empresas prefeririam trabalhar em unidades menores, menos reguladas e mais claramente focadas. Um gerente que trabalha em um grande grupo empresarial descreveu a situação de forma bastante perspicaz. Após ter trabalhado por três anos em uma subsidiária bem independente de um tipo de corporação ao estilo de campeã oculta, ele retornou à matriz da empresa, onde mantém um cargo na administração sênior. Ele comentou o seguinte: "Era três vezes mais eficaz na unidade da campeã do que sou na grande corporação. Lá eu dedicava 75% da minha energia para o mercado, enquanto aqui eu dedico 75% dela para disputas e atividades internas". Uma maneira de restabelecer a eficiência nas grandes corporações é descentralizar em unidades menores que funcionam ao estilo das campeãs ocultas.

LIÇÕES PARA AS PEQUENAS EMPRESAS

Nem todas as empresas pequenas podem ser ou devem lutar para ser líderes no mercado mundial, pois muitos mercados são locais ou regionais. O fato de termos excluído tais mercados do nosso estudo não significa que não haja empresas excelentes atuando neles. O contrário também é verdadeiro. Companhias semelhantes às campeãs ocultas operam em todos os mercados. As pessoas que participam dos seminários que ministro freqüentemente chamam minha atenção para as empresas locais que eram campeãs em seus mercados menores regionais.

Não obstante o escopo do mercado, as companhias bem-sucedidas põem em prática princípios semelhantes, e as conclusões a que cheguei são igualmente importantes para as pequenas empresas com escopo local ou regional. As lições sobre o estabelecimento de metas, motivação e liderança são diretamente transferíveis a elas. A recomendação mais específica, no entanto, é permanecer restritamente focada e crescer via expansão regional. Em vez de diversificar, como fez meu amigo (ver Capítulo 4), de supermercados a hotéis na mesma cidade, é preferível manter-se no ramo de supermercados e expandir-se para a cidade vizinha. Uma pessoa que se dá bem no ramo supermercadista em uma cidade pode provavelmente repetir os resultados obtidos em outros locais. Destacar-se na administração de supermercados (maçãs), entretanto, não significa, necessariamente, que o mesmo destaque será obtido na administração de hotéis (laranjas), pois será necessário lidar com uma clientela totalmente diferente. A instrução que se dá a uma empresa regional é que, não importando o quão pequeno seja um mercado, ele precisa ter um líder, posição que o empreendedor deve ambicionar. A liderança oculta não depende do tamanho do mercado.

O caso de um fornecedor de alta tecnologia para o setor bancário ilustra a importância da internacionalização. Essa empresa de US$ 100 milhões detém 80% do exigente mercado alemão, mas até agora ela não se expandiu para o mercado mundial. Levou algum tempo para eu convencer a administração da empresa que, se eles eram capazes de conquistar 80% de um mercado tão difícil quanto o alemão, também conseguiriam abocanhar alguma fatia do mercado em outros países. Todas as empresas pequenas que são excelentes em um mercado regional devem pensar, seriamente, em expandir suas atividades aos mercados internacionais.

ALÉM DA ALEMANHA

O projeto de pesquisa em que este livro se baseia concentrou-se nas campeãs ocultas da Alemanha, embora, de vez em quando, eu tenha apresentado alguns pontos de vista e interpretações obtidos com campeãs de outros países. A questão de saber se as campeãs ocultas existem e se suas experiências podem ser aplicadas fora da Alemanha é interessante e de importância considerável.

Mesmo sem uma busca sistemática, descobri campeãs ocultas em muitos países, da Europa aos Estados Unidos, passando por África do Sul e Nova Zelândia. Em 1989, os líderes franceses do mercado mundial chegaram a formar uma associação chamada *Club de numéros 1 mondiaux français à l'export* (Clube dos Exportadores Franceses Globais Número Um). A maioria dos 139 membros é formada por grandes empresas, mas muitas campeãs ocultas também fazem parte da associação. Em alguns países menores, uma campeã oculta pode muito bem ser a maior multinacional. Um bom exemplo é a Corticeira Amorim, de Portugal, de longe a maior fabricante do mundo de rolhas de cortiça e de outros produtos feitos com cortiça. Dessa empresa, que apresenta nitidamente todas as características de uma campeã oculta, diz-se o seguinte: "A empresa surgiu como força dominante na produção e distribuição de cortiça e seus derivados no mundo todo. É a única multinacional portuguesa a ter essa enorme participação em seu mercado" (Vitzhum, 1994b, 4). As campeãs ocultas não-alemãs listadas na Tabela 11.1 fornecem provas, pelo menos no que concerne a critérios objetivos, como tamanho e posição de mercado, de que as campeãs ocultas estão navegando para os mais diversos mercados do mundo.

Embora seja instrutivo saber de sua existência, não procede, necessariamente, a idéia de que as campeãs ocultas não-alemãs apresentem as mesmas características estratégicas de suas contrapartes alemãs. A localização da empresa pode exercer uma função importante na sua estratégia e no seu sucesso global. Não tenho provas conclusivas e 100% científicas de que as empresas arroladas na Tabela 11.1 possam se beneficiar dos exemplos ou modelos das campeãs ocultas alemãs.

Mas investiguei e visitei um bom número de campeãs ocultas não-alemãs. Nas oficinas e seminários com elas, ouvi muitos comentários sobre seus métodos e os métodos dos protótipos alemães. As informações que consegui angariar levam-me à conclusão de que as campeãs são extremamente seme-

TABELA 11.1 As campeãs ocultas no mundo

Empresa	País	Produto principal	Vendas em milhões de dólares	Funcionários	Posição no mercado mundial		
					Classificação	Participação absoluta em percentagem	Participação relativa
Swarovski	Áustria	Diamante de cortar vidro	990	9.200	1	67	>2
Fischer	Áustria	Esquis *cross-contry*	79	860	1	40	2,8
Mayr-Melnhof	Áustria	Caixas de papelão	1.000	4.800	1[a]	25[a]	1,5[a]
Trierenberg	Áustria	Papel de enrolar cigarro	370	900	1[a]	45[a]	1,5[a]
Veitsch-Radex	Áustria	Refratários revestidos com magnésia	540	4.000	1	15	1,3
Nyco Minerals	Dinamarca	Wollastonita	30	120	1	60	3
Rockwool	Dinamarca	Lã mineral	928	5.600	1	n/d	n/d
Babolat	França	Corda natural para raquetes de tênis	28	200	1	75	5
Eurocopters	França	Helicópteros (não-militares)	1.700	n/d	1	51	>2
Manitou	França	Empilhadeiras para terrenos irregulares	270	1.200	1[a]	35[a]	n/d
Rossignol	França	Esquis para montanhas	410	2.000	1	25	2,4
Sofamor	França	Instrumentos para cirurgias e implantes dorsais	47	n/d	1	28	1,2
DeLonghi	Itália	Aparelhos portáveis de ar-condicionado	800	2.000	1[a]	30[a]	1,5[a]
Mabuchi Motors	Japão	Pequenos motores elétricos (p.ex., para videocassetes)	n/d	n/d	1	40	4,4
Minibea	Japão	Mancais em miniatura	n/a	n/a	1	65	>3
Nideq	Japão	Motores finos para unidades de disco rígido	n/d	n/d	1	85	>5
Nikon	Japão	Equipamento litográfico para produção de semicondutores	n/d	n/d	1	50	n/d
Eurocomposites	Luxemburgo	Materiais para uso industrial	17	110	1[a]	50[a]	1,4[a]
Gallagher	Nova Zelândia	Cercas elétricas para agricultura	100	650	1	45	2

continua

TABELA 11.1 As campeãs ocultas no mundo (continuação)

Empresa	País	Produto principal	Vendas em milhões de dólares	Funcionários	Posição no mercado mundial		
					Classificação	Participação absoluta em percentagem	Participação relativa
Amorim	Portugal	Produtos de cortiça	293	n/d	1	Mercado difuso	>3
SAPPI-SAICCOR	África do Sul	Polpa dissolúvel de papel	300	1.200	1	17	1,4
Chupa Chups	Espanha	Pirulitos	275	n/d	1	Mercado difuso	n/d
Freixenet	Espanha	Vinho espumante	300	1.100	1	5	1,2
Gambro	Suécia	Máquinas para diálise	1.400	9.000	1	30	1,5
Ares Serono	Suíça	Produtos de biotecnologia	650	n/d	1	70	>2
Cerberus Guinard	Suíça	Sistemas de alarme contra incêndio	n/d	n/d	1[a]	50[a]	n/d
Flytec	Suíça	Equipamentos para prática de vôos livres	3	n/d	1	60	>1,5
Uwatec	Suíça	Equipamentos para mergulho com cilindro	14	n/d	1	60	>1,5
Giant	Taiwan	Bicicletas *mountain bikes*	400	1.500	1	3	1,1
De la Rue	Reino Unido	Impressão de dinheiro	1.000	n/d	1	60	>3
Molins	Reino Unido	Fabricantes de cigarros curtos	475	3.000	1	65	2
Vinten Group plc	Reino Unido	Acessórios para câmeras de tevê	n/d	n/d	1	Em muitos segmentos 80-90	>10
Meiko	Reino Unido	Processamento paralelo em massa	223	180	1[a]	25[a]	n/d
BE Avionics	Estados Unidos	Unidades de controle de passageiros para poltronas em aeronaves	n/d	n/d	1	70	>2
Brush Wellman	Estados Unidos	Produtos fabricados com berílio	346	n/d	1	65	>2
Cray Research	Estados Unidos	Supercomputadores	921	n/d	1	66	n/d
Institute for International Research	Estados Unidos	Conferências, seminários	200	1.200	1	Mercado difuso, n/d	n/d

TABELA 11.1 As campeãs ocultas no mundo (continuação)

Empresa	País	Produto principal	Vendas em milhões de dólares	Funcionários	Posição no mercado mundial		
					Classificação	Participação absoluta em percentagem	Participação relativa
Loctite	Estados Unidos	Adesivos anaeróbicos	417	n/d	1	80	>5
Medtronic	Estados Unidos	Marca-passos	1.600	10.000	1	46	2,1
		Desfibriladores	n/d	n/d	1	33	n/d
Melroe	Estados Unidos	Carregadores e retroescavadeiras de tração contínua/ carregadores multiuso	n/d	n/d	1	75	>4
Morton International	Estados Unidos	Air bags	225	2.000	1	55	1,5
Nordson	Estados Unidos	Equipamento para fundição a quente	500	3.000	1	60	>1,5
Rohr Industries	Estados Unidos	Nacelas comerciais	907	n/d	1	85	>6
Sensormatic Electronics Corp.	Estados Unidos	Proteção eletrônica de mercadorias	890	5.500	1	Mercado difuso	>2
St. Jude Medical	Estados Unidos	Válvulas cardíacas artificiais	253	725	1	60	9,1
Superior International Industries	Estados Unidos	Aro de alumínio para rodas de automóveis	456	4.500	1	20	1,8
S.D. Warren	Estados Unidos	Papel *couché*	1.144	4.500	1	7	n/d

[a] Europa

lhantes em vários países, empregando estratégias quase idênticas. Elas compartilham posicionamentos parecidos em relação à publicidade, mantêm os mesmos valores centrais e possuem um nível de motivação excelente entre os funcionários. Em uma visita à SAPPI-SAICCOR, na África do Sul, líder global em polpa dissolúvel de papel (sua subsidiária norte-americana, a S.D.Warren, é a número um no ramo de papel *couché*), senti exatamente a mesma atmosfera intensa que predomina entre as campeãs ocultas. Tive a mesma experiência no Meio-Oeste norte-americano, onde visitei uma campeã oculta – líder mundial no mercado de produtos feitos com uma máquina especial – que prefere ficar no anonimato.

Minha experiência atesta que as campeãs ocultas são mais semelhantes de um país para outro do que o são em relação às grandes empresas dentro de seus próprios países. Acredito que a Kärcher, na cidade de Winnenden, no sul da Alemanha, é mais parecida com a Melroe, na cidade de Gwinner, no estado norte-americano de Dakota do Norte, do que a Kärcher é com a Volkswagen, ou a Melroe com a General Motors.

Minhas observações foram comprovadas em muitas conversas com empresários internacionais. Bill Gallagher, CEO da Gallagher, na Nova Zelândia, líder mundial em cercas elétricas para a agricultura, confirmou na discussão que tivemos que sua estratégia harmoniza-se com a abordagem das campeãs ocultas alemãs. E a citação seguinte, retirada de um artigo da revista *International Management*, sobre a Chupa Chups, campeã espanhola que controla o mercado global de pirulitos, revela similaridades impressionantes (Webster, 1992, 55).

> A Chupa Chups é uma empresa que respeita a dinastia e está arraigada a um sistema de associação que sobreviveu neste século.
>
> Nessa estratégia e com esse pessoal, a Chupa Chups é cuidadosamente internacional. Três quintos do movimento de vendas da empresa vêm hoje de fora da Espanha. Logo depois que Enrique Bernat assumiu o controle da empresa em 1957, ele tomou sua primeira grande decisão, cortar 200 produtos que eram fabricados para apenas um: o pirulito. Bernat patenteou o produto. Com os anos, ele vem investindo consistentemente em novas tecnologias para se manter à frente da concorrência.
>
> Mais de 80% do maquinário que a Chupa Chups utiliza são projetados internamente e zelosamente conservados à distância dos concorrentes.

A descrição da estratégia da Amorim, empresa portuguesa que controla o mercado de produtos feitos com cortiça, reflete muito bem o padrão utilizado pelas campeãs ocultas em relação a presença global, proximidade ao cliente, domínio de mercado e controle total (Vitzthum, 1994b, 4):

- 50 unidades de produção e distribuição localizadas em 15 países...
- conhecemos bem nossos mercados, há uma forte ligação entre distribuição e produção...
- autoridade em cortiça e em seus derivados...
- estamos sempre querendo comprar distribuidores...

Essas descrições poderiam ser atribuídas a quase todas as campeãs ocultas alemãs: valores tradicionais, globalização, foco em um produto ou mercado, inovação, vantagem competitiva e confiança em seus próprios pontos fortes. Tudo isso sugere que as lições destacadas aqui não se limitam à Alemanha, mas oferecem conselhos valiosos às empresas ao redor do globo. Os princípios fundamentais da boa administração são pertinentes em qualquer país e em qualquer cultura. Será que o sucesso global das campeãs ocultas quase não exige que as empresas encontrem denominadores comuns para comandar os negócios em uma escala mundial?

Não é minha intenção desconsiderar a importância das condições locais. Clientes exigentes, fortes concorrências, indústrias de apoio e outros fatores favoráveis são úteis para alcançar a liderança no mercado global, como foi mencionado no livro *Competitive Advantage of Nations* (1990a), de Michael Porter. O mesmo também se aplica à orientação educacional, tecnológica e internacional de uma sociedade, como enfatizou Horst Albach na obra *Culture and Technical Innovation* (1994).

Assim, empresas norte-americanas podem ter oportunidades melhores que empresas européias para se tornarem campeãs ocultas, em áreas como computadores, *software*, biotecnologia, entretenimento e multimídia. As condições para esses setores parecem ser mais favoráveis nos Estados Unidos. A Mabuchi é líder mundial em pequenos motores elétricos para CDs e videocassetes, porque a maior e mais urgente demanda encontra-se no Japão, graças à posição de liderança das empresas nipônicas em CD *players* e gravadores de som e vídeo. Os líderes mundiais em esquis, como a Fischer (*cross-country*) e a Rossignol (para encostas), funcionam em regiões montanhosas onde o esqui tornou-se uma prática popular. Algumas das empresas mencionadas na Tabela 11.1, como a Gallagher, fabricante neozelandesa de cercas elétricas para agricultura, também se beneficiam bastante de locais favoráveis. O número de ovelhas na Nova Zelândia é cerca de 20 vezes maior do que o número de seres humanos – e todas essas ovelhas pastando precisam ser controladas por cercas.

Mas esse é apenas um quadro parcial, menor. Tanto as campeãs ocultas da Alemanha quanto as de fora do país provam que sempre há exceções à regra. Muitas dessas empresas situam-se onde provavelmente não estariam se seguissem a sabedoria competitiva internacional. Por que uma empresa como a Melroe, fabricante de um mecanismo relativamente simples, como os carregadores de tração contínua Bobcat, deveria ficar em Gwinner, na Dakota do Norte? Ou por que a St. Jude Medical fica em Minneapolis? Além da tradição, há razões específicas para as fábricas da Grohmann Engineering se localizarem na Alemanha, quando, na maioria, seus clientes são companhias eletrônicas norte-americanas, ou a Fischer Labor-und Verfahrenstechnik, que deriva 90% de seu movimento de vendas de companhias internacionais de petróleo? Há também a SAP, líder mundial em *softwares* comerciais-padrão para cliente/servidor. Será que não seria melhor para ela ter uma fábrica nos Estados Unidos, e não na Alemanha? Com tantos mercados e nichos diferentes, tantas potenciais vantagens e competências, e com sua determinação e sua cultura corporativa, muitas campeãs ocultas poderiam se estabelecer em qualquer lugar do mundo industrial, crescer e preservar suas posições de liderança.

Minha opinião é corroborada por muitos respondentes. Peter Barth, CEO da empresa-líder no mercado global em produtos feitos com lúpulo, acredita que a companhia pode realizar negócios de quase qualquer lugar do mundo. Seu ponto de vista encontra eco em Klaus Grohmann, que sugeriu que os Estados Unidos seriam um local tão bom para sediar sua empresa quanto o atual, na Alemanha. E quando visitei em Detroit as subsidiárias norte-americanas da Dürr, que controla o mercado de sistemas de acabamento em pintura, não consegui observar muita diferença em espírito da sede da empresa em Stuttgart, embora não haja nenhum alemão na fábrica de Detroit (o CEO é sul-africano). Acredito que muitas pessoas, em especial norte-americanas, superestimam os aspectos administrativos específicos do país.

O estudo que fiz das campeãs ocultas dentro e fora da Alemanha sugere que o fator fundamental não é a localização, mas a capacidade da empresa de desenvolver as competências e as vantagens competitivas exigidas em seu mercado específico. Embora isso possa não ser independente de localização, o ambiente é apenas um dos fatores determinantes do sucesso. A orientação global das campeãs ocultas e, para muitas, suas várias localizações tornam-nas impressionantemente independentes de um país específico. Os mais altos escalões das campeãs ocultas são formados pelas pessoas mais cosmopolitas que encontrei, e tornar-se uma pessoa cosmopolita é tanto um requisito quanto uma conseqüência da liderança oculta, que independentemente do país de origem de uma empresa. Um mundo que diminui cada vez mais de tamanho oferece a todas as empresas que desejam transpor suas limitações culturais e naturais grandes oportunidades de crescimento.

LIÇÕES PARA OS INVESTIDORES

As campeãs ocultas representam alvos tentadores para os investidores. O foco de mercado, a liderança no mercado global e a continuidade são critérios atraentes que os investidores inteligentes procuram. Os investidores gostam de empresas descomplicadas e determinadas e não apreciam conglomerados que diluem resultados e responsabilidades (ver Owen e Harrison, 1995, para obter o exemplo da ICI-Zeneca). O fato de as campeãs terem permanecido desconhecidas torna improvável que elas percebam seu valor total nos mercados de capital. Isso se intensifica pelo fato de que a Bolsa de Valores da Alemanha para pequenas empresas esteja em um estágio inicial de desenvolvimento, com apenas uma pequena minoria das campeãs ocultas (há uma relação delas na Tabela 11.2) tendo seu capital aberto para negociações.

Essas empresas merecem uma análise mais profunda enquanto potenciais alvos para os investidores. Seu desenvolvimento a longo prazo promete retornos atraentes para os acionistas, em especial pela valorização a longo prazo das ações. A curto prazo, é provável que o preço das ações das campeãs ocultas seja mais volátil do que o das grandes corporações. O foco das campeãs indica que o crescimento das empresas da amostra depende muito das oscilações dos mercados de produto. Elas são seriamente afetadas por fatores simples e causais, como taxas de câmbio, desde que se baseiem intensivamente nas exportações. Mas esse tipo de volatilidade pode tornar as ações dessas empresas ainda mais chamativas para os investidores com metas de lucro a curto prazo.

Muitas das campeãs listadas na Tabela 11.2 abriram o capital há relativamente pouco tempo, e várias outras estão planejando segui-las. Esse crescimento oferece oportunidade de investimentos atraentes para o futuro.

TABELA 11.2 Seleção de campeãs ocultas com capital aberto para negociação

Empresa	Produto principal	Vendas em milhões de dólares	Funcionários	Preço da ação, dezembro de 1995, em dólares
Aqua Signal	Sistemas de iluminação para navios	34,5	229	60
Barmag	Máquinas para a indústria de fibra	480	3.700	113,3
Biotest*	Produtos farmacêuticos especializados	175,3	939	213,3
Böwe Systec	Gerenciamento de papel	116,7	1.000	200
CeWe	Acabamento de fotografias	1.106,7	2.400	303,3
CS-Interglas	Material sintético para a indústria eletrônica	166,7	1.150	93,3
Dräger*	Incubadores	590	5.278	146
Dürr	Sistemas de acabamento para pintura	800	3.000	301,3
Edding	Marcadores de feltro	130	250	430
eff-eff Fr. Fuss*	Produtos de segurança	117	1.000	36,4
Ex-Cell-O	Máquinas para trituração e mineração	200	1.300	84
Fielmann*	Óculos no atacado e no varejo	580	5.000	48,6
Fresenius*	Instrumentos para diálise	446,7	1.749	1040
Garny	Cofres, móveis para bancos	200	1.100	307,7
Grohe*	Instalações sanitárias	652	4.000	216,7
Hegener + Glaser	Jogo de xadrez por computador	60	500	52,7
Herlitz	Artigos de papelaria	486,7	2.800	170
Hermle	Máquinas universais para moagem e perfuradoras		566	92,7
Hohner	Órgãos e acordeões de sopro	126,7	1.050	46
Jado	Ferragens para portas projetadas	66,7	700	9,1
Jungheinrich	Equipamento elétrico para manuseio de materiais	1.100	6.000	157,3
KHS	Sistemas de engarrafamento para a indústria de bebidas	682	5.719	142,6
Kiekert*	Sistemas de tranca para automóveis	400	2.700	57,2
Koenig & Bauer	Prensas para impressão de dinheiro	383,3	2.000	158
Kögel	Chassi de caminhão	146,7	1.000	188
Krones*	Sistemas de engarrafamento	657,3	4.515	356,6
KSB	Bombas de centrifugação	1.353,3	13.800	163,3
Kühnle, Kopp & Kausch (KKK)	Carregadores de bateria	210	2.000	140
KWS	Sementes de beterraba	173,3	700	408,6
Plettac	Sistemas de andaimes	433,3	1.000	244
Revell	*Kits* de modelos de plástico	60	250	190
Röder	Aluguel de barracas comerciais	100	550	61

continua

TABELA 11.2 Seleção de campeãs ocultas com capital aberto para negociação *(continuação)*

Empresa	Produto principal	Vendas em milhões de dólares	Funcionários	Preço da ação, dezembro de 1995, em dólares
SAP	Aplicações cliente/servidor	1.200	5.000	155
Sartorius	Balanças, filtros	120	1.400	112
Schenck	Balanças	666,7	7.000	82,7
Schön & Cie.	Máquinas para calçados	76,7	500	64
Schumag	Máquinas para desenho	126,7	1.100	386,7
SGL Carbon	Produtos à base de carbono e grafite	956,7	5.300	70,1
SKW Trostberg*	Produtos químicos especializados	2.266	11.000	32,3
Turbon	Fitas cassete	93,3	1.000	28,3
Villeroy & Boch	Produtos de cerâmica	966,7	12.000	152,3
Weinig	Moldeladores para madeira	197,3	1.100	353
Windhoff	Máquinas para o conserto de caminhões	63,3	450	213
Zanders	Arte em papel	580,7	3.300	97,7

* Particularmente atraente.

Além de abrirem seu capital, as campeãs ocultas são alvos muitos procurados para aquisições, compra total das ações e investimentos privados. Um número grande de investidores institucionais prefere comprar o patrimônio líquido das empresas que detêm posições de liderança no mercado. Entre elas encontram-se fundos de aplicação do Kuwait e de Cingapura, fundos especiais e bancos de investimentos. Já que esses investidores em geral evitam a publicidade para proteger seus nichos, não os citarei aqui.

LIÇÕES QUALITATIVAS GERAIS

As campeãs ocultas trazem algumas lições gerais importantes. O ingrediente básico que possuem em suas receitas de sucesso é um grau enorme de bom senso: valorização dos clientes, confiança, construção de relacionamentos a longo prazo, entrega de boa qualidade e boa prestação de serviços. Suas práticas ilustram que muitas palavras de ordem da modernidade, como "terceirização", "alianças estratégicas" e "concorrência baseada no tempo", podem ser muito bem modas efêmeras ou exageros unilaterais de um aspecto simples do negócio. Muitos dos líderes que entrevistei enfatizaram que foram pouco influenciados por essas novas modas de administração. Na opinião deles, esse palavreado vem e vai e não deve influenciar demais a maneira de se pensar.

Fundamentalmente, práticas administrativas boas e bem-sucedidas não mudam muito com o passar do tempo. Em vez de seguir cada onda passageira de administração, a empresa deve adotar princípios simples, mas comprovados, como os das campeãs ocultas. Mantenha a racionalidade e não se aflija com o mais recente artigo sobre o mais novo remédio milagroso para o mundo dos negócios.

Outra questão importante refere-se ao fato de que uma boa administração significa levar a cabo muitos pormenores de forma melhor do que os concorrentes, em vez de realizar apenas um ou dois elementos corretamente. A maioria dos líderes das campeãs ocultas disse que não tem uma fórmula unidimensional de sucesso para vencer a concorrência. Eles admitem que seus concorrentes também são fortes, em geral excelentes, mas, com a soma dos muitos aspectos nos quais superam os rivais, eles alcançam a superioridade. Isso não deve servir de empecilho para uma certa concentração, como sugeriu a EKS, a estratégia centrada nos gargalos descrita no Capítulo 10. Porém, certamente exige que nenhum aspecto relevante do negócio seja tratado de forma negligente. Também requer o aperfeiçoamento ininterrupto de todos os aspectos do negócio da empresa. Nesse sentido, as campeãs ocultas adotam a filosofia japonesa do *kaisen*. Elas buscam melhorias constantes, menos por meio de sistemas formais de sugestão do que pela participação ativa e do envolvimento dos funcionários, que, por sua vez, são impulsionados pela motivação e a identificação sincera com a empresa em que trabalham.

Há uma lição implícita no foco das campeãs ocultas, que postula que nenhuma empresa pode ser campeã em muitos ramos de negócios. As empresas focadas levam a melhor sobre aquelas que diversificam. Essa idéia é particularmente importante para as pequenas empresas com recursos limitados. Mas se aplica igualmente às grandes companhias, que freqüentemente iludem-se achando que podem desenvolver muitas competências diferentes e administrar muitos negócios distintos – uma ilusão perigosa. O especialista determinado em geral supera o generalista.

A simplicidade é outro marco que as campeãs ocultas nos ensinam. A simplicidade está relacionada tanto com os processos organizacionais quanto com a estrutura. As discussões sobre a filosofia da reengenharia e a do pensamento enxuto, ambas surgidas nos últimos anos, estão vinculadas à simplicidade. Muitas campeãs ocultas podem ter tido os mais variados tipos de problemas, mas enxutas elas são. Autores como Rommel et al. (1995) sugerem que a simplicidade seja um caminho promissor para aumentar a produtividade. As grandes organizações desenvolveram tanta complexidade artificial que acabaram ficando paralisadas. Um componente essencial da simplicidade, na minha opinião, é a empresa ter mais trabalho do que ela pode administrar com tranqüilidade. Essa condição impede as pessoas de inventar novas complexidades e as mantêm focadas nas tarefas que devem ser realizadas.

Mas a simplicidade também se refere à visão que as pessoas têm do mundo. Muitos líderes de campeãs ocultas têm uma visão bastante simples, embora não simplista, do mundo. Focalizam-se na base de uma situação, recusando-se a serem distraídos e desviados por suas muitas complicações irrelevantes. As grandes organizações e os grandes grupos, por outro lado, ao tentarem compreender todas as contingências de uma situação determinada, constroem modelos complexos, afogam-se em mares de dados e, às vezes, perdem a visão do que realmente está por trás de tudo, passando a contemplar a floresta em vez das árvores. A capacidade de reduzir as condições às suas bases mínimas, sem simplificar demais, ganha em importância com o aumento da complexidade do ambiente.

LIÇÕES "TANTO-QUANTO"

Foi Heinrich Flik, da W.L.Gore, Inc., quem primeiro chamou minha atenção para a importância de uma filosofia do tipo "tanto-quanto" na administração (Flik, 1990). A cultura corporativa da Gore constrói-se com base nesse conceito, e não em uma noção excludente das opções. O lema da empresa, "Ganhar dinheiro e se divertir", enfatiza dois elementos. Os dois princípios da companhia são "liberdade" e "linha de água". Enquanto o primeiro princípio incentiva todos os funcionários a desenvolverem seu potencial máximo, o segundo cria-lhes limites, ao adverti-los para não cavarem buracos no casco do navio abaixo da linha de água. A Gore esforça-se para ser rígida em relação aos princípios e flexível em relação aos detalhes.

A mesma atitude permeia o comportamento das campeãs ocultas, como vem sendo salientado em todos os capítulos. Na Tabela 11.3, são apresentados alguns exemplos da filosofia "tanto-quanto". A definição de mercado, por exemplo, é restrita em relação a produto e tecnologia e ampla em relação a escopo regional; da mesma forma, a liderança é autoritária sobre os fundamentos e participativa no que se refere aos detalhes.

A filosofia "tanto-quanto" é um tema recorrente na literatura de administração. Barry Johnson, em *Polarity Management* (1992), chama a atenção para a necessidade de encontrar um meio-termo entre os opostos e adverte para o perigo de se optar por soluções extremas, exageradas como podem parecer ser. Em *Feitas para Durar*, Collins e Porras (1994) falam sobre a "tirania do *ou*" e sugere que as pessoas "aceitem a genialidade do *e*". Eles relacionam o problema ao *yin* e *yang* da filosofia dualística chinesa.

Reconciliar aspectos aparentemente irreconciliáveis é um integrante essencial da arte da administração. Embora eu já tenha chamado a atenção para a simplicidade, o mundo dificilmente é tão simples que seja necessário considerar apenas um lado da moeda e aplicar uma solução extrema. É preciso dar-se conta de que a filosofia "tanto-quanto" não necessita de uma divisão equanimente ingê-

TABELA 11.3 Filosofia "tanto-quanto" das campeãs ocultas

Aspecto	Tanto um	Quanto o outro
Mercado	Restrito: produto, tecnologia	Amplo: mundial, regional
Força-motriz/inovação	Guiada pelo cliente	Guiada pela tecnologia
Estratégia	Oportunidades externas	Competências/recursos internos
Inovação	Produto	Processo
Perspectiva de tempo	A curto prazo: eficácia (fazendo a coisa certa)	A longo prazo: eficiência (fazendo certo a coisa)
Vantagem competitiva	Qualidade do produto	Prestação de serviço/interação
Criação de valor agregado	Atividades essenciais dentro da empresa	Terceirização de atividades não-essenciais
Rotatividade de funções	Alta: desde a fase de seleção	Baixa: equipe a longo prazo
Liderança	Autoritária em valores e metas centrais	Participativa em detalhes, processos

nua ou de conciliações no ponto central. Como demonstrei na Figura 6.3, a questão não é uma orientação para o mercado ou para a tecnologia, mas, sim, uma orientação para ambas as coisas. Os dois não constituem alternativas mutuamente exclusivas, mas dimensões a serem buscadas simultaneamente. Em maior ou menor grau, o mesmo também pode ser aplicado para outros aspectos na Tabela 11.3. Ela adverte para o perigo da unilateralidade, que é um dos maiores erros inseridos nas fórmulas de sucesso administrativo. Escolhas e *trade-offs* difíceis são inevitáveis na administração, por mais que os profissionais da área não os apreciem. Michael Porter (1994, 273) afirma o seguinte: "Descobri que os administradores ficam muito ansiosos por adotar um ou mais dessas noções como solução, pois com isso esperam eliminar a necessidade de fazer escolhas difíceis". Trata-se de uma ilusão. A boa administração sempre passa por escolhas difíceis. Hans-Joachim Langmann, que é CEO desde o início dos anos 60 da Merck KGaA, empresa que detém várias posições de liderança no mercado mundial, e um dos mais respeitáveis administradores que conheço, deu-me a entender que fazer essas escolhas difíceis de maneira inteligente constitui a verdadeira arte da administração.

TRÊS CÍRCULOS E NOVE LIÇÕES

Esta seção resume as nove lições relevantes das campeãs ocultas, e cada uma delas reflete a essência de um capítulo do livro. A Figura 11.1 ilustra sistematicamente as nove lições inseridas em três círculos circunscritos: o centro, o círculo interior, representando as competências internas, e o círculo exterior, que se refere às oportunidades externas.

O centro é definido por uma liderança forte, que estabelece metas ambiciosas, as quais definem e alinham, por sua vez, as competências da empresa. Nas competências, incluem-se funcionários motivados e bem-selecionados, inovação contínua em produtos e processos e confiança nos pontos fortes da empresa. As competências internas são traduzidas em pontos fortes externos. O círculo exterior abrange o foco restrito de mercado no produto, em tecnologia e em aplicação, que favorece a proximidade ao cliente e claras vantagens competitivas, sendo complementado por uma orientação global que cria um mercado suficientemente grande. Embora as lições avancem em uma ordem causal do centro para o círculo mais de fora, nenhum aspecto domina o outro. A combinação de tudo isso é que leva ao sucesso.

As nove lições específicas são as seguintes:

1. Estabelecer metas claras e ambiciosas. Em teoria, a empresa deve se empenhar para ser a melhor e para se tornar a líder em seu mercado.
2. Definir um mercado de forma restrita e, ao fazê-lo, incluir tanto as necessidades do cliente quanto a tecnologia. Não aceite definições preestabelecidas de mercado, mas considere a própria definição de mercado como parte da estratégia. Permaneça focado e concentrado; evite distrações.
3. Combinar um foco restrito de mercado com uma orientação global, envolvendo vendas e *marketing* em nível mundial. Comunique-se o mais diretamente possível com os clientes ao redor do mundo.

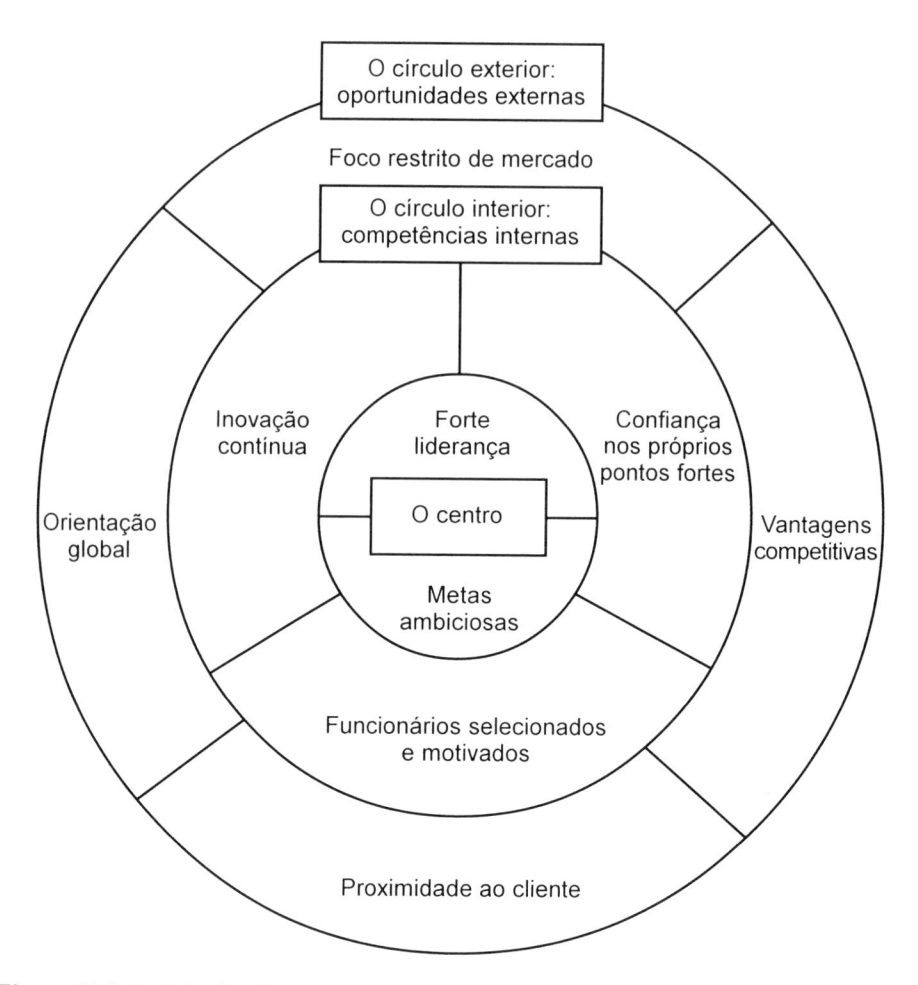

Figura 11.1 Os três círculos e as nove lições das campeãs ocultas.

Diagrama de três círculos concêntricos:
- O círculo exterior: oportunidades externas — Foco restrito de mercado, Orientação global, Vantagens competitivas, Proximidade ao cliente
- O círculo interior: competências internas — Inovação contínua, Confiança nos próprios pontos fortes, Funcionários selecionados e motivados
- O centro — Forte liderança, Metas ambiciosas

4. Estar próximo aos clientes tanto em desempenho quanto em interação. Certifique-se de que todos os departamentos têm contatos diretos com o cliente. Adote uma estratégia voltada para valor. Preste bastante atenção nos clientes mais exigentes.
5. Lutar para inovar continuamente no produto e no processo envolvido. A inovação deve ser conduzida tanto pela tecnologia quanto pelo cliente. Dê igual atenção aos recursos e às competências internas, assim como às oportunidades externas.
6. Criar vantagens competitivas bem-delineadas no produto e na prestação de serviços. Defenda a posição competitiva da empresa com pulso firme.
7. Confiar em seus próprios pontos fortes. Mantenha as competências essenciais dentro da empresa, mas terceirize as atividades não-essenciais. Encare a cooperação como último recurso, e não como primeira escolha.
8. Tentar sempre ter mais trabalho do que pessoas trabalhando. Selecione os funcionários com rigor na primeira fase, e depois mante-

nha-os na empresa por um longo período. Comunique-se diretamente para motivar as pessoas e utilize todo o potencial criativo do funcionário.

9. Pôr em prática a liderança que é autoritária nos fundamentos e participativa nos detalhes. Dê atenção máxima à seleção dos líderes, observando sua unidade de pessoa e objetivo, energia e perseverança, além da capacidade de inspirar os demais.

A ANÁLISE DE UMA CAMPEÃ OCULTA

As nove lições dão a entender que as empresas se avaliam com base nesses critérios. Realizei essa análise para saber se uma empresa porta-se como uma campeã oculta em várias companhias. Como primeiro passo, determine a importância das nove lições, que podem variar de um mercado a outro. Em seguida, avalie o desempenho da companhia com respeito às lições. Os gerentes e os administradores podem fazer isso individualmente, completando um questionário (ver Tabela 11.4), em um grupo de discussão, ou durante um seminário na empresa, sendo essa a opção preferível. A fim de comparar a importância e o desempenho e julgar se a empresa assimilou bem as lições das campeãs ocultas, utilize a matriz elaborada no Capítulo 6 para fazer a análise do desempenho competitivo e das competências internas. O método que desenvolvi representa o índice de importância no eixo vertical e o de desempenho no eixo horizontal da matriz. O resultado mais desejável é o seguinte: quanto mais importante for o critério, melhor deve ser o desempenho. A idéia é ilustrada pela faixa diagonal hachurada na Figura 11.2, que mostra uma análise desse tipo aplicada a duas empresas. A matriz de uma verdadeira campeã oculta aparece no lado esquerdo da página; a matriz de uma grande corporação diversificada, no lado direito. Em cada empresa, 10 gerentes extremamente qualificados completaram o questionário.

A avaliação da campeã oculta à esquerda revela que a empresa assimilou com sucesso as lições. Há consistência entre importância e desempenho, e os fatores mais importantes mostram um alto desempenho. Pode-se aplicar exata-

TABELA 11.4 Questionário de análise para as campeãs ocultas

Lição	Importância 1 = menos importante 5 = muito importante	Desempenho 1 = muito baixo 5 = muito alto
1. Metas ambiciosas	1 2 3 4 5	1 2 3 4 5
2. Foco restrito no mercado	1 2 3 4 5	1 2 3 4 5
3. Orientação global	1 2 3 4 5	1 2 3 4 5
4. Proximidade ao cliente	1 2 3 4 5	1 2 3 4 5
5. Inovação contínua	1 2 3 4 5	1 2 3 4 5
6. Vantagens competitivas	1 2 3 4 5	1 2 3 4 5
7. Confiança nos próprios pontos fortes	1 2 3 4 5	1 2 3 4 5
8. Funcionários motivados	1 2 3 4 5	1 2 3 4 5
9. Forte liderança	1 2 3 4 5	1 2 3 4 5

Campeã oculta | **Corporação diversificada**

①Metas ambiciosas ④Proximidade ao cliente ⑦Confiança nos próprios pontos fortes
②Foco restrito no mercado ⑤Inovação contínua ⑧Funcionários motivados
③Orientação global ⑥Vantagens competitivas ⑨Forte liderança

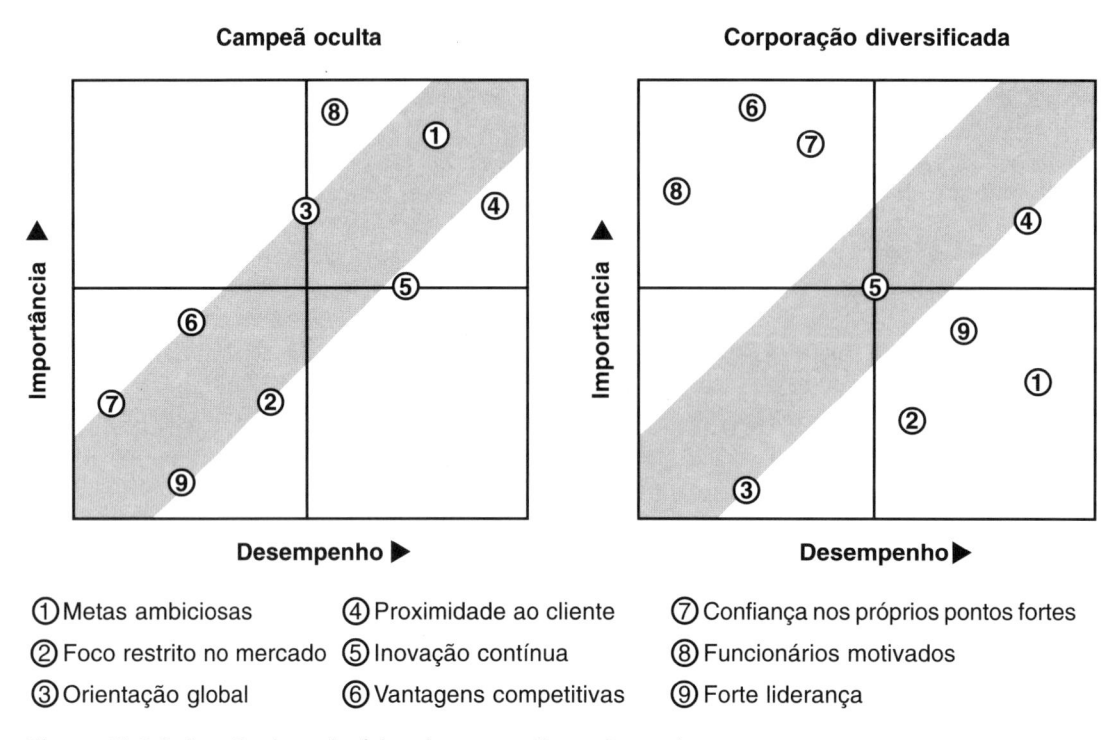

Figura 11.2 Aplicação dos princípios das campeãs ocultas a duas empresas.

mente o oposto para a corporação diversificada. Seu desempenho foi avaliado abaixo da média nas lições mais importantes, e vice-versa. Também é interessante comparar as classificações de importância obtidas pelas duas empresas. A campeã oculta obviamente não sente uma forte pressão competitiva e classifica as vantagens competitivas apenas abaixo da média; na corporação diversificada, as vantagens competitivas representam o critério mais importante. O oposto observa-se no item metas ambiciosas, que teve uma alta classificação em importância pela campeã oculta e uma baixa classificação na empresa diversificada.

Essas duas empresas vêem e percebem o mundo de maneira muito diferente, mas a campeã oculta parece estar em um caminho muito mais resoluto e eficaz. Essa avaliação e a comparação entre as duas empresas geraram conseqüências maiores na grande corporação diversificada. Ela decidiu se reestruturar dentro de um grupo de campeãs ocultas.

A LIÇÃO FINAL

As campeãs ocultas trilham seus próprios caminhos. Seus procedimentos são bastante diferentes daqueles adotados por outras empresas e pelas atuais práticas de ensino sobre administração. Essencialmente, a única fórmula secreta para o sucesso que possuem é o bom senso. Fórmula tão simples, mas ao mesmo tempo tão difícil de ser alcançada! É essa a lição final.

Estudo de dois Casos Brasileiros   12

Astor Hexsel e Ely Paiva

As empresas brasileiras de sucesso internacional apresentam, em geral, características distintas das campeãs ocultas alemãs. Embora haja uma crescente alteração no perfil da exportação brasileira nos últimos anos, passando cada vez mais de produtos primários para produtos manufaturados, ainda predominam os produtos semelhantes às *commodities,* em que custo baixo é vital para competir. Pode-se incluir neste caso tanto o extrato de laranja como o frango congelado.

Ainda são exceções empresas como a Embraer, com elevado grau de tecnologia e competindo em diferenciação. O exemplo das campeãs ocultas alemãs mostra que elas estão dispersas em diversos setores de atividades e seus produtos são, na maior parte do casos, intensivos em tecnologia e de alto valor agregado, incluindo máquinas, lavadoras e equipamentos de precisão. Mesmo no caso alemão, há exceções, com produtos como lápis, silício, fechaduras, entre outros, o que indica que não necessariamente um fabricante de uma *commodity* não pode ser enquadrado nas características de uma *campeã oculta.*

As duas empresas abordadas neste Capítulo – a Marcopolo (fabricante de ônibus) e a Baldo (fabricante de erva-mate) – são exemplos que atendem aos principais aspectos considerados na pesquisa original: faturamento até US$ 1 bilhão, liderança em mercados globais e pouca visibilidade. Além disso, essas empresas também possuem algumas das características encontradas nas campeãs ocultas alemãs: estratégias de foco restrito e ênfase em produtos de maior valor agregado.

O relato dos dois casos procura seguir genericamente os capítulos da obra original. Inicialmente, apresentamos uma visão geral da empresa, salientando aspectos como mercados de atuação, vendas e foco estratégico. Nas seções seguintes, são descritos os demais pontos-chave do negócio na seqüência apresentada no texto do prof. Simon: metas, clientes, inovação e equipe & líderes.

O CASO MARCOPOLO

A Marcopolo fabrica ônibus rodoviários, utilizados para o transporte intermunicipal de passageiros; urbanos, que operam nas cidades; e, ainda, microônibus e minivans, destinados às curtas e às longas distâncias. As duas primeiras linhas têm uma participação significativa nas vendas para o exterior, com, respectivamente, 60% e 35% do volume total.

A Marcopolo é líder nacional, com mais da metade do mercado, e mundial, com uma participação 1,5 vezes superior a de seu maior concorrente, em vendas físicas. As exportações têm como destino principal os países localizados nas três Américas, na África e no Oriente Médio.

A empresa foi fundada em 1949 na cidade de Caxias do Sul, no Rio Grande do Sul. Em 2001, suas vendas chegaram a 1.056,6 milhões de reais. As exportações respondem por 51% do total dos negócios, assumindo nos últimos anos cada vez mais importância, conforme pode ser visto na Tabela 12.1. O desempenho econômico da Marcopolo está na Tabela 12.2.

TABELA 12.1 Total de vendas nos mercados interno e externo

Ano	Mercado interno – Brasil		Mercado externo – Exportação		Total	
	Valor	%	Valor	%	**Valor**	%
1996	252,6	86,1	40,7	13,9	**293,3**	100
1997	258,1	74,4	88,9	25,6	**347,0**	100
1998	289,7	65,3	154,0	34,7	**443,7**	100
1999	268,1	57,7	196,5	42,3	**464,6**	100
2000	421,2	50,5	412,3	49,5	**833,5**	100
2001	457,7	43,3	598,9	56,7	**1.056,6**	100

TABELA 12.2 Desempenho econômico da Marcopolo

Ano	Receita líquida (R$ x 1000)	Lucro líquido (R$ x 1000)	Ativo total (R$ x 1000)	Rentabilidade do ativo total (%)
1999	464.626	10.078	488.915	2,06
2000	833.517	17.204	592.014	2,91
2001	1.056.557	40.139	842.476	4,76

No mercado mundial de ônibus, um segmento estreito e maduro da indústria automobilística, competem empresas integradas – as que produzem o chassi, o motor e a carroceria – e as que fabricam exclusivamente a carroceria. Fazem parte do primeiro grupo as alemãs Daimler-Chrysler (marcas Mercedez e Setra) e MAN, as suecas Volvo e Scania, a italiana Iveco (grupo Fiat) e a francesa Renault. As empresas que fabricam exclusivamente a carroceria, recebem o chassi e o motor (a plataforma) de seus clientes (as empresas transportadoras) que, por sua vez, adquirem-nos de produtores integrados. A Marcopolo inclui-se nesse grupo, acompanhada pela espanhola Irizar, pela belga Vanhooll, pela holandesa Bova, pela italiana Orlandi e pelas brasileiras Busscar e Comil.

Nos dois segmentos de atuação da Marcopolo as preferências do mercado são distintas. No segmento rodoviário, são valorizados elementos de conforto como, por exemplo, poltronas macias, ar-condicionado e baixa intensidade de ruído interno, sendo esse um mercado potencial para produtos de maior valor agregado e, por conseqüência, com preços mais elevados. Nesse aspecto, a Setra é a referência mundial. No segmento urbano, menores são as exigências de conforto, os produtos obedecem a uma padronização e as ações estão centralizadas em preço. Neste segmento, tem crescido a demanda por microônibus, como conseqüência de limitações ao transporte individual no centro das grandes cidades. O fato de atuar em ambos segmentos tem valorizado a imagem da Marcopolo no mercado internacional.

Dentre os produtos predominantemente exportados pela Marcopolo, estão, na linha urbana, partes e componentes, observando-se diversos estágios de montagem, e a linha rodoviária, completamente acabada. No primeiro caso, a montagem é feita por unidades industriais que a empresa mantêm no exterior, localizadas atualmente em Portugal, na Argentina, na Colômbia, na África do Sul e no México – onde atua em conjunto com a Daimler-Chrysler, que tem 23% de participação no capital social da operação mexicana.

A Marcopolo também desenvolve projetos específicos, em geral com empresas parceiras, em resposta a peculiaridades da demanda. Esse processo teve início em 1971, quando, em associação com um fabricante de ônibus na Venezuela, fez uma venda para a cidade de Caracas.

Em 2002, fechou uma venda para a China, através da estatal CBC e com a Iveco, subsidiária da Fiat no Brasil, que lidera o projeto. Coube à Marcopolo o projeto dos veículos e das instalações industriais, a fabricação de ferramentais e o treinamento do pessoal técnico – um pacote tecnológico no valor de US$ 12,5 milhões –, além do fornecimento de componentes na fase inicial da produção. Para a habilitação dos técnicos chineses, na sede da empresa, em Caxias do Sul, foram tomadas diversas providências. Os funcionários da empresa ligados ao projeto ouviram palestras sobre o comportamento, costumes e hábitos dos chineses. Para que seus parceiros chineses se sentissem mais à vontade e também para que houvesse maior facilidade na comunicação, foram contratados intérpretes e cozinheiros especializados em comida chinesa.

O MERCADO INTERNACIONAL COMO META

Embora a Marcopolo tenha iniciado as suas exportações em 1961, para o Uruguai, a possibilidade de ser uma empresa global, hoje uma diretriz, não era então cogitada. Tendo o Brasil um grande mercado interno, um dos maiores do mundo, prevalece no país uma cultura empresarial voltada para dentro, resultado de várias décadas das políticas públicas que privilegiavam a substituição das importações. Nesse contexto, a ênfase na exportação da Marcopolo surgiu de forma gradativa, como decorrência de um processo de aprendizado nas diversas áreas da empresa. Em um primeiro momento, houve o desenvolvimento de habilidades para atingir um objetivo claro, presente desde os primeiros anos de operação: o de ser a primeira do Brasil. Na época, exportar tinha o propósito de preencher a capacidade ociosa nos momentos de menor venda e, também, de diminuir a dependência do mercado interno. Com o passar dos anos, tendo como ponto de partida as capacitações acumuladas para a conquista do mercado interno e, também, a experiência somada nos negócios externos, a liderança mundial passou a ser o objetivo das ações estratégicas da Marcopolo.

No início dos anos 70, a empresa tomou uma decisão fundamental para a sua boa imagem nos mercados internacionais. Até então, os seus produtos usavam a marca Nicola, em homenagem a um de seus fundadores. Em 1971, depois de pesquisas de mercado, a denominação foi alterada para Marcopolo. Essa modificação, aparentemente sem maiores efeitos, foi extremamente importante para a entrada em outros países. Com o passar dos anos, constatou-se que os clientes do mercado externo associavam essa marca à inovação, ao desafio das viagens e ainda, como o nome é de origem italiana, a um *design* avançado.

Nesse período, cresceram as exportações, tanto de carrocerias completas como de partes e componentes, ganhando importância no volume de negócios da empresa. A prioridade para o mercado externo, entretanto, foi decidida somente no início dos anos 80, como conseqüência da queda das vendas no mercado interno, resultado da recessão econômica do país. A partir dessas dificuldades, começou a ganhar forma o objetivo atual da empresa: ser líder no mercado global.

CLIENTES

Na década de 80, a Marcopolo gradualmente canalizou mais recursos para os negócios da área externa. Desenvolveu pesquisas sobre mercados e produtos, nomeou novos representantes, criou material promocional e reformulou a estrutura da organização para dar suporte aos negócios internacionais.

Um exemplo das preocupações da empresa em adaptar-se às especificidades da demanda externa foi a introdução, em 1988, de um microônibus para atender a uma fatia do mercado norte-americano: o transporte de passageiros em curtos e médios percursos, sistema conhecido como *shuttle*. Para produzi-lo, desenvolveu-se uma série de materiais em conjunto com os fornecedores e houve longa e rigorosa adaptação do projeto às normas técnicas dos Estados Unidos. Essas ações propiciaram à Marcopolo o conhecimento de novos materiais e processos, bem como das normas de um mercado extremamente exigente. O efeito nas vendas e na imagem da marca foi significativo. Em 1989, George Bush, Margaret Thatcher, François Miterrand e seus parceiros do grupo dos sete países mais poderosos (o G-7) fizeram uso de um microônibus da Marcopolo – fato comprovado por fotos que circularam mundialmente – durante reunião realizada nos Estados Unidos.

Buscando melhorar sua posição no mercado mundial, na década de 90, a empresa começou a instalar suas primeiras unidades fabris no exterior. Objetivos globais de vendas, desenvolvimento tecnológico e suprimento, e objetivos específicos de vendas, segundo as circunstâncias de cada mercado, deveriam ser viabilizados por esse processo. Entre os objetivos globais, um dos mais importantes determinava que a nova estrutura deveria apoiar, especialmente, os negócios internacionais de ônibus urbanos. As unidades fabris, por viabilizarem um custo menor, especialmente de logística, possibilitariam a competição vigorosa em um segmento em que preço é fundamental, além de assegurarem maior proximidade com os clientes. O modelo de produção e vendas da Marcopolo em muitos países se aproxima do implementado pelas campeãs ocultas alemãs, que preferem atuar diretamente nos diversos mercados globais.

A Marcopolo tem procurado melhorar sua posição no mercado internacional. No segmento de ônibus rodoviários, pela ênfase na qualificação da oferta, tem conseguido diminuir a distância entre os seus preços e o de concorrentes tradicionais, que possuem ainda melhor imagem de marca. No de ônibus urbanos, em que preço é um critério decisório importante, diversas ações nas áreas de produção e logística permitiram uma importante redução de custos.

INOVAÇÃO

As capacitações para expandir as vendas no exterior foram se acumulando de forma gradativa. Em 1971, concorrendo com fabricantes americanos e europeus, a empresa realizou seu primeiro grande negócio no mercado internacional: 2.500 carrocerias vendidas para a Venezuela, a serem fornecidas em 10 anos. Como o governo local taxava a importação na forma de produto acabado, a venda deu-se sob forma de partes e componentes (processo CKD, *completly knocked down*). A finalização foi feita pela Ensamblaje Superior da Venezuela, com assessoria técnica (leiaute e processo industrial) da Marcopolo.

Esse negócio só pôde ser realizado porque a empresa detinha a tecnologia de fabricar peças e componentes em um local e montá-los em outro. Essa experiência foi acumulada na primeira metade da década de 70, quando da aquisição da Carrocerias Eliziário, de Porto Alegre. Buscando racionalidade no processo produtivo e economias de escala, foi decidido então que a nova unidade deveria concentrar-se na montagem, suprindo-se de partes e componentes da planta de Caxias do Sul. Inicialmente, as carrocerias eram transferidas semidesmontadas, para em seguida, com aprofundamento de aprendizado, serem transportadas sob forma CKD. O conhecimento adquirido pela empresa nessa ação voltada para o mercado interno – produção de partes e componentes em um local, transporte e montagem de uma carroceria em outro – foi utilizado nos anos seguintes para a expansão dos negócios no mercado internacional. Assim, com as mesmas características da operação realizada com a Venezuela, foram feitas vendas para Gana (1974), Equador (1975), Chile (1988) e Peru (1988).

Outro fator importante no processo de inovação da Marcopolo foi a instalação, em 1991, de unidade fabril em Portugal, com o propósito de atender ao mercado europeu e, especialmente, para captar os avanços tecnológicos daquele continente. Na Europa, localizam-se os maiores e mais capazes fabricantes de ônibus rodoviários, montados a partir de componentes produzidos por fornecedores inovadores e qualificados.

Desde sua instalação, a filial de Portugal vem sendo fonte importante para atualização tecnológica e de *design*. A experiência adquirida na elaboração de produtos que precisam atender a normas mais rigorosas, como, por exemplo, a utilização de tecidos incombustíveis, tem sido aproveitada por toda empresa.

A Marcopolo desenvolveu também esforços significativos para conceber produtos adequados para o mercado do NAFTA. Em 1992, começou operação no México, através de aliança estratégica com grupo local que produzia caminhões, chassis e carrocerias. O contrato previa o fornecimento de peças e componentes, a montagem de fábrica, o treinamento e a transferência de tecnologia de fabricação. Além de possibilitar de imediato a realização de vendas, o projeto tinha como objetivo servir de base para exportações para toda área do mercado comum da América do Norte, aprofundando o seu conhecimento a respeito.

Em 1999, a empresa passou a atuar diretamente no México, tendo como base a experiência colhida nos anos anteriores. No ano seguinte, associou-se à Mercedes, transferindo a fabricação de carrocerias para o parque industrial daquela empresa, destinado à produção de chassis. A cobertura de mercado foi assegurada pela rede de distribuição da Mercedez, cabendo a direção das vendas à Marcopolo.

Um dos resultados importantes dessa parceria foi o desenvolvimento de um novo e moderno ônibus rodoviário, para atender ao mercado do NAFTA. O projeto foi concebido pela Marcopolo, em Caxias do Sul, e testado pela Mercedes, na Alemanha. Além do bom resultado de vendas, a empresa acumulou inúmeras e significativas capacitações, transferidas agora para toda a linha de produtos.

Outra capacitação importante desenvolvida pela Marcopolo foi a integração de sua estrutura produtiva com a dos fornecedores. Esse sistema, junto com a grande capacidade produtiva instalada, possibilitou à empresa responder a grandes pedidos em prazos curtos e confiáveis. O prazo de fabricação, que na metade da década de 80 era, em média, de 30 dias, atualmente é de 5. No cotejo do processo de fabricação da Marcopolo com seus concorrentes internacionais, como a Setra – uma referência em qualidade de produto – verifica-se grande vantagem da empresa brasileira.

A localização do departamento de Pesquisa & Desenvolvimento e de fabricação de peças e componentes na sede da empresa contribuiu para benefícios de escala. A descentralização da montagem dos veículos urbanos, por reduzir os custos com logística, viabiliza a globalização da oferta da empresa em um segmento de mercado em que o valor agregado é baixo e o preço competitivo é a exigência para enfrentar concorrentes, no caso, posicionados especialmente em mercados nacionais.

A exemplo das campeãs ocultas alemãs, também a Marcolopo assenta seu trabalho de conquista dos mercados internacionais em avanços de tecnologias de produto e de processo.

EQUIPE E O PAPEL DO LÍDER

As operações de marketing internacional estão sob o comando de dois diretores que há muito trabalham na empresa. O diretor de estratégia e desenvolvimento tem a missão de prospectar mercados e implantar unidades operacionais no exterior. Definir produtos, encontrar parceiros, formatar o tipo de associação, selecionar as instalações físicas e finalmente decidir quanto de peças e componentes serão adquiridos da Marcopolo ou de fornecedores locais – tendo em vista a legislação dos países hospedeiros – são suas tarefas básicas.

Já ao diretor de exportação cabe manter e ampliar negócios a partir das diversas bases de operação no país e exterior. Estão sob seu comando os representantes nos diversos mercados, que, além de realizarem vendas, são responsáveis pelas atividades de pós-venda e de manutenção de estoque de peças e componentes para reposição. Para exemplificar, a Marcopolo é capaz de substituir um pára-brisas quebrado de um veículo, no interior do Chile, um dia e meio depois de ser acionada. Para a empresa de transporte cliente, essa velocidade de resposta transmite segurança da plena utilização do veículo.

No início da expansão internacional da Marcopolo, poucos funcionários dominavam um idioma estrangeiro. Para superar essa barreira, foram oferecidos programas intensivos de treinamento, o que possibilitou à empresa, da mesma forma que às campeãs ocultas, entender os valores culturais dos países em que atua. Quando da escolha de Portugal para implementação da primeira filial, foi importante a identidade de idiomas. Com as habilidades hoje possuídas, a empresa possivelmente teria escolhido outra localização no Continente Europeu.

Observando-se os fatores que possibilitaram à Marcopolo assumir um papel de liderança global no mercado de transporte coletivo, destaque especial deve ser dado à vontade da empresa de assumir tal papel. Isso pode ser explicado pela sua origem em Caxias do Sul, uma cidade de descendentes de imigrantes italianos, onde floresceram habilidades mecânicas e metalúrgicas e, mais importante, um espírito empreendedor e competitivo que, como não poderia deixar de ser, influenciaram fortemente o desenvolvimento da Marcopolo. A junção desse elemento circunstancial às qualificações intrínsecas das pessoas que formavam o grupo dirigente estabeleceu a cultura organizacional da empresa, centrada em metas desafiantes, trabalho em equipe e com uma permanente disposição para o aprendizado.

Comandando o processo, destaca-se a figura do presidente Paulo Bellini – um dos fundadores – com um comportamento semelhante ao dos empresários do norte da Itália, terra de seus antepassados, que, ao mesmo tempo em que estabelecem metas rigorosas de qualidade dos produtos, transmitem alegria ao estimular sua consecução. Bellini tem dedicado cada vez mais tempo ao treinamento e à motivação dos colaboradores, funcionando praticamente como um *coach* da empresa. Esta atuação ganhou força a partir do final dos anos 80, após viagem ao Japão com outros executivos, quando passou a liderar inúmeros grupos internos com o objetivo de assimilar as técnicas e filosofias gerenciais daquele país.

O CASO DA BALDO

A Baldo S.A., localizada em Encantado, Rio Grande do Sul, tem na erva-mate utilizada para preparar o chimarrão o seu principal produto. Aí residem aproximadamente 70% dos negócios da empresa, sendo que desse total, 80% são exportados para o Uruguai, e o restante, vendido para a fronteira do Brasil com esse país. A Tabela 12.3 mostra o desempenho econômico da empresa, atestando o seu sucesso.

TABELA 12.3 Desempenho econômico da Baldo

Ano	Receita Líquida (R$ x 1000)	Lucro Líquido (R$ x 1000)	Ativo Total (R$ x 1000)	Rentabilidade do Ativo do Total %
1999	69.112	11.685	51.684	22,6
2000	62.388	10.648	66.306	16,06
2001	89.063	17.576	78.294	22,45

Fonte: Balanços da empresa.

Situado especialmente no Sul do Brasil, na Argentina, no Uruguai, no Paraguai e no Chile, o mercado consumidor é pequeno, considerando-se o volume de negócios, em termos globais. O Brasil e a Argentina são os maiores produtores, com mais de 90% do volume total. As empresas que atuam no setor concentram suas atividades nos mercados nacionais. Na Argentina, destacam-se as marcas Las Marias, Nobleza Gaucha e Rosa Monte. No Brasil, onde as empresas são de menor porte, são exemplos a Barão e a Vier.

Embora não seja conhecido o volume de vendas das diversas empresas no conjunto dos países consumidores, o que dificulta a identificação do líder, a Baldo ocupa uma posição de destaque. No Uruguai, o principal mercado importador, a sua marca Canárias é a primeira, com 62% de participação de mercado. Em 2001, essa participação era 9,5 vezes maior do que a obtida por sua concorrente mais próxima.

A preferência dos diversos mercados quanto ao sabor da erva é diversa. Composição, procedência da matéria-prima e maturação do estoque são elementos que determinam o sabor do produto final. No Brasil, predomina a venda de um tipo que mistura folhas e ramos, em uma proporção de 70% e 30%, respectivamente. No Uruguai e na fronteira do Brasil com esse país, a demanda é por um produto inteiramente à base de folhas, de gosto mais amargo e de custo superior do que o primeiro. A Baldo, aos moldes das campeãs ocultas alemãs, atua de forma focada e diferenciada, produzindo a erva pura folha unicamente para aqueles mercados, que representam, respectivamente, 80% e 20% de suas vendas. Outras características do processo produtivo e da estratégia de marketing da empresa resultaram em posicionamento diferenciado, permitindo a prática de um preço superior à maioria dos concorrentes.

A empresa atua diretamente no Uruguai desde 1998, quando adquiriu o controle de seu importador para aquele mercado – a Ervas Canárias S.A. O produto segue embalado do Brasil – cerca de 90 mil pacotes diariamente – para sua unidade no Uruguai, sendo daí distribuído para todo mercado. Essa unidade conta com equipe de vendedores próprios e investe 6,5% de suas vendas em propaganda e promoção de vendas. Considerando-se que essa unidade, em 2001, vendeu 30 milhões de dólares e que o Uruguai é um país de pequena população – aproximadamente 3,3 milhões de habitantes –, pode-se avaliar o impacto desse investimento para solidificar a imagem de marca do produto.

O mercado varejista do Uruguai, aos moldes do que ocorreu no Brasil e na Argentina, caracterizou-se, nos últimos anos, pela aquisição de redes de supermercados locais por cadeias do exterior. Embora esses novos e grandes clientes tenham exercido maior pressão nas negociações, a empresa, pela força de sua marca, tem-se mantido firme em sua posição quanto a preços e margens.

MERCADO INTERNACIONAL COMO META E O PAPEL DO LÍDER

A Baldo foi fundada em 1920, em Vespasiano Correa, no Rio Grande do Sul. Nas primeiras décadas de atividade era, como muitas empresas do setor, pequena e com atuação em um mercado geográfico restrito. Vem dessa época a decisão de seu fundador de produzir uma erva diferente daquela que é à base de folhas moídas e ramos. Acrescentou, então, à linha de produtos, a erva pura folha que, com o passar dos anos, viria a se constituir no negócio central da empresa.

O novo produto tinha um preço superior, por ter o custo mais elevado, e um sabor mais amargo. No mercado brasileiro, não teve grande sucesso. Todavia, nas cidades da fronteira do Rio Grande do Sul com o Uruguai, teve boa aceitação.

Em 1963, Arlindo Baldo, o filho do fundador que assumira o comando da empresa em 1957, com 19 anos de idade, partiu para um novo desafio, amparado por várias ações bem-sucedidas para aumentar o volume de negócios: conquistar o mercado externo. Certo de que o produto teria sucesso no Uruguai, dada a sua proximidade com o principal mercado da empresa, passou a viajar para aquele país, buscando informações sobre preferências de consumo.

Nessa época, possivelmente como conseqüência de sua juventude e do entusiasmo que transmite, foram-lhe passadas por experiente especialista – conhecedor do mercado uruguaio e das fontes de matéria-prima no Brasil – informações técnicas que possibilitaram aperfeiçoar o produto. Desenvolveu-se, a partir de então, um conjunto de ações que viabilizaram a melhor adequação do produto às preferências do mercado-meta, com base na definição da origem das matérias-primas. Igualmente, foram estabelecidos novos prazos para a secagem da matéria-prima e maturação do produto elaborado, o que também define o seu sabor.

Em 1966, após investimentos em instalações industriais e na melhor qualificação do produto, iniciou-se a exportação para o Uruguai. Os importadores recebiam, na maioria dos casos, a erva mate embalada e com suas próprias marcas. Embora com boa aceitação no mercado uruguaio, a expansão das vendas defrontou-se com a legislação brasileira que limitava o incremento anual das exportações por empresa a 20%. Para o estabelecimento desse sistema de quotas, a burocracia governamental alegava que a demanda de erva do Uruguai era inelástica – pouco se expandiriam as vendas com a diminuição dos preços – e que a tentativa de muitas empresas de aumentarem as exportações resultaria em preços e também valores exportados menores. O que havia, subjacente a essa explicação, era um *lobby* político, exercido pelos maiores e mais antigos exportadores para manter um sistema que lhes favorecia, indispostos a enfrentar novos concorrentes. Arlindo Baldo, mesmo sendo, na ocasião um pequeno exportador, lutou muito contra esse sistema de quotas, afinal extinto em 1973. Esse fato ilustra as barreiras que as empresas brasileiras têm que superar para conquistar o mercado externo.

Mesmo com o crescimento da empresa ao longo das últimas décadas, Arlindo Baldo continua imprimindo a sua marca pessoal aos negócios. Ele próprio controla as operações, do suprimento até as vendas, mesmo que tenha formado uma equipe de assessoramento. Evidência de sua profunda preocupação com o negócio é o teste diário de produto, que realiza pessoalmente. Segundo um *expert* do setor, Arlindo Baldo é um profundo conhecedor da indústria em que atua: "Seus olhos brilham quando o assunto é erva-mate".

CLIENTES

As exportações para o Uruguai iniciaram-se em 1966, desenvolvendo-se os negócios com importadores que recebiam, de forma predominante, o produto com suas próprias marcas. Resultado de ações voltadas para a melhor qualidade do produto, as vendas da Baldo para o Uruguai cresceram de forma contínua. No decorrer do processo, a empresa aumentou seu poder de negociação com os clientes e, em conseqüência, aumentou seus preços e sua rentabilidade. Em 1986, passou a ser a única fornecedora da Ervas Canárias, que oferecia um produto com a sua marca, com posição de mercado dominante no Uruguai. A natureza da relação que se estabeleceu então entre as duas empresas – de um lado, o único cliente, de outro, o único fornecedor – identifica-se com a vivenciada por muitas campeãs ocultas alemãs, cujo risco da forte dependência é superado por benefícios mútuos. No caso, as negociações de preço se fizeram inicialmente com muitos choques; entretanto, com o passar do tempo, amenizaram-se os atritos, com a Baldo preservando a sua posição: um produto de maior qualidade comercializado a um preço mais elevado.

A imagem da Baldo como fornecedor confiável ganhou novo impulso em 1988, quando ocorreu uma contração da oferta de matérias-primas no Brasil, com conseqüente aumento de custo. Isso fez com que muitas empresas exportadoras alterassem a composição do produto, reduzindo a qualidade com a finalidade de manter preços e margem. A Baldo optou por manter seu produto inalterado, mesmo tendo que praticar preços superiores. Esse comportamento causou problemas com seu principal cliente no Uruguai, o que, entretanto, foi superado pela favorável reação do mercado, contribuindo para a solidificação da imagem da empresa como fornecedora de um produto com qualidade superior.

Em 1998, a Baldo adquiriu o controle da Ervas Canárias, passando então a operar diretamente no exterior. A empresa manteve o formato das operações, acompanhando o desempenho através de auditoria financeira e de um processo de reuniões periódicas com os executivos uruguaios.

INOVAÇÃO

A inovação foi fundamental para que a Baldo, uma empresa de pequeno porte, operando em um setor que gera uma oferta semelhante às *commodities*, alcançasse sucesso no mercado internacional.

Como elemento desencadeador do sucesso da empresa, identifica-se a decisão do fundador de ter um produto diferenciado, de custo e preço mais elevado. Essa proposta, bem-sucedida na fronteira do Brasil com o Uruguai, levou seu filho, Arlindo Baldo, em um segundo momento, a optar exclusivamente por esse produto. A prioridade por um nicho de mercado foi importante para que se aprofundassem os conhecimentos sobre a preferência de consumidores e se adquirissem recursos e capacitações específicas para melhor atendê-lo. Além disso, afastou a empresa da competição intensa do mercado brasileiro, permitindo margens superiores. À semelhança das campeãs ocultas alemãs, a empresa abriu mão de um mercado que oferece maior potencial de volume de vendas por nicho de mercado, na expectativa – mesmo que inconsciente – de acumular melhores habilidades competitivas.

Outro fator importante para o sucesso da empresa foi a preocupação com a qualidade do produto. A exigência de um produto com qualidade elevada deu início a um processo de acumulação de recursos e capacitações. Merecem destaque o conhecimento adquirido sobre a mistura adequada para satisfazer às preferências dos consumidores do mercado-alvo, as melhores fontes de matérias-primas e os processos de produção. A manutenção da qualidade do produto, mesmo quando se observaram condições adversas no suprimento de matéria-prima, serviu para reforçar a imagem da empresa.

Nesse sentido, foi importante conhecer o mercado uruguaio em 1963. Como resultado de um processo de pesquisa e investigação que até hoje influencia os objetivos estratégicos da empresa, nos anos seguintes foram tomadas decisões que qualificaram o produto. A mistura foi alterada, passando-se a utilizar folhas com origem em ervais gaúchos e paranaenses. Igualmente, verificando que a qualidade da matéria-prima depende da região de procedência, a Baldo abandonou o suprimento do Paraná via cooperativas e passou a comprar diretamente dos produtores das áreas mais qualificadas. Com isso, aprofundou o conhecimento sobre as áreas de abastecimento, desenvolvendo um relacionamento com as fontes produtoras.

No final dos anos 80, a Baldo decidiu buscar maior controle sobre o suprimento. Em 1988 e em 1994, a empresa instalou filiais em Santa Catarina e no Paraná, junto a áreas de ervais nativos, com o objetivo de qualificar os fornecedores. Estabeleceu um programa de assistência aos produtores, fornecendo mudas e financiamento para as plantações. Até hoje, o estímulo à melhor qualificação da matéria-prima dá-se pela garantia de compra e pelo pagamento de preços mais elevados do que os habitualmente praticados pelo mercado.

É interessante destacar que até meados dos anos 90, a empresa alicerçava seu domínio do mercado uruguaio na qualidade do produto e na garantia de entregas rápidas, não exercendo gerenciamento ou controle das atividades de venda. As capacitações de venda, hoje possuídas para operar naquele país, não se desenvolveram como conseqüência de um processo de aprendizado, ao longo dos anos, mas resultaram da decisão de adquirir o controle do único cliente. A situação mostra que o mercado internacional foi conquistado, nesse caso, de forma predominante, por habilidades acumuladas nas áreas de posicionamento de produto, produção e logística.

COMENTÁRIOS FINAIS

A crescente orientação para mercados globais de empresas brasileiras de diferentes portes sugere que se amplie os estudos referentes às nossas campeãs ocultas. Algumas empresas de sucesso internacional, como Gerdau, Ambev, Azaléia e Embraer, afastam-se do arquétipo campeã oculta pelo porte e/ou visibilidade. Outras, como Tramontina e Taurus, possivelmente não possuem a característica de foco estratégico restrito.

Diversos exemplos de empresas brasileiras de sucesso em mercados globais merecem estudos complementares. Inclui-se aqui, por exemplo, empresas brasileiras líderes em indústrias de produtos próximos às *commodities*. Pode-se citar, no setor de agronegócios, a Sadia e Perdigão, que mereceriam estudos mais detalhados.

WEG (motores) e Embraco (compressores), entre outras, atendem à característica de foco estratégico restrito das campeãs ocultas alemãs, além de claramente perseguirem uma posição de liderança nos mercados que atuam. Sendo assim, julga-se que também mereceriam estudos futuros.

Finalmente, quais lições as campeãs ocultas alemãs podem passar às empresas brasileiras? Ao se analisar essa questão, deve-se levar em consideração quais características de mercado são comuns e quais são diversas. O ponto fundamental que assemelha às empresas alemãs e também italianas é a presença importante das pequenas e médias empresas no meio empresarial brasileiro. Este fato tem vários desdobramentos. O primeiro é referente às teorias administrativas, importadas preferencialmente dos Estados Unidos, apropriadas às grandes corporações e ensinadas e implementadas muitas vezes em uma realidade completamente diversa, com resultados conseqüentemente desiguais. Outro aspecto próximo seria a presença, nas pequenas e médias empresas, do estilo de liderança que dentro do senso comum não se afastaria muito das descrições existentes no livro a respeito das campeãs ocultas alemãs (o que implicaria em maiores estudos no contexto brasileiro, como sugerido acima).

As nossas diferenças, além do nível de renda da população e nível educacional do quadro funcional (ambos importantes), residem em um dos pontos fundamentais das campeãs ocultas originais – o foco estratégico. Neste caso, nosso contexto (e aqui tanto renda e nível educacional têm influência) permitiria competir de forma predominante em produtos de alto valor agregado? Ou, mesmo que conseguíssemos, não haveria condições apropriadas para explorarmos algumas vantagens comparativas em custos? Este parece ser um dos caminhos em que apostam empresas como Embraer e Gerdau.

O longo aprendizado das empresas brasileiras nas últimas décadas tem levado à criação de produtos e processos adequados ao nível de renda do país, com produtos de menor preço e busca constante por processos mais eficientes. Respostas prontas estamos certos que este livro não traz, mas cremos que certamente ele é capaz de apontar caminhos e levantar questionamentos para todos os envolvidos no desafio de maior inserção em mercados globais.

Referências

"ABB on the Move". 1994. *International Management*, April 26-29.

Abell, Derek F. 1980. *Defining the Business – The Starting Point of Strategic Planning*. Englewood Cliffs, N.J.: Prentice-Hall.

Adamer, Manfred M., and Günter Kaindl. 1994. *Erfolgsgeheimnisse son Marktund Weltmarktführern* (Success secrets of market and world market leaders). Munich: Rainer Hampp Verlag.

Albach, Horst. 1994. *Culture and Technical Innovation*. Berlin/New York: de Gruyter.

Albaum, G. 1989. *International Marketing and Export Management*. Boston: Addison-Wesley.

Andersen, Otto. 1993. "On the Internationalization Process of Firms: A Critical Analysis." *Journal of International Business Studies* 2: 209-231.

Arrufat, Miguel A., and George H. Haines. 1992. "Market Definition for Application Development Software Packages." Carleton University School of Business, Working Paper 93-02.

Ascarelli, Silvia. 1994. "How Germany's Krones Slipped on a Big Order and Just Kept Falling." *Wall Street Journal Europe*, Deeember 16.

Attiyeh, R. S., and S. L. Wenner. 1981. "Critical Mass: Key to Export Profit." *McKinsey Quarterly*, Winter, 73-87.

Australian Manufacturing Council and McKinsey & Company. 1993. "Emerging Exporters: Australia's High Value-Added Manufacturing Exporters." Canberra: Australian Manufacturing Council.

Ayal, Igal, and Jehiel Zif. 1979. "Competitive Market Choice Strategies in Multinational Marketing." *Journal of Marketing* 43 (Spring): 84-94.

Bennis, Warren. 1989. *Why Leaders Can't Lead*. San Francisco: Jossey-Bass.

Biallo, Horst. 1993. *Die geheimen deutschen Weltmeister: Mittelständische Erfolgsunternehmen and ihre Strategie*. (The secret German world champions: Mid-sized success firms and their strategies). Vienna: Wirtschaftsverlag Ueberreuter.

Burke, Jeffrey. 1994. "Bad Impressions." *Wall Street Journal Europe*, November 30.

Buzzell, Robert D., and Bradley T. Gale. 1987. *The PIMS Principles: Linking Strategy to Performance*. New York: Free Press, 1987.

Cavusgil, S. T. 1980. "On the Internationalization Process of the Firm." *European Research*, November, 273-281.

Clifford, Donald K., Jr. 1973. "Growth Pains of the Threshold Company." *Harvard Business Review* 51 (September-October): 143-164.

Clifford, Donald K., and Richard E. Cavanagh. 1985. *The Winning Performance: How America's High-Growth Midsize Companies Succeed.* New York: Bantam Books.

Collins, James C., and Jerry I. Porras. 1994. *Built to Last: Successful Habits of Visionary Companies.* New York: Harper Collins.

_____. 1995. "Die Besten der Besten: Zwölf Managementmythen" (The best of the best: Twelve management myths). *gdi-impuls.* Zurieh: Gottlieb Duttweiler-Institut, January, 23-29.

Collis, David J., and Cynthia A. Montgomery. 1995. "Competing on Resources: Strategy in the 1990s." *Harvard Business Review* 73 (July-August): 118-128.

Cooper, R. G. 1979. "The Dimensions of Industrial New Product Success and Failure." *Journal of Marketing* 43 (July): 93-103.

Davenport, Thomas H. 1993. *Process Innovation: Reengineering Work through Information Technology.* Boston: Harvard Business School Press.

Drewes, C. 1992. "Euro-Kommunikation" (Euro-communications). In H. G. Meissner, ed. *Euro-Dimensionen des Marketing.* (Euro-dimensions of marketing). Dortmund: Fachverlag Arnold, 84-96.

Drucker, Peter F. 1978. *Adventures of a Bystander.* New York: Harper Collins.

_____. 1988. "Management and the World's Work." *Harvard Business Review* 66 (September-Oetober): 65-76.

_____. 1989. "Lest Business Alliances Become Dangerous." *Wall Street Journal Europe*, September.

_____. 1991. *Fortune.* December 30. Quoted in Thomas J. Peters. 1992. *Liberation Management.* New York: Alfred A. Knopf.

"Ein echter Braun wird mit Nüssen und Kirschkernen beschossen" (A true Braun will be exposed to tough tests). *Frankfurter Allgemeine Zeitung*, August 21.

Flik. Heinrieh. 1990. "The Amoeba Concept: Organizing around Opportunity within the Gore Culture." In Hermann Simon, ed. *Herausforderung Unternehmenskultur* (Corporate culture as a challenge). Stuttgart: Schäffer-Verlag, 91-129.

Ford, Henry. 1922. *My Life and Work.* New York: Doubleday.

Foster, Richard. 1986. Innovation: The Attacker's Advantage. New York: Summit Books.

"Geht Karl Mayer nun auch den Weg nach China?" (Does Karl Mayer go to China?) 1993. *Frankfurter Allgemeine Zeitung*, November 22.

"Gillette hat ehrgeizige Ziele und eigenwillige Grundsätze" (Gillette has ambitious goals and headstrong principles). *Frankfurter Allgemeine Zeitung*, March 25.

Glouchevitch, Philip. 1992. *Juggernaut: The German Way of Business: Why it Is Transforming Europe-and the World.* New York: Simon and Schuster.

Grant, Linda. 1995. "GE: The Envelope Please." *Fortune*, June 26, 73-74.

Hamel, Gary, and C. K. Prahalad. 1994. *Competing for the Future.* Boston: Harvard Business School Press.

Hammer, Michael, and James Champy. 1993. *Reengineering the Corporation: A Manifesto for Business Revolution.* New York: Harper Collins.

Helmer, Wolfgang. 1995. "Noch gelten die Grundsatze der Firmengründer" (The principles of the company founders are still valid). *Frankfurter Allgemeine Zeitung*, May 30.

Henderson, Bruee D. 1983. "The Anatomy of Competition." *Journal of Marketing* 47 (Spring): 7-11.

Heskett, James L., Christopher Hart, and W. Earl Sasser, Jr. 1990. "The Profitable Art of Service Recovery." *Harvard Business Review* 68 (July-August): 148-156.

Hippel, Eric von. 1988. *The Sources of Innovation*. New York/Oxford: Oxford University Press.
Hirsch, James S. "For U.S. Banks, It's the Niche That Counts: Bigger Is Better but Narrower Is Even Nicer." 1995. *Wall Street Journal Europe*, August 29.
Homburg, Christian. 1995. "Kundennähe von Industriegüterunternehmen: Konzeptualisierung, Erfolgsauswirkungen und organisationale Determinanten" (Closeness to customers of industrial firms: Conceptualization, success effects and determinants). Wiesbaden: Gabler.
Informationsdienst des Instituts der Deutschen Wirtschaft. 1988. October. . 1994. September 28.
Institut der deutsehen Wirtschaft. 1994. *Industriestandort Deutschland* (Germany as an industrial location). Cologne: Deutsche Instituts-Verlag.
Jacobson, Robert, and David A. Aaker. 1985. "Is Market Share All That It Is Cracked up to Be?" *Journal of Marketing* 49 (Fall): 11-22.
Johnson, Barry. 1992. *Polarity Management: Identifying and Managing Unsolvable Problems*. Amherst, Mass.: HRD Press.
Knobel, Lanee. "The ABC of ABB." *World Link*. September-October, 31-34.
Landrum, Gene N. 1993. *Profiles of Genius*. Buffalo, N.Y.: Prometheus Books.
Learned, Edmund P., C. Roland Christensen, Kenneth R. Andrews, and William D. Guth. 1965. *Business Policy: Text and Cases*. Homewood, Ill.: Irwin.
Levitt, Theodore. 1960. "Marketing Myopia." *Harvard Business Review* 38 (July-August): 24-47.
_____. 1983. "The Globalization of Markets." *Harvard Business Review* 61 (May-June): 92-100.
_____. 1988. "Betterness." *Harvard Business Review* 66 (November-December): 9.
Lloyd, Sam. 1994. "Western Europe." *In World Science Report*. Paris: UNESCO.
Loeb, Marshall. 1995. "Ten Commandments for Managing Creative People." *Fortune*, January 16, 83-84.
Maremont, Mark. 1995. "Kodak's New Focus: An Inside Look at George Fisher's Strategy." *Business Week*, January 30, 6248.
McQuarrie, Edward F. 1993. *The Customer Visit: A Tool to Build Customer Focus*. San Francisco: Sage Publications.
Miesenbock, K. J. 1988. "Small Business and Exporting: A Literature Review." *International Small Business Journal* 6, no. 2: 42-61.
Mintzberg, Henry, and James A. Waters. 1985. "Of Strategies, Deliberate and Emergent." *Strategic Management Journal* 6: 257-272.
Montana, Jordi, ed. 1994. *Marketing in Europe*. London.
"Nach dem Schock über den Kursrutsch zeigt der Vorstand Einsicht-Getränkemasehinenbauer Krones will Controlling und Finanzwesen verbessen" (After the stock price shock the management of Krones wants to improve controlling and finance). 1995. *Franckfurter Allgemeine Zeitung*, January 2.
Ohmae, Kenichi. 1985. *Triad Power*. New York: Free Press.
Ortega y Gasset, José. 1960. *What Is Philosophy?* New York: Norton.
Owen, Geoffrey, and Trevor Harrison. 1993. "Why ICI Chose to Demerge." *Harvard Business Review* 73 (March-April): 133-142.
Penrose, Edith T. 1959. *The Theory of the Growth of the Firm*. Oxford: Basil Blackwell.
Peteraf, Margaret A. 1993. "The Cornerstone of Competitive Advantage: A Resource-Based View." *Strategic Management Journal* 14: 179-191.

_____. 1994. *The Tom Peters Seminar: Crazy Times for Crazy Organizations*. New York: Vintage Books.
Peters, Thomas J., and Robert H. Waterman. 1982. *In Search of Excellence: Lessons from America's Best-Run Companies*. New York: Harper & Row.
Porter, Michael E. 1980. Competitive Strategy. New York: Free Press.
_____. 1985. *Competitive Advantage*. New York: Free Press.
_____. 1990a. *Competitive Advantage of Nations*. London: Macmillan.
_____. 1990b. "Competitive Advantage of Nations." *Harvard Business Review* 68 (March-April): 73-93.
_____. 1994. "Competitive Strategy Revisited: A View from the 1990s." In *The Relevance of a Decade: Essays to Mark the First Ten Years of the Harvard Business School Press*, edited by Paula B. Duffy. Boston: Harvard Business School Press.
Prahalad, C. K., and G. Hamel. 1990. "The Core Competence of the Corporation." *Harvard Business Review* (May-June): 79-91.
Rohwedder, Cacilie. 1996. "Teen Tycoon Gives Risk-Averse Germans a Lesson in Survival." *Wall Street Journal Europe*, January 4, 1996.
Rommel, Günter, Jürgen Kluge, Rolf-Dieter Kempis, Raimund Diederichs, and Felix Brück. 1995. *Simplicity Wins: How Germany's Mid-Sized Industrial Companies Succeed*. Boston: Harvard Business School Press.
Root, Franklin R. 1987. *Entry Strategies for International Markets*. Lexington, Mass.: Lexington Books, D. C. Heath.
Saporito, Bill. 1994. "The Eclipse of Mars." *Fortune International*, November 18, 50-58.
Schares, Gail E., and John Templeman. 1991. "Think Small-Midsize Companies Give Germany's Export Powerhouse Its Punch." *Business Week*, October 7, 24B-J.
"Sehering will weltweit Spezialmarkte beherrschen" (Sehering wants to dominat specialty markets worldwide). 1994. *General-Anzeiger Bonn*, November 15.
Schlender, Brent. 1995. "What Bill Gates Really Wants." *Fortune International*, January 16, 16-33.
Scientific American. 1993. May, 62.
Selznick, P 1957. *Leadership in Administration*. New York/Tokyo.
Simon, Hermann. 1982. *International Expansion: Theoretical Concepts and Experiences in a Medium-sized Company*. Berlin: Erich Schmidt.
_____. 1988. "Management strategischer Wettbewerbsvorteile" (Managing eompetitive advantages). *Zeitschrift für Betriebswirtschaft* 58, no. 4: 461-480.
_____. 1992. "Lessons from Germany's Midsize Giants." *Harvard Business Review* 70 (March-April): 115-123.
Simon, Hermann, Kai Wiltinger, Karl-Heinz Sebastian, and Georg Tacke. 1995. *Effektives Personalmarketing* (Effective personnel marketing). Wiesbaden: Gabler.
Simon, Kucher & Partner. 1995. "Strategic Analysis and Action." Bonn: Simon, Kucher & Partner. Brochure.
Slater, Robert. 1993. *The New GE: How Jack Welch Revived an American Institution*. Homewood, Ill.: Business One Irwin.
Smith, Lee. 1994. "Stamina: Who Has It. Why You Need It. How You Get It." *Fortune*, November 28, 67-75.
Statistisches Bundesamt (Federal Statistical of fine).. 1993. *Tourismus in Zahlen*, 1993. Wiesbaden.
Statistische Jahrbücher der Bundesrepublik Deutschland (Statistical yearbooks of the Federal Republic of Germany). 1986-1995. Stuttgart: Schäffer-Poeschel.

Staudt, Erieh, Jürgen Bock, and Peter Mühleneyer. 1992. "Informationsverhalten von innovationsaktiven kleinen und mittleren Unternehmen" (Information behavior of innovative small and medium-sized companies). *Zeitschrift fur Betriebswirtschaft* 62: 989-1008.

Treacy, Michael, and Fred Wiersema. 1995. *The Discipline of Market Leaders*. Boston: Addison-Wesley.

Vitzthum, Carla. 1994a. "Spain Urges Firms to Be Export-Minded." *Wall Street Journal Europe*, August 20.

____. 1994b. "Amorim of Portugal Pops Out a Corker." *Wall Street Journal Europe*, September 9-10.

Wallace, D. B., and H. E. Gruber, eds. 1989. *Creative People at Work, Twelve Cognitive Case Studies*. New York-Oxford: Oxford University Press.

Wall Street Journal Europe. 1994. December 29.

Warnecke, Hans-Jürgen. 1992. *Die fraktale Fabrik: Revolution der Unternehmenskultur* (The fractal factory: Revolution of corporate culture). Heidelberg/New York: Springer.

Webster, Justin. 1992. "Taste for World Markets: Lollipop Manufacturer Chupa Chups." *International Management*, June, 55.

Wells, L. T. 1972. *The Product Life Cycle and International Trade*. Ed. Louis T. Wells, Jr. Cambridge, Mass.

Wirtschaftswoche. 1995. June 29.

Índice

A

ABB, 217
Abbé, Ernst, 189-190
Abell, Derek, 45
ABS Pumps, 47
Accor, 189
ações, compra total das, 202-203
administração, 25, 37, 96, 118, 145, 180-181, 186-189, 209, 224, 231
    estrangulamentos, 76, 78
    compra total das ações, 202-203, 228
    comunicação, 192
    específica de um país, 226
    /cliente, relações, 97, 99, 104
    /funcionário, relações, 176
    resistência interna e, 170
    poliglotismo, 83, 84
    personalidade, 218-219
    profissionalismo, 189
    estilos, 27, 155, 156, 191
    subsidiárias, 203-204
    sucessão, 201-204, 207
    equipes, 189-193
    treinamento, 203
    rotatividade, 195
Adventures of a Bystander (Drucker), 196
Aeroxon, 53
Aesculap, 163
África do Sul, 220
aglomerações industriais, 157, 162, 163
AgrEvo, 214, 216, 217, 219
Albach, Horst, 34, 109, 225
Alcatel, 53
Alemanha, 17, 24, 84, 86, 99, 160, 162-163, 184, 188, 192
    concorrência e, 27, 127, 176
    perfil do funcionário, 177-179, 183
    ambiente para globalização, 87, 112-113
    exportações, 16, 19, 27, 67, 145-146
    inovação na, 34, 109, 110
    como mercado, 19, 70, 79-80, 81, 85, 107, 154, 160
    salários, 145
Alfa Laval, 55
alianças estratégicas, 141, 148, 154-156, 167. *Ver também* parceiros/parcerias
ambiente/clima na empresa, 76, 87, 112-113, 157, 162, 163, 167, 183, 210, 226
Apple, 188
Aqua Signal, 177
aquisições e fusões, 205, 207, 212, 228
aquisições, 228. *Ver também* aquisições e fusões
ASB Grünland, 47, 149, 198
Ásia, 128
    como mercado, 66, 74, 78, 82, 83
AT&T, 174, 213, 214
atrito interno, 170, 172, 175, 184
Audi, 61
Aurenz, Helmut, 149, 198
Austrália, 19-20, 73
Áustria, 74, 162
autoconfiança na fabricação, 148-153, 166

B

Baader, 13, 82
Baensch, Ulrich, 122
Baesa, 77
Baier, Werner, 38, 203
Barth, 13, 90, 106
Barth, Peter, 56, 83, 225

BASF, 210, 214
Bauer, Gerhard M., 56, 102
Baxter International, 213
Bayer, 160, 214, 215
BBA, 53
Beckh, Thomas, 159
Bélgica, 84
Belling, Elizabeth, 191
Beneteau, 176
Bennis, Warren, 199
Bernat, Enrique, 224
Berner, 158
Berner, Albert, 158
Biallo, Horst, 35
Binhold, Paul, 198. *Ver também* Paul Binhold
Black & Decker, 19
Blum, Albert, 47
BMW, 81, 142, 155
Bobeck, Manfred, 54-55, 183, 197
Boeing, 26, 33, 210, 215
Bo*frost, 107
Bohr, Niels, 116-117
Bopp, Lothar, 188
Boquoi, Josef, 107
Bosch, 19, 53, 195
Bosch, Robert, 195-196
Böwe Systec, 106
Brähler, Helmeut, 195
Brähler International Congress Service, 56, 68, 69, 102, 195
Branson, Richard, 198
Brasil, 69, 81, 177
Braun AG, 33, 35
Braun, 17, 81, 149, 165
Brita, 13, 47, 55, 72, 74-76, 99, 102, 107, 150, 171, 183, 187
Brückner, 23, 69, 97, 153-154, 174, 191
Brühe, Christian, 78
Built to Last (Collins e Porras), 26, 171, 209, 230
Burger, Wolfram, 106

C

Caterpillar, 134
CeBIT, feira de tecnologia da informação, 162
CeWe, 23
China, 78, 82-83, 84
Chupa Chups, 224
ciclos de negócios, 23, 76, 77
Cingapura, 82

Citizen, 108, 109, 144
Claas, 15, 78, 120, 176
Clariant, 213
Clean Concept, 39-40, 50, 55, 107, 135, 169, 172
Clean Out, 39-40
cliente(s), 32, 42, 62, 159
  proximidade ao(s) (desempenho e interação), 92-97, 104, 104, 120, 135, 137, 138, 141, 216, 231, 233
  comprometimento com, 22, 48, 81
  comunicações, 135-136
  confidencialidade, 58
  dependência/dependência mútua, 59-61, 89, 90, 103, 104
  contato direto com, 65, 69, 88, 96, 97-99
  estrangeiro(s)/global(is), 65-66, 145
  inovação e, 117-118, 119-122, 142, 125, 233
  internacionalização do, 160
  localização, 65, 99-100, 104, 160, 167
  a longo prazo, 90, 169
  necessidades, 39, 47, 64, 67, 76, 87-88, 115-116, 128, 136
  terceirização e, 149-150,
  preço, valor, princípio do serviço, e, 100-103, 104
  relações, 47, 58, 65, 88, 89-92, 96, 104, 128, 131, 134, 136, 160, 162, 171
  – fornecedor, corrente, 155
  treinamento para, 102
Cloos, 15
Clube dos Exportadores Franceses Globais Número Um, 220
CNN, 40
Codorníu, 158-159, 176
competência, 50, 71, 231
  interna, 119, 125, 126, 134, 140, 141, 218, 231, 233
  ver também competências essenciais
competências essenciais, 33, 47, 64, 148, 149, 156, 166, 169, 177, 218, 226
  proteção das, 151, 153-156, 167, 233
  P&D como, 152, 167
  ver também competência
Competing for the Future (Hamel e Prahalad), 31
Competitive Advantage of Nations, The (Porter), 15, 224
COMSTRAT, sistema, 136, 140
comunicação, 192, 199
  de metas, 41-43, 44
concorrência, 25, 31, 45, 47, 146-147, 157, 167
  clientes e, 128, 131, 135-136
  doméstica, 127, 128
  global, 65, 127, 162
  horizontal, 162

internacional, 16
local, 78, 88, 112
nicho e superespecialista em nicho, 50-53, 147
baseada em desempenho, 167
regional, 127, 128, 159
relações com concorrentes, 157-158
riscos, 78, 141-146
opções estratégicas, 140-141
estrutura da, 126-128
tecnologia, 61
baseada em tempo, 123, 145
 ver também estratégia: baseada em competitiva
consistência, princípio da, 134-135, 140
consultoria, 13, 34, 153, 203
continuidade em; sucessão
continuidade, princípio da, 21, 48, 57. Ver também líderes e liderança: CEO, gestão do;
Convac, 58
Corticeira Amorim, 220, 224
cultura corporativa, 21-22, 25, 26, 37, 155, 184, 189, 204, 219
 vantagem competitiva e, 134
 orientada ao cliente, 117
 definição, 169
 funcionários e, 168-171, 183
 globalização e, 83, 87
 parcerias e, 160
 baseada em desempenho, 171-175
 profissional, 117, 119
Cultural and Technical Innovation (Albach), 109, 225
custo(s), 70, 87, 152, 156
 vantagem, 126
 concorrência, 127, 146, 147, 152
 corte, 24, 143-144
 trabalho/produção, 108, 169, 176-177
 alvo, 144, 145
 transação, 90, 104

D

David + Baader, 176
Deckel, 24, 144
De La Rue, 160, 166
demanda, relações de, 163
descentralização, 216-218, 219
desempenho, 24-25, 141, 143. ver também funcionário(s): desempenho
De Simone, Livio, 107, 176
Deutsche Messe AG/Hanover, feiras, 82
Deutsche Shell, 84

Deutz Motor Industriemotoren (DMI), 53
DGF Stoess AG, 35, 68, 159
diferenciação, estratégia de, 100, 126, 142, 143, 146, 147, 151, 152, 156
Disneylândia, 58
distribuição, canais de, 78
diversificação, estratégia de, 50, 62, 63, 73, 211, 212, 215, 216-219
divisão, desmembramentos, separação, liquidação, 213-215, 215, 216. *Ver também* ações, compra total das
Dow-Jones, empresas, 23
Dräger, 34-35
Dragoco, 68, 176
Drucker, Peter, 36, 70, 154, 196, 210
Dubrule, Paul, 189
Dulger, Viktor, 35, 73
Dürr, 24, 55, 76-77, 97-99, 153, 162, 203, 226
Dürr, Heinz, 203
Dystar, 214

E

E.C.H.Will, 31, 165
Eberhard Faber, 158
ebm Electrobau Mulfingen, 160, 176
Ebser, 158
economia (valor por dinheiro), 137
economia/condições econômicas, 19, 23, 24, 76-77, 144, 174
economias de escala, 32, 70, 88, 142, 144, 145, 152, 156, 211
Edelhoff, 108
eff-eff Fritz Fuss, 82-83
EKS, estratégia, 196-197
Electronite, 165
empreendedorismo, 39-40, 44, 188-189, 207
EOS, 114
Eppendorf-Netheler-Hinz, 30, 31, 176
equipe(s), 86, 162
 cultura de, 171, 172, 184, 185
 administração, 189-193, 195
 ver também funcionário(s); parceiros/parcerias; alianças estratégicas
Erlau, 158
Espanha, 67, 84, 85, 86, 224
especialização, 49, 230
 fabricação, 148, 218
 mercado, 50, 59-64, 70, 138, 140, 141
Estados Unidos, 86, 110, 128, 145, 177, 220, 225

perfil do funcionário, 171, 177-179, 184
exportações, 20, 67
subsidiárias estrangeiras nos, 69
inovação nos, 34, 109, 110-112
estratégias de administração/equipes, 27, 192
como mercado, 57, 66, 74, 82, 77, 78, 83, 159, 160, 225
estrangulamento, estratégia concentrada de, 196-197.
    Ver também EKS, estratégia.
estratégia, 34, 37, 45, 47
    largura *versus* profundidade do produto, 53-56, 64, 71
    comprometimento/perseverança, 78, 81, 123, 198
    com base na competitividade, 118, 125, 146-147, 157
    concentração, 27, 33, 49-50, 64, 73, 148
    emergente, 39, 44
    foco, 27, 33, 49-50, 53, 55, 58, 61-64, 70, 123, 210, 215
    metas, 27, 38-39, 40-41, 44, 56, 123, 144
    localização/transferência como, 65, 160, 162, 163, 167, 175-176, 183
    orientada ao mercado, 119, 231
    planejada, 38-39, 39, 44, 45
    baseada em recurso, 118-119, 125
    superespecialista em nicho, 50-53, 54, 56
    baseada em tecnologia, 70, 115, 116, 117, 119, 125, 231
    tradição como, 43, 57, 82, 224
    ver também diferenciação, estratégia de; diversificação, estratégia de; especialização
estudantes, intercâmbio de, programas de, 87
Eurokera, 122
Europa (Central e Leste Europeu), 110, 145, 220, 225
    exportações, 67
    como mercado, 16-17, 19, 74, 78, 82
expansão. *Ver* globalização; internacionalização
experiência, efeito na curva de, 32, 70, 88, 142, 144, 145
exportações, 19, 20, 65, 71-72, 73, 228. *Ver também* Alemanha
Exxon, 214

F

Faber-Castell, 43, 158
Fast Electronic, 114, 189
Federal Express, 21, 188
Federal Mogul, 20
Ferrero, 57
Festo Didactic, 102

Festo, 102
Fielmann, 101, 138, 176
Fielmann, Günter, 31, 42, 107, 198, 199-200
Fischer, 162, 225
Fischer, Hartmut, 82
Fischer Labor-und Verfahrenstechnik, 99, 225
Fischertechnik, 57, 58
Fischerwerke, 107, 113
Fisher, George, 215
flexibilidade, 39, 40, 78, 122, 123, 145, 174-175, 207
    nas relações com o cliente, 92, 96, 160
    de funcionários, 174, 177, 184
Flik, Heinrich, 230
Flytec, 176
foco. *Ver* mercado; estratégia
Ford, 211
Ford, Henry, 196
Förster, Friedrich, 198
Fortune 500, lista, 23
França, 69, 73, 84, 85, 220
Fraunhofer Society, 131
Freixenet, 158-159, 176
Fricke, Dietrich, 203
Fritz, Wolgang, 109
Fugger, Anton, 83
Fuji Photo Film Co., 215
Fuller, Buckminster, 196
funcionário(s), 19, 43, 44, 102, 134, 171, 181-184, 200
    comprometimento com a empresa, 168, 169, 175, 176, 181, 183, 218
    cultura corporativa e, 168-171, 183
    criatividade, 177-181, 185, 233
    /cliente, relações com, 95, 96-97, 116, 117, 169
    flexibilidade de, 174, 177, 184
    rotatividade de trabalho, 168, 171, 177, 183, 184
    localização da empresa e, 175-176
    mobilidade e troca de função, 24, 86, 174-175, 177
    motivação, 156, 173, 184, 210, 219, 220, 231, 233
    /patente, relação, 113, 114
    desempenho, 171-175, 180, 184, 201
    qualificação e aprendizagem, 176-177, 184-185
    faltas por doença, 168, 170-171, 184
    programas de treinamento, 168, 177, 185
    /valor agregado, relação, 148
funções não-essenciais, 152-153, 167

G

Gallagher, 53, 162, 220, 225
Gallagher, Bill, 220

Gambro, 176
Garny, 166
Gates, Bill, 56, 188
Gebhardt, Norbert, 117
Gencor, 166
General Electric, 23, 33, 165, 217
    Aircraft Engine Group, 177, 210, 217
General Motors, 178-179, 220
geobra Brandstätter, 57
Germina, 55, 162
Gerriets, 13
Gies, Otto, 84
Giesecke & Devrient, 57, 58, 160
"Gigantes Pequenas, As" (The Little Giants") (Baker et al.), 15
Gillette, 33, 35, 149, 165
GKD, 106
globalização, 1, 157, 162
    obstáculos à, 83, 86
    bases intelectuais da, 83-87
    motivos para, 71-72, 88
    processo, 71-76
    riscos, 76-83, 88
    escopo da, 65-71
    ver também internacionalização
Glouchevitch, Philip, 15
Glyco, 20, 30
Gore-Tex, 106, 173
grandes corporações, 23, 26, 38, 64, 215, 230
    funcionários, 172, 181
    liderança de mercado, 31-32
    mercados para, 209-210
    multinacionais, 81, 84
    versus pequenas corporações, 210-211
greves, trabalho, 184
Grohmann Engineering, 53, 97, 102-103, 114, 117, 204, 225
Grohmann, Klaus, 53, 97, 99, 114, 176, 196, 204, 225
Grosse-Oetringhaus, Wigand, 42
GUM, 82

H

H.J.Heinz, 198
Haarmann & Reimer, 176
Hallmark, 166
Hampel, Ronald, 213
Hankammer, Heinz, 55-56, 72-73, 74-76, 99, 102, 150, 171, 183, 187-188, 197
Hannover Messe, 162

Hanover, feiras, 82
Haribo, 14, 62, 97, 150, 159, 190, 195
Harvard Business Review, 16, 212, 217
Hasselblad, 58
Hauni, 13, 90, 117, 141, 159-160, 165-166
Hauni/Körber, 165, 173, 177
Hayek, Nicholas, 144
Hearne Brothers, 33
Hector, Hans-Werner, 189
Heidelberg, 146
Heidelberger Druckmaschinen, 15, 78, 79-80, 148
Heidenhain, 71, 90, 183
Hein, 57
Hein, Gerold, 57
Held, 39
Held, Kurt, 39
Hendrikson, Klaus, 37
Heraeus Kulzer, 215
Heraeus, 165
Heraeus, Juergen, 215
Herion, 68
Hewlett-Packard, 173, 188, 216-217
Hillebrand, 13, 68, 69
Hillebrand, Christof, 69
Hippel, Eric von, 119-120
Hoechst, 165, 214
Hollerith, Hermann, 117
Homburg, Christian, 92
Honda, 61
Hopp, Dietmar, 189
Hoppe AG, 106
Hoppe, 117, 150
Hoppe, Friedrich, 150
Hoppe, Wolf, 106, 117
Hummel, 57, 58
Hutschenreuther, 158
Hymmen, 41, 122, 177

I

Ibuka, Masaru, 189
ICI, 174, 212-213
idade, estrutura de, das corporações, 20-21, 22-23, 134, 188, 193
idiomas, estrangeiros, 65, 83-84, 88
Ifo Institute, 110
IG Farben, 214
Índia, 81
inovação, 224, 231
    clientes e, 117-118, 119-122, 142, 125, 233

fatores/forças, 115-119, 123, 142-125
  natureza da, 105-109
  aspectos organizacionais, 122-142, 217
  tecnológica, 105, 109-114, 116, 142, 133, 157, 233
Intel, 21, 53
Interface, 40, 189
intermediários, agentes, distribuidores, 65, 69, 88, 97
internacionalização, 65, 67-68, 71, 73, 160, 220. *Ver também* globalização
investimento de capital, 81
investimento/investidores, 166, 211, 226-229. *Ver também* retorno sobre investimento (ROI)
invisibilidade (perfil rápido) das corporações, 1, 14-16, 17, 27, 50, 58, 114, 131, 155, 209
ISPO, feira, 162
Itália, 74, 84, 85, 86, 128, 137, 145, 162
ITT, 213

J

J.D.Power and Associates, 120
Japão, 24, 69, 85, 99, 128, 142, 176
  como concorrente, 61, 147
  perfil do funcionário, 22, 177-179, 183
  exportações, 67
  inovação no, 34, 109, 110
  política *kaizen*, 106, 177-179, 180
  estratégia de administração, 27, 47, 170
  como mercado, 57, 76, 78, 78-81, 83, 84, 88, 145-146, 154-155, 167, 215
  estratégia de *marketing*, 101
  P&D, 110
JK Ergoline, 39, 78, 163
Jobs, Steve, 188
Joh. Barth, 83
Johnson, Barry, 115, 230
Johnson, Howard, 188
Junghans, 47, 108-109, 144
Jungheinrich, 122, 176

K

kaisen (política de aperfeiçoamento contínuo), 106, 177-179, 180
Kamm, Roland, 37, 191
Kärcher, 37-38, 41, 73-74, 76, 96, 107, 114, 122, 143, 163, 220
Kärcher, Alfred, 191

Kärcher, Irene, 191
Karl Mayer, 58, 78, 146, 162
Karl Storz, 163
Kasselmann, Ullrich, 57-58
Kawasaki, 61
Kiekert, 63
Klein, Alfred K., 31, 68, 200, 205
Kodak, 215
Koenig & Brauer, 71, 160
Komatsu, 134
Kortüm, Franz-Josef, 38
Kotler, Philip, 180
Kratz, Josef, 39
Kreul, 154-155
Kreul, Hans-Joachim, 155
Krones, 23, 74, 77-78, 103, 117, 120, 121, 137, 171, 187
Krones Inc., 74
Krones SA, 77
Kronseder, Hermann, 74, 103, 117, 120-121, 137, 171, 187-188, 195
Kufferath, Wolfgang, 106
Kugler Automation, 166
Kunst & Albers, 82
Kurz, Annett, 39, 169, 172

L

L.M.Ericsson, 53
L'tur, 15
Langmann, Hans-Joachim, 231
Lego, 57
Leibinger, Berthold, 63, 81, 137, 200, 202-203
Leifheit, 55
Lenze, 99, 154, 191
Lenze, Hans, 191
Levitt, Ted, 25, 47
Liberation Management (Peters), 15
liderança de mercado, 16, 28-32, 45, 47, 53, 105, 127
  global, 34, 68, 159, 224
  como meta, 28, 33-40, 43, 44, 72, 195
  inovação e, 114
  participação no mercado como indicador de, 28, 30, 31, 43
  psicológica, 30-31, 33, 44, 53
  papel da, 32-34
líderes e liderança, 22, 31, 108, 131, 162, 163, 186, 207-208, 230, 231
  gestão do CEO, 26, 81, 193, 207
  continuidade em, 41, 186, 189, 193-195, 202, 207

intelectuais, 31, 187, 188
proprietários e gerentes, 186-189
personalidade dos, 25, 189, 195-200, 207
promoção dos, 189
estilos, 186, 189, 200-201, 207, 219, 233
sucessão, 20, 190, 191
equipes, 189-193, 195
ver também administração
Línguas estrangeiras, 65, 83-84, 88
Língua Vídeo Media GmbH, 84-85
LoBo Electronik, 47, 188
localização. *Ver* cliente(s); estratégia; localização/transferência como
logotipos, marcas registradas, *slogans*, 58, 105, 106
Loh, Friedhelm, 68
Lonrbo, 166
lucratividade, 24, 32, 33, 61, 101, 118
lucros, impacto dos, na estratégia de mercado (PIMS), 32, 33
Lufthansa, 33, 45
Lyra Bleistift-Fabrik, 158

M

Mabuchi, 225
Maho, 24, 144
marca, nomes de, 143
Margarete Steiff, 57
marketing, 32, 33, 94, 122, 128, 191, 218, 233
global, 68, 87
redes de, 70
profissionalismo, 94, 95, 96, 97, 104
Märklin, 23
Marriott, Allie, 188
Mars, 15, 155
Marsberger Glaswerke Ritzenhoff, 57, 58
Matsushita Electric Industrial Corporation, 180
Matsushita, 81
Matsushita, Konosuke, 180, 181
Mayer, Fritz, 35
Mayer, Karl, 35
Mayr, Robert, 117-118
McCaw Cellular, 21
McDonald's, 107
McLuhan, Marshall, 196
médio porte, empresas de, 16, 17, 20, 67, 181-182, 186-189, 210
Melitta, 56
Melroe, 176, 220, 225
mercado(s), 46, 50, 58, 70, 73, 78, 141

obstáculos à entrada no(s), 56, 57, 78, 141
fronteiras, 47, 53, 64
criação de, 39, 47, 50, 58, 105, 106-107, 109, 142, 231
definição, 17, 45, 47-49, 50, 53, 58, 64, 67, 142, 128, 230, 232-233
doméstico(s), 20, 161
entrada cedo no(s), 73, 82, 88
emergente(s), 81-83, 88
entrada, 74-76, 167
expansão, 72, 78
foco e concentração, 49-50, 53, 55, 58, 61-64, 70, 141, 210, 211, 216, 224, 231, 233
estrangeiro(s), 20, 69, 70, 73, 81, 97, 154, 156, 167
fragmentado(s), 47, 64, 73, 97, 141, 163
distribuição geográfica do(s), 64, 76, 141
informações/conhecimento, 46-47, 97, 104
integrado com tecnologia, 117, 118
aprendizagem, 78
de massa, 144, 176-177
nicho, 35, 46, 47, 56, 61, 64, 70, 88, 126, 127, 141
propriedade, 56-60
orientado ao produto, 50, 64
redefinição, 53, 64
escopo regional, 67-68, 71, 216, 219-220, 230
pesquisa, 97, 130
risco, 64, 88, 141
tamanho (restrito), 45-47, 56, 58, 61, 64, 70, 76, 128, 141, 210-211, 220
estratégia, 115-116, 117, 125
superespecialista em nicho, 50-53, 56, 64
alvo, 48, 65-66, 88, 141
tendências/oscilações, 25, 31, 46, 226-228
de volume, 126, 138, 140, 141, 144, 211
mundial(is), 16, 20, 24, 28-30, 45-47, 126-127, 128, 210, 211
ver também liderança de mercado; especialização; mercado
Mercedes-Benz, 142, 149
Merck KGaA, 231
Merkel, Willi, 83
meta(s), 142, 208, 216, 231, 232
comunicação de, 41-43, 44
implementação, 38-39, 40-41, 44
liderança de mercado como, 28, 33-40, 43, 44, 72, 194
parceiros e, 155
simplicidade de, 41-42, 44. *Ver também* estratégia
Mewes, Wolfgang, 196
Microsoft, 21, 56, 188
Miele, 148-149
Miki Pulley, 154

"Miopia de *Marketing*" ("Marketing Myopia") (Levitt), 47
Mittelstand, filosofia, 184
Morita, Akio, 189
Motorola, 33, 53
Mouton Rothschild, 58
Mr. Coffee, 35, 56
Müller, Hans-Michael, 30
Müller, Horst, 30

N

nasceram globais, empresas que, 73, 195
Netzsch, 117
Neumann Gerhard, 177, 210
Neumann Group, 68
Nintendo, 21
Nippon Mayer, 78
Nokia, 53
Noppen, Rudi, 38
Nova Zelândia, 162, 220, 225
NSU, 61
Nussbaum, Jürgen, 151

O

obstáculos à entrada no mercado, 56, 57, 78, 160
Ono, Kotaro, 78
Opel Eisenach GmbH, 178-179
O'Reilly, Tony, 198
Otto-Versand, 215

P

Packard, David, 188, 189
Pagendarm, 166
Países Baixos, 84, 112, 128
Pankoke, Werner, 41, 122
PapTis, 173
parcerios/parcerias, 127, 151, 153, 157-166. *Ver também* alianças estratégicas
Parloh, Konrad, 106
participação no mercado, 13, 24, 33, 45, 56, 144, 226
   absoluta, 19, 30, 47
   média, 19, 28
   como indicador de liderança/posição no mercado, 16-17, 28, 30, 33, 47, 50
   retorno sobre investimento, 32, 33
   mundial/global, 24, 28, 210, 211

patentes, 57, 58, 105, 106, 108, 110, 113-114, 115, 133-134, 142, 188
Paul Binhold, 84, 85, 101, 138, 146, 176, 190
Paysen, Lüder, 81
Pelisson, Gerard, 189
pequeno porte, empresas de, 17, 20, 67, 186-189, 210-215, 219-220
perda de liderança, síndrome, 31-32
pesquisa e dados, metodologia de, 17-22, 25, 168
pesquisa e desenvolvimento, 117, 122, 148, 151-153, 167
   cooperação, 120, 160
   gastos com, 110, 122
   inovação e, 109, 125
Peter Temming, 165
Peter Wolters Werkzeugmaschinen GmbH AG, 106
Peters, Tom, 184
Philips, 35, 56
Philips Electronics, 172
Pinegger, Wolfgang, 69-70, 97, 153, 174, 191
Plattner, Hasso, 41, 189
Playmobil, 57
Plettac, 176
Polarity Management (Johnson), 115, 230
Polônia, 145
Porsche, 17, 58
Porsche AG, 178-179
Portals, 166
Porter, Michael, 46, 118, 127, 154, 157, 224, 231
posição no mercado, 16-17, 33, 82
Prante, Gerhard, 214
preço(s), 46, 90, 104, 126
   concorrência, 128, 129, 133, 137-140, 141, 152
   curva, 100
   hostil(is)/agressivo(s), 145, 159, 167
   políticas, 33, 100-101, 129, 138
   alvo, 144
prestação de serviços. *Ver* produto(s): serviço
produto(s), 14, 19, 30, 78, 85, 90, 96, 142
   essencial(is), 132, 133, 134, 136, 146, 150
   profundidade e largura, 50, 53-56, 64, 71
   foco no(s), 62, 71, 87
   linhas, 64, 90
   produzido(s) em massa, 127, 141-142, 144
   modificação/remodelagem do, 106, 144, 145
   novo(s), 105, 142
   nicho, 142
   qualidade, 58, 103-104, 126, 132-133, 137, 138, 141, 143, 148, 156, 166
   serviço (prestação de), 78, 81, 101-103, 120, 126, 132, 133, 134, 136, 137, 138, 141, 143, 218
   padrão, 61, 142, 144, 147

substituição, 47, 61, 104
ver também competências essenciais; inovação
Prominent Dosiertechnik, 24, 35, 73
propriedade, 20, 186-189, 191
    do mercado, 56-60
    por outras empresas ou grupos de interesse, 204-207
publicidade, 33, 41, 42, 43
Pustefix, 57
Putzmeister, 96, 108, 173, 176

Q

Quadriga Capital Management, 203

R

R.P.Scherer, 159
recursos, 118-119, 125, 163
Reflecta, 190
Reino Unido, 69, 84, 128
relações verticais/integração, 159-160, 162, 166
República Tcheca, 128, 158
retorno sobre investimento (ROI), 24, 32, 33, 61
Revell AG, 166
Revell-Monogram, 166
Riegel, Hans, 62, 190, 195
Riegel, Paul, 190
Rittal, 68
Ritzenhoff Milk Club of Collectors, 57
Röder Zeltsysteme, 162
Röhm, 19
Rolex, 59-60
Rolls-Royce, 58
Rosenthal, 158
Rossignol, 225
Rothfos-Neumann, 176
Roussel Uclaf, 214
Royal Dutch Shell, 84
RUD, 158, 184
RUD-Kettenfabrik, 106
Rússia, 74-76, 82

S

S.D.Warren, 220
Sachtler, 122, 151
Sachtler, Wendelin, 122
Sandoz, 213
SAP, 189, 225
SAPPI-SAICCOR, 220
SAT, 13-14, 47, 160, 165, 188
Schacht, Chris, 19
Schering, 33-34, 214, 216
Scheuerle, 30
Schlatterer, 150-151, 159-160
Schlecht, Karl, 96, 173
Schleifring, 173
Schmidt, Reinhard, 97
Schmitt, Georg, 165, 188
Schmitz, Ronaldo, 210
Schneider, Manfred, 215
Schneidewind, Dieter, 81, 84
Schockemöhle, Paul, 57-58
Schott, 122, 190
Schrader, Thomas, 82
Schroeder, Theo, 195
Schulze, Jörgen H., 53
Schutz, Peter, 58
serviço. *Ver* produto(s): serviço
Siebert, Jörg, 35
Sieker, Günter, 99
Siemens, 42, 55, 56, 113, 165, 177, 215, 217
Sigloch, 163
Simon, Cecilia, 84-85
Simon, Kucher & Partner, 136, 180
Singapura, 82
sistemas, integradores de, 153-154, 167
Smithers Oasis, 143
Solaris, 143
Sony, 189
Spaeter, Carl, 122
St. Jude Medical, 53, 55, 215, 225
Stabilus, 31, 68, 122, 200, 205
Staedtler, Friedrich, 158
Staedtler-Mars, 158
Standard Oil, 214
Steiff, 58
Steinbeis Holding, 62, 165
Steinbeis, Michael, 62
Sterzenbach, Werner, 63
Stihl, 13, 23, 68, 102, 108, 118, 163, 177, 190
subsidiárias, 48, 68-69, 78, 88, 97, 145, 155, 207
    economia e, 76-77
    rede global de, 66
    internacionalização por meio das, 73-74
    administração, 203-204
    em países de mercados-alvo, 65
sucesso, fatores de, 22-26, 220

Suécia, 128
Suíça, 74, 112, 128
Sulzermedica (Carbomedica), 53
superespecialista, em nicho. *Ver* estratégia: superespecialista em nicho
suporte lógico, círculos de, 132, 133, 134, 136, 143, 146
Suspa, 101

T

Taylor, modelo de administração de, 180-181
tecnologia, 61, 67, 76, 78, 87, 156, 216, 218
    mudança, 63-64, 177
    foco na, 87, 216
    integração com mercado, 117, 118
    ver também inovação; estratégia: baseada na tecnologia
telefone, tráfego, 85
Tente Rollen, 203
terceirização, 127, 148, 149-150, 152-154, 156, 166, 167, 233
Tetra, 13, 20, 97, 122
Tetra Laval, 135
Tetra Pak, 55, 143
Tetra Werke, 122
Theodor Gräbener, 57
"Think Small" ("Pense pequeno") (Schares e Templeman), 15
Timmer, Jan, 172
Tom Peters Seminar, The (Peters), 184
Toyo Menka, 78
Tracto-Technik, 85, 123-142
tradição. *Ver* estratégia: tradição como
treinamento, de clientes, 102
3M, 107, 216, 217
Triad Power (Ohmae), 78
troca (de informações), obstáculos à, 90
Trumpf, 63, 64, 78, 137, 144, 146, 154, 155, 177, 180, 200
Trumpf Japan, 81
Tschira, Klaus, 189
Turner, Ted, 40

U

unidades de negócios, 203, 216-217, 218, 219
Union Knopf, 53
Uniplan, 78

United Airlines, 33
Uwatec, 176

V

valor, 126, 128, 129, 133
    agregado, 148, 150, 152, 153, 172, 204, 218
    cadeia de, 53-54, 55, 122, 127, 211, 218
    essencial, 200, 208, 220
    criação de, 96, 116, 150, 211, 217
vantagem competitiva, 157, 181, 224, 226, 231, 233
    análise de, 136-141
    princípios de, 128-136, 148
Vencendo a Crise (Peters e Waterman), 92, 209
vendas, 16, 19, 33, 37, 120, 218, 233
    /cliente, relação, 90, 97
    exportação/estrangeira, 19, 65-66
    globais, 87-88
    redes, 70
    receitas de, 17, 19, 30, 87
viagem, 85-87, 200
Vietnã, 83, 84
Villeroy & Boch, 34
Virgin Atlantic Group, 198
Volkswagen, 61, 120, 181, 182, 220
von Ehren, 176

W

W.L.Gore, Inc., 106, 173, 230
Wandel & Goltermann, 68
Warnecke, Hans-Jürgen, 131
Warner Lambert, 20
Waste Management, 108
Webasto, 13, 19, 38, 68, 165, 203
Weinig, 78, 81, 146
Welch, Jack, 33
Wella, 81, 84, 96, 97, 102, 146
Welte & Söhne, 61
Whirlpool, 215
Wieshoff, Jürgen, 189
Wieshoff, Rainer, 40, 189
Wige-Data Group, 114
Willard, J., 188
Wilmsen, Wolfgang, 137
Windhorst, 83
Windhorst, Lars, 83, 84
Winterhalter Gastronom, 34, 38, 53, 54, 71, 177, 183, 197
Winterhalter, Jürgen, 55

Wirtgen, 13-14, 86, 160, 163
Wirtgen, Reinhard, 86, 123, 165, 174, 187, 188, 197
Wrapmatic, 165
Würth, 14, 16, 37, 38, 41, 82, 96, 99, 106, 121, 158, 163, 183, 203
Würth do Brasil, 37
Würth, Reinhold, 37, 99, 121, 174, 187-188, 189, 195, 203

Y

Yamaha, 61

Z

Zahn, Matthias, 189
Zahoransky, 158
Zeien, Alfred M., 33
Zeiss, 190
Zeiss, Carl, 189-190
Zeneca, 174, 212, 213, 219
Zinkann, Peter, 149
Zweckform Etikettiertechnik, 165

METRÓPOLE
Indústria Gráfica Ltda.
Fone/Fax: (51) 3318-6355
e-mail: mig@mig.com.br
www.mig.com.br